普通高等教育"十三五"规划教材

建设工程项目管理

主　编　李水泉　申永康　李　成　王清雷
主　审　张小林

·北京·

内 容 提 要

本书全面阐述了建设工程项目管理的知识体系与内容。全书分为 9 个项目，分别介绍了建筑工程项目管理概述、建设项目管理策划、建筑工程项目招投标与合同管理、施工项目目标控制（进度控制、质量控制、成本控制及风险管理）、建筑工程项目资源管理、建设工程项目信息管理、职业健康与安全管理、工程项目风险管理、工程项目收尾管理等内容。

本书不仅可以作为高等院校土建类专业、工程管理类专业（工程造价、工程监理等）教材使用，也可作为建筑工程项目管理人员培训或工作参考用书。

图书在版编目（CIP）数据

建设工程项目管理 / 李水泉等主编. -- 北京：中国水利水电出版社，2019.8
普通高等教育"十三五"规划教材
ISBN 978-7-5170-7914-9

Ⅰ.①建… Ⅱ.①李… Ⅲ.①基本建设项目－项目管理－高等学校－教材 Ⅳ.①F284

中国版本图书馆CIP数据核字(2019)第168935号

书　　名	普通高等教育"十三五"规划教材 **建设工程项目管理** JIANSHE GONGCHENG XIANGMU GUANLI
作　　者	主编　李水泉　申永康　李　成　王清雷 主审　张小林
出版发行	中国水利水电出版社 （北京市海淀区玉渊潭南路1号D座　100038） 网址：www.waterpub.com.cn E - mail：sales@waterpub.com.cn 电话：(010) 68367658（营销中心）
经　　售	北京科水图书销售中心（零售） 电话：(010) 88383994、63202643、68545874 全国各地新华书店和相关出版物销售网点
排　　版	中国水利水电出版社微机排版中心
印　　刷	北京瑞斯通印务发展有限公司
规　　格	184mm×260mm　16开本　17.5印张　426千字
版　　次	2019年8月第1版　2019年8月第1次印刷
印　　数	0001—1500册
定　　价	**49.00元**

凡购买我社图书，如有缺页、倒页、脱页的，本社营销中心负责调换

版权所有·侵权必究

前言

《建设工程项目管理》是全国高等院校土建类规划教材。本书依据土建类、工程管理类（工程造价、工程监理等）专业的人才培养方案和课程建设的基本要求与最新建设行业规范进行设计和编写。

"建设工程项目管理"是高等院校土建类相关专业的必修课程。该课程的主要培养目标是使学生掌握工程项目管理的理论和方法，掌握工程项目管理工作所需要的科学知识和技术手段，具备从事建设工程项目管理的初步能力。

本书以现行最新工程项目管理的标准规范及相关法律法规为依据进行编写，且编入了工程项目管理领域的最新理论与发展趋势，不仅具有原理性、基础性，还具有现代性。另外，本书的编写倡导先进性、注重可行性，增加了案例分析，强调对学生综合思维和能力的培养，编写时综合考虑内容的相互关联性和体系的完整性。

参加本书编写的有西安工程大学申永康（项目1、3、4），北京市大兴区水务局王清雷（项目2）西安科技大学李成（项目7），陕西服装工程学院李水泉（项目6）、董金卫（项目5）、万琳（项目9），杨凌职业技术学院赵颖（项目8）。

本书由李水泉、申永康、李成、王清雷任主编，赵颖、董金卫、万琳任副主编，杨凌职业技术学院张小林教授主审。

限于编者的专业水平和实践经验，教材中仍难免有疏漏或不妥之处，恳请广大读者指正。

编者

2019年4月

目录

前言

项目1 建筑工程项目管理概述 ·· 1
  1.1 项目管理的产生与发展 ·· 1
  1.2 建设项目的建设管理程序 ·· 9
  1.3 建设项目管理基本制度 ··· 13
  复习思考题 ·· 27

项目2 建设项目管理策划 ··· 29
  2.1 项目管理策划 ·· 29
  2.2 施工组织设计 ·· 32
  2.3 施工项目的施工准备 ··· 36
  复习思考题 ·· 46

项目3 建筑工程项目招投标与合同管理 ··· 47
  3.1 建设工程项目招标投标的基本知识 ······································ 47
  3.2 建筑工程招标与投标 ··· 52
  3.3 建筑工程项目合同管理的概述 ·· 79
  3.4 建筑工程项目合同评审 ··· 83
  3.5 建筑工程项目合同实施计划 ··· 89
  3.6 建筑工程项目合同实施控制 ··· 95
  3.7 建筑工程项目合同的终止和评价 ·· 103
  复习思考题 ··· 106

项目4 施工项目目标控制 ·· 107
  4.1 施工项目进度控制 ·· 107
  4.2 施工项目质量的控制 ··· 126
  4.3 施工项目的成本控制及风险管理 ·· 148
  复习思考题 ··· 171

项目5 建筑工程项目资源管理 ··· 172
  5.1 建筑工程项目资源管理概述 ··· 172

5.2 建筑工程项目人力资源与劳务管理 ·················· 175
5.3 工程材料与设备管理 ·················· 178
5.4 建筑工程项目施工机具与设施管理 ·················· 183
5.5 建筑工程施工项目资金管理 ·················· 185
复习思考题 ·················· 186

项目 6　建设工程项目信息管理 ·················· 188
6.1 建设工程项目信息管理概述 ·················· 188
6.2 项目信息的分类、编码和处理 ·················· 196
6.3 工程项目管理信息化 ·················· 202
6.4 施工文件档案管理 ·················· 207
6.5 项目沟通管理 ·················· 210
复习思考题 ·················· 214

项目 7　职业健康与安全管理 ·················· 216
7.1 绿色建造与环境管理 ·················· 216
7.2 施工项目安全管理 ·················· 219
7.3 施工项目现场管理评价 ·················· 228
复习思考题 ·················· 231

项目 8　工程项目风险管理 ·················· 232
8.1 项目风险管理基础知识 ·················· 232
8.2 建筑工程项目风险因素分析 ·················· 237
8.3 建筑工程项目风险评估 ·················· 239
8.4 建筑工程项目风险控制 ·················· 243
8.5 建筑工程保险与担保 ·················· 246
复习思考题 ·················· 251

项目 9　工程项目收尾管理 ·················· 252
9.1 工程项目竣工验收 ·················· 252
9.2 工程项目考核评价与绩效管理 ·················· 260
9.3 工程项目产品保修与回访 ·················· 268
复习思考题 ·················· 271

参考文献 ·················· 273

项目 1　建筑工程项目管理概述

【学习目标】　本项目主要介绍了项目管理的产生与发展概况,基本建设项目的建设程序以及建筑工程项目管理的主要内容。通过学习,了解项目管理的产生与发展,熟悉建设项目的建设程序,掌握建筑工程项目管理的基本内容。

1.1　项目管理的产生与发展

1.1.1　概述

1. 项目管理的产生

(1) 战争的产物。项目管理通常被认为是第二次世界大战的产物(如美国研制原子弹的曼哈顿计划)。项目管理学科起源于 20 世纪 50 年代,当初最有代表性的是由美国杜邦公司发明的关键线路法(CPM)和由美国海军武器局特种计划办公所发明的计划评审技术法(PERT),在 20 世纪 40 年代和 50 年代主要应用于国防和军事项目,而后用于建筑和其他领域。项目管理专家通常把项目管理划分为两个阶段:20 世纪 80 年代之前为传统的项目管理阶段;20 世纪 80 年代之后为现代项目管理阶段。

(2) 项目管理的研究体系。20 世纪 60 年代,项目管理的应用范围也还只局限于建筑、国防和航天等少数领域,如美国的阿波罗登月项目。项目管理在阿波罗登月中取得巨大成功,由此风靡全球,使得许多人对项目管理产生了浓厚的兴趣,并逐渐形成了两大项目管理的研究体系,即以欧洲为首的体系——国际项目管理协会(IPMA)和以美国为首的体系——美国项目管理协会(PMI)。在过去的岁月中,他们都做了卓有成效的工作,为推动国际项目管理现代化发挥了积极的作用。20 世纪 60 年代初,华罗庚教授将这种技术在中国普及推广,称作统筹方法,现在通常称为网络计划技术。

2. 重要发展

(1) 信息时代助力项目管理发展。20 世纪 90 年代以后,随着信息时代的来临和高新技术产业的飞速发展并成为支柱产业,项目的特点也发生了巨大变化。管理人员发现许多在制造业经济下建立的管理方法,到了信息经济时代已经不再适用。制造业经济环境下,强调的是预测能力和重复性活动,管理的重点很大程度上在于制造过程的合理性和标准化。而在信息经济环境里,事务的独特性取代了重复性过程,信息本身也是动态的、不断变化的,灵活性成了新秩序的代名词。管理人员很快发现实行项目管理恰恰是实现灵活性的关键手段,他们还发现项目管理在运作方式上最大限度地利用了内外资源,从根本上改善了中层管理人员的工作效率。于是他们纷纷采用这一管理模式,项目管理成为企业重要的管理手段。经过长期探索总结,在发达国家中,现代项目管理逐步发展成为独立的学科体系和行业,成为现代管理学的重要分支。

(2) 实践发展。美国项目管理学会在《项目管理知识指南》中的一段话描述了项目管理的轮廓：项目管理就是指把各种系统、方法和人员结合在一起，在规定的时间、预算和质量目标范围内完成项目的各项工作。有效的项目管理是指在规定用来实现具体目标和指标的时间内，对组织机构资源进行计划、引导和控制工作。

项目管理的理论来自于管理项目的工作实践。时至今日，项目管理已经成为一门学科，但是当前大多数的项目管理人员拥有的项目管理专业知识不是通过系统教育培训得到的，而是在实践中逐步积累的，并且还有许多项目管理人员仍在不断地重新发现并积累这些专业知识。通常，他们要在相当长的时间内（5～10 年），才能成为合格的项目管理专业人员。正因为如此，近年来，随着项目管理的重要性为越来越多的组织（包括各类企业、社会团体甚至政府机关）所认识，组织的决策者开始认识到项目管理知识、工具和技术可以为他们提供帮助，以减少项目的盲目性。于是，这些组织开始要求他们的雇员系统地学习项目管理知识，以减少项目进行过程中的偶发性。在多种需求的促进下，项目管理迅速得到推广普及。在西方发达国家高等学院中陆续开设了项目管理硕士、博士学位教育，其毕业生常常比 MBA 毕业生更受各大公司的欢迎。

（3）广泛应用。目前，在欧美发达国家，项目管理不仅普遍应用于建筑、航天、国防等传统领域，而且已经在电子、通信、计算机、软件开发、制造业、金融业、保险业甚至政府机关和国际组织中成为其运作的核心模式，比如 AT&T、US West、IBM、EDS、ABB、NCR、贝尔（Bell）、摩根·斯坦利财团（Morgan Stanley）、美国白宫行政办公室、美国能源部、世界银行等在其运营的核心部门都采用项目管理。项目管理的理论与实践方法在各行各业的大小项目中都得到了十分广泛的应用，不乏许多成功的例子。

1.1.2　我国项目管理的现状

（1）改革开放促进项目管理的应用。我国对项目管理的系统研究和行业实践起步相对较晚。早在 20 世纪 60 年代由华罗庚教授创立的"统筹法"可以认为是我国项目管理的开始，但那时只是项目管理技术的应用。一直到 1980 年，从邓小平同志亲自主持的我国最早与世界银行合作的教育项目会谈开始，中国才开始吸收利用外资，而项目管理作为世界银行项目运作的基本管理模式随着中国各部委世界银行贷款、赠款项目的启动开始被引入并应用于中国。随后，项目管理开始在我国部分重点建设项目中运用。云南鲁布革水电站是我国第一个聘用外国专家、采用国际标准、应用项目管理进行建设的水电工程项目，这个项目取得了巨大的成功。在二滩水电站、三峡水利枢纽建设和其他大型工程建设中，都采用了项目管理这一有效手段，并取得了良好的效果。但是，和国际先进水平相比较，中国项目管理的应用面窄，发展缓慢，缺乏具有国际水平的项目管理专业人才。究其原因，是我国还没有形成自己的理论体系和学科体系，没有建立起完备的项目管理教育培训体系，更没有实现项目管理人员的专业化。

（2）被广泛接受，但存在差距。在中国致力于建立现代企业制度的今天，欧美经济发达国家正把自己关注的目光聚焦于项目管理。美国学者 David Cleland 称：在应付全球化的市场变动中，战略管理和项目管理将起到关键性的作用。美国《财富》杂志预测：项目经理将成为 21 世纪年轻人首选的职业。项目管理正逐渐成为当今世界的一种主流管理方法。随着中国经济的发展和与世界经济的进一步融合，现在项目管理的理念已在中国被广泛接受，项目管理的方法、技术与手段也在中国企业管理实践中得到了积极的应用。但是我国的项目管理与国际水平仍有相当差距，特别是在建设行业。现阶段既要做好引进、消化、培养人才的工作，也要研究一些中国国情下的特殊问题，逐步形成中国特色的项目管理体系。中国特色应当是先进的特色，而不是落后的特色。

（3）快速发展且引领发展。2010年，中国版本的《项目管理技术和应用体系》正式发布。在经过2年的实验后，2012年，中国版本的《项目管理知识体系》发布。该项目管理知识体系是中国在2003年开始开发的一套四维项目管理体系（4D Project Management the Body of Knowledge，简称4D PMBOK）。该体系经过8年的开发，最终由中项技（北京）工程技术研究院等单位在2012年完成第1版。该体系主要作用于宏观体系构建和微观系统应用，是一个大纲级别的体系，基本以纲要、框架为准，目的是更好地兼容各种具体管理技术，促进发展各种应用型专项管理工具，并与这些管理工具实现灵活对接。使用人可在本体系的基础上，以合适的方式，与自己选择、设计、组织的各种技术、工具进行对接。

中国版本的项目管理体系（PMBOK）与美国版本完全不同，美国的仍旧是二维的平面体系，而中国的则是四维的动态立体体系，覆盖更全面、知识容量更多。中国版本的PMBOK涵盖了四大维度、宏微两观，因此其内容量要远大于其他的任何一个平面知识体系，其技术可操作性和应用可行性也远远高于任何一个平面理论知识体系。

1.1.3　建筑工程项目管理

项目是指在一定的约束条件下，具有特定的明确目标和完整的组织结构的一次性任务或活动。简单地说，安排一场演出，开发一种新产品，建一幢房子都可以称为一个项目。建设项目是为完成依法立项的新建、改建、扩建的各类工程（土木工程、建筑工程及安装工程等）而进行的有起止日期的、达到规定要求的一组相互关联的受控活动组成的特定过程，包括策划、勘察、设计、采购、施工、试运行、竣工验收和移交等，有时也简称为项目。建筑工程项目是建设项目中的主要组成内容，我们也称建筑产品，建筑产品的最终形式为建筑物和构筑物，它除具有建设项目所有的特点以外，还有以下特点。

1. 建筑产品的特点

（1）庞大性。建筑产品与一般的产品相比，从体积、占地面积和自重上看相当庞大，从耗用的资源品种和数量上看也是相当巨大的。

（2）固定性。建筑产品由于相当庞大，移动非常困难。它又是人类主要的活动场所，不仅需要舒适，更要满足安全、耐用等功能上的要求，这就要求固定地与大地连在一起，和地球一同自转和公转。

（3）多样性。建筑产品的多样性体现在功能不同、承重结构不同、建造地点不同、参与建设的人员不同、使用的材料不同等，使得建筑产品具有人一样的个性即多样性。如按建筑物的使用性质不同可分为居住建筑、公共建筑、工业建筑和农业建筑四大类；按建筑结构的不同一般分为砖木结构、砖混结构、钢筋混凝土结构、钢结构等。

（4）持久性。建筑产品由于其庞大性和建筑工艺的要求使得建造时间很长，它是人们生活和工作的主要场所，因此它的使用时间则更长，根据房屋建筑的合理使用年限短则几十年，多则上百年。有些建筑距今已有几百年的历史，但仍然完好。

2. 建筑产品施工的特点

(1) 季节性。由于建筑产品的庞大性，使得整个建筑产品的建造过程受到风吹、雨淋、日晒等自然条件的影响，因此工程施工具有冬季施工、夏季施工和雨季施工等季节性施工的特点。

(2) 流动性。由于建筑产品的固定性，它给施工生产带来了流动性。由于建筑的房屋是不动的，因此所需要的劳动力、材料、设备等资源均需要从不同的地点流动到建设地。这也给建筑工人的生活、生产带来很多不便和困难。

(3) 复杂性。由于建筑产品的多样性，使得建筑产品的施工应该根据不同的地质条件、不同的结构形式、不同的地域环境、不同的劳动对象、不同的劳动工具和不同的劳动者去组织实施。因此整个的建造过程相当复杂，随着工程进展还需要不断调整。

(4) 连续性。一般建筑物可分成基础工程、主体工程和装饰工程三部分，一个功能完善的建筑产品则需要完成所有的工作步骤才能够使用。另外，由于工艺上要求它不能够间断施工使得工作具有一定的连续性，例如混凝土的浇筑。

3. 施工管理的特点

(1) 多变性。由于建筑产品的建造时间长、建造地质和地域差异、环境变化、政策变化、价格变化等因素使得整个过程充满了变数。

(2) 广交性。在整个建筑产品的施工过程中参与的单位和部门繁多，作为一个项目管理者要与上至国家机关各部门的领导，下到施工现场的操作工人打交道，需要协调各方面和各层次之间的关系。

4. 建设项目管理

(1) 项目管理与企业管理。项目管理作为20世纪50年代发展起来的新领域，现已成为现代管理学的重要分支，并越来越受到重视。运用项目管理的知识和经验，可以极大地提高管理人员的工作效率。按照传统的做法，当企业设定了一个项目后，参与这个项目的至少会有好几个部门，包括财务部门、市场部门、行政部门等。不同部门在运作项目过程中不可避免地会产生摩擦，须进行协调，这些无疑会增加项目的成本，影响项目实施的效率。项目管理的做法则不同。不同职能部门的成员因为某一个项目而组成团队，项目经理则是项目团队的领导者，他所肩负的责任就是领导他的团队准时、优质地完成全部工作，在不超出预算的情况下实现项目目标。项目的管理者不仅仅是项目执行者，还参与项目的需求确定、项目选择、计划直至收尾的全过程，并在时间、成本、质量、风险、合同、采购、人力资源等各个方面对项目进行全方位的管理。因此，项目管理可以帮助企业处理需要跨领域解决的复杂问题，并实现更高的运营效率。

(2) 建设项目管理基本概念。建设工程项目管理是组织运用系统的观点、理论和方法，对建设工程项目进行的计划、组织、指挥、协调和控制等专业化活动。而建筑工程项目管理则是针对建筑工程而言，是在一定约束条件下，以建筑工程项目为对象，以最优实现建筑工程项目目标为目的，以建筑工程项目经理负责制为基础，以建筑工程承包合同为纽带，对建筑工程项目进行高效率的计划、组织、协调、控制和监督的系统管理活动。

(3) 建筑工程项目管理的周期。工程项目管理周期是人们长期在工程建设实践、认识、再实践、再认识的过程中，对理论和实践的高度概括和总结。工程项目周期是指一个工程项目由筹划立项开始,直到项目竣工投产收回投资,达到预期目标的整个过程。工程项目管理的周期实际就是工程项目的周期,也就是一个建设项目的建设周期。建筑工程项目管理周期相对工程项目管理周期来讲面比较窄,而周期是一致的,当然对于不同的主体来讲周期是不同的,如作为项目发包人来说是从整个项目的投资决策到项目报废回收称为全寿命周期的项目管理,而对于项目承包人来讲则是合同周期或法律规定责任周期。

1.1.4　建筑工程项目管理的基本内容

1. 建筑工程项目管理的工作内容

（1）建筑工程项目管理。根据《建设工程项目管理规范》(GB/T 50326—2017),建设项目管理的内容应包括：编制项目管理策划大纲和项目管理实施策划、项目组织管理、项目进度管理、项目质量管理、项目职业健康安全管理、项目环境管理、项目成本管理、项目采购管理、项目合同管理、项目资源管理、项目信息管理、项目风险管理、项目沟通管理、项目收尾管理和管理绩效评价等内容。

建筑工程项目是最常见、最典型的工程项目类型,建筑工程项目管理是项目管理在建筑工程项目中的具体应用。建筑工程项目管理是根据各项目管理主体的任务对以上各内容的细分。

（2）工程项目总承包管理。根据《建设项目工程总承包管理规范》(GB/T 50358—2017),建设项目总承包管理的内容应包括：编制项目管理策划大纲和项目管理实施策划、项目组织管理、设计管理、施工管理、试运行管理、项目进度管理、项目质量管理、项目职业健康安全管理、项目环境管理、项目费用管理、项目采购管理、项目合同管理、项目资源管理、项目风险管理、项目信息与沟通管理和项目收尾管理等内容。

2. 建筑工程项目管理的程序

建筑工程项目管理的程序为：编制项目管理策划大纲→编制投标书并进行投标→签订施工合同→选定项目经理→项目经理接受企业法定代表人的委托组建项目经理部→企业法定代表人与项目经理签订项目管理目标责任书→项目经理部编制项目管理实施规划→进行项目开工前的准备→施工期间按项目管理实施规划进行管理→在项目竣工验收阶段进行竣工结算、清理各种债权债务、移交资料和工程→进行经济分析→做出项目管理总结报告并送企业管理层有关职能部门审计→企业管理层组织考核委员会对项目管理工作进行考核评价,并兑现项目管理目标责任书中的奖惩承诺→项目经理部解体→在保修期满前企业管理层根据工程质量保修书的约定进行项目回访保修。

3. 建筑工程项目管理策划

项目管理策划作为指导项目管理工作的纲领性文件,应对项目管理的目标、内容、组织、资源、方法、程序和控制措施进行明确。项目管理规划应包括项目管理规划大纲和项目管理实施规划两类文件。项目管理规划大纲应由组织的管理层或组织委托的项目管理单位编制,项目管理实施规划应由项目经理组织编制。施工项目管理实施规划可以用施工组织设计和质量计划代替,但应具备项目管理的内容,能够满足项目管理实施规划的要求。

1.1.5　建筑工程项目管理主体与分类

参与建筑工程项目建设管理的各方（管理主体）在工程项目建设中均存在项目管理。项目承包人受业主委托承担建设项目的勘察、设计及施工,它们有义务对建筑工程项目进行管理。一些大、中型工程项目，发包人（业主）因缺乏项目管理经验，也可委托项目管理咨询公司代为进行项目管理。

在项目建设中，业主、设计单位和施工项目承包人各处不同的地位，对同一个项目各自承担的任务不同，其项目管理的任务也是不相同的。如在费用控制方面，业主要控制整个项目建设的投资总额，而施工项目承包人考虑的是控制该项目的施工成本。又如在进度控制方面，业主应控制整个项目的建设进度，而设计单位主要控制设计进度，施工项目承包人控制所承包部分的工程施工进度。

1. 工程项目建设管理的主体

（1）管理主体的概念。在项目管理规范中明确了管理的主体分为：项目发包人（简称发包人）和项目承包人（简称承包人）。项目发包人是按合同中约定、具有项目发包主体资格和支付合同价款能力的当事人以及取得该当事人资格的合法继承人。项目承包人是按合同中约定、被发包人接受的具有项目承包主体资格的当事人以及取得该当事人资格的合法继承人。有时承包人也可以作为发包人出现，例如在项目分包过程中。

（2）工程项目管理的主体。

1）项目发包人。项目发包人一般包括：国家机关等行政部门、国内外企业、在分包活动中的原承包人等。

2）项目承包人。项目承包人一般包括设计单位、中介机构与施工企业。

a. 设计单位。项目设计单位一般包括勘察设计单位、建筑专业设计院、其他设计单位（如林业勘察设计院、铁路勘察设计院、轻工勘察设计院、水利勘测设计院等）等。

b. 中介机构。项目中介机构一般包括专业监理咨询机构、其他监理咨询机构等。

c. 施工企业。项目施工企业一般包括综合性施工企业（总包）、专业性施工企业（分包）等。

2. 建筑工程项目管理的分类

（1）分类依据。

1）管理责任。在建筑工程项目实施过程中每个参与单位依据合同或多或少地进行了项目管理，这里的分类则是按项目管理的侧重点而分。建筑工程项目管理按管理的责任可以划分为：咨询公司（项目管理公司）的项目管理、工程项目总承包方的项目管理、施工方的项目管理、业主方的项目管理、设计方的项目管理、供应商的项目管理以及建设管理部门的项目管理。我国目前还有采用工程指挥部代替有关部门进行的项目管理。

2）建设阶段。在工程项目建设的不同阶段，参与工程项目建设的各方的管理内容及重点各不相同。在设计阶段的工程项目管理分为项目发包人的设计管理和设计单位的设计管理两种情况；在施工阶段的工程管理则主要分为业主的工程项目管理、承包商的工程项目管理、监理工程师的工程项目管理三个方面。

（2）工程项目总承包方的项目管理。业主在项目决策之后，通过招标择优选定总承包商全面负责建设工程项目的实施全过程，直至最终交付使用功能和质量符合合同文件规定的工程项目。因此，总承包方的项目管理是贯穿于项目实施全过程的全面管理，既包括设计阶段也包括施工安装阶段，以实现其承建工程项目的经营方针和项目管理的目标，取得预期经营效益。显然，总承包方必须在合同条件的约束下，依靠自身的技术和管理优势，通过优化设计及施工方案，在规定的时间内，保质保量并且安全地完成工程项目的承建任务。从交易的角度看，项目业主是买方，总承包单位是卖方，因此两者的地位和利益追求是不同的。

（3）施工方（承包人）项目管理。项目承包人通过工程施工投标取得工程施工承包合同，并以施工合同所界定的工程范围组织项目管理，简称施工项目管理。从完整的意义上说，这种施工项目应该指施工总承包的完整工程项目，包括其中的土建工程施工和建筑设备工程施工安装，最终成果能形成独立使用功能的建筑产品。然而从工程项目系统分析的角度，分项工程、分部工程也是构成工程项目的子系统。按子系统定义项目，既有其特定的约束条件和目标要求，而且也是一次性的任务。因此，工程项目按专业、按部位分解发包的情况，承包方仍然可以按承包合同界定的局部施工任务作为项目管理的对象，这就是广义的施工企业的项目管理。

承包商的项目管理是对所承担的施工项目目标进行的策划、控制和协调，项目管理的任务主要集中在施工阶段，也可以向前延伸到设计阶段，向后延伸到动用前准备阶段和保修阶段。

为了实现施工项目各阶段目标和最终目标，承包商必须加强施工项目管理工作。在投标、签订工程承包合同以后，施工项目管理的主体，便是以施工项目经理为首的项目经理部（即项目管理层）。管理的客体是具体的施工对象、施工活动及相关的劳动要素。

施工方项目管理的内容包括：建立施工项目管理组织，进行施工项目管理规划，进行施工项目的目标控制，对施工项目劳动要素进行优化配置和动态管理，施工项目的组织协调，施工项目的合同管理和信息管理以及施工项目管理总结等。现将上述各项内容简述如下。

1）建立施工项目管理组织。由企业采用适当的方式选聘称职的施工项目经理；根据施工项目组织原则，选用适当的组织形式，组建施工项目管理机构，明确责任、权限和义务；在遵守企业规章制度的前提下，根据施工项目管理的需要，制定施工项目管理制度。

2）进行施工项目管理规划。施工项目管理规划是对施工项目管理组织、内容、方法、步骤、重点进行预测和决策，做具体安排的纲领性文件。施工项目管理规划的内容主要有：进行工程项目分解，形成施工对象分解体系，以便确定阶段控制目标，从局部到整体地进行施工活动和施工项目管理；建立施工项目管理工作体系，绘制施工项目管理工作体系图和施工项目管理工作信息流程图；编制施工管理规划，确定管理点，形成文件，以利执行，这个文件类似于施工组织设计。

3）进行施工项目的目标控制。施工项目的目标有阶段性目标和最终目标。实现各项目标是施工项目管理的目的，所以它应当坚持以控制论原理和理论为指导，进行全过程的科学控制。施工项目的控制目标有进度控制目标、质量控制目标、成本控制目标、安全控制目标等几项。

由于在施工项目目标的控制过程中会不断受到各种客观因素的干扰，各种风险因素都有发生的可能性，故应通过组织协调和风险管理对施工项目目标进行动态控制。

4）劳动要素管理和施工现场管理。施工项目的劳动要素是施工项目目标得以实现的保证，它主要包括劳动力、材料、机械设备、资金和技术。施工现场的管理对于节约材料、节省投资、保证施工进度、创建文明工地等方面都至关重要。这部分的主要内容包括：分析各项劳动要素的特点；按照一定原则、方法对施工项目劳动要素进行优化配置，并对配置状况进行评价；对施工项目的各项劳动要素进行动态管理；进行施工现场平面图设计，做好现场的调度与管理。

5) 施工项目的组织协调。组织协调为目标控制服务，主要包括人际关系的协调、组织关系的协调、配合关系的协调、供求关系的协调、约束关系的协调等。

6) 施工项目的合同管理。由于施工项目管理是在市场条件下进行的特殊交易活动的管理，这种交易活动从招标、投标工作开始，并持续于项目管理的全过程，因此必须依法签订合同，进行履约经营。合同管理体制的好坏直接涉及项目管理及工程施工的技术经济效果和目标实现。因此要从招标、投标开始，加强工程承包合同的签订、履行管理。合同管理是一项执法、守法活动，市场有国内市场和国际市场，因此合同管理势必涉及国内和国际上有关法规和合同文本、合同条件，在合同管理中应给予高度重视。

7) 施工项目的信息管理。现代化管理要依靠信息，施工项目管理是一项复杂的现代化的管理活动，进行施工项目管理、施工项目目标控制、动态管理，必须依靠信息管理，而信息管理又要依靠电子计算机进行辅助。

8) 施工项目管理总结。从管理的循环来说，管理的总结阶段既是对管理计划、执行、检查阶段经验和问题的提炼，又是进行新的管理所需信息的来源，其经验可作为新的管理标准和制度，其问题有待于下一循环管理予以解决。施工项目管理由于其一次性，更应注意总结，依靠总结不断提高管理水平，丰富和发展工程项目管理学科。

（4）业主方项目管理（建设监理）。业主方的项目管理是全过程、全方位的，包括项目实施阶段的各个环节，主要有组织协调，合同管理、信息管理，投资、质量、进度、安全四大目标控制，人们把它通俗地概括为"一协调二管理四控制"或"四控制二管理一协调"。

由于工程项目的实施是一次性的任务，因此，业主方自行进行项目管理往往有很大的局限性。首先在技术和管理方面，缺乏配套的力量，即使配备了管理班子，没有连续的工程任务也是不经济的。计划经济体制下，每个项目发包人都建立一个筹建处或基建处来搞工程，这不符合市场经济条件下资源的优化配置和动态管理，而且也不利于建设经验的积累和应用。因此，在市场经济体制下，工程项目业主完全可以依靠发展的咨询业为其提供项目管理服务，这就是建设监理，监理单位接受工程业主的委托，提供全过程监理服务。由于建设监理的性质是属于智力密集型层次的咨询服务，因此，它可以向前延伸到项目投资决策阶段，包括立项和可行性研究等。这是建设监理和项目管理在时间范围、实施主体和所处地位、任务目标等方面的不同之处。

（5）设计方项目管理。设计单位受业主委托承担工程项目的设计任务，以设计合同所界定的工作目标及其责任义务作为该项工程设计管理的对象、内容和条件，通常简称设计项目管理。设计项目管理也就是设计单位对履行工程设计合同和实现设计单位经营方针目标而进行的设计管理。尽管其地位、作用和利益追求与项目业主不同，但它也是建设工程设计阶段项目管理的重要方面。

只有通过设计合同，依靠设计方的自主项目管理才能贯彻业主的建设意图和实施设计阶段的投资、质量和进度控制。

(6) 供货方的项目管理。从建设项目管理的系统分析角度看，建设物资供应工作也是工程项目实施的一个子系统，它有明确的任务和目标，明确的制约条件以及项目实施子系统的内在联系。因此制造厂、供应商同样可以将加工生产制造和供应合同所界定的任务，作为项目进行目标管理和控制，以适应建设项目总目标控制的要求。

(7) 建设管理部门的项目管理。建设管理部门的项目管理就是对项目实施的可行性、合法性、政策性、方向性、规范性、计划性进行监督管理。

1.2 建设项目的建设管理程序

1.2.1 建设项目的建设程序

1. 概述

(1) 基本概念。建设项目的建设程序，是指建设项目建设全过程中各项工作必须遵循的先后顺序。建设程序是指建设项目从设想、选择、评估、决策、设计、施工到竣工验收、投入生产整个建设过程中，各项工作必须遵循的先后次序的法则。按照建设项目发展的内在联系和发展过程，建设程序分成若干阶段，这些发展阶段有严格的先后次序，不能任意颠倒、违反它的发展规律。

(2) 工作程序。在我国按现行规定，建设项目从建设前期工作到建设、投产一般要经历以下几个阶段的工作程序。

1) 根据国民经济和社会发展长远规划，结合行业和地区发展规划的要求，提出项目建议书。

2) 在勘察、试验、调查研究及详细技术经济论证的基础上编制可行性研究报告。

3) 根据项目的咨询评估情况，对建设项目进行决策。

4) 根据可行性研究报告编制设计文件。

5) 初步设计经批准后，做好施工前的各项准备工作。

6) 组织施工，并根据工程进度，做好生产准备。

7) 项目按批准的设计内容建成并经竣工验收合格后，正式投产，交付生产使用。

8) 生产运营一段时间后（一般为两年），进行项目后评价。

以上程序可由项目审批主管部门视项目建设条件、投资规模作适当合并。

(3) 基本建设程序。目前我国基本建设程序的内容和步骤主要有：前期工作阶段，主要包括项目建议书、可行性研究、设计工作；建设实施阶段，主要包括施工准备、建设实施；竣工验收阶段和后评价阶段。这几个大的阶段中每一阶段都包含着许多环节和内容。

2. 前期工作阶段

(1) 项目建议书。项目建议书是要求建设某一具体项目的建设文件，是基本建设程序中最初阶段的工作，是投资决策前对拟建项目的轮廓设想。项目建议书的主要作用是为了推荐一个拟进行建设的项目，论述它建设的必要性、条件的可行性和获得的可能性，供基本建设管理部门选择并确定是否进行下一步工作。

项目建议书报经有审批权限的部门批准后，可以进行可行性研究工作，但并不表明项

 项目1 建筑工程项目管理概述

目非上不可，项目建议书不是项目的最终决策。

项目建议书的审批程序：首先由项目建设单位通过其主管部门报行业归口主管部门和当地发展计划部门（其中工业技改项目报经贸部门），由行业归口主管部门提出项目审查意见（着重从资金来源、建设布局、资源合理利用、经济合理性、技术可行性等方面进行初审），发展计划部门参考行业归口主管部门的意见，并根据国家规定的分级审批权限负责审批、报批。凡行业归口主管部门初审未通过的项目，发展计划部门不予审批、报批。

(2) 可行性研究。

1) 可行性研究。项目建议书一经批准，即可着手进行可行性研究。可行性研究是指在项目决策前，通过对项目有关的工程、技术、经济等各方面条件和情况进行调查、研究、分析，对各种可能的建设方案和技术方案进行比较论证，并对项目建成后的经济效益进行预测和评价的一种科学分析方法，由此考查项目技术上的先进性和适用性，经济上的盈利性和合理性，建设的可能性和可行性。可行性研究是项目前期工作的最重要的内容，它从项目建设和生产经营的全过程考察分析项目的可行性，其目的是回答项目是否有必要建设，是否可能建设和如何进行建设的问题，其结论为投资者的最终决策提供直接的依据。因此，凡大中型项目以及国家有要求的项目，都要进行可行性研究，其他项目有条件的也要进行可行性研究。

2) 可行性研究报告的编制。可行性研究报告是确定建设项目、编制设计文件和项目最终决策的重要依据，要求必须有相当的深度和准确性。承担可行性研究工作的单位必须是经过资格审定的规划、设计和工程咨询单位，要有承担相应项目的资质。

3) 可行性研究报告的审批。可行性研究报告经评估后按项目审批权限由各级审批部门进行审批。其中大中型和限额以上项目的可行性研究报告要逐级报送国家发展和改革委员会审批，同时要委托有资格的工程咨询公司进行评估；小型项目和限额以下项目，一般由省级发展计划部门、行业归口管理部门审批。受省级发展计划部门、行业主管部门的授权或委托，地区发展计划部门可以对授权或委托权限内的项目进行审批。可行性研究报告批准后即国家同意该项目进行建设，一般先列入预备项目计划。列入预备项目计划并不等于列入年度计划，何时列入年度计划，要根据其前期工作进展情况、国家宏观经济政策和对财力、物力等因素进行综合平衡后决定。

(3) 设计工作。一般建设项目（包括工业、民用建筑、城市基础设施、水利工程、道路工程等）的设计过程划分为初步设计和施工图设计两个阶段。对于技术复杂而又缺乏经验的项目，可根据不同行业的特点和需要，增加技术设计阶段。对一些水利枢纽、农业综合开发、林区综合开发项目，为解决总体部署和开发问题，还需进行规划设计或编制总体规划，规划审批后编制具有符合规定深度要求的实施方案。

1) 初步设计（基础设计）。初步设计的内容依项目的类型不同而有所变化，一般来说，它是项目的宏观设计，即项目的总体设计、布局设计、主要的工艺流程、设备的选型和安装设计，土建工程量及费用的估算等。初步设计文件应当满足编制施工招标文件、主要设备材料订货和编制施工图设计文件的需要，是下一阶段施工图设计的基础。初步设计（包括项目概算）应根据审批权限，由发展计划部门委托投资项目评审中心组织专家审查通过后，按照项目实际情况，由发展计划部门或会同其他有关行业主管部门审批。

1.2 建设项目的建设管理程序

2) 施工图设计（详细设计）。施工图设计的主要内容是根据已批准的初步设计，绘制出正确、完整和尽可能详细的建筑、安装图纸。施工图设计完成后，必须由施工图设计审查单位审查并加盖审查专用章后使用。审查单位必须是取得审查资格，且具有审查权限要求的设计咨询单位。经审查的施工图设计还必须经有权审批的部门进行审批。

3. 建设实施阶段

(1) 施工准备。

1) 建设开工前的准备。主要内容包括：征地、拆迁和场地平整；完成施工用水、电、路等工程；组织设备、材料订货；准备必要的施工图纸；组织招标投标（包括监理、施工、设备采购、设备安装等方面的招标投标）并择优选择施工单位，签订施工合同。

2) 项目开工审批。建设单位在工程建设项目可行性研究报告批准，建设资金已经落实，各项准备工作就绪后，应当向当地建设行政主管部门或项目主管部门及其授权机构申请项目开工审批。

(2) 建设实施。

1) 项目开工建设时间。开工许可审批之后即进入项目建设施工阶段。开工之日按统计部门规定是指建设项目设计文件中规定的任何一项永久性工程（无论生产性或非生产性）第一次正式破土开槽开始施工的日期。公路、水库等需要进行大量土方、石方工程的，以开始进行土方、石方工程作为正式开工日期。

2) 年度基本建设投资额。国家基本建设计划使用的投资额指标，是以货币形式表现的基本建设工作，是反映一定时期内基本建设规模的综合性指标。年度基本建设投资额是建设项目当年实际完成的工作量，包括用当年资金完成的工作量和动用库存的材料、设备等内部资源完成的工作量；而财务拨款是当年基本建设项目实际货币支出。投资额是以构成工程实体为准，财务拨款是以资金拨付为准。

3) 生产或使用准备。生产准备是生产性施工项目投产前所要进行的一项重要工作。它是基本建设程序中的重要环节，是衔接基本建设和生产的桥梁，是建设阶段转入生产经营的必要条件。使用准备是非生产性施工项目正式投入运营使用所要进行的工作。

4. 竣工验收阶段

(1) 竣工验收的范围。根据国家规定，所有建设项目按照上级批准的设计文件所规定的内容和施工图纸的要求全部建成，工业项目经负荷试运转和试生产考核能够生产合格产品，非工业项目符合设计要求，能够正常使用，都要及时组织验收。

(2) 竣工验收的依据。按国家现行规定，竣工验收的依据是经过上级审批机关批准的可行性研究报告、初步设计或扩大初步设计（技术设计）、施工图纸和说明、设备技术说明书、招标投标文件和工程承包合同、施工过程中的设计修改签证、现行的施工技术验收标准及规范以及主管部门有关审批、修改、调整文件等。

(3) 竣工验收的准备。主要有三方面的工作：一是整理技术资料。各有关单位（包括设计、施工单位）应将技术资料进行系统整理，由建设单位分类立卷，交生产单位或使用单位统一保管。技术资料主要包括土建方面、安装方面、各种有关的文件、合同和试生产的情况报告等。二是绘制竣工图纸。竣工图必须准确、完整、符合归档要求。三是编制竣工决算。建设单位必须及时清理所有财产、物资和未花完或应收回的资金，编制工程竣

决算，分析预（概）算执行情况，考核投资效益，报规定的财政部门审查。

竣工验收必须提供的资料文件。一般非生产项目的验收要提供以下文件资料：项目的审批文件、竣工验收申请报告、工程决算报告、工程质量检查报告、工程质量评估报告、工程质量监督报告、工程竣工财务决算批复、工程竣工审计报告和其他需要提供的资料。

（4）竣工验收的程序和组织。按国家现行规定，建设项目的验收根据项目的规模大小和复杂程度可分为初步验收和竣工验收两个阶段进行。规模较大、较复杂的建设项目应先进行初验，然后进行全部建设项目的竣工验收；规模较小、较简单的项目，可以一次进行全部项目的竣工验收。

建设项目全部完成，经过各单项工程的验收，符合设计要求，并具备竣工图表、竣工决算、工程总结等必要文件资料，由项目主管部门或建设单位向负责验收的单位提出竣工验收申请报告。竣工验收的组织要根据建设项目的重要性、规模大小和隶属关系而定，大中型和限额以上基本建设和技术改造项目，由国家发展和改革委员会或由国家发展和改革委员会委托项目主管部门、地方政府部门组织验收；小型项目和限额以下基本建设和技术改造项目由项目主管部门和地方政府部门组织验收。竣工验收要根据工程的规模大小和复杂程度组成验收委员会或验收组。验收委员会或验收组负责审查工程建设的各个环节，听取各有关单位的工作总结汇报，审阅工程档案并实地查验建筑工程和设备安装，并对工程设计、施工和设备质量等方面作出全面评价。不合格的工程不予验收，对遗留问题提出具体解决意见，限期落实完成。最后经验收委员会或验收组一致通过，形成验收鉴定意见书。验收鉴定意见书由验收会议的组织单位印发各有关单位执行。

生产性项目的验收根据行业不同有不同的规定。工业、农业、林业、水利及其他特殊行业，要按照国家相关的法律、法规及规定执行。上述程序只是反映项目建设共同的规律性程序，不可能反映各行业的差异性。因此，在建设实践中，还要结合行业项目的特点和条件，有效地去贯彻执行基本建设程序。

5. 后评价阶段

建设项目后评价是工程项目竣工投产、生产运营一段时间后，再对项目的立项决策、设计施工、竣工投产、生产运营等全过程进行系统评价的一种技术经济活动。通过建设项目后评价以达到肯定成绩，总结经验，研究问题，吸取教训，提出建议，改进工作，不断提高项目决策水平和投资效果的目的。

我国目前开展的建设项目后评价一般都按三个层次组织实施，即项目单位的自我评价、项目所在行业的评价和各级发展计划部门（或主要投资方）的评价。

1.2.2 建筑工程施工程序

施工程序，是指项目承包人从承接工程业务到工程竣工验收一系列工作必须遵循的先后顺序，是建设项目建设程序中的一个阶段。它可以分为承接业务签订合同、施工准备、正式施工和竣工验收四个阶段。

1. 承接业务签订合同

项目承包人承接业务的方式有三种：国家或上级主管部门直接下达；受项目发包人委托而承接；通过投标中标而承接。不论采用哪种方式承接业务，项目承包人都要检查项目的合法性。

承接施工任务后，项目发包人与项目承包人应根据《中华人民共和国合同法》（简称《合同法》）和《中华人民共和国招标投标法》（简称《招标投标法》）的有关规定及要求签订施工合同。施工合同应规定承包的内容、要求、工期、质量、造价及材料供应等，明确合同双方应承担的义务和职责以及应完成的施工准备工作（土地征购，申请施工用地、施工许可证，拆除障碍物，接通场外水源、电源、道路等内容）。施工合同经双方负责人签字后具有法律效力，必须共同履行。

2. 施工准备

施工合同签订以后，项目承包人应全面了解工程性质、规模、特点及工期要求等，进行场址勘察、技术经济和社会调查，收集有关资料，编制施工组织总设计。施工组织总设计经批准后，项目承包人应组织先遣人员进入施工现场，与项目发包人密切配合，共同做好各项开工前的准备工作，为顺利开工创造条件。根据施工组织总设计的规划，对首批施工的各单位工程，应抓紧落实各项施工准备工作。如图纸会审，编制单位工程施工组织设计，落实劳动力、材料、构件、施工机具及现场"三通一平"等。具备开工条件后，提出开工报告并经审查批准，即可正式开工。

3. 正式施工

施工过程是施工程序中的主要阶段，应从整个施工现场的全局出发，按照施工组织设计，精心组织施工，加强各单位、各部门的配合与协作，协调解决各方面问题，使施工活动顺利开展。

在施工过程中，应加强技术、材料、质量、安全、进度等各项管理工作，落实项目承包人项目经理负责制及经济责任制，全面做好各项经济核算与管理工作，严格执行各项技术、质量检验制度，抓紧工程收尾和竣工工作。

4. 竣工验收

这是施工的最后阶段。在交工验收前，项目承包人内部应先进行预验收，检查各分项分部工程的施工质量，整理各项交工验收的技术经济资料。在此基础上，由项目发包人组织竣工验收，经相关部门验收合格后，到主管部门备案，办理验收签证书，并交付使用。

1.3 建设项目管理基本制度

1.3.1 建设项目责任制度

1. 建设项目法人责任制

改革开放以来，我国先后试行了各种方式的投资项目责任制度。但是，责任主体、责任范围、目标和权益、风险承担方式等都不明确。为了改变这种状况，建立投资责任约束机制，规范项目法人行为，明确其责、权、利，提高投资效益，依照《中华人民共和国公司法》（简称《公司法》），原国家计划委员会于1996年1月制定颁发了《关于实行建设项目法人责任制的暂行规定》（简称《规定》）。根据《规定》要求，国有单位经营性基本建设大中型项目必须组建项目法人，实行项目法人责任制。《规定》明确了项目法人的设立、组织形式和职责、任职条件和任免程序及考核和奖惩等要求。为了建立投资约束机制，规范建设单位的行为，建设工程应当按照政企分开的原则组建项目法人，实行项目法人责任制，即由项目法人对项目的策划、资金筹措、建设实施、生产经营、债务偿还和资产的保值增值，实行全过程负责的制度。

（1）建设项目法人。国有单位经营性大中型建设工程必须在建设阶段组建项目法人。项目法人可设立有限责任公司（包括国有独资公司）和股份有限公司等。

（2）建设项目法人的设立。

1）设立时间。新上项目在项目建议书被批准后，应及时组建项目法人筹备组，具体负责项目法人的筹建工作。筹备组主要由项目投资方派代表组成。

申报项目可行性研究报告时，需同时提出项目法人组建方案。否则，其可行性研究报告不予审批。项目可行性报告经批准后，正式成立项目法人，并按有关规定确保资金按时到位，同时及时办理公司设立登记。

2）备案。国家重点建设项目的公司章程须报国家计委备案，其他项目的公司章程按项目隶属关系分别向有关部门、地方计委备案。

3）要求。项目法人组织要精干。建设管理工作要充分发挥咨询、监理、会计师和律师事务所等各类社会中介组织的作用。由原有企业负责建设的基建大中型项目，需新设立子公司的，要重新设立项目法人，并按上述规定的程序办理；只设分公司或分厂的，原企业法人即是项目法人。对这类项目，原企业法人应向分公司或分厂派遣专职管理人员，并实行专项考核。

（3）组织形式和职责。

1）组织形式。国有独资公司设立董事会。国有控股或参股的有限责任公司、股份有限公司设立股东会、董事会和监事会。

2）建设项目董事会职权。负责筹措建设资金；审核上报项目初步设计和概算文件；审核上报年度投资计划并落实年度资金；提出项目开工报告；研究解决建设工程中出现的重大问题；负责提出项目竣工验收申请报告；审定偿还债务计划和生产经营方针，并负责按时偿还债务；聘任或解聘项目总经理，并根据总经理的提名，聘任或解聘其他高级管理人员。

3）总经理职权。组织编制项目初步设计文件，对项目工艺流程、设备选型、建设标准、总图布置提出意见，提交董事会审查；组织工程设计、施工监理、施工队伍和设备材料采购的招标工作，编制和确定招标方案、标底和评标标准，评选和确定投、中标单位（实行国际招标的项目，按现行规定办理）；编制并组织实施项目年度投资计划、用款计划、建设进度计划；编制项目财务预、决算；编制并组织实施归还贷款和其他债务计划；组织工程建设实施，负责控制工程投资、工期和质量；在项目建设过程中，在批准的概算范围内对单项工程的设计进行局部调整（凡引起生产性质、能力、产品品种和标准变化的设计调整以及概算调整，需经董事会决定并报原审批单位批准）；根据董事会授权处理项目实施中的重大紧急事件，并及时向董事会报告；负责生产准备工作和培训有关人员；负责组织项目试生产和单项工程预验收；拟订生产经营计划、企业内部机构设置、劳动定员定额方案及工资福利方案；组织项目后评价，提出项目后评价报告；按时向有关部门报送项目建设、生产信息和统计资料；提请董事会聘任或解聘项目高级管理人员。

（4）任职条件和任免程序。董事长及总经理的任职条件，除按《公司法》的规定执行以外，还应具备以下条件：熟悉国家有关投资建设的方针、政策和法规，有较强的组织能力和较高的政策水平；具有大专及以上学历；总经理还应具有建设项目管理工作的实际经验，或担任过同类建设项目施工现场高级管理职务，并经实践证明是称职的项目高级管理人员；建立项目高级管理人员培训制度。总经理、副总经理在项目批准开工前，应经过国家计委或有关部门、地方计委专门培训，未经培训不得上岗。国有独资和控股项目董事长的任免，先由主要投资方提出意见，在报经项目主管政府部门批准后，由主要投资方任免；国家参股项目，其董事长在任免前须报项目主管政府部门认可。

国有独资和控股项目总经理的任免，由董事会提出意见，经项目主管政府部门批准后，由董事会聘任或解聘；国家参股项目的总经理，董事会在聘任或解聘前须报项目主管政府部门认可。国家重点建设项目的董事会、监事会成员及所聘请的总经理须报国家计委备案，同时抄送有关部门或地方计委（计经委）。在项目建设期间，总经理和其他高级管理人员应保持相对稳定。董事会成员可以兼任总经理。国家公务人员不得兼任项目法人的领导职务。

（5）考核和奖惩。建立对建设项目和有关领导人的考核和监督制度。项目董事会负责对总经理进行定期考核；各投资方负责对董事会成员进行定期考核。国务院各有关部门、各地计委负责对有关项目进行考核。必要时国家计委组织有关单位进行专项检查和考核。考核的主要内容包括：国家发布的固定资产投资与建设的法律、法规的执行情况；国家年度投资计划和批准设计文件的执行情况；概算控制、资金使用和工程组织管理情况；建设工期、施工安全和工程质量控制情况；生产能力和国有资产形成及投资效益情况；土地、环境保护和国有资源利用情况；精神文明建设情况；其他需要考核的事项。根据对建设项目的考核结论，由投资方对董事会成员进行奖罚；由董事会对总经理奖罚。建立对项目董事长、总经理的在任和离任审计制度。审计办法由审计部门负责另行制定。根据对项目的考核，在工程造价、工期、质量和施工安全得到有效控制的前提下，经投资方同意，董事会可决定对为项目建设做出突出成绩的领导和有关人员进行适当奖励。奖金可从工程投资结余或按项目管理费的一定比例从项目成本中提取；对工期较长的项目，可实行阶段性奖励，奖金从单项工程结余中提取。凡在项目建设管理和生产经营管理中，因人为失误给项目造成重大损失浪费以及在招标中弄虚作假的董事长、总经理，应分别予以撤换和解聘，同时要给予必要的经济和行政处罚，并在三年内不得担任国有单位投资项目的高级管理职务。构成犯罪的，要追究法律责任。

2. 项目管理责任制度

项目管理责任制度应作为项目管理的基本制度之一。项目管理机构负责人制应是项目管理责任制度的核心内容。项目管理机构负责人应取得相应资格，并按规定取得安全生产考核合格证书，应根据法定代表人的授权范围、期限和内容，对项目实施全过程及全面管理。

（1）项目建设相关责任方管理。项目建设相关责任方应在各自的实施阶段和环节，明确工作责任，实施目标管理，确保项目正常运行。项目管理机构负责人应按规定接受相关部门的责任追究和监督管理，应在工程开工前签署质量承诺书，报相关工程管理机构备案。项目各相关责任方应建立协同工作机制，宜采用例会、交底及其他沟通方式，避免项

项目1　建筑工程项目管理概述

目运行中的障碍和冲突。建设单位应建立管理责任排查机制，按项目进度和时间节点，对各方的管理绩效进行验证性评价。

（2）项目管理机构与项目团队建设。

1）项目管理机构建立与活动。项目管理机构应承担项目实施的管理任务和实现目标的责任，由项目管理机构负责人领导，接受组织职能部门的指导、监督、检查、服务和考核，负责对项目资源进行合理使用和动态管理。

项目管理机构应在项目启动前建立，在项目完成后或按合同约定解体。项目管理机构建立应遵循下列规定：结构应符合组织制度和项目实施要求；应有明确的管理目标、运行程序和责任制度；机构成员应满足项目管理要求及具备相应资格；组织分工应相对稳定并可根据项目实施变化进行调整；应确定机构成员的职责、权限、利益和需承担的风险。

项目管理机构建立步骤：第一，根据项目管理规划大纲、项目管理目标责任书及合同要求明确管理任务；第二，根据管理任务分解和归类，明确组织结构；第三，根据组织结构，确定岗位职责、权限以及人员配置；第四，制定工作程序和管理制度；第五，由组织管理层审核确认。

项目管理机构的管理活动应符合下列要求：应履行管理制度，应履行管理程序，应实施计划管理，保证资源的合理配置和有序流动，应注重项目实施过程的指导、监督、考核和评价。

2）项目团队建设。项目建设相关责任方均应实施项目团队建设，明确团队管理原则，规范团队运行。项目建设相关责任方的项目管理团队之间应围绕项目目标协同工作并有效沟通。项目团队建设应符合下列规定：建立团队管理机制和工作模式；各方步调一致，协同工作；制定团队成员沟通制度，建立畅通的信息沟通渠道和各方共享的信息平台。同时，项目管理建设应开展绩效管理，利用团队成员集体的协作成果。

项目管理机构负责人应对项目团队建设和管理负责，组织制定明确的团队目标、合理高效的运行程序和完善的工作制度，定期评价团队运作绩效。同时，项目管理机构负责人应统一团队思想，增强集体观念，和谐团队氛围，提高团队运行效率。

（3）项目管理机构负责人职责与权限。建设工程项目各实施主体和参与方法定代表应书面授权委托项目管理机构负责人，并实行项目负责人负责制。项目管理机构负责人应根据法定代表人的授权范围、期限和内容，履行管理职责。

项目管理机构负责人应履行下列职责：项目管理目标责任书中规定的职责；工程质量安全责任承诺书中应履行的职责；组织或参与编制项目管理规划大纲、项目管理实施规划，对项目目标进行系统管理；主持制定并落实质量、安全技术措施和专项方案，负责相关的组织协调工作；对各类资源进行质量监控和动态管理；对进场的机械、设备、工器具的安全、质量和使用进行监控；建立各类专业管理制度，并组织实施；制定有效的安全、文明和环境保护措施并组织实施；组织或参与评价项目管理绩效；进行授权范围内的任务分解和利益分配；按规定完善工程资料，规范工程档案文件，准备工程结算和竣工资料，参与工程竣工验收；接受审计，处理项目管理机构解体的善后工作；协助和配合组织进行项目检查、鉴定和评审申报；配合组织完善缺陷责任期的相关工作。

项目管理机构负责人应具有下列权限：参与项目招标、投标和合同签订；参与组建项

目管理机构；参与组织对项目各阶段的重大决策；主持项目管理机构工作；决定授权范围内的项目资源使用；在组织制度的框架下制定项目管理机构管理制度；参与选择并直接管理具有相应资质的分包人；参与选择大宗资源的供应单位；在授权范围内与项目相关方进行直接沟通；法定代表人和组织授予的其他权利。

1.3.2 建设项目招投标与合同管理制度

1. 建设项目承发包制度简介

建筑工程承发包方式也称"工程承发包方式"，指建筑工程承发包双方之间经济关系的形式。交易双方为项目业主和承包商，双方签订承包合同，明确双方各自的权利与义务，承包商为业主完成工程项目的全部或部分项目建设任务，并从项目业主处获取相应的报酬。建筑工程承发包制度是我国建筑经济活动中的一项基本制度。

按承发包的范围和内容可以分为全过程承包、阶段承包和专项承包。全过程承包又称"统包""一揽子承包"或"交钥匙"，指承包单位按照发包单位提出的使用要求和竣工期限，对建筑工程全过程实行总承包，直到建筑工程达到交付使用要求；阶段承包，指承包单位承包建设过程中某一阶段或某些阶段工程的承包形式，如勘察设计阶段、施工阶段等；专项承包，又称专业承包，指承包单位对建设阶段中某一专业工程进行的承包，如勘察设计阶段的工程地质勘察、施工阶段的分部分项工程施工等。

按承发包中相互结合的关系，可分为总承包、分承包、独家承包、联合承包等。总承包，也称"总包"，指由一个施工单位全部、全过程承包一个建筑工程的承包方式；分承包，也称"二包"，指总包单位将总包工程中若干专业性工程项目分包给专业施工企业施工的方式；独家承包，指承包单位必须依靠自身力量完成施工任务，而不实行分包的承包方式；联合承包，指由两个以上承包单位联合向发包单位承包一项建筑工程，由参加联合的各单位统一与发包单位签订承包合同，共同对发包单位负责的承包方式。

按承发包合同类型和计价方法，可分为施工图预算包干、平方米造价包干、成本加酬金包干、中标价包干等。施工图预算包干，指以建设单位提供的施工图纸和工程说明书为依据编制的预算，一次包死的承包方式，这种方式通常适用于规模较小，技术不太复杂的工程；平方米造价包干，也称"单价包干"，指按每平方米最终建筑产品的单价承包的承包方式；成本加酬金包干，指按工程实际发生的成本，加上商定的管理费和利润来确定包干价格的承包方式；中标价包干，指投标人按中标的价格和内容进行承包的承发包方式。不同的承发包方式有不同的特点，不论采取哪一种方式，均应遵循公开、公正、平等竞争的原则，协商一致，互惠互利。

2. 建设项目招投标制度

建设工程招标投标，是建设单位对拟建的建设工程项目通过法定的程序和方法吸引承包单位进行公平竞争，并从中选择条件优越者来完成建设工程任务的行为。

（1）术语释义。

1）建筑工程招标：是指建筑单位（业主）就拟建的工程发布通告，用法定方式吸引建筑项目的承包单位参加竞争，进而通过法定程序从中选择条件优越者来完成工程建筑任务的一种法律行为。

2）建筑工程投标：是指经过特定审查而获得投标资格的建筑项目承包单位，按照招标文件的要求，在规定的时间内向招标单位填报投标书，争取中标的法律行为。

3) 工程招投标制度：也称为工程招标承包制，它是指在市场经济的条件下，采用招投标方式以实现工程承包的一种工程管理制度。工程招投标制的建立与实行是对计划经济条件下单纯运用行政办法分配建设任务的一项重大改革措施，是保护市场竞争、反对市场垄断和发展市场经济的一个重要标志。

(2) 招投标范围与标准。

1) 相关法律。《招标投标法》规定，在中华人民共和国境内进行下列工程建设项目包括项目的勘察、设计、施工、监理以及与工程建设有关的重要设备、材料等的采购，必须进行招标：①大型基础设施、公用事业等关系社会公共利益、公众安全的项目；②全部或者部分使用国有资金投资或者国家融资的项目；③使用国际组织或者外国政府贷款、援助资金的项目。对于依法必须招标的具体范围和规模标准以外的建设工程项目，可以不进行招标，采用直接发包的方式。

2) 相关规定。根据《工程建设项目招标范围和规模标准规定》（国家发展计划委〔2000〕3号令），建设项目的勘察、设计，采用特定专利或者专有技术的，或者其建筑艺术造型有特殊要求的，经项目主管部门批准，可以不进行招标。原国家计委、建设部等七部门2013年颁布的《工程建设项目施工招标投标办法》（七部委〔2013〕30号令）中规定，有下列情形之一的，经该办法规定的审批部门批准，可以不进行施工招标：①涉及国家安全、国家秘密或者抢险救灾而不适宜招标的；②属于利用扶贫资金实行以工代赈需要使用农民工的；③施工主要技术采用特定的专利或者专有技术的；④施工企业自建自用的工程，且该施工企业资质等级符合工程要求的；⑤在建工程追加的附属小型工程或者主体加层工程，原中标人仍具备承包能力的；⑥法律、行政法规规定的其他情形。

3) 最新要求。2018年国务院批准施行《必须招标的工程项目规定》（国家发展改革委〔2018〕16号令），对《招标投标法》中有关招投标工程项目进行具体规定："第二条 全部或者部分使用国有资金投资或者国家融资的项目包括：（一）使用预算资金200万元人民币以上，并且该资金占投资额10%以上的项目；（二）使用国有企业事业单位资金，并且该资金占控股或者主导地位的项目。第三条 使用国际组织或者外国政府贷款、援助资金的项目包括：（一）使用世界银行、亚洲开发银行等国际组织贷款、援助资金的项目；（二）使用外国政府及其机构贷款、援助资金的项目。第四条 不属于本规定第二条、第三条规定情形的大型基础设施、公用事业等关系社会公共利益、公众安全的项目，必须招标的具体范围由国务院发展改革部门会同国务院有关部门按照确有必要、严格限定的原则制订，报国务院批准。第五条 本规定第二条至第四条规定范围内的项目，其勘察、设计、施工、监理以及与工程建设有关的重要设备、材料等的采购达到下列标准之一的，必须招标：（一）施工单项合同估算价在400万元人民币以上；（二）重要设备、材料等货物的采购，单项合同估算价在200万元人民币以上；（三）勘察、设计、监理等服务的采购，单项合同估算价在100万元人民币以上。同一项目中可以合并进行的勘察、设计、施工、监理以及与工程建设有关的重要设备、材料等的采购，合同估算价合计达到前款规定标准的，必须招标。"

(3) 招投标的流程与步骤。《招标投标法》规定，招标分为公开招标和邀请招标。招标投标活动应当遵循公开、公平、公正和诚实信用的原则。建设工程招标的基本程序主要包括：落实招标条件、委托招标代理机构、编制招标文件、发布招标公告或投标邀请书、资格审查、开标、评标、中标和签订合同等。一般来说，招标投标需经过招标、投标、开标、评标与定标等程序。

（4）规范要求。《建设工程项目管理规范》（GB/T 50326—2017）对建筑工程投标管理作如下规定。

1）招标计划。项目招标前，应进行投标策划，确定投标目标，依据规定程序形成投标计划，经过授权批准后实施。同时，应识别和评审下列与招投标项目有关的要求：招标文件和发包方明示的要求；发包方未明示但应满足的要求；法律法规和标准规范要求；组织的相关要求。

根据投标项目需求进行分析，确定招标计划内容主要包括：招标目标、范围、要求与准备工作安排；招标工作各过程及进度安排；投标所需要的文件和资料；与代理方以及合作方的协作；投标风险分析及信息沟通；投标策略与应急措施；投标监控要求。

2）投标文件。根据招标和竞争需求编制包括下列内容的投标文件：响应招标要求的各项商务规定；有竞争力的技术措施和管理方案；有竞争力的报价。应保证投标文件符合发包方及相关要求，经过评审后投标，并保存投标文件评审的相关记录。评审应包括下列内容：商务标满足招标要求的程度；技术标和实施方案的竞争性；投标报价的经济性；投标风险的分析与应对。

3）其他。依法与发包方或其他代表有效沟通，分析投标过程的变更信息，形成必要记录。应识别和评价投标过程风险，并采取相关措施以确保实现投标目标要求。中标后，应根据相关规定办理有关手续。

3. 建设项目合同制度

（1）相关法律规定。《中华人民共和国建筑法》（简称《建筑法》）第15条规定，"建筑工程的发包单位与承包单位应当依法订立书面合同，明确双方的权利和义务"。发包单位和承包单位应当全面履行合同约定的义务。不按照合同约定履行义务的，依法承担违约责任。由于建设工程合同是合同的一种，因此它的签订、履行、变更和消灭除了受到《建筑法》的约束外，也受到《合同法》的约束。

《合同法》规定，建设工程合同是承包人进行工程建设，发包人支付价款的合同。建设工程合同实质上是一种特殊的承揽合同。《合同法》第十六章"建设工程合同"中规定："本章没有规定的，适用承揽合同的有关规定。"建设工程合同可分为建设工程勘察合同、建设工程设计合同、建设工程施工合同。建设工程施工合同的内容包括工程范围、建设工期、中间交工工程的开工和竣工时间、工程质量、工程造价、技术资料交付时间、材料和设备供应责任、拨款和结算、竣工验收、质量保修范围和质量保证期、双方相互协作等条款。

（2）建设工程合同的分类。

1）按照承包的工程范围和承包关系分类：①建设工程总承包合同（设计-建造及交钥匙承包合同）；②建设工程承包合同；③建设工程分包合同。

2）按照建设工程合同标的的性质分类：①建设工程合同包括建设工程勘察合同；

②建设工程设计合同；③建设工程施工合同；④建设工程监理合同。

3) 按照承包工程计价方式分类：①固定价格；②可调价格；③工程成本加酬金确定的价格。

(3) 规范要求。《建设工程项目管理规范》(GB/T 50326—2017)对合同管理的有关规定如下。

1) 一般规定。建筑工程项目管理组织应建立项目合同管理制度，明确合同管理责任，设立专门机构或人员负责合同管理工作。组织应配备符合要求的项目合同管理人员，实施合同的策划和编制活动，规范项目合同管理的实施程序和控制要求，确保合同订立和履行过程的合规性。严禁通过违法发包、转包、违法分包、挂靠方式订立和实施建设工程合同。

项目合同管理应遵循下列程序：合同评审；合同订立；合同实施计划；合同实施控制；合同管理总结。

2) 合同评审。合同订立前，项目管理职责应进行合同评审，完成对合同条件的审查、认定和评估工作。以招标方式订立合同时，组织应对招标文件和投标文件进行审查、认定和评估。合同评审应包括：合法性、合规性评审；合理性、可行性评审；合同严密性、完整性评审；与产品或过程有关要求的评审；合同风险评估。合同内容涉及专利、专有技术或著作权等知识产权时，应对其使用权的合法性进行审查。合同评审中发现的问题，应以书面形式提出，要求予以澄清或调整。根据需要进行合同谈判、细化、完善、补充、修改或另行约定合同条款和内容。

3) 合同订立。应依据合同评审和谈判结果，按程序和规定订立合同。合同订立应符合下列规定：合同订立应是组织的真实意思表示；合同订立应采用书面形式，并符合相关资质管理与许可管理的规定；合同应由当事方的法定代表人或其授权的委托代理人签字或盖章；合同主体是法人或者其他组织时，应加盖单位印章；法律、行政法规规定需办理批准、登记手续后合同生效时，应依照规定办理；合同订立后应在规定期限内办理备案手续。

4) 合同实施计划。项目管理组织应规定合同实施工程程序，编制合同实施计划。合同实施计划应包括下列内容：合同实施总体安排；合同分解与分包策划；合同实施保证体系的建立。合同实施保证体系应与其他管理体系协调一致。应建立合同文件沟通方式、编码系统和文档系统。承包人应对其承接的合同做总体协调安排。承包人自行完成的工作及分包合同的内容，应在质量、资金、进度、管理架构、争议解决方式方面符合总包合同的要求。分包合同实施应符合法律和组织有关合同管理制度的要求。

5) 合同实施控制。项目管理机构应按约定全面履行合同。合同实施控制的日常工作应包括下列内容：合同交底；合同跟踪与诊断；合同完善与补充；信息反馈与协调；其他应自主完成的合同管理工作。合同实施前，组织的相关部门和合同谈判人员应对项目管理机构进行合同交底。合同交底应包括下列内容：合同的主要内容；合同订立过程中的特殊问题及合同待定问题；合同实施计划及责任分配；合同实施的主要风险；其他应进行交底的合同事项。

项目管理机构应在合同实施过程定期进行合同跟踪和诊断。合同跟踪和诊断应符合下列要求;对合同实施信息进行全面收集、分类处理,查找合同实施中的偏差;定期对合同实施中出现的偏差进行定性、定量分析,通报合同实施情况及存在的问题。

项目管理机构应根据合同实施偏差结果制定合同纠偏措施或方案,经授权人批准后实施。实施需要其他相关方配合时,项目管理机构应事先征得各相关方的认同,并在实施中协调一致。项目管理机构应按规定实施合同变更的管理工作,将合同变更文件和要求传递至相关人员。合同变更应当符合下列条件:变更内容应符合合同约定或者法律规定。变更超过原设计标准或者批准规模时,应由组织按照规定程序办理变更审批手续;变更或变更异议的提出,应符合合同约定或者法律法规规定的程序和期限;变更应经组织或授权人员签字或盖章后实施;变更对合同价格及工期有影响时,相应调整合同价格和工期。

项目管理机构应控制和管理合同中止行为。合同中止应按照下列方式处理:合同中止履行前,应书面通知对方并说明理由;因对方违约导致合同中止履行时,在对方提供适当担保时应恢复履行;中止履行后,对方在合理期限内未恢复履行能力并未提供相应担保时,应报请组织决定是否解除合同;合同中止或恢复履行,如依法需要向有关行政主管机关报告或履行核验手续,应在规定的期限内履行有关手续;合同中止后不再恢复履行时,应根据合同约定或法律规定解除合同。

项目管理机构应按照规定实施合同索赔的管理工作。索赔应符合下列条件:索赔应依据合同约定提出;合同没有约定或者约定不明确时,按照法律法规规定提出;索赔应全面、完整地收集和整理索赔资料;索赔意向通知及索赔报告应按照约定或法定的程序和期限提出;索赔报告应说明索赔理由,提出索赔金额及工期。

合同实施过程中产生争议时,应按下列方式解决:双方通过协商达成一致;请求第三方协调;按照合同约定申请仲裁或向人民法院起诉。

6) 合同管理总结。项目管理机构应进行项目合同管理评价,总结合同订立和执行过程中的经验和教训,提出总结报告。合同总结报告应包括下列内容:合同订立情况评价;合同履行情况评价;合同管理工作评价;对本项目有重大影响的合同条款评价;其他经验和教训。组织应根据合同总结报告确定项目合同管理改进要求,制定改进措施,完善合同管理制度,并按照规定保存合同总结报告。

1.3.3 建设工程监理制度

建设工程监理也叫工程建设监理,国际上属于业主项目管理的范畴。1995年12月15日,原建设部和原国家计委印发《工程建设监理规定》的通知,自1996年1月1日起实施。《工程建设监理规定》第三条明确提出:建设工程监理是指监理单位受项目法人的委托,依据国家批准的工程项目建设文件、有关工程建设的法律、法规和工程建设监理合同及其他工程建设合同,对工程建设实施的监督管理。建设工程监理可以是建设工程项目活动的全过程监理,也可以是建设工程项目某一实施阶段的监理,如设计阶段监理、施工阶段监理等。我国目前应用最多的是施工阶段监理。

1. 原则与特性

《工程建设监理规定》第十八条规定:"监理单位是建筑市场的主体之一,建设监理是一种高智能的有偿技术服务。监理单位与项目法人之间是委托与被委托的合同关系;与被监理单位是监理与被监理关系。监理单位应按照'公正、独立、自主'的原则,开展工程建设监理工作，公平地维护项目法人和被监理单位的合法权益。"可见，监理是一种有偿的工程咨询服务；是受项目法人委托进行的；监理的主要依据是法律、法规、技术标准、相关合同及文件；监理的准则是守法、诚信、公正和科学。

（1）服务性。工程监理机构受业主的委托进行工程建设的监理活动，它提供的不是工程任务的承包，而是服务，工程监理机构将尽一切努力进行项目的目标控制，但它不可能保证项目的目标一定实现，它也不可能承担由于不是它的缘故而导致项目目标的失控。《工程建设监理规定》第十一条规定"监理单位承担监理业务，应当与项目法人签订书面工程建设监理合同。"工程建设监理合同的主要条款是：监理的范围和内容、双方的权利与义务、监理费的计取与支付、违约责任、双方约定的其他事项。第十二条规定"监理费从工程概算中列支，并核减建设单位的管理费"。《建设工程监理规范》（GB/T 50319—2013）要求"建设单位与承包单位之间与建设工程合同有关的联系活动应通过监理单位进行"。

（2）独立性。独立性指的是不依附性，它在组织上和经济上不能依附于监理工作的对象，否则它就不可能自主地履行其义务。监理是一种有偿的工程咨询服务，是受项目法人委托进行的。职责就是在贯彻执行国家有关法律、法规的前提下，促使甲、乙双方签订的工程承包合同得到全面履行。建设工程监理的依据包括工程建设文件、有关的法律法规规章和标准规范、建设工程委托监理合同和有关的建设工程合同。其中工程建设文件包括：批准的可行性研究报告、建设项目选址意见书、建设用地规划许可证、建设工程规划许可证、批准的施工图设计文件、施工许可证等。

（3）公正性。工程监理机构受业主的委托进行工程建设的监理活动，当业主方和承包商发生利益冲突或矛盾时，工程监理机构应以事实为依据，以法律和有关合同为准绳，在维护业主的合法权益时，不损害承包商的合法权益，这体现了建设工程监理的公正性。

《工程建设监理规定》第二十六条规定："总监理工程师要公正地协调项目法人与被监理单位的争议。"国务院有关部门管理本部门工程建设监理工作。

《工程建设监理规定》第七条规定："国务院工业、交通等部门管理本部门工程建设监理工作，其主要职责：（一）贯彻执行国家工程建设监理法规，根据需要制定本部门工程建设监理实施办法，并监督实施；（二）审批直属的乙级、丙级监理单位资质，初审并推荐甲级监理单位；（三）管理直属监理单位的监理工程师资格考试、考核和注册工作；（四）指导、监督、协调本部门工程建设监理工作。"

（4）科学性。工程监理机构拥有从事工程监理工作的专业人士——监理工程师，它将应用所掌握的工程监理科学的思想、组织、方法和手段从事工程监理活动。《建设工程监理规范》（GB/T 50319—2013）要求"建设工程监理应符合国家现行的有关强制性标准、规范的规定"。

2. 制度和作用

我国的建设工程监理制于1988年开始试点，1997年《中华人民共和国建筑法》以法律制度的形式规定"国家推行建筑工程监理制度"，从而使建设工程监理在全国范围内进入全面推行阶段。从法律上明确了监理制度的法律地位。建设监理是商品经济发展的产物。工业发达国家的资本占有者，在进行一项新的投资时，需要一批有经验的专家进行投资机会分析,制定投资决策;项目确立后,又需要专业人员组织招标活动,从事项目管理和合同管理工作。建设监理业务便应运而生,而且随着商品经济的发展,不断得到充实完善,逐渐成为建设程序的组成部分和工程实施惯例。推行建设工程监理制度的目的是确保工程建设质量和安全,提高工程建设水平,充分发挥投资效益。

3. 工作内容

建设工程监理制度工作内容主要包括三控制、三管理与一协调。三控制包括投资控制、进度控制、质量控制,三管理为合同管理、安全管理和风险管理,一协调主要指的是施工阶段项目监理机构组织协调工作。

(1) 三控制。

1) 投资控制。投资控制是在建设工程项目的投资决策阶段、设计阶段、施工阶段以及竣工阶段,把建设工程投资控制在批准的投资限额内,随时纠正发生的偏差,以保证项目投资管理目标的实现,力求在建设工程中合理使用人力、物力、财力,取得较好的投资效益和社会效益。监理工程师在工程项目的施工阶段进行投资控制的基本原理是把计划投资额作为投资控制的目标值,在施工阶段,定期进行投资实际值与目标值的比较。通过比较发现并找出实际支出额与投资目标值之间的偏差,然后分析产生偏差的原因,采取有效的措施加以控制,以确保投资控制目标的实现。这种控制贯穿于项目建设的全过程,是动态的控制过程。要有效的控制投资项目,应从组织、技术、经济、合同与信息管理等多方面采取措施。从组织上采取措施,包括明确项目组织结构、明确项目投资控制者及其任务,以使项目投资控制有专人负责,明确管理职能分工;从技术上采取措施,包括重视设计方案选择,严格审查监督初步设计、技术设计、施工图设计、施工组织设计、渗入技术领域研究节约投资的可能性;从经济上采取措施,包括动态的比较项目投资的实际值和计划值,严格审查各项费用支出,采取节约投资的奖励措施等。

2) 进度控制。进度控制是指对工程项目建设各阶段的工作内容、工作程序、持续时间和衔接关系,根据进度总目标及资源优化配置的原则,编制计划并付诸实施,然后在进度计划的实施过程中经常检查实际进度是否按计划进行,对出现的偏差情况进行分析,采取有效的补救措施,修改原计划后再付诸实施,如此循环,直到建设工程项目竣工验收交付使用。建设工程仅需控制的最终目标是确保建设项目按预定时间交付使用或提前交付使用。建设工程进度控制的总目标是建设工期。

影响建设工程进度的不利因素很多,如人为因素、设备、材料及构配件因素、机具因素、资金因素、水文地质因素等。常见影响建设工程进度的人为因素有:

a. 建设单位因素:如建设单位因使用要求改变而进行的设计变更;不能及时提供建设场地而满足施工需要;不能及时向承包单位、材料供应单位付款。

b. 勘察设计因素:如勘察资料不准确,特别是地质资料有错误或遗漏;设计有缺陷或错误;设计对施工考虑不周,施工图供应不及时等。

c. 施工技术因素:如施工工艺错误;施工方案不合理等。

d. 组织管理因素:如计划安排不周密,组织协调不利等。

3) 质量控制。建筑工程质量是指工程满足建设单位需要的,符合国家法律、法规、技术规范标准、设计文件及合同规定的特性综合。建设工程作为一种特殊的产品,能具有一般产品共有的质量特性,如适用性、寿命、可靠性、安全性、经济性等满足社会需要的使用价值和属性外,还具有特定的内涵。建设工程质量的特性主要表现在适用性、耐久性、安全性、可靠性、经济性和与环境的协调性。工程建设的不同阶段,对工程质量的形成起到不同的作用和影响。影响工程的因素很多,但归纳起来主要有五个方面:人、机、料、法、环。人员素质、施工设备、工程材料、工艺方法、环境条件都影响着工程质量。

（2）三管理。

1）合同管理。合同是工程监理中最重要的法律文件。订立合同是为了证明一方向另一方提供货品或者劳务,它是订立双方责、权、利的证明文件。施工合同的管理是项目监理机构的一项重要的工作,整个工程项目的监理工作既可视为施工合同管理的全过程。

2）安全管理。建设单位施工现场安全管理包括两层含义:一是指工程建筑物本身的安全,即工程建筑物的质量是否达到了合同的要求;二是施工过程中人员的安全,特别是与工程项目建设有关各方在施工现场施工人员的生命安全。

监理单位应建立安全监理管理体制,确定安全监理规章制度,检查指导项目监理机构的安全监理工作。

3）风险管理。风险管理是对可能发生的风险进行预测、识别、分析、评估,并在此基础上进行有效的处置,以最低的成本实现最大目标保障。工程风险管理是为了降低工程中风险发生的可能性,减轻或消除风险的影响,以最低的成本取得对工程目标保障的满意结果。

（3）一协调。一协调主要指的是施工阶段项目监理机构组织协调工作。

工程项目建设是一项复杂的系统工程。在系统中活跃着建设单位、承包单位、勘察实施单位、监理单位、政府行政主管部门以及与工程建设有关的其他单位。

在系统中监理单位具备最佳的组织协调能力。主要原因是:监理单位是建设单位委托并授权的,是施工现场为宜的管理者,代表建设单位,并根据委托监理合同及有关的法律、法规授予的权利,对整个工程项目的实施过程进行监督并管理;监理人员都是经过考核的专业人员,它们有技术,会管理,懂经济,通法律,一般要比建设单位的管理人员有着更高的管理水平,管理能力和监理经验,能有驾驭工程项目建设过程的有效运行;监理单位对工程建设项目进行监督与管理,根据有关的法令,法规有自己特定的权利。

4．实施程序

（1）成立项目监理机构。监理单位应根据建设工程的规模、性质、业主对监理的要求,委派称职的人员担任项目总监理工程师。总监理工程师是一个建设工程监理工作的总负责人,他对内向监理单位负责,对外向业主负责。

监理机构的人员构成是监理投标书中的重要内容,是业主在评标过程中认可的。总监理工程师在组建项目监理机构时,应根据监理大纲内容和签订的委托监理合同内容组建,并在监理规划和具体实施计划执行中进行及时的调整。

（2）编制建设工程监理规划。建设工程监理规划是开展工程监理活动的纲领性文件。

（3）制定各专业监理实施细则。监理实施细则应由专业监理工程师编制,经总监理工程师批准,在工程开工前完成,并报建设单位核备。

监理实施细则应分专业编制,体现该工程项目在各专业技术、管理和目标控制方面的具体要求，以达到规范监理工作的目的。

（4）规范化地开展监理工作。监理工作的规范化体现在：建设工程施工完成以后，监理单位应在正式验交前组织竣工预验收，在预验收中发现的问题，应及时与施工单位沟通，提出整改要求；监理单位应参加业主组织的工程竣工验收，签署监理单位意见。

建设工程监理工作完成后，监理单位向业主提交的监理档案资料应在委托监理合同文件中约定。如在合同中没有作出明确规定的，监理单位一般应提交设计变更、工程变更资料，监理指令性文件，各种签证资料等档案资料。

1.3.4 建设工程项目目标管理制度

1. 建设项目目标管理

目标管理，简言之就是将工作任务和目标明确化，同时建立目标系统，以便统筹兼顾进行协调，然后在执行过程中，予以对照和控制，及时进行纠偏，努力实现既定目标。工程项目的目标管理作为工程项目管理中重要的工作内容，因其涉及内容繁杂、利益方众多、建设周期长、不确定因素多等原因，在建设执行过程中，项目目标会受到各方面影响。项目目标的设置是否正确，以及是否可控，一定意义上直接决定项目建设的成败。

（1）工程建设项目中目标系统的建立。

1）项目目标确定的依据。工程项目决策之初，无论投资方、承建方、协作方或政府，均会有一定的目的或利益期望，这些目的与利益期望，只要可行（即经过项目的控制和协调后是可以实现的），也可以认为是项目目标的雏形。其中可能包含项目建设的费用投入与收益、资源投入、质量要求、进度要求、健康/安全/环境（HSE）、风险控制率、各利益方满意度，以及其他特殊目标和要求。此外，目标的确定还应遵循在政策法规之下的原则。

由于每个项目均有其唯一性，每个项目目标的侧重点不尽相同，但HSE、质量、费用与进度在绝大多数工程项目中，都是相对重要的控制要求。

2）有效目标的特征。有效目标应该具备以下特点：明确、具体、可行（可操作）、可度量和一定的挑战性，而且这些目标也需要得到上级或相关利益方的认可，亦即与其他方的目标一致。项目目标应该有属性（如成本）、计算单位或一个绝对或相对的值。对于成功完成项目来说，没有量化的目标通常隐含较高的风险。

3）总目标与目标系统。工程项目涉及面广，在很多方面均会有控制要求，因此需要设立多个总目标，而且在总目标之下，也需要设立多个子目标用以支撑或说明各类控制要求和建设期望。比如项目的投资、产能、质量、进度、环保等要求就属于总目标之列；在化工建设中就投资控制而言，这些投资可能由几个工段组成，而这几个工段中，包含设计费、采购费、建安费、管理费等，这些分项控制要求均属于项目投资总目标下的子目标；又如在设计变更控制目标下，则又可分解为不同专业的目标；再如拟定进度总目标后，则可能分解为项目策划决策期、项目准备期、项目实施期和项目试运行期等。项目总目标与多个子目标就构成了一个目标系统，成为项目建设研究和管理的对象。

（2）目标系统的建立方法。

1）完整列出该项目的各类期望和要求。其中可能包含的方面有：生产能力（功能）、经济效益要求、进度要求、质量保证、产业与社会影响、生态保护、环保效应、安全、技术及创新要求、试验效果、人才培养与经验积累及其他功能要求。准确研究和确定项目工作范围；按照工程固有的特点，沿可执行的方向，对项目范围进行分解，层层细分，建立工作分解结构（WBS），全面明确工作范围内包含哪些环节和内容，以此作为目标细分的依据。工作分解结构的末端应该是可执行单元，对应的目标亦即可执行目标。

2）建立目标矩阵。以项目期望目标为列，以WBS结构为行，建立目标矩阵。识别目标矩阵中重要因素，作为重要控制目标；根据重要控制目标情况，设置相关专职或兼职职能岗位。项目目标矩阵及重要控制目标识别是项目职能岗位设置及团队组建的基础，亦即组织分解机构（OBS）组建的依据。

（3）项目管理目标责任书。在项目实施之前，由法定代表人或其授权人与项目管理机构负责人协商制定项目管理目标责任书，责任书应属于组织内部明确责任的系统性管理文件，其内容应符合组织制度要求和项目自身特点。

项目管理目标责任书的制定应依据下列信息：项目合同文件，组织管理制度，项目管理规划大纲，组织经营方针和目标，项目特点和实施条件与环境。项目管理目标责任书宜包括下列内容：项目管理实施目标；组织和项目管理机构职责、权限和利益的划分；项目现场质量、安全、环保、文明、职业健康和社会责任目标；项目设计、采购、施工、试运行管理的内容和要求；项目所需资源的获取和核算办法；法定代表人向项目管理机构负责人委托的相关事项；项目管理机构负责人和项目管理机构应承担的风险；项目应急事项和突发事件处理的原则和方法；项目管理效果和目标实现的评价原则、内容和方法；项目实施过程中相关责任和问题的认定和处理原则；项目完成后对项目管理机构负责人的奖惩依据、标准和办法；项目管理机构负责人解职和项目管理机构解体的条件及办法；缺陷责任期、质量保修期及之后对项目管理机构负责人的相关要求。

组织应对项目管理目标责任书的完成情况进行考核和认定，并根据考核结果和项目管理目标责任书的奖惩规定，对项目管理机构负责人和项目管理机构进行奖励或处罚。同时，项目管理目标责任书应根据项目实施变化进行补充和完善。

2. 施工项目管理的全过程目标管理

施工项目管理的对象是施工项目寿命周期各阶段的工作。广义的施工项目是指从投标、签约开始到工程施工完成后的服务为止的整个过程，它与狭义的施工项目不同。狭义的施工项目管理是指从项目签约后开始到验收、结算、交工时为止的一段过程。这里所谈的施工项目是指广义的施工项目管理过程。施工项目寿命周期可分为五个阶段，构成了施工项目管理有序的全过程。

（1）投标、签约阶段。业主单位对建设项目进行设计和建设准备、具备了招标条件以后，便发出广告（或邀请函），施工单位见到招标广告（或邀请函）后，从作出投标决策至中标签约，实质上便是在进行施工项目的工作。这是施工项目寿命周期的第一阶段，可称为立项阶段。本阶段的最终管理目标是签订工程承包合同。

这一阶段主要进行以下工作：建筑施工企业从经营战略的高度作出是否投标争取承包该项目的决策；决定投标以后，从多方面（企业自身、相关单位、市场、现场等）掌握大量信息，编制既能使企业盈利、又有力可望中标的投标书；如果中标，则与招标方进行谈判，依法签订工程承包合同，使合同符合国家法律、法规和国家计划，符合平等互利、等价有偿的原则。

（2）施工准备阶段。施工单位与业主单位签订了工程承包合同、交易关系正式确立后，便应组建项目经理部，然后以项目经理为主，与企业经营层和管理层、业主单位进行配合，进行施工准备，使工程具备开工和连续施工的基本条件。

这一阶段主要进行以下工作：成立项目经理部，根据工程管理的需要建立机构，配备管理人员；编制施工组织设计，主要是施工方案、施工进度计划和施工平面图，用以指导施工准备和施工；制订施工项目管理规划，以指导施工项目管理活动；进行施工现场 准备，使现场具备施工条件，利于进行文明施进行文明施工；编写开工申请报告，待批开工。

（3）施工阶段。这是一个自开工至竣工的实施过程。在这一过程中，项目经理部既是决策机构，又是责任机构。经营管理层、业主单位、监理单位的作用是支持、监督与协调。这一阶段的目标是完成合同规定的全部施工任务，达到验收、交工的条件。

这一阶段主要进行以下工作：按施工组织设计的安排进行施工；在施工中努力做好动态控制工作，保证质量目标、进度目标、造价目标、安全目标、节约目标的实现；管好施工现场，实行文明施工；严格履行工程承包合同，处理好内外关系，管好合同变更及索赔；做好记录、协调、检查、分析工作。

（4）验收、交工与结算阶段。这一阶段可称作"结束阶段"。与建设项目的竣工验收阶段协调同步进行。其目标是对项目成果进行总评、评价，对外结清债务，结束交易关系。本阶段主要进行以下工作：工程收尾、进行试运转；在预检的基础上接受正式验收整理、移交竣工文件，进行财务结算，总结工作，编制竣工总结报告办理工程交付手续；项目经理部解体。

（5）用户服务阶段。这是施工项目管理的最后阶段。在交工验收后，按合同规定的责任期进行用后服务、回访与保修，其目的是保证使用单位正常使用，发挥效益。在该阶段中主要进行以下工作：为保证工程正常使用而作必要的技术咨询和服务；进行工程回访，听取使用单位意见，总结经验教训，观察使用中的问题，进行必要的维护、维修和保修；进行沉陷、抗震性能等观察，以服务于宏观事业。

复 习 思 考 题

（1）项目管理的概念。
（2）项目管理一般分为几个阶段？
（3）什么是项目？
（4）什么是建设项目？
（5）建筑产品的最终形式是什么？
（6）建筑产品有哪些特点？
（7）建筑产品的施工有哪些特点？
（8）施工管理的特点有哪些？
（9）建筑工程项目管理的概念。

(10) 工程项目管理周期的概念。
(11) 建设项目的建设程序如何?
(12) 可行性研究的作用是什么?
(13) 什么是建设项目法人及建设项目法人制度?
(14) 建设项目法人制度包括哪些方面?
(15) 建设工程监理制度包括哪些方面?
(16) 建设目标管理制度包括哪些内容?

项目 2 建设项目管理策划

【学习目标】 本项目主要介绍了项目策划,重点介绍了施工组织设计、施工项目准备等内容。通过本项目的学习,应了解施工项目管理策划,掌握施工组织设计的主要内容及基本要求,掌握施工准备的主要内容。

2.1 项目管理策划

项目管理策划是对项目实施的任务分解和任务组织工作的策划,包括设计、施工、采购任务的招投标,合同结构,项目管理机构设置、工作程序、制度及运行机制,项目管理组织协调,管理信息收集、加工处理和应用等。项目管理策划视项目系统的规模和复杂程度,分层次、分阶段地展开,从总体的轮廓性、概略性策划,到局部的实施性详细策划逐步深化。

2.1.1 一般规定

项目管理策划由项目管理规划策划和管理配套策划组成。项目管理规划应包括项目规划大纲和管理实施规划,项目管理配套策划应包括项目管理规划策划以外的所有项目管理策划内容。应建立项目管理策划的管理制度,确定项目管理策划的管理职责,实施程序和控制要求。

(1)管理过程。项目管理策划应包括下列管理过程:分析、确定项目管理的内容与范围;协调、研究、形成项目管理策划结果;检查、监督、评价项目管理策划过程;履行其他确保项目管理策划的规定责任。

(2)实施程序。项目管理策划应遵循下列程序:识别项目管理范围;进行项目工作分解;确定项目的实施方法;规定项目需要的各种资源;测算项目成本;对各个项目管理过程进行策划。

(3)控制要求。项目管理策划过程应符合下列规定:项目管理范围应包括项目的全部内容,并与各相关方的工作协调一致;项目工作分解结构应根据项目管理范围,以可交付成果为对象实施;应根据项目实际情况与管理需要确定详细程度,确定工作分解结构;提供项目所需资源应保证工程质量和降低项目成本的要求进行方案比较;项目进度安排应形成项目总进度计划,宜采用可视化图表表达;宜采用量价分离的方法,按照工程实体性消耗和非实体性消耗测算项目成本;应进行跟踪检查和必要的策划调整,项目结束后宜编写项目管理策划的总结文件。

2.1.2 项目管理规划大纲

1. 编制目的与步骤

项目管理规划大纲应是项目管理工作中具有战略性、全局性和宏观性的指导文件。编制项目管理规划大纲应遵循下列步骤:明确项目需求和项目管理范围;确定项目管理目

标；分析项目实施条件，进行项目工作结构分解；确定项目管理组织模式、组织结构和职责分工；规定项目管理措施；编制项目资源计划；报送审批。

2. 编制依据、编制内容与编制要求

（1）编制依据。项目管理规划大纲编制依据应包括下列内容：项目文件、相关法律法规和标准；类似项目经验资料；实施条件调查资料。

（2）编制内容。项目管理规划大纲文件宜包括下列内容，可根据需要在其中选定：项目概况；项目范围管理；项目管理目标；项目管理组织；项目采购与投标管理；项目进度管理；项目质量管理；项目成本管理；项目安全生产管理；绿色建造与环境管理；项目资源管理；项目信息管理；项目沟通与相关方管理；项目风险管理；项目收尾管理。

（3）编制要求。项目管理规划大纲应具备下列内容：项目管理目标和职责规定；项目管理程序和方法要求；项目管理资源的提供和安排。

2.1.3 项目管理实施规划

1. 编制步骤

项目管理实施规划应对项目管理规划大纲的内容进行细化。编制项目实施规划应遵循下列步骤：了解相关方的要求；分析项目具体特点和环境条件；熟悉相关的法规和文件；实施编制活动；履行报批手续。

2. 编制依据与内容

（1）编制依据。项目管理实施规划编制依据可包括下列内容：适用的法律、法规和标准；项目合同及相关要求；项目管理规划大纲；项目设计文件；工程情况与特点；项目资源和条件；有价值的历史数据；项目团队的能力和水平。

（2）编制内容。项目管理实施规划应包括下列内容：项目概况；项目总体工作安排；组织方案；设计与技术措施；进度计划；质量计划；成本计划；安全生产计划；绿色建造与环境管理计划；资源需求与采购计划；信息管理计划；沟通管理计划；风险管理计划；项目收尾计划；项目现场平面布置图；项目目标控制计划与技术经济指标。

（3）编制要求。项目管理实施规划文件应满足下列要求：项目大纲内容应得到全面深化和具体化；实施规划范围应满足实现项目目标的实际需求；实施项目管理规划的风险处于可以接受的水平。

2.1.4 项目管理配套计划

项目管理配套计划应是与项目管理规划相关的项目管理策划过程，应将项目管理配套策划作为项目策划的支撑措施纳入项目管理策划过程。

1. 编制依据与内容

（1）编制依据。项目管理配套策划依据应包括下列内容：项目管理制度；项目管理规划；实施过程需求；相关风险程度。

（2）编制内容。项目管理配套策划应包括下列内容：确定项目管理规划的编制人员、方法选择与时间安排；安排项目管理策划各项规定的具体落实途径；明确可能影响项目管理实施绩效的风险应对措施。

2. 策划过程

（1）要求与规定。项目管理机构应确保项目管理配套策划过程满足项目管理的需求，并应符合下列规定：界定项目管理配套策划的范围、内容、职责和权利；规定项目管理配套策划的授权、批准和监督范围；确定项目管理配套策划的风险应对措施；总结评价项目管理配套策划水平。

（2）基础工作过程。组织应建立下列保证项目管理配套策划有效性的基础工作过程：积累以往项目管理经验；制定有关消耗定额；编制项目基础设施配套参数；建立工作说明书和实施操作标准；规定项目实施的专项条件；配置专用软件；建立项目信息数据库；进行项目团队建设。

2.1.5 建筑工程项目管理规划

1. 概述

建筑工程项目管理规划是对工程项目全过程中的各种管理职能、各种管理过程以及各种管理要素进行完整而全面的总体计划。作为指导项目管理工作的纲领性文件，项目管理规划应对项目管理的目标、依据、内容、组织、资源、方法、程序和控制措施进行确定。项目管理规划包括项目管理规划大纲和项目管理实施规划两大类。

建筑工程项目管理规划大纲是由企业管理层在投标之前编制的，旨在作为投标依据、满足招标文件要求及签订合同要求的文件。项目管理规划大纲作为投标人的项目管理总体构想或项目管理宏观方案，具有战略性、全局性和宏观性，显示投标人的技术和管理方案的可行性与先进性，其作用是指导项目投标和签订施工合同。

建筑工程项目管理实施规划是在开工之前由项目经理主持编制的，旨在指导施工项目实施阶段管理的文件。项目管理规划大纲和项目管理实施规划的关系是：前者是后者的编制依据，后者是前者的延续、深化和具体化。两者的区别见表 2.1。

表 2.1 两种项目管理规划的区别

种 类	编制时间	编制者	主要特征	服务范围	追求主要目标
项目管理规划大纲	投标书编制前	企业管理层	规划性	投标与签约	中标和经济效益
项目管理实施规划	签约后开工前	项目管理层	作业性	施工准备至验收	施工效率和效益

2. 建筑工程项目管理规划大纲的编制依据

建筑工程项目管理规划大纲需要依靠企业管理层的智慧与经验，取得充分依据，发挥综合优势进行编制。一般需要收集下列资料：①可行性研究报告；②招标文件及发包人对招标文件的解释；③企业管理层对招标文件的分析研究结果；④工程现场环境情况的调查结果；⑤发包人提供的信息和资料；⑥有关该工程投标的竞争信息；⑦企业法定代表人的投标决策意见。

3. 建筑工程项目管理规划大纲的内容

《建设工程项目管理规范》（GB/T 50326—2017）规定，建筑工程项目管理规划大纲可包括下列内容，企业应根据需要选定：①项目概况；②项目范围管理规划；③项目范围目标规划；④项目管理组织规划；⑤项目成本管理规划；⑥项目进度管理规划；⑦项目质量管理规划；⑧项目职业健康安全与环境管理规划；⑨项目采购与资源管理规划；⑩项目信息管理规划；⑪项目沟通管理规划；⑫项目风险管理规划；⑬项目收尾管理规划。

2.1.6 建筑工程项目管理实施规划

建筑工程项目管理实施规划作为项目经理部实施项目管理的依据，必须由项目经理组织项目经理部成员在工程开工之前编制完成。

1. 建筑工程项目实施管理规划的编制依据

建筑工程项目管理实施规划应依据下列资料编制：项目管理规划大纲；项目管理目标责任书；施工合同及相关资料；同类项目的相关资料。

2. 建筑工程项目管理实施规划的编制程序

编制建筑工程项目管理实施规划应遵循下列程序：对施工合同和施工条件进行分析；对项目管理目标责任书进行分析；编写目录及框架；分工编写；汇总、协调；统一审稿；修改定稿；报批。

3. 建筑工程项目管理实施规划的内容

建筑工程项目管理实施规划应以项目管理规划大纲的总体构想和决策意图为指导，具体规定各项管理业务的目标要求、职责分工和管理方法，把履行合同和落实项目管理目标责任书的任务，贯彻在实施规划中，是项目管理人员的行为指南。项目管理实施规划应包括下列内容（编制时可以根据建筑工程施工项目的性质、规模、结构特点、技术复杂难易程度和施工条件等进行选择）：①工程概况；②施工部署；③施工方案；④施工进度计划；⑤质量计划；⑥职业健康安全与环境管理计划；⑦成本计划；⑧资源需求计划；⑨施工准备工作计划；⑩风险管理计划；⑪信息管理计划；⑫施工现场平面布置图；⑬项目目标控制措施；⑭技术经济指标。

2.2 施工组织设计

施工组织设计是传统的指导施工准备和施工的全面性技术经济文件；施工项目管理实施规划是项目经理部实施项目的管理文件。由于两者在内容和作用上具有一定的共性，故在《建设工程项目管理规范》（GB/T 50326—2017）中提出承包人的项目管理实施规划可以用施工组织代替，但由于施工组织设计是施工规划，管理内容不足，应补充项目管理的内容，使之能够满足项目管理实施规划的要求。但是，大中型项目应单独编制项目管理实施规划，以便于规范管理工作。下面简要叙述施工组织设计的内容。

施工组织设计分为投标前的施工组织设计（简称"标前设计"）和投标后的施工组织设计（简称"标后设计"）。前者满足编制投标书和签订施工合同的需要，后者满足施工准备和施工的需要。标后设计又可根据设计阶段和编制对象的不同划分为施工组织总设计、单位工程施工组织设计和分部（分工种）工程施工组织设计。

2.2.1 标前设计的内容

施工单位为了使投标书具有竞争力以实现中标，必须编制标前设计，对投标书所要求的内容进行筹划和决策，并附入投标文件之中。标前设计的水平既是能否中标的关键因素，又是总包单位进行分包招标和分包单位编制投标书的重要依据。它还是承包单位进行合同谈判、提出要约和进行承诺的根据和理由，是拟订合同文本中相关条款的基础资料。

它应由经营管理层进行编制，其内容应包括以下几个方面。

（1）施工方案。包括施工方法选择，施工机械选用，劳动力和主要材料、半成品的投入量。

（2）施工进度计划。包括工程开工日期，竣工日期、施工进度控制图及说明。

（3）主要技术组织措施。包括保证质量，保证安全，保证进度，防治环境污染等方面的技术组织措施。

（4）施工平面图，包括施工用水量和用电量的计算，临时设施用量、费用计算和现场布置等。

（5）其他有关投标和签约谈判需要的设计。

2.2.2 施工组织总设计

施工组织总设计是以整个建设项目或群体项目为对象编制的，是整个建设项目或群体工程施工的全局性，指导性文件。

1. 施工组织总设计的主要作用

施工组织总设计的最主要作用是为施工单位进行全场性施工准备工作和组织物资、技术供应提供依据；它还可用来确定设计方案施工的可能性和经济合理性，为建设单位和施工单位编制计划提供依据。

2. 施工组织总设计的内容和深度

施工组织总设计的深度应视工程的性质、规模、结构特征、施工复杂程度、工期要求、建设地区的自然和经济条件而有所不同，原则上应突出"规划性"和"控制性"的特点，其主要内容如下。

（1）施工部署和施工方案。主要有施工项目经理部的组建，施工任务的组织分工和安排，重要单位工程施工方案，主要工种工程的施工方法，"七通一平"规划。

（2）施工准备工作计划。主要有测量控制网的确定和设置，土地征用，居民迁移，障碍物拆除，掌握设计进度和设计意图，编制施工组织设计，研究采用有关新技术、新材料、新设备、技术组织措施，进行科研试验，大型临时设施规划，施工用水、电、路及场地平整工作的安排、技术培训、物资和机具的申请和准备等。

（3）各项需要量计划。包括劳动力需要量计划，主要材料与加工品需用量计划和运输计划，主要机具需用量计划，大型临时设施建设计划等。

（4）施工总进度计划。应编制施工总进度图表或网络计划，用以控制工期，控制各单位工程的搭接关系和持续时间，为编制施工准备工作计划和各项需要量计划提供依据。

（5）施工总平面图。对施工所需的各项设施、这些设施的现场位置、相互之间的关系，它们和永久性建筑物之间的关系和布置等，进行规划和部署，绘制成布局合理、使用方便、利于节约、保证安全的施工总平面布置图。

（6）技术经济指标分析。用以评价上述设计的技术经济效果，并作为今后考核的依据。

2.2.3 单位工程施工组织设计

单位工程施工组织设计是具体指导施工的文件，是施工组织总设计的具体化，也是

建筑企业编制月旬作业计划的基础。它是以单位工程或一个交工系统工程为对象编制的。

1. 单位工程施工组织设计的作用

单位工程施工组织设计是以单位工程为对象编制的用以指导单位工程施工准备和现场施工的全局性技术经济文件。它的主要作用有以下几点。

(1) 贯彻施工组织总设计，具体实施施工组织总设计时该单位工程的规划精神。

(2) 编制该工程的施工方案，选择其施工方法、施工机械，确定施工顺序，提出实现质量、进度、成本和安全目标的具体措施，为施工项目管理提出技术和组织方面的指导性意见。

(3) 编制施工进度计划，落实施工顺序、搭接关系、各分部分项工程的施工时间、实现工期目标，为施工单位编制作业计划提供依据。

(4) 计算各种物资，机械、劳动力的需要量，安排供应计划，从而保证进度计划的实现。

(5) 对单位工程的施工现场进行合理设计和布置，统筹地合理利用空间。

(6) 具体规划作业条件方面的施工准备工作。

总之，通过单位工程施工组织设计的编制和实施，可以在施工方法、人力、材料、机械、资金、时间、空间等方面进行科学合理地规划，使施工在一定的时间、空间和资源供应条件下，有组织、有计划、有秩序地进行，实现质量好、工期短、消耗少、资金省、成本低的良好效果。

2. 单位工程施工组织设计的内容

与施工组织总设计类似，单位工程施工组织设计应包括以下主要内容。

(1) 工程概况。工程概况包括工程特点、建设地点特征、施工条件三个方面。

(2) 施工方案。施工方案的内容包括确定施工程序和施工流向、划分施工段、主要分部分项工程施工方法的选择和施工机械选择、技术组织措施。

(3) 施工进度计划。包括确定施工顺序、划分施工项目、计算工程量、劳动量和机械台班量、确定各施工过程的持续时间并绘制进度计划图。

(4) 施工准备工作计划。包括技术准备、现场准备、劳动力、机具、材料、构件、加工半成品的准备等。

(5) 编制各项需用量计划。包括材料需用量计划、劳动力需用量计划、构件、加工半成品需用量计划、施工机具需用量计划。

(6) 施工平面图。表明单位工程施工所需施工机械、加工场地、材料、构件等的放置场地及临时设施在施工现场合理布置的图形。

(7) 技术经济指标。

以上单位工程施工组织设计内容中，以施工方案、施工进度计划和施工平面图三项最为关键，它们分别规划单位工程施工的技术、时间、空间三大要素，在设计中，应下大力气进行研究和筹划。

2.2.4 分部（分工种）工程施工组织设计

它的编制对象是难度较大、技术复杂的分部（分工种）工程或新技术项目，用来具体指导这些工程的施工。主要内容包括施工方案、进度计划、技术组织措施等。

不论是哪一类施工组织设计，其内容都相当广泛，编制任务量很大。为了使施工组织设计编制得及时、适用，必须抓住重点，突出"组织"二字，对施工中的人力、物力和方法、时间与空间、需要与可能、局部与整体、阶段与全过程、前方和后方等给予周密的安排。

2.2.5 编制施工组织设计的基本要求

1. 严格遵守国家和合同规定的工程竣工及交付使用期限

总工期较长的大型建设项目，应根据生产的需要，安排分期分批建设，配套投产或交付使用，从实质上缩短工期，尽早地发挥国家建设投资的经济效益。

在确定分期分批施工的项目时，必须注意使每期交工的一套项目可以独立地发挥效用，使主要的项目同有关的附属辅助项目同时完工，以便完工后可以立即交付使用。

2. 合理安排施工顺序

建设施工有其本身的客观规律，按照反映这种规律的顺序组织施工，能够保证各项施工活动相互促进，紧密衔接，避免不必要的重复工作，加快施工速度，缩短工期。

建筑施工特点之一是建筑产品的固定性，因而使建筑施工活动必须在同一场地上进行，没有前一阶段的工作，后一阶段就不可能进行，即使它们之间交错搭接地进行，也必须严格遵守一定的顺序。顺序反映客观规律要求，交叉则体现争取时间的主观努力。因此在编制施工组织设计时，必须合理地安排施工顺序。

虽然建筑施工顺序会随工程性质、施工条件和使用的要求而有所不同，但还是能够找出可以遵循的共同性的规律，在安排施工顺序时，通常应当考虑以下几点。

（1）要及时完成有关的施工准备工作，为正式施工创造良好条件，包括砍伐树木、拆除已有建筑物、清理场地、设置围墙、铺设施工需要的临时性道路以及供水、供电管网、建造临时性工房、办公用房、加工企业等。准备工作视施工需要，可以一次完成或是分期完成。

（2）正式施工时应该先进行平整场地、铺设管网、修筑道路等全场性工程及可供施工使用的永久性管线、道路为施工服务，从而减少暂设工程，节约投资，并便于现场平面的管理。在安排管线道路施工程序时，一般宜先场外、后场内，场外由远而近，先主干、后分支，地下工程要先深后浅，排水要先下游、后上游。

（3）对于单个房屋和构筑物的施工顺序，既要考虑空间顺序，也要考虑工种之间的顺序。空间顺序是解决施工流向的问题，它必须根据生产需要、缩短工期和保证工程质量的要求来决定。工种顺序是解决时间上搭接的问题，它必须做到保证质量、工种之间互相创造条件，充分利用工作面，争取时间。

3. 用流水作业法和网络计划技术安排进度计划

采用流水方法组织施工，以保证施工连续地、均衡地、有节奏地进行，合理地使用人力、物力和财力，好、快、省、安全地完成施工任务，网络计划是理想的计划模型，可以为编制、优化、调整、利用电子计算机提供优越条件。从实际出发，做好人力、物力的综合平衡，组织均衡施工。

4. 恰当的安排冬雨季施工项目

对于那些必须进入冬雨季施工的工程，应落实季节施工措施，以增加全年的施工日数，提高施工的连续性和均衡性。

5. 恰当的施工方案与施工技术

贯彻多层次技术结构的技术政策，因时因地制宜地促进技术进步和建筑工业化的发展，要贯彻工厂预制、现场预制和现场浇筑相结合的方针，选择最恰当的预制装配方案或机械现场浇筑方案；贯彻先进机械、简易机械和改良机具相结合的方针，恰当选择自行装备、租赁机械或机械分包施工等多方式施工；积极采用新材料、新工艺、新设备与新技术，努力为新结构的推行创造条件；促进技术进步和发展工业化施工要结合工程特点和现场条件，使技术的先进性、适用性和经济合理性相结合。

6. 绿色文明施工

尽量利用永久性工程、原有或就近已有设施，以减少各种暂设工程；尽量利用当地资源，合理安排运输、装卸与储存，减少物资运输量和二次搬运量；精心进行场地规划布置，节约施工用地，不占或少占农田，防止工程事故，做到文明施工。

2.3 施工项目的施工准备

2.3.1 施工准备工作的要求

1. 建立严格的施工准备工作责任制

施工准备工作必须有严格的责任制，按施工准备工作计划将责任落实到有关部门和具体人员，项目经理全权负责整个项目的施工准备工作，对准备工作进行统一布置和安排，协调各方面关系，以便按计划要求及时全面完成准备工作。

2. 建立施工准备工作检查制度

施工准备工作不仅要有明确的分工和责任，要有布置、有交底，在实施过程中还要定期检查。其目的在于督促和控制，通过检查发现问题和薄弱环节，并进行分析、找出原因，及时解决，不断协调和调整，把工作落到实处。

3. 严格遵守建设程序，执行开工报告制度

必须遵循基本建设程序，坚持没有做好施工准备不准开工的原则，当施工准备工作的各项内容已完成，满足开工条件，已办理施工许可证，项目经理部应申请开工报告（表2.2)，报上级批准后才能开工。实行监理的工程，还应将开工报告送监理工程师审批，由监理工程师签发开工通知书。

4. 处理好各方面的关系

施工准备工作的顺利实施，必须将多工种、多专业的准备工作统筹安排、协调配合，施工单位要取得建设单位、设计单位、监理单位及有关单位的大力支持与协作，使准备工作深入有效地实施，为此要处理好几个方面的关系。

（1）建设单位准备与施工单位准备相结合。为保证施工准备工作全面完成，不出现漏洞，或职责推诿的情况，应明确划分建设单位和施工单位准备工作的范围、职责及完成时间。并在实施过程中，相互沟通、相互配合，保证施工准备工作的顺利完成。

2.3 施工项目的施工准备

表 2.2 　　　　　　　　　　　　　　工 程 开 工 报 告

申报单位：　　　　　年　月　日　　第××号

工程名称		建筑面积	
结构类型		工程造价	
建设单位		监理单位	
施工单位		技术负责人	
申请开工日期	年 月 日	计划竣工日期	年 月 日

序号	单位工程开工的基本条件	完成情况
1	施工图纸已会审，图纸中存在的问题和错误已得到纠正	
2	施工组织设计或施工方案已经批准并进行了交底	
3	场内场地平整和障碍物的清除已基本完成	
4	场内外交通道路、施工用水、用电、排水已能满足施工要求	
5	材料、半成品和工艺设计等，均能满足连续施工的要求	
6	生产和生活用的临建设施已搭建完毕	
7	施工机械、设备已进场，并经过检验能保证连续施工的要求	
8	施工图预算和施工预算已经编审，并已签订工作合同协议	
9	劳动力已落实，劳动组织机构已建立	
10	已办理了施工许可证	

施工单位上级主管部门意见 （签章） 年　月　日	建设单位意见 年　月　日	质监站意见 年　月　日	监理意见 年　月　日

（2）前期准备与后期准备相结合。施工准备工作有一些是开工前必须做的，有一些是在开工之后交叉进行的，因而既要立足于前期准备工作，又要着眼于后期的准备工作，两者均不能偏废。

（3）室内准备与室外准备相结合。室内准备工作是指工程建设的各种技术经济资料的编制和汇集，室外准备工作是指对施工现场和施工活动所必需的技术、经济、物质条件的建立。室外准备与室内准备应同时并举，互相创造条件；室内准备工作对室外准备工作起着指导作用，而室外准备工作则对室内准备工作起促进作用。

（4）现场准备与加工预制准备相结合。在现场准备的同时，对大批预制加工构件就应提出供应进度要求，并委托生产，对一些大型构件应进行技术经济分析，及时确定是现场预制还是加工厂预制，构件加工还应考虑现场的存放能力及使用要求。

（5）土建工程与安装工程相结合。土建施工单位在拟定出施工准备工作规划后，要及时与其他专业工程以及供应部门相结合，研究总包与分包之间综合施工、协作配合的关系，然后各自进行施工准备工作，相互提供施工条件，有问题及早提出，以便采取有效措施，促进各方面准备工作的进行。

（6）班组准备与工地总体准备相结合。在各班组做施工准备工作时，必须与工地总体准备相结合，要结合图纸交底及施工组织设计的要求，熟悉有关的技术规范、规程，协调各工种之间衔接配合，力争连续、均衡的施工。

班组作业的准备工作包括：①进行计划和技术交底，下达工程任务书；②施工机具进行保养和就位；③将施工所需的材料、构配件，经质量检查合格后，供应到施工地点；④具体布置操作场地，创造操作环境；⑤检查前一工序的质量，搞好标高与轴线的控制。

2.3.2 编制施工准备工作计划

为了有步骤、有安排、有组织、全面地搞好施工准备，在进行施工准备之前，应编制好施工准备工作计划，其形式见表 2.3。

表 2.3　　　　　　　　　　施工准备工作计划表

序号	项目	施工准备工作内容	要求	负责单位	负责人	配合单位	起止时间		备注
							月日	月日	
1									
2									

施工准备工作计划是施工组织设计的重要组成部分，应依据施工方案、施工进度计划、资源需要量等进行编制。除了用上述表格和形象计划外，还可采用网络计划进行编制，以明确各项准备工作之间的关系并找出关键工作，并且可在网络计划上进行施工准备期的调整。

2.3.3 调查研究和收集有关施工资料的实施

1. 收集给排水、供电等资料

水、电和蒸汽是施工不可缺少的条件。收集的内容如表 2.4 所示。资料来源主要是当地城市建设、电业、电讯等管理部门和建设单位。主要用作选用施工用水、用电和供热、供汽方式的依据。

表 2.4　　　　　　　　　　水、电、汽条件调查表

序号	项目	调查内容	调查目的
1	供水、排水	（1）工地用水与当地现有水源连接的可能性，可供水量、接管地点、管径、材料、埋深、水压、水质及水费；至工地距离，沿途地形地物状况。 （2）自选临时江河水源的水质、水量、取水方式，至工地距离，沿途地形地物状况；自选临时水井的位置、深度、管径、出水量和水质。 （3）利用永久性排水设施的可能性，施工排水的去向、距离和坡度；有无洪水影响，防洪设施状况	（1）确定生活、生产供水方案。 （2）确定工地排水方案和防洪方案。 （3）拟定供排水设施的施工进度计划
2	供电、电信	（1）当地电源位置，引入的可能性，可供电的容量、电压、导线截面和电费；引入方向，接线地点及其至工地距离，沿途地形地物状况。 （2）建设单位和施工单位自有的发、变电设备的型号、台数和容量。 （3）利用邻近电信设施的可能性，电话、电报局等至工地的距离，可能增设电信设备、线路的情况	（1）确定供电方案。 （2）确定通信方案。 （3）拟定供电、通信设施的施工进度计划

续表

序号	项目	调查内容	调查目的
3	供汽、供热	(1) 蒸汽来源,可供蒸汽量,接管地点、管径、埋深,至工地距离,沿途地形地物状况;蒸汽价格。 (2) 建设、施工单位自有锅炉的型号、台数和能力,所需燃料及水质标准。 (3) 当地或建设单位可能提供的压缩空气、氧气的能力,至工地距离	(1) 确定生产、生活用汽的方案。 (2) 确定压缩空气、氧气的供应计划

2. 收集交通运输资料

建筑施工中,常用铁路、公路和航运等三种主要交通运输方式。收集的内容见表 2.5。资料来源主要是当地铁路、公路、水运和航运管理部门。主要用作决定选用材料和设备的运输方式,组织运输业务的依据。

表 2.5 　　　　　　　　　交通运输条件调查表

序号	项目	调查内容	调查目的
1	铁路	(1) 邻近铁路专用线、车站至工地的距离及沿途运输条件。 (2) 站场卸货线长度,起重能力和储存能力。 (3) 装卸单个货物的最大尺寸、重量的限制	选择运输方式;拟订运输计划
2	公路	(1) 主要材料产地至工地的公路等级、路面构造、路宽及完好情况,允许最大载重量;途经桥涵等级、允许最大尺寸、最大载重量。 (2) 当地专业运输机构及附近村镇能提供的装卸、运输能力(吨公里)、运输工具的数量及运输效率;运费、装卸费。 (3) 当地有无汽车修配厂、修配能力和至工地距离	
3	航运	(1) 货源、工地至邻近河流、码头渡口的距离,道路情况。 (2) 洪水、平水、枯水期时,通航的最大船只及吨位,取得船只的可能性。 (3) 码头装卸能力、最大起重量,增设码头的可能性。 (4) 渡口的渡船能力;同时可载汽车数,每日次数,能为施工提供能力。 (5) 运费、渡口费、装卸费	

3. 收集建筑材料资料

建筑工程要消耗大量的材料,主要有钢材、木材、水泥、地方材料(砖、砂、灰、石)、装饰材料、构件制作、商品混凝土、建筑机械等。其内容见表 2.6、表 2.7。资料来源主要是当地主管部门和建设单位及各建材生产厂家、供货商。主要作用是作为选择建筑材料和施工机械的依据。

表 2.6 　　　　　　　　　地方资源调查表

序号	材料名称	产地	储藏量	质量	开采量	出厂价	供应能力	运距	单位运价
1									
2									
...									

表2.7 三材、特殊材料和主要设备调查表

序号	项目	调查内容	调查目的
1	三种材料	(1) 钢材订货的规格、型号、数量和到货时间。 (2) 木材订货的规格、等级、数量和到货时间。 (3) 水泥订货的品种、标号、数量和到货时间	(1) 确定临时设施和堆放场地。 (2) 确定木材加工计划。 (3) 确定水泥储存方式
2	特殊材料	(1) 需要的品种、规格、数量。 (2) 试制、加工和供应情况	(1) 制订供应计划。 (2) 确定储存方式
3	主要设备	(1) 主要工艺设备名称、规格、数量和供货单位。 (2) 供应时间：分批和全部到货时间	(1) 确定临时设施和堆放场地。 (2) 拟定防雨措施

4. 社会劳动力和生活条件调查

建筑施工是劳动密集型的生产活动。社会劳动力是建筑施工劳动力的主要来源，其调查内容见表2.8。资料来源是当地劳动、商业、卫生和教育主管部门。主要作用是为劳动力安排计划、布置临时设施和确定施工力量提供依据。

表2.8 社会劳动力和生活设施调查表

序号	项目	调查内容	调查目的
1	社会劳动力	(1) 少数民族地区的风俗习惯。 (2) 当地能支援的劳动力人数、技术水平和来源。 (3) 上述人员的生活安排	(1) 拟订劳动力计划。 (2) 安排临时设施
2	房屋设施	(1) 能作为施工用的现有的房屋栋数、每栋面积、结构特征、总面积、位置、水、暖、电、卫生设备状况。 (2) 上述建筑物的适宜用途：作宿舍、食堂、办公室的可能性	(1) 确定原有房屋为施工服务的可能性。 (2) 安排临时设施
3	生活服务	(1) 主副食品供应、日用品供应、文化教育、消防治安等机构能为施工提供的支援能力。 (2) 邻近医疗单位至工地的距离，可能就医的情况。 (3) 周围是否存在有害气体污染情况；有无地方病	安排职工生活基地

5. 原始资料的调查

原始资料调查的主要内容有建设地点的气象、地形、地貌、工程地质、水文地质、场地周围环境及障碍物，主要内容见表2.9，资料来源主要是气象部门及设计单位。主要作用是为确定施工方法和技术措施，编制施工进度计划和施工平面图布置设计提供依据。

表2.9 自然条件调查表

序号	项目	调查内容	调查目的
（一）	气象		
1	气温	(1) 年平均、最高、最低、最冷、最热月份的逐月平均温度。 (2) 冬、夏季室外计算温度	(1) 确定防暑降温的措施。 (2) 确定冬季施工措施。 (3) 估计混凝土、砂浆强度
2	雨（雪）	(1) 雨季起止时间。 (2) 月平均降水量、最大降水量、一昼夜最大降水量。 (3) 全年雷暴日数	(1) 确定雨季施工措施。 (2) 确定工地排水、防洪方案。 (3) 确定防雷设施

续表

序号	项目	调查内容	调查目的
3	风	(1) 主导风向及频率（风玫瑰图）。 (2) 不小于8级风的全年天数、时间	(1) 确定临时设施的布置方案。 (2) 确定高空作业及吊装的技术安全措施
（二）	工程地形、地质		
1	地形	(1) 区域地形图：1/25000～1/10000。 (2) 工程位置地形图：1/1000～1/2000。 (3) 该地区城市规划图。 (4) 经纬坐标桩、水准基桩的位置	(1) 选择施工用地。 (2) 布置施工总平面图。 (3) 场地平整及土方量计算。 (4) 了解障碍物及其数量
2	工程地质	(1) 钻孔布置图。 (2) 地质剖面图：土层类别、厚度。 (3) 物理力学指标：天然含水率、孔隙比、塑性指数、渗透系数、压缩试验及地基土强度。 (4) 地层的稳定性：断层滑块、流砂。 (5) 最大冻结深度。 (6) 地基土破坏情况：枯井、古墓、防空洞及地下构筑物等	(1) 土方施工方法的选择。 (2) 地基土的处理方法。 (3) 基础施工方法。 (4) 复核地基基础设计。 (5) 拟定障碍物拆除计划
3	地震	地震等级、烈度大小	确定对基础影响、注意事项
（三）	工程水文地质		
1	地下水	(1) 最高、最低水位及时间。 (2) 水的流向、流速及流量。 (3) 水质分析：水的化学成分。 (4) 抽水试验	(1) 基础施工方案选择。 (2) 降低地下水的方法。 (3) 拟定防止侵蚀性介质的措施
2	地面水	(1) 临近江河湖泊距工地的距离。 (2) 洪水、平水、枯水期的水位、流量及航道深度。 (3) 水质分析。 (4) 最大、最小冻结深度及结冻时间	(1) 确定临时给水方案。 (2) 确定运输方式。 (3) 确定水工工程施工方案。 (4) 确定防洪方案

2.3.4 技术资料准备

技术准备是施工准备工作的核心，是现场施工准备工作的基础。由于任何技术的差错或隐患都可能引起人身安全和质量事故，造成生命、财产和经济的巨大损失，因此必须认真地做好技术准备工作。其主要内容包括熟悉与会审图纸、编制施工组织设计、编制施工图预算和施工预算。

1. 熟悉与会审图纸

(1) 基础及地下室部分。

1) 核对建筑、结构、设备施工图中关于基础留口、留洞的位置及标高的相互关系是否处理恰当。

2) 给水及排水的去向，防水体系的做法及要求。

3) 特殊基础做法，变形缝及人防出口做法。

(2) 主体结构部分。
1) 定位轴线的布置及与承重结构的位置关系。
2) 各层所用材料是否有变化。
3) 各种构配件的构造及做法。
4) 采用的标准图集有无特殊变化和要求。
(3) 装饰部分。
1) 装修与结构施工的关系。
2) 变形缝的做法及防水处理的特殊要求。
3) 防火、保温、隔热、防尘、高级装修的类型及技术要求。

2. 审查图纸及其他设计技术资料

(1) 主要内容。
1) 设计图纸是否符合国家有关规划、技术规范要求。
2) 核对设计图纸及说明书是否完整、明确,设计图纸与说明等其他各组成部分之间有无矛盾和错误,内容是否一致,有无遗漏。
3) 总图的建筑物坐标位置与单位工程建筑平面图是否一致。
4) 核对主要轴线、几何尺寸、坐标、标高、说明等是否一致,有无错误和遗漏。
5) 基础设计与实际地质是否相符,建筑物与地下构造物及管线之间有无矛盾。
6) 主体建筑材料在各部分有无变化,各部分的构造作法。
7) 建筑施工与安装在配合上存在哪些技术问题,能否合理解决。
8) 设计中所选用的各种材料、配件、构件等能否满足设计规定的需要。
9) 工程中采用的新工艺、新结构、新材料的施工技术要求及技术措施。
10) 对设计技术资料有什么合理化建议及其他问题。

(2) 图纸审查程序。审查图纸的程序通常分为自审、会审和现场签证三个阶段。
1) 自审是施工企业组织技术人员熟悉和自审图纸,自审记录包括对设计图纸的疑问和有关建议。
2) 会审是由建筑单位主持、设计单位和施工单位参加,先由设计单位进行图纸技术交底,各方面提出意见,经充分协商后,统一认识形成图纸会审纪要,由建设单位正式行文,参加单位共同会签、盖章,作为设计图纸的修改文件。
3) 现场签证是在工程施工过程中,发现施工条件与设计图纸的条件不符,或图纸仍有错误,或因材料的规格、质量不能满足设计要求等原因,需要对设计图纸进行及时修改,应遵循设计变更的签证制度,进行图纸的施工现场签证。一般问题,经设计单位同意,即可办理手续进行修改。重大问题,须经建设单位、设计单位和施工单位共同协商,由设计单位修改,向施工单位签发设计变更单,方可有效。

3. 熟悉技术规范、规程和有关技术规定

技术规范、规程是国家制定的建设法规,是实践经验的总结,在技术管理上具有法律效用。建筑施工中常用的技术规范、规程主要有:①建筑安装工程质量检验评定标准;②施工操作规程;③建筑工程施工及验收规范;④设备维护及维修规程;⑤安全技术规程;⑥上级技术部门颁发的其他技术规范和规定。

4. 编制施工组织设计

5. 编制施工图预算和施工预算

2.3.5 施工现场的准备

1. 现场"三通一平"

"三通一平"是在建筑工程的用地范围内,接通施工用水、用电、道路和平整场地的总称。而工程实际的需要往往不止水通、电通、路通,有些工地上还要求有"热通"(供蒸汽)、"气通"(供煤气)、"话通"(通电话)等,但最基本的还是"三通"。

(1) 通水。施工现场的通水包括给水与排水。施工用水包括生产、生活和消防用水,其布置应按施工总平面图的规划进行安排。施工用水设施尽量利用永久性给水线路,临时管线的铺设既要满足用水点的需要和使用方便,又要尽量缩短管线。施工现场要做好有组织的排水系统,否则会影响施工的顺利进行。

(2) 通电。施工现场的通电包括生产用电和生活用电。根据生产、生活用电的电量,选择配电变压器,与供电部门或建设单位联系,按施工组织要求布设线路和通电设备。当供电系统供电不足时,应考虑在现场建立发电系统,以保证施工的顺利进行。

(3) 修通道路。施工现场的道路,是组织大量物资进场的运输动脉,为了保证各种建筑材料、施工机械、生产设备和构件按计划到场,必须按施工总平面图要求修通道路。为了节省工程费用,应尽可能利用已有道路或结合正式工程的永久性道路。为使施工时不损坏路面,可先做路基,施工完毕后再做路面。

(4) 平整施工场地。施工场地的平整工作,首先通过测量,按建筑总平面图中确定的标高,计算出挖土及填土的数量,设计土方调配方案,组织人力或机械进行平整工作;若拟建场内有旧建筑物,则须拆迁房屋,同时要清理地面上的各种障碍物,对地下管道、电缆等要采取可靠的拆除或保护措施。

2. 测量放线

测量放线的任务是把图纸上所设计好的建筑物、构筑物及管线等测设到地面或实物上,并用各种标志表现出来,作为施工的依据。在土方开挖前,按设计单位提供的总平面图及给定的永久性经纬坐标控制网和水准控制基桩,进行场区施工测量,设置场区永久性坐标、水准基桩和建立场区工程测量控制网。在进行测量放线前,应做好以下几项准备工作。

(1) 了解设计意图,熟悉并校核施工图纸。

(2) 对测量仪器进行检验和校正。

(3) 校核红线桩与水准点。

(4) 制定测量放线方案。测量放线方案主要包括平面控制、标高控制、±0.000以下施测、±0.000以上施测、沉降观测和竣工测量等项目,其方案制定依据设计图纸要求和施工方案来确定。

建筑物定位放线是确定整个工程平面位置的关键环节,施测中必须保证精度,杜绝错误,否则其后果将难以处理。建筑物的定位、放线,一般通过设计图中平面控制轴线来确定建筑物的轮廓位置,经自检合格后,提交有关部门和甲方(监理人员)验线,以保证定位的准确性。沿红线的建筑物,还要由规划部门验线,以防止建筑物超、压红线。

3. 临时设施的搭设

现场所需临时设施,应报请规划、市政、消防、交通、环保等有关部门审查批准,按施工组织设计和审查情况来实施。

对于指定的施工用地周界,应用围墙(栏)围挡起来,围挡的形式和材料应符合市容管理的有关规定和要求,并在主要出入口设置标牌,标明工程名称、施工单位、工地负责人、监理单位等。

各种生产(仓库、混凝土搅拌站、预制构件厂、机修站、生产作业棚等)、生活(办公室、宿舍、食堂等)用的临时设施,严格按批准的施工组织设计规定的数量、标准、面积、位置等来组织实施,不得乱搭乱建,并尽可能做到以下几点。

(1) 利用原有建筑物,减少临时设施的数量,以节省投资。

(2) 适用、经济、就地取材,尽量采用移动式、装配式临时建筑。

(3) 节约用地、少占农田。

2.3.6 生产资料准备

1. 建筑材料的准备

建筑材料的准备包括三材(钢材、木材、水泥),地方材料(砖、瓦、石灰、砂、石等),装饰材料(面砖、地砖等),特殊材料(防腐、防射线、防爆材料等)的准备。为保证工程顺利施工,材料准备要求如下。

(1) 材料订货。编制材料需要量计划,签订供货合同根据预算的工料分析,按施工进度计划的使用要求,材料储备定额和消耗定额,分别按材料名称、规格、使用时间进行汇总,编制材料需用量计划,同时根据不同材料的供应情况,随时注意市场行情,及时组织货源,签订订货合同,保证采购供应计划的准确可靠。

(2) 材料进场。材料的运输和储备按工程进度分期分批进场。现场储备过多会增加保管费用、占用流动资金,过少则难以保证施工的连续进行,对于使用量少的材料,尽可能一次进场。

(3) 材料的堆放和保管。现场材料的堆放应按施工平面布置图的位置,按材料的性质、种类,选取不同的堆放方式,合理堆放,避免材料的混淆及二次搬运;进场后的材料要依据材料的性质妥善保管,避免材料的变质及损坏,以保持材料的原有数量和原有的使用价值。

2. 施工机具和周转材料的准备

施工机具包括施工中所确定选用的各种土方机械、木工机械、钢筋加工机械、混凝土机械、砂浆机械、垂直与水平运输机械、吊装机械等。应根据采用的施工方案和施工进度计划,确定施工机械的数量和进场时间;确定施工机具的供应方法和进场后的存放地点和方式,并提出施工机具需要量计划,以便企业内平衡或外签约租借机械。

周转材料的准备主要指模板和脚手架,此类材料施工现场使用量大、堆放场地面积大、规格多、对堆放场地的要求高,应按施工组织设计的要求分规格、型号整齐码放,以便使用和维修。

3. 预制构件和配件的加工准备

工程施工中需要大量的钢筋混凝土构件、木构件、金属构件、水泥制品、塑料制品、卫生洁具等，应在图纸会审后提出预制加工单，确定加工方案、供应渠道及进场后的储备地点和方式。现场预制的大型构件，应依施工组织设计作好规划提前加工预制。

此外，对采用商品混凝土的现浇工程，要依施工进度计划要求确定需用量计划，主要内容有商品混凝土的品种、规格、数量、需要时间、送货方式、交货地点，并提前与生产单位签订供货合同，以保证施工顺利进行。

2.3.7 施工人员的准备

施工队伍的建立，要考虑工种的合理配合，技工和普工的数量和比例要满足劳动组织的要求，建立混合施工队或专业施工队。组建施工队组要坚持合理、精干的原则，在施工过程中，依工程实际进度需求，动态管理劳动力数量。需外部力量的，可通过签订承包合同或联合其他队伍来共同完成。

1. 建立精干的基本施工队组

基本施工队组应根据现有的劳动组织情况、结构特点及施工组织设计的劳动力需要量计划确定。一般有以下几种组织形式。

（1）砖混结构的建筑。该类建筑在主体施工阶段，主要是砌筑工程，应以瓦工为主，配合适量的架子工、钢筋工、混凝土工、木工以及小型机械工等；装饰阶段以抹灰、油漆工为主，配合适量的木工、电工、管工等。因此以混合施工班组为宜。

（2）框架、框剪及全现浇结构的建筑。该类建筑主体结构施工主要是钢筋混凝土工程，应以模板工、钢筋工、混凝土工为主，配合适量的瓦工；装饰阶段配备抹灰、油漆工等。因此以专业施工班组为宜。

（3）预制装配式结构的建筑。该类建筑的主要施工工作以构件吊装为主，应以吊装起重工为主，配合适量的电焊工、木工、钢筋工、混凝土工、瓦工等；装饰阶段配备抹灰工、油漆工、木工等。因此以专业施工班组为宜。

2. 确定优良的专业施工队伍

大中型的工业项目或公用工程，内部的机电安装、生产设备安装一般需要专业施工队或生产厂家进行安装和调试，某些分项工程也可能需要机械化施工公司来承担，这些需要外部施工队伍来承担的工作，需在施工准备工作中签订承包合同的形式予以明确，落实施工队伍。

3. 选择优势互补的外包施工队伍

随着建筑市场的开放，施工单位往往依靠自身的力量难以满足施工需要，因而需联合其他建筑队伍（外包施工队）来共同完成施工任务。通过考察外包队伍的市场信誉、已完工程质量、确认资质、施工力量水平等来选择，联合要充分体现优势互补的原则。

2.3.8 冬、雨季施工准备工作

1. 冬季施工准备工作

（1）合理安排冬季施工项目。建筑产品的生产周期长，且多为露天作业，冬季施工条件差、技术要求高，因此在施工组织设计中就应合理安排冬季施工项目，尽可能保证工程连续施工。一般情况下尽量安排费用增加少、易保证质量、对施工条件要求低的项目在冬季施工，如吊装、打桩、室内装修等，而如土方、基础、外装修、屋面防水等则不易在冬季施工。

（2）落实各种热源的供应工作。提前落实供热渠道，准备热源设备，储备和供应冬季施工用的保温材料，做好司炉培训工作。

（3）做好保温防冻工作。

1）临时设施的保温防冻。给水管道的保温，防止管道冻裂；防止道路积水、积雪成冰，保证运输顺利。

2）工程已成部分的保温保护。如基础完成后及时回填至基础顶面同一高度，砌完一层墙后及时将楼板安装到位等。

3）冬季要施工部分的保温防冻。如凝结硬化尚未达到强度要求的砂浆、混凝土要及时测温，加强保温，防止遭受冻结；将要进行的室内施工项目，先完成供热系统，安装好门窗玻璃等。

（4）加强安全教育。要有冬季施工的防火、安全措施，加强安全教育，做好职工培训工作，避免火灾、安全事故的发生。

2．雨季施工准备工作

（1）合理安排雨季施工项目。在施工组织设计中要充分考虑雨季对施工的影响，一般情况下，雨季到来之前，多安排土方、基础、室外及屋面等不易在雨季施工的项目，多留一些室内工作在雨季进行，以避免雨季窝工。

（2）做好现场的排水工作。施工现场雨季来临前，做好排水沟，准备好抽水设备，防止场地积水，最大限度地减少泡水造成的损失。

（3）做好运输道路的维护和物资储备。雨季前检查道路边坡排水，适当提高路面，防止路面凹陷，保证运输道路的畅通，并多储备一些物资，减少雨季运输量，节约施工费用。

（4）做好机具设备等的保护。对现场各种机具、电器、工棚都要加强检查，特别是脚手架、塔吊、井架等，要采取防倒塌、防雷击、防漏电等一系列技术措施。

（5）加强施工管理。认真编制雨季施工的安全措施，加强对职工的教育，防止各种事故的发生。

复 习 思 考 题

（1）项目管理策划包括哪些内容？

（2）项目策划与施工组织设计有哪些区别与联系？

（3）施工组织设计有哪些形式？

（4）施工项目的施工准备工作包括哪些要求？

（5）施工项目的施工准备工作主要包括哪些内容？

项目3　建筑工程项目招投标与合同管理

【学习目标】　通过本项目的学习,能够熟悉招标投标的概念、程序、内容、条件以及标底的编审;熟练掌握招投标的方式、方法;能够进行招投标文件的编制;掌握投标技巧,增强中标能力。能够熟练掌握建筑工程项目的合同管理的基本概念和主要方法;掌握工程项目合同的评审、实施控制、实施计划、终止和评价;了解如何签订工程项目合同、履行工程项目合同以及合同索赔的相关问题。

3.1　建设工程项目招标投标的基本知识

3.1.1　建设工程招标投标的概念

建设工程招标投标,是由招标人或招标人委托的招标代理机构通过媒体公开发布招标公告或投标邀请函,发布招标采购的信息与要求,邀请潜在投标人参加平等竞争,然后按照规定的程序和办法,通过对投标竞争者的报价、质量、工期和技术水平等因素,进行科学地比较和综合分析,从中择优选定中标者,并与其签订合同,以实现节约投资、保证质量和优化配置资源的一种特殊交易方式。

建设工程招标投标包括招标和投标两个基本环节。所谓工程招标,是指招标人就拟建工程发布公告或投标邀请函,以法定方式吸引承包单位自愿参加竞争,从中择优选定工程承包方的法律行为。所谓投标,是指响应招标、参与投标竞争的法人或者其他组织,按照招标公告或邀请函的要求制作并递送标书,履行相关手续,争取中标的过程。

招标和投标是互相依存的两个最基本的方面,缺一不可。一方面,是招标人以一定的方式邀请不特定或一定数量的投标人来投标;另一方面,投标人响应招标人的要求参加投标竞争。没有招标,就不会有承包商的投标;没有投标,招标人的招标就不能得到响应,也就没有了后续的开标、评标、定标和合同签订等一系列的招标过程。

招标人是指依法提出招标项目、进行招标的法人或者其他组织。具备条件的招标人可按规定自行办理招标的,叫"自行招标";条件不具备的招标人,则可委托招标机构进行招标,即委托招标代理机构代表招标人的意志,由其在授权的范围内依法招标。这种由招标人委托招标机构进行的代理招标,称作"委托招标",接受他方委托的招标代理机构进行的招标活动叫"代理招标"。

投标人是指响应招标人招标需求并购买招标文件,参加投标竞争活动的法人或其他组织。

3.1.2　建设工程招标投标的特征

工程招标投标是一种特殊的市场交易方式,它具有以下基本特征。

1. 竞争的激烈性

竞争是市场经济条件下工程建设项目投标的本质特性。由于招标人一般都采用现代化

手段，打破地区界限，公开发布招标消息，影响范围广泛；同时，公开招标的工程项目，一般都颇具规模、金额较大，只要经营得当，获利会相当丰厚，这对各地区的工程承包单位的吸引力很大；加之工程建设项目招标投标是工程建设项目承包市场和劳务承包市场上采用最为普遍的重要交易方式，各承包单位只有通过投标且获胜中标才能承揽到工程，才有望获取利润使企业得以生存和发展。基于上述种种原因，必然能使招标人在相当大的范围内吸引众多的工程建设项目承包的相关单位投标。而中标者通常只有一家，能否中标往往直接关系着承包商的命运，这势必导致各投标人为争取中标进行激烈、充分的竞争。

2. 组织的严密性

招标投标是一种有组织的交易方式，具有明显的组织性特征。它主要表现在以下 4 个方面。

（1）招标的组织性。招标的组织者是法人或其他组织，一般情况下，自然人不能成为招标人；招标人邀请招标机构代理招标，要有严密的招标委托协议。

（2）决策的集体性。无论是委托招标、自行招标，还是公开招标或者邀请招标，招标的决策过程都是集体决策的过程。评标委员会的专家都是从专家库中随机抽取的，评标时，由评标委员会的专家，集中对投标人的报价、质量、技术、工期与其他综合因素及其综合实力进行比较、评估而择优确定的是一个集体决策的过程，并非个人行为。

（3）场所的规定性。投标地点、开标地点都必须按招标文件、招标公告事先已经规定的场所进行。

（4）时间的预定性。招标文件的发售时间、投标文件的递交时间和开标的时间，都要按事先公开规定的时间进行。

综上所述，招标是一种有组织、有计划的特殊的商业交易活动，它必须按照招标文件规定的地点、时间、规则、标准、方法进行，有严密的程序，处处体现出高度的组织性。

3. 信息的公开性

（1）公开招标信息。招标人进行招标的目的，是要在一定范围内寻找合适的承包人，因此在一定范围内公开信息是招标活动的另一个重要特点。招标人采用公开招标方式的，应当通过报刊、网络或者其他公共媒介发布招标公告。招标人采用邀请招标方式的，应当向 3 个以上的特定法人或者其他组织发出投标邀请书。

（2）公开评标标准和评标方法。评标的标准和评标方法应当在招标文件中载明。评标委员会应当严格按照招标文件中规定的评标标准和办法，对投标人的投标文件进行系统地评审和比较，而不得采用招标文件未列明的任何标准和办法。招标程序中还公开规定了招标人不得与投标人就投标价格、投标方案中的实质性内容进行谈判，违者将导致废标。

（3）公开程序和内容。开标是公开进行的，开标的时间和地点，应当与招标文件上载明的时间和地点相一致，以便投标人按时参加；开标时，应先由投标人或者其推举的代表检查投标文件的密封情况，经确定无误后，由工作人员当众公开拆封，以唱读的方式，公开报出各投标人的名称、投标价格等投标文件中的最主要内容；对设有标底的招标项目，在对全部投标人的唱标结束后，开标会上最后公开拆封并公开宣读标底。开标会必须作好记录，存档备查。对在投标截止日期以后收到的投标文件，招标人则都应公开拒收。

（4）公开中标的结果。确定中标人后，招标人应当向中标人发出中标通知书，并同时将中标结果通知所有未中标的投标人。目前，有些招标开始实行公示制度，在公示期间，任何人，包括未中标的投标人对招标活动和中标结果有异议的，有权向招标人或有关行政监督部门提出质疑或投诉。只有在公示期间对中标候选人没有异议或对异议进行了处理后，才能正式确定为中标人。

4. 报价的一次性

招标与投标不同于一般商品交换。在招标投标过程中，投标人没有讨价还价的权利，只能应邀进行一次性秘密报价，即"一口价"。在投标文件递交截止日期以后，投标文件不得撤回或进行实质性条款的修改。从而可以看出，在招标投标这种特殊的交易过程中，交易的主动权是掌握在招标人手中的。

5. 价格的合理性

工程建设项目招标投标的合理性集中体现在价格水平的合理性上。投标者中标，意味着该投标单位完成某类工程建设项目所需要的个别劳动时间为社会承认，表现为社会必要劳动时间。以中标价为基础确定工程建设项目的结算价，较好地体现了价值规律关于按社会必要劳动时间决定商品价值量的这一客观要求。评价商品价格是否合理，还需看其是否能灵敏地反映市场行情。由此可见，通过招标投标形成的工程建设项目价格具有合理性。

6. 过程的公正性

工程建设项目的招标过程，应该是一视同仁的运作过程，对所有投标者来说，应是机会均等，公平竞争的机会。对不公正、不公平的做法，投标人可在公示期向主管监督部门提出投诉等。总之，只有做到一视同仁、平等相待、机会均等，才能确保公平竞争。

7. 管理的法制性

工程建设项目招标投标，是以法律作为保障买卖双方关系的基础。工程建设项目招标投标活动，一方面受工程建设项目相关法律、法令、政策的约束，另一方面必须以严格的对双方的约束性都极强的合同制为基础。法制性，是工程建设项目招标投标管理的一个基本特征，是这一特殊商品的特殊交易行为顺利进行的基本保障。

8. 程序的规范性

工程建设项目招标投标的规范性要求招标投标的程序必须规范，有关手续的办理一定要严格、完备。标书必须密封，合同文件必须规范，如使用建设部施工合同示范文本等。《招标投标法》的贯彻执行，使招标投标工作不仅有法可依，而且有章可循了。所有这些，都将有力地促进招标行为的规范化。

3.1.3 建设工程招标投标管理的职能

工程招标投标管理的职能是指招标投标管理活动本身专业分工所形成的各种具体管理职责和功能。以招标投标管理主体的具体活动而区分的管理职能，能有效规范管理者在管理过程中的职责，使管理对象按照预期目标运转起来。其主要职能有以下几个方面。

1. 预测与决策

预测主要是通过收集和运用各种信息，对招标项目的规划、性质、地区、结构等的未来发展走势，作出预见或作出推断，并预测参加投标的人数、热心程度及经营状况等，作为招标投标决策的重要依据。没有预见，就不能对招投标进行有效的管理。决策是对未来的招标与投标活动所作的规划和安排，它是招标投标管理的一项基本职能。决策的正确或

项目3 建筑工程项目招投标与合同管理

失误决定着事业的成败。正确的决策,要求对管理对象的发展变化具有预见性。

2. 计划与规划

计划与规划是把决策具体化和数量化,是贯彻执行决策的具体步骤和具体部署。在社会主义条件下,不仅招标单位与投标单位要制订招标与投标计划,而且各部门、各地区建设部门也要制订招标投标计划,使工程建设任务与建筑业施工力量大体平衡;使工程建设技术要求与施工队伍的状况大体协调,以保证工程建设任务的完成。

3. 组织与协调

投标招标管理中的组织与协调职能,就是按照计划或规划的要求,处理好招标与投标之间关系,使其密切结合,从时间上、空间上保证招标投标活动正常进行。为了执行组织协调职能,就要搞好管理工作本身的组织与协调,包括建立和健全管理机构、规定规章制度,制定招标投标的方针政策,进行投标招标立法,使投标招标的各项工作有节奏、有秩序、有规范地进行。

4. 核算与分析

核算与分析职能,即对招标与投标活动中各类工程的标价水平及中标率进行计算与分析,它贯穿在上述各种职能中。对投标与招标管理对象核算体系的运算,可反映招标与投标过程的全部数量和质量关系。搞好这些资料的分析,对提高招标与投标各项管理工作的质量和水平是十分必要的。

5. 监督与控制

监督与控制活动是管理工作的一个重要内容。招标投标活动在其实际执行过程中,由于各种因素的影响,招标单位不具备条件,投标单位不具备资格;或在招标过程中,假招标、垄断投标等现象时有发生。这就需要对招标与投标活动进行审查与监督,对符合条件的对象进行必要的保护,对不符合条件的对象进行及时地清除,对违规违法行为采取必要措施加以纠正,推动招标与投标活动的正常进行。为了有效地进行监督和控制,就要建立周密的、高效率的管理信息系统,健全责任制度,使控制及时有效。

6. 疏通与服务

服务职能是为招标与投标活动能够顺利进行而提供各种条件所进行的活动。建设工程的招标与投标活动的运行,必须具有良好的环境和条件,为其提供信息,疏通渠道,排除障碍,这是投标与招标管理服务的重要内容。

3.1.4 工程招标投标的意义

推行工程招标投标制度,在工程发包中发挥了积极作用,具有重要的经济和社会价值,其意义如下。

1. 有利于优化社会资源配置和提高固定资产投资效益

工程建设项目招标投标的本质特点是竞争,投标竞争一般是围绕工程建设项目的价格、质量、工期等关键因素进行。投标竞争使工程建设项目的招标人能够最大限度地拓宽询价范围,进行充分地比较和选择,利用投标人之间的竞争,以相对较少的投资、较短的时间来获得质量较好的、能满足既定需要的固定资产,以最低的成本开发工程建设项目,最大限度地提高业主方面资金的使用效益;激烈的投标竞争也必然迫使工程承包的相关单位加速采用新技术、新结构、新工艺、新的施工方法,注重改善经营管理,合理调配生产资料和装备，不断提高技术装备水平和劳动生产率，想方设法使企业提高设备资产的利用率，降低个别劳动耗费成本，以便企业不仅能在激烈的投标竞争中获胜，还能创造出更多的优质、高效、低耗的产品；对于整个社会而言，必将有利于全社会劳动力的合理流动和配置，有利于劳动总量的节约，有利于生产资料的合理安排和利用，使社会的各种资源通过市场竞争得到优化配置，以确保国家固定资产生产和再生产的顺利进行，确保国家固定资产投资的总体效益乃至全社会经济效益的提高。

2. 有利于创造公平竞争的市场环境和促进企业间的平等竞争

推行招标投标，就是要充分运用和发挥市场竞争机制的作用，通过招标投标的竞争、择优活动，使投标人能在公开、公平、公正的环境中进行充分竞争。招标的市场竞争机制和科学的评价方法，可以使各投标者展开充分竞争，使招标人能够择优选择中标者。也就是说，可以让那些质量保障体系可靠、技术力量强、商业信誉好、价格较低的供应商、承包商能够在平等公正的竞争中获得胜利，成为最后中标者。

3. 有利于合理确定工程价格和降低工程建设成本

经过招标投标，竞争比价之后形成的工程价格，一般情况下都能较好地体现价值规律的客观要求，较灵敏地反映市场供求及价格变动状况。因而，经过竞争比价后形成的工程建设项目价格是比较合理的，确保了整个国民经济能够持续、稳定、健康地协调发展；较好地实现了以工程价格作为计量工程建设项目产品的价值尺度，作为业主和承包单位进行经济核算的重要工具，作为比较和评价各项工程产品投资效益的基本依据，使我们能更好地利用工程价格这一经济杠杆，节省和合理使用建设资金。

4. 有利于克服不正当竞争和防止腐败行为

严格执行《招标投标法》规定的原则、规定、标准、程序和办法，将采购活动置于公开、公平、公正的透明环境之中，接受有关部门和公众的监督。把招标投标活动放在阳光下操作，让那些依靠歪门邪道投标的不法竞争者没有可乘之机。

5. 有利于提升管理水平和提高工程建设质量

进行工程招标，招标文件中一般都有非常明确和严格的质量条款、技术标准和验收办法，管理是否严格，技术是否先进、合理，质量可靠程度能否得到有效保证是评标办法中十分重要的评审内容。招标操作过程中，只要一条或一项关键技术和质量要求得不到满足，就会导致废标。因此，投标者为了取得竞标中的胜利，都会主动提出保证和提高工程质量的有效措施。投标人在中标以后，为了取得用户的信任，获得社会上的良好声誉，都特别自觉重视质量问题，以便为他们在今后长期竞争中取胜奠定牢固基础。因此，实行招标投标后，用户普遍都有一种放心感，因为通过招标投标的竞争，假冒伪劣难以立足了，工程事故减少了，工程质量、产品质量普遍提高了。

6. 有利于保护国家利益、社会公共利益和招标投标活动当事人的合法权益

《招标投标法》颁布后，我国招标投标活动有法可依、有章可循，招标投标制的优越性可以得到充分发挥。无论经济效益的提高，还是质量有了保证，都是从根本上保护了国家、社会公共利益和招投标活动当事人的合法权益。

7. 有利于改进生产工艺和促进企业技术进步

建筑施工企业，在激烈的竞争中，为了企业的生存和发展，为了在投标竞争中获胜，

在施工过程中,都在想方设法加强管理,提高企业的技术水平和生产能力。工程建设的招标投标,彻底改变了过去向上级要任务的计划管理模式,促使建筑企业树立了依靠自身实力求得生存与发展的观念,鼓励员工进行技术革新和改造,增强企业的竞争能力。因此,招标投标制普遍推广应用,不仅加速了企业自身经营管理体制和经营方式的改革,而且还极大地调动了企业抓技术进步的积极性,有力地促进了企业的技术水平的提高。

8. 有利于推进国际合作和促进经济发展

招标投标作为世界经济技术合作和国际贸易中普遍采用的重要方式,广泛地应用于建设工程项目的可行性研究、勘察设计、物资设备采购、建筑施工、设备安装等各个方面。许多国家以立法的形式规定工程建设项目的采购,必须采用招标投标方式进行。

通过招标投标进行的国际工程建设项目承包,不但可以输出工程技术和设备,获得丰厚的利润和大量的外汇,而且可以通过各种形式的劳务输出解决一部分剩余劳动力的就业问题,减轻国内劳动力就业的压力;通过对境内工程实行国际招标,在目前国际承包市场仍属买方市场的情况下,不仅能普遍地降低成本、缩短工期、提高质量,而且能免费学习国外先进的工艺技术及科学的管理方法;同时,还有利于引进外资。这对于促进国内相关产业的发展乃至整个国民经济的发展都是大有益处的。

3.2 建筑工程招标与投标

3.2.1 建筑工程招标

建筑工程招标是招标人标明自己的目的,发出招标文件,招揽投标人并从中择优选定工程项目承包人的一种经济行为。

3.2.1.1 招标程序

依法必须进行施工招标的工程,一般应遵循下列程序。

(1) 招标资格与备案。招标人自行办理招标事宜的,按规定向建设行政主管部门备案;委托代理招标事宜的应签定委托代理合同。

(2) 确定招标方式。按规定确定采用公开招标或邀请招标。

(3) 发布招标公告或发送投标邀请书。实行公开招标的应在国家或地方指定的报刊、信息网或其他媒体发布招标公告;实行邀请招标的应向3个以上符合条件的投标人发放投标邀请书。

(4) 编制和发放资格预审文件。采用资格预审的应编制资格预审文件,向投标申请人发放(售)资格预审文件。

(5) 资格预审。审查、分析投标申请人报送的资格预审申请书的内容,确定合格的投标申请人并向其发放资格预审合格通知书。

(6) 编制、发放(售)招标文件和编制标底。编制招标文件应在资格预审合格通知书规定的时间、地点向合格的投标人发放(售),并编制工程标底。

(7) 踏勘现场。组织投标人踏勘现场。

(8) 答疑。接受并回答投标人就招标文件或现场情况提出的问题。

(9) 签收投标文件。接收投标人提交的投标文件并记录接收日期、时间，退回逾期送达的投标文件。

(10) 开标。投标人组织并主持开标。

(11) 组建评标委员会。按规定程序和方式组建评标委员会。

(12) 评标。由评标委员会对投标文件进行评审，推荐中标候选人或确定中标人。

(13) 招标投标情况书面报告及备案。招标人编写招标投标情况书面报告并向建设行政主管部门备案。

(14) 发出中标通知书。招标人向中标人发出中标通知书并向未中标人发出中标结果通知。

(15) 签署合同。招标人与中标人在发出中标通知书后30日内签订施工承包合同。

3.2.1.2 招标条件和范围

1. 招标条件

依法必须招标的工程建设项目，应当具备下列条件才能进行施工招标。

(1) 招标人已经依法成立。

(2) 初步设计及概算应当履行审批手续的已经批准。

(3) 招标范围、招标方式和招标组织形式等应当履行核准手续的已经核准。

(4) 有相应资金或资金来源的已经落实。

(5) 有招标所需的设计图纸及技术资料。

2. 招标范围

工程建设项目符合《工程建设项目招标范围和规模标准规定》（国家发展计划委〔2000〕3号令）规定的范围和标准的，包括项目的勘察、设计、施工、监理以及与工程建设有关的重要设备、材料等的采购，达到下列标准之一的必须进行招标。

(1) 施工单项合同估算价在200万元人民币以上的。

(2) 重要设备、材料等货物的采购，单项合同估算价在100万元人民币以上的。

(3) 勘察、设计、监理等服务的采购，单项合同估算价在50万元人民币以上的。

(4) 单项合同估算价低于第(1)、(2)、(3)项规定的标准，但项目总投资额在3000万元人民币以上的。

3.2.1.3 招标资格

1. 自行招标

招标人应满足以下要求。

(1) 有与招标工作相适应的经济、法律咨询和技术管理人员。

(2) 有组织编制招标文件的能力。

(3) 有审查招标单位资质的能力。

(4) 有组织开标、评标、定标的能力。

招标人具备上述要求的，可以自行办理招标事宜，向有关行政监督部门进行备案即可。如果招标单位不具备上述要求，则须委托具有相应资质的中介机构代理招标。

2. 代理招标

工程招标代理是指工程招标代理机构接受招标人的委托,从事工程的勘察、设计、施工、监理以及与工程建设有关的重要设备、材料采购招标的代理业务。

招标代理机构是依法设立、从事招标代理业务并提供相关服务的社会中介组织。招标代理机构应当具备下列条件。

(1) 有从事招标代理业务的营业场所和相应的资金。

(2) 有能够编制招标文件和组织评标的相应专业力量。

(3) 有符合规定条件可以作为评标委员会人选的技术经济等方面的专家库。

从事工程招标代理业务的机构,必须依法取得国务院建设行政主管部门或者省(自治区、直辖市)人民政府的建设行政主管部门认定的工程招标代理机构资格。工程招标代理机构资格分为甲级、乙级和暂定级。甲级工程招标代理机构可以承担各类工程的招标代理业务;乙级工程招标代理机构只能承担工程总投资1亿元人民币以下的工程招标代理业务;暂定级工程招标代理机构只能承担工程总投资6000万元人民币以下的工程招标代理业务。

工程招标代理机构应当与招标人签订书面合同,在合同约定的范围内实施代理,并按照国家有关规定收取费用;超出合同约定实施代理的,依法承担民事责任。

工程招标代理机构在工程招标代理活动中不得有下列行为。

(1) 与所代理招标工程的招投标人有隶属关系、合作经营关系以及其他利益关系。

(2) 从事同一工程的招标代理和投标咨询活动。

(3) 超越资格许可范围承担工程招标代理业务。

(4) 明知委托事项违法而进行代理。

(5) 采取行贿、提供回扣或者给予其他不正当利益等手段承接工程招标代理业务。

(6) 未经招标人书面同意,转让工程招标代理业务。

(7) 泄露应当保密的与招标投标活动有关的情况和资料。

(8) 与招标人或者投标人串通,损害国家利益、社会公共利益和他人合法权益。

(9) 对有关行政监督部门依法责令改正的决定拒不执行或者以弄虚作假方式隐瞒真相。

(10) 擅自修改经招标人同意并加盖了招标人公章的工程招标代理成果文件。

(11) 涂改、倒卖、出租、出借或者以其他形式非法转让工程招标代理资格证书。

(12) 法律、法规和规章禁止的其他行为。

招标人有权自行选择招标代理机构,委托其办理招标事宜。任何单位和个人不得以任何方式为招标人指定招标代理机构。

3.2.1.4 招标方式

招标分为公开招标和邀请招标两种方式。

1. 公开招标

公开招标是指招标人通过报刊、广播、电视、信息网络或其他媒介,公开发布招标公告,招揽不特定的法人或其他组织参加投标的招标方式。公开招标的方式一般对投标人的数量不予限制,故也称之为"无限竞争性招标"。

公开招标的招标公告一般应载明招标工程概况（包括招标人的名称和地址、招标工程的性质、实施地点和时间、内容、规模、占地面积、周围环境、交通运输条件等），对投标人的资历及其资格预审要求，招标日程安排，招标文件的获取时间、地点、方法等重要事项。国内依法必须进行的公开招标公告，应当通过国家指定的报刊、信息网络等媒介发布。

公开招标的主要优势有以下 4 个方面。

（1）有利于招标人获得最合理的投标报价，取得最佳的投资效益。由于公开招标是无限竞争性招标，竞争相当的激烈，使招标人能切实做到"货比三家"，有充分的选择余地，招标人利用投标人之间的竞争，一般都易于选择出质量最好、工期最短、价格最合理的投标人承包工程，使自己获得较好的投资效益。

（2）有利于学习国外先进的工程技术及管理经验。公开招标竞争范围广，往往打破国界。如我国鲁布革水电站项目引水系统工程，采用国际竞争性公开招标方式招标，日本大成公司中标，不但中标价格大大低于标底，而且在工程实施过程中还学到了外国工程公司先进的施工组织方法和管理经验，引进了国外工程建设项目施工的"工程师"制度。对提高我国建筑企业的施工技术和管理水平无疑具有较大的推动作用。

（3）有利于提高各国工程承包企业的工程建造质量、劳动生产率及投标竞争力。采用公开招标能够保证所有的合格的投标人都有机会参加投标，都以统一的客观衡量标准来衡量自身的生产条件，促使各家施工企业在竞争中按照国际先进的水平来发展自己。

（4）公开招标是根据预先制定并众所周知的程序和标准公开而客观地进行的，因此一般能防止招标投标过程中作弊情况发生。

但是公开招标也不可避免地存在一些问题。一是公开招标所需的费用较大，时间较长。二是公开招标需准备的文件较多，工作量较大且各项工作的具体实施难度较大。公开招标方式主要适用于各国政府投资或融资的建设项目；使用世界银行、国际性金融机构资金的建设项目；国际上的大型建设工程项目；我国境内社会公众利益项目；公共安全的基础设施建设工程项目及公共事业项目等。

2. 邀请招标

邀请招标，是指招标人以投标邀请书的方式直接邀请若干家特定的法人或其他组织参加投标的招标方式。由于投标人数量是招标人确定的，有限制的，所以又称之为"有限竞争性招标"。

《工程建设项目施工招标投标办法》（七部委〔2013〕30 号令）第十一条规定"有下列情形之一的经批准可以进行邀请招标"。

（1）项目技术复杂或有特殊要求，只有少量几家潜在投标人可供选择的。

（2）受自然地域环境限制的。

（3）涉及国家安全、国家秘密或者抢险救灾，适宜招标但不宜公开招标的。

（4）拟公开招标的费用与项目的价值相比不值得的。

（5）法律、法规规定不宜公开招标的。

招标人采用邀请招标方式时，特邀的投标人一般不少于 3 家。被邀请的投标人必须是资信良好、能胜任招标工程项目实施任务的单位。通常根据以下条件选择。

(1) 该单位当前和过去的财务状况均良好。
(2) 该单位近期内成功地承包过与招标工程类似的项目，有较丰富的经验。
(3) 该单位有较好的信誉。
(4) 该单位的技术装备、劳动力素质、管理水平等均符合招标工程的要求。
(5) 该单位在施工期间有足够的力量承担工程的任务。

总之，被邀请的投标人必须在资金、能力、信誉等方面都能胜任招标工程。邀请招标与公开招标相比，其好处主要表现在以下几个方面。

(1) 招标需要的时间较短，且招标费用较省。一般而言，由于邀请招标时，被邀请的投标人都是经招标人事先选定，故无须再进行资格预审；又由于被邀请的投标人数量有限，可相应减少评标阶段的工作量及费用开支。

(2) 投标人不易串通抬价。因为邀请招标不公开进行，参与投标的承包企业不清楚其他被邀请人，所以，在一定程度上能避免投标人之间进行接触，使其无法串通抬价。

邀请招标方式与公开招标方式比较，也存在明显的不足，主要是不利于招标人获得最优的报价，取得最佳的投资效益。常会漏掉一些在技术上、报价上更具有竞争力的承包企业；加上邀请招标的投标人数量既定，竞争有限，可供业主比较、选择的范围相对狭小，也就不易使业主获得最合理的报价。

3.2.1.5　招标公告与投标邀请书

1. 招标公告

依法应当公开招标的工程，必须在主管部门指定的媒介上发布招标公告。招标公告应当载明招标人的名称和地址、招标工程项目的性质、数量、实施地点和时间、投标截止日期以及获取招标文件的办法等事项。招标人或其委托的招标代理机构应当保证招标公告的真实、准确和完整。拟发布的招标公告文本应当由招标人或其委托的招标代理机构的主要负责人签名并加盖公章。招标人或其委托的招标代理机构发布招标公告，应当向指定的媒体提供营业执照（或法人证书）、项目批准文件的复印件等证明文件。

2. 投标邀请书

《招标投标法》规定：招标人采用邀请招标方式的，应由招标人或其委托的招标代理机构向3个以上具备承担招标项目的能力、资信良好的特定的法人或者其他组织发出投标邀请书。投标邀请书应当载明招标人的名称和地址、招标项目的性质、数量、实施地点和时间以及获取招标文件的办法等事项。

3.2.1.6　资格预审

资格审查一般分为资格预审和资格后审两种方式，资格预审是在投标前对潜在投标人进行的资格审查，资格后审是在开标后对投标人进行的资格审查。

1. 资格预审的目的

资格预审，是招标人在正式招标前，对有意参与该项目投标的企业是否具备投标资格所作的审查。其目的主要是为了确保该项目的全部投标人都是有足够的人力、物力、财力和经验，能胜任本项目的工程承包单位。

2. 资格预审的优点

实行资格预审有以下优点。

（1）有利于招标人获得合理的投标报价，保证合同的顺利实施。
（2）有利于业主方面节省评标阶段的费用和时间。
（3）有利于保证投标的有效性。
（4）有利于保证招标工作的顺利进行。

3. 资格预审程序

投标人资格预审一般应严格按照以下步骤进行。

（1）由招标人方面发出投标资格预审通告或投标资格的预审邀请信。

（2）有意参与该项工程投标的工程承包单位向招标人提出参加该项工程投标人资格预审的书面申请。

（3）经过招标人同意后，未来可能的投标人按既定时间、地点领购资格预审文件。

（4）参与资格预审的工程承包单位，按照既定的文件模式及要求填制预审文件，并于规定的截止时间前将预审文件交送招标单位。

（5）招标人方面按既定的评审标准和时间对各份资格预审文件逐一进行评审，并写出评审报告。

（6）招标人方面根据评审报告，及时书面通知各家参与资格预审的工程承包单位是否取得了对该工程项目投标的资格。

4. 资格预审的内容

资格预审主要审查潜在投标人是否符合下列条件。

（1）具有独立订立合同的权利。

（2）具有履行合同的能力，包括专业、技术资格和能力，资金、设备和其他物质设施状况，管理能力，经验、信誉和相应的从业人员。

（3）没有处于被责令停业，投标资格被取消，财产被接管、冻结、破产状态。

（4）在最近3年内没有骗取中标和严重违约及重大工程质量问题。

（5）法律、行政法规规定的其他资格条件。

5. 资格预审文件

投标申请人资格预审文件共3部分，包括投标申请人资格预审须知、投标申请人资格预审申请书、投标申请人资格预审合格通知书。

（1）投标申请人资格预审须知。投标申请人资格预审须知是招标人向潜在投标人发出的资格审查的文件，招标人通过该文件告知投标申请人拟招标工程的基本情况、基本要求和基本规则，告知投标申请人参加资格预审应注意的问题、资格预审评审标准和合格条件、资格预审申请书提交的时间地点等。

（2）投标申请人资格预审申请书。投标申请人资格预审申请书是招标人制定的，要求所有申请参加拟招标工程资格预审的潜在投标人按统一格式填写的资格审查文件。投标申请人资格预审申请书由资格预审申请书和13个附表组成。资格预审申请书是投标申请人申请参加该工程资格预审的意思表示，附表是对投标申请人全面情况的调查表。

（3）投标申请人资格预审合格通知书。投标申请人资格预审合格通知书是招标人向经审查合格投标申请人发出的告知文件，告知投标申请人其预审合格，可以参加拟招标工程的投标。

6. 资格预审文件的评审

资格预审文件的评审分初步评审、详细评审和最终评审 3 个阶段。

（1）初步评审。检查投标申请人是否符合资格预审的必要合格条件和附加合格条件，筛选出符合标准的投标申请人，淘汰不符合标准的投标申请人。

（2）详细评审。根据评审标准，对通过初步评审的投标申请人逐一进行详细评审，筛选出符合标准的投标申请人，淘汰达不到最低标准的投标申请人。

（3）最终评审。在控制有效竞争的基础上最终确定合格的投标申请人名单。合格的投标申请人数量不得低于 3 家。

3.2.1.7 招标文件

招标文件是招标人向投标申请人发出的具有要约性质的文件，是招标人向投标申请人提供为编写投标文件所需的资料并通报招标投标将依据的规则和程序等内容的书面文件。招标文件应当包括招标项目的技术要求、资格审查的标准、投标报价要求和评标标准等所有实质性要求和条件以及拟签订合同的主要条款。招标项目需要划分标段、确定工期的，招标人应当合理划分标段、确定工期，并在招标文件中载明。

1. 编制招标文件应遵循的原则

编制招标文件应遵循下列原则。

（1）编制招标文件必须遵守国家及地方政府有关招标投标的法律法规和部门规章的规定。

（2）编制招标文件必须遵循公开、公平、公正的原则。

（3）编制招标文件必须遵循诚实信用的原则，招标人向投标人提供的工程情况，特别是工程项目的审批、资金来源和落实等情况，都要确保其真实可靠。

（4）招标文件介绍的工程情况和提出的要求，必须和资格预审文件的内容一致。

（5）招标文件的内容要能系统、完整、准确地反映工程的规模、性质、商务技术要求等内容，设计图纸应与技术规范、技术标准要求相一致。

（6）招标文件不得要求或者标明特定的建筑材料、构配件等生产供应商以及含有倾向或排斥投标申请人的其他内容。

2. 招标文件的内容

第一章投标须知前附表及投标须知；第二章合同条款；第三章合同文件格式；第四章工程建设标准；第五章图纸；第六章工程量清单；第七章投标文件投标函部分格式；第八章投标文件商务部分格式；第九章投标文件技术部分格式；第十章资格审查申请书格式。

投标须知是招标文件中的关键性文件，是招标文件的重要组成部分，主要包括拟招标工程项目情况、招标要求、投标应注意的问题以及评标标准和方法的内容。

3.2.1.8 踏勘现场和答疑

踏勘现场是指招标人组织投标人对工程现场场地和周围环境等客观条件进行的现场勘察，目的是让投标人编制施工组织设计或施工方案以及计算各种措施费用获取必要的信息。为了方便投标人做投标报价，使其尽可能全面迅速地了解投标报价所需的工程场地、周边环境等相关现场信息资料，招标工作机构通常在发售招标文件后，按照招标文件中既定的时间，安排投标人现场勘察，向投标单位尽可能详细地介绍工程现场的地形、地貌、水文地质、气候气象；水、电、通信、交通、施工用地，可用临时设施等情况，并说明现场是否达到招标文件中规定的条件。

投标人参加现场勘察并承担踏勘现场的责任、风险和费用。

对于潜在投标人在阅读招标文件和现场踏勘中提出的疑问，招标人可以书面形式或召开投标预备会的方式解答，但需同时将解答以书面方式通知所有购买招标文件的潜在投标人，该解答的内容为招标文件的组成部分。

3.2.1.9 工程标底的编制

标底是指招标人根据招标项目的具体情况，依据国家统一的工程量计算规则、计价依据和计价办法计算出来的工程造价，是招标人对建设工程期望价格。

确定标底必须注意把握合适的价格水平。标底过高或过低均不可行：标底过高必然造成招标人方面资金的浪费、经济利益的损失；标底过低必然难以找到合适的工程承包人，项目无法实施。所以，在具体确定标底时，一定要认真地研究、分析、比较、计算，尽量将工程标底的水平控制在低于或等于社会同类工程项目的平均水平上。

1. 标底的作用

标底主要有两个作用：一是招标人发包工程的期望值，是确定工程合同价格的参考依据；二是评定标价的参考值，是衡量、评审投标人投标报价是否合理的尺度和依据。

招标人设立标底，是对招标工程的造价作出预算，由此也可对投标报价做出理性的判断。标底并不是决定能否中标的标准价，而只是对投标报价进行评审和比较的一个参考价格。

2. 标底的编制原则

标底是招标人控制投资的重要手段，在确定标底时应力求计算准确、实事求是、科学合理，综合考虑招标人和投标人的利益，达到择优选择中标人的目的。

编制标底时应遵循下列原则。

（1）根据国家公布的统一工程项目划分、统一计量单位、统一计算规则以及施工图纸、招标文件，参照国家、行业或地方政府发布的定额、技术标准、规范以及市场价格因素来确定工程量和编制标底。

（2）标底作为招标人的期望价格，应力求与市场的实际变化吻合，要有利于竞争和保证工程质量。

（3）标底应由工程成本、利润、税金等组成，一般应控制在批准的建设项目投资估算或总概算价格以内。

（4）一个工程只能编制一个标底。

（5）标底编制完成后应及时封存，在开标前应严格保密，任何人不得泄露标底。

3. 标底的编制方法

（1）工料单价法。分部分项工程量的单价为直接费。直接费以人工、材料、机械的消耗量及其相应价格确定。间接费、利润、税金按照有关规定另行计算。适用于定额计价方式。

（2）综合单价法。分部分项工程量的单价为全费用单价。全费用单价综合计算完成分部分项工程所发生的直接费、间接费、利润、税金。适用于清单计价方式。

3.2.1.10 开标

1. 开标的概念

开标是指投标人提交投标文件后，招标人按招标文件规定的时间和地点，当众开启投标人提交的投标文件，公开宣布投标人的名称、投标报价及其他主要内容。

开标由招标人或招标人委托的招标代理机构主持，并邀请所有投标人参加。为保证开标的公正性，一般还邀请相关单位的代表参加，如招标项目主管部门的人员、监察部门代表等。此外还可以委托公正部门的公正人员对整个开标过程依法进行公正。

2. 开标程序

（1）开标主持人（即招标人）宣布开标会议开始，同时宣布开标唱标纪律及相关内容。

（2）介绍招标投标的基本情况，包括到会的相关单位、投标单位和人员及评标委员会的产生和组成情况。

（3）宣布开标工作人员，开标工作人员包括唱标人员、监标人员、记录人员等。

（4）宣布评标纪律、评标原则和评标方法。

（5）检查各投标文件的密封、盖章情况，并予以签字确认。

（6）确定唱标顺序，然后按顺序开标唱标。开标时，工作人员当众打开标书，宣读投标文件的主要内容。包括投标人名称、投标价格、工期、附加条件、补充声明、优惠条件、替代方案等都应宣读；如果有标底的，也应当同时公布；联合体投标的，还应宣读联合投标协议书。开标以后，投标人不得更改投标书的内容和报价，也不允许再增加任何优惠条件。

（7）招标人对开标过程进行记录，并存档备查，各投标人对投标报价内容无异议，签字确认。至此，开标会议结束。

3. 投标文件的有效性

开标时，投标文件出现下列情形之一的，应当作为无效投标文件，不得进入评标。

（1）投标文件未按要求装订、密封和标记的。

（2）投标文件有关内容未按规定加盖投标人印章或未经法定代表人或其委托代理人签字或盖章的，由委托代理人签字或盖章的，但未随投标文件一起提交有效的"授权委托书"原件的。

（3）投标文件的关键内容字迹模糊、无法辨认的。

（4）投标人未按照招标文件的要求提供投标保证金或者投标保函的。

（5）组成联合体投标的，投标文件未附联合体各方共同投标协议的。

（6）投标人递交两份或多份内容不同的投标文件，或在一份投标文件中对同一招标项目报有两个或多个报价，且未声明哪一个有效，按招标文件规定提交备选投标方案的除外。

3.2.1.11 评标与评标委员会

1. 评标

评标是依据招标文件的规定和要求，对投标文件进行的审查、评审和比较。为了确保评标的公正性，评标必须由评标委员会承担。

2. 评标委员会

评标委员会由招标人或其委托的招标代理机构熟悉相关业务的代表，以及有关技术经济等方面的专家组成，成员人数为5人以上单数，其中技术、经济等方面的专家不得低于成员总数的2/3。

评标委员会的专家成员应当从省级以上人民政府有关部门提供的专家名册或者招标代理机构的专家库内的相关专家名单中确定。

评标委员会中评标专家可以采取随机抽取或者直接确定的方式。一般项目，可以采用随机抽取的方式；技术特别复杂、专业性要求特别高或者国家有特殊要求的招标项目，采取随机抽取方式确定的专家难以胜任的，可以由招标人直接确定。

评标专家应符合下列条件。

(1) 从事相关专业领域工作满8年并具有高级职称或者同等专业水平。

(2) 熟悉有关招标投标的法律法规，并具有与招标项目相关的实践经验。

(3) 能够认真、公正、诚实、廉洁地履行职责。

有下列情形之一的，不得担任评标委员会成员。

(1) 投标人或者投标主要负责人的近亲属。

(2) 项目主管部门或者行政监督部门的人员。

(3) 与投标人有经济利益关系，可能影响对投标公正评审的。

(4) 曾因在招标、评标以及其他与招标投标有关活动中从事违法行为而受过行政处或刑事处罚的。

评标委员会成员应当客观、公正地履行职责，遵守职业道德，对所提出的评审意见承担个人责任。

3. 评标程序

评标可按两段三审进行，两段指初审和详细评审，三审指符合性评审、技术性评审和商务性评审。

(1) 初审。初步评审是指对投标文件的符合性进行评审，包括商务符合性和技术符合性鉴定。初评是为了从众多的投标书中，筛选出符合最低要求标准的标书，淘汰那些基本不合格的标书，以免在后面的详细评审中浪费时间和精力。技术性评估，包括方案可行性评估和关键工序评估，劳务、材料、机械设备、质量控制措施评估以及对施工现场周围环境污染的保护措施的评估；商务性评估，包括投标报价校核，审查全部报价数据计算的正确性，分析报价构成的合理性，并与标底价格进行对比分析。投标文件应实质上响应招标文件的所有条款、条件，无显著的差异或保留。评标委员会应当审查每一投标文件是否对招标文件提出的所有实质性要求和条件作出响应。未能在实质上响应的投标，应作废标处理。

投标文件有下述情形之一的，为未能对招标文件作出实质性响应的，作废标处理。

1) 没有按照招标文件要求提供投标担保或者所提供的投标担保有瑕疵。

2) 投标文件没有投标人授权代表签字和加盖公章。

3) 投标文件载明的招标项目完成期限超过招标文件规定的期限。

4）明显不符合技术规格、技术标准的要求。

5）投标文件载明的货物包装方式、检验标准和方法等不符合招标文件的要求。

6）投标文件附有招标人不能接受的条件。

7）不符合招标文件中规定的其他实质性要求。

评标委员会应当按照投标报价的高低或者招标文件规定的其他方法对投标文件排序。在评标过程中，评标委员会发现报价明显低于其他投标报价或者明显低于标底，使得其可能低于成本的，应当要求该投标人作出书面说明并提供相关证明材料。投标人不能合理说明的，其投标应作废标处理。

评标委员会可以书面方式要求投标人对投标文件中含义不明确、对同类问题表述不一致或者有明显文字和计算错误的内容做必要的澄清、说明或者补正。澄清、说明或者补正应以书面方式进行并不得超出投标文件的范围或者改变投标文件的实质性内容。

投标文件中的大写金额和小写金额不一致的，以大写金额为准；总价金额与单价金额不一致的，以单价金额为准；对不同文字文本投标文件的解释发生异议的，以中文文本为准。投标人少于3个或者所有投标被否决的，招标人应当依法重新招标。

（2）详细评审。通过初评的投标文件接下来就进入了详细评审阶段，详细评审包括技术评审和商务评审。

1）技术评审。对投标文件进行技术评审的目的主要是为了确认备选的中标人完成本工程的技术能力和施工方案的可靠性。技术评审的重点是评定投标人将怎样实施本招标工程。因此评审主要是围绕投标书中有关的施工方案、计划、各项技术保障措施和技术建议进行。具体内容如下。

a. 施工总体布置。着重评审布置的合理性，如作业面的开设、砂石料生产系统、场内交通、堆渣场地及废料渣的堆置与处理等。

b. 施工进度计划是否能满足业主对工程竣工时间的要求，这一进度计划是否科学和严谨，是否切实可行。评价时以所配备的施工设备、生产能力、材料供应、劳务人员、自然条件、工程量大小等诸方面因素为根据，并从施工平均高峰月强度及出现日期，分析作业循环或施工强度能否实现，从而评价其总进度是否建立在可靠基础上。特别是对关键线路，应从承包商进场准备工作开始，直至全部完工为止，各个阶段、各个环节逐一审查。

c. 施工方法及技术措施。主要评审各单项工程所采取的方法、程序与措施。包括所配备的施工设备性能是否合适，数量是否充分，安全措施是否可靠等。

d. 承包商提供的材料、设备能否满足招标文件和设计的要求。

e. 投标文件对招标工程在技术上有何保留或建议。

2）商务评审。商务评审的目的是从成本、财务和经济分析等方面评定投标报价的合理性和可靠性，估量授标给各投标人后的不同经济效果。商务评审在整个评标中占有极其重要地位。商务评审的主要内容如下。

a. 对投标书的响应性检查。如投标人是否愿意承担招标文件规定的全部义务，投标书的合同条件与技术规范是否与招标文件一致，有无附加条件等。

b. 审查全部报价数据计算的正确性，并与标底（如果有）进行适当对比，发现有较大差异的地方分析其原因。评定报价是否合理，以及潜在的风险问题。

c. 分析报价构成的合理性。分析机械台班、工人计日工资，以及另增材料单价的合理性。

d. 分析投标文件中所附的资金流量表的合理性，及其所列数据的依据。进一步复审投标人的财务实力和资信可靠程度。如果招标文件规定是可调价合同，还应分析投标人的调价公式、调价的可能幅度限制，以及调价公式中采用的基价、指数的合理性。

e. 分析投标人提出的财务或付款方面的建议和优惠条件。如施工设备赠给、技术协作、专利转让等，并估计其利弊，特别是接受财务方面建议的可能风险。

4. 评标方法

在详细评审阶段进行评标的方法很多，主要包括经评审的最低投标价法、综合评估法或者法律、行政法规允许的其他评标方法。

（1）经评审的最低投标价法（评标价法）。即评标委员会根据投标人对工程质量、工期、安全文明施工的承诺以及施工组织设计、工程总报价等内容进行综合评议，达不到招标工程要求的，作为无效标处理，直接废除，不进入报价评标。然后对基本合格的标书按照预定的方法将某些评审要素按一定的规则折算为评审价格，再加到该标书的报价上形成"评标价"。以"评标价"最低的标书为最优。"评标价"仅仅是作为衡量投标人能力高低的量化比较的一个尺度，与中标人签订合同时还是以其投标价格为准。

评标委员会以投标报价最低者为第一中标候选人，以投标报价次低者为第二中标候选人，投标报价第三低者为第三中标候选人向招标人推荐。

经评审的最低投标价法一般适用于具有通用技术、性能标准或者招标人对其技术、性能没有特殊要求的招标项目。

（2）综合评估法。综合评估法也叫综合评分法，这种方法是首先确定对标书的评审内容，将评审内容分类以后分别赋予不同的权重，评标委员会依据事先定好的评分标准对各类内容细分的小项进行相应的打分，最后计算各标书的累计分值，该分值反映投标人的综合水平。以得分最高的投标书为最优。综合评分法的评审内容、细分的小项、各分项内容的权重随着不同的地方、工程类别、工程技术的复杂程度而各有不同。

综合评分法需要评定比较的内容比较多，特别是对于大型技术复杂的工程来说，则最好是设置多级评分目标，这样有利于评委控制打分，从而减少随意性。评分的指标体系及权重应当根据招标工程的实际情况来定。对于标书报价部分的衡量，可分为用标底衡量、设置复合标底衡量和无标底比较三大类。

1）用标底衡量报价得分的综合评分法。标底是业主的投资预期，我国大多数的招标活动中，业主都会编制标底。因此，用标底作为衡量投标报价的综合评分法得到了广泛的应用，但在具体的操作中，各地也有不同。其方法为：以事先编制好的标底为基础，评标委员会首先确定一个允许报价浮动范围来确定入围的有效投标，然后按照评标规则计算各项得分，最后以累计得分来比较投标书的优劣。

2）用复合标底来衡量报价得分的综合评分法。以标底作为报价评定标准时，有可能因编制的标底没有反映出较为先进的施工技术水平和管理水平，导致对报价的衡量不科学。为了弥补这一缺陷，可以采用标底的修正值作为衡量标准。具体步骤为：计算各投标书报价的算数平均值；将标书平均值与标底再作算数平均；以第 2 步算出的值为中心，按预先确定的允许浮动范围（如±8％）确定入围的有效投标书；计算入围有效标书的报价算数平均值；将标底和第4步项计算的值进行平均，作为确定报价得分的衡量标准。此步计算可以是简单的算数平均，也可以用加权平均（如标底的权重为0.4，报价的平均值权重为0.6）；依据评标规则确定的计算方法，按报价与标准的偏离度计算各投标书的该项得分。

3）无标底的综合评分法。为了鼓励投标人的报价竞争，可以不预先制定标底，用反映投标人报价平均水平某一值作为衡量基准评定各投标书的报价部分得分。其特点为：招标人不再人为设定标底；资格预审合格的施工队伍可获得投标资格；投标人自主报价，价格合理与否不以统一定额的计算结果为依据；认为资格预审合格或技术标评审合格的投标人均有能力承建项目，价格成为最主要的决定因素；无标底招标的评标条件由较多的主观评价因素转向施工企业的自有资金、保函等客观评价因素。

采用较多的方法有如下两种：

a. 合理低价中标。在所有投标书的报价中以报价最低者为标准（该项满分），其他投标人的报价按预先确定的偏离百分比计算相应得分。这种方法应特别要注意防止低于成本的低价中标。如若发现最低的投标报价比次低投标人的报价相差悬殊（如20％以上），则应首先考察最低报价者是否有低于其企业成本的竞标。此时，评标委员会可以要求该投标人就报价问题作出必要的说明和澄清（以书面形式）。若报价的费用组成合理，才可以作为标准值。这种规则适用于工作内容简单，一般承包人采用常规方法都可以完成的施工内容，因此评标时更重视报价的高低。

b. 无标底招标，有标底评标。此种方法对报价进行衡量具体操作比较复杂，各地各有不同。采用较多的做法是：开标后，首先计算各主要报价项的标准值，可以采用简单的算数平均值或平均值下浮某一预先规定的百分比作为标准值；标准值确定后，再按预先确定的规则，视各投标书的报价与标准值的偏离程度，计算各投标书的该项得分。对于某些较为复杂的工作任务，不同的施工组织和施工方法可能产生不同效果的情况，不应过分追求报价，因此采用投标人的报价平均水平作为衡量标准。

一些地区所采取的"无标底招标，有标底评标"的评审形式中，技术标以一定比例进入综合评分。一般是把施工组织设计中的相关项目分别赋予不同的分值予以打分。

综合实力得分一般包括企业资质等级、企业业绩、企业资信证明、ISO 9000认证情况、项目经理资力、项目经理业绩等分别赋予不同的分值予以打分。

最后按总得分从高到低排序，向招标人推荐前3名。

(3) 其他评标方法。

1）最低价中标法。这种方法在操作上比较简单，就是在所有通过资格审查的投标者中，谁的报价最低谁中标。

2）专家评议法。专家评议法属于一种对投标书的定性评价方法，专家评议法不量化评价指标，通过对投标单位的能力、业绩、财务状况、信誉、投标价格、工期质量、施工方案等内容进行定性的分析和比较，进行评议后，选择投标单位在各指标都较优良者为中标单位。

3）技术优先法。对于某些施工技术有特殊要求的工程项目，首先应根据技术条件确定施工单位的优先次序,然后根据价格商谈情况确定中标单位。

5. 评标报告

评标委员会完成评标工作后,应根据评审结果向招标人推荐中标候选人1~3人,并标明排列顺序;或按照招标人的授权,直接确定中标人。最后,评标委员会应完成书面评标报告并提交招标人,并抄送有关行政监督部门。

评标报告是评标委员会完成评标工作以后交给招标人的一份重要文件。在评标报告中,评标委员会不仅要推荐中标候选人,而且要说明这种推荐的具体理由。评标报告作为招标人定标的重要依据,一般要包括以下内容。

(1) 基本情况和数据表。
(2) 评标委员会成员名单。
(3) 开标记录。
(4) 符合要求的投标一览表。
(5) 废标情况说明。
(6) 评标标准、评标方法或者评标因素一览表。
(7) 经评审的价格或者评分比较一览表。
(8) 经评审的投标人排序。
(9) 推荐的中标候选人名单与签订合同前要处理的事宜。
(10) 澄清、说明、补正事项纪要。

评标委员会向招标人提交评标报告后,整个评标活动结束。评标委员会即告解散,评标过程中使用的文件、表格以及其他相关资料应当及时归还给招标人。

3.2.1.12 定标

定标是指经过评标,做出决定,最后选定中标人的行为。在招标人作出了决定以后,招标人应当向中标人发出中标通知书;同时,也要书面通知未中标的投标人,并退还投标保证金。

1. 定标依据

定标最主要、最直接的依据就是评标委员会向招标人提交的评标报告。在评标报告中,一般来说,评标委员会向招标人推荐1~3名标明了排列顺序的中标候选人供招标人参考定标。

评标委员会提出书面评标报告后,招标人一般应当在15日内确定中标人,最迟应当在投标有效期结束日后30个工作日前确定。中标人的投标应当符合下列条件。

(1) 能够最大限度地满足招标文件中规定的各项综合评价标准。
(2) 能够满足招标文件的实质性要求,并且经评审的投标价格最低;但是投标价格低于成本的除外。对于评标委员会推荐的不超过3个标明了排列顺序的中标候选人,可以这样认为,被推荐的中标候选人都具备中标资格,招标人可以根据工程项目的具体特点和要求,确定其中的一个为中标人。从原则上来说,招标人应当确定排名第一的中标候选人为中标人。排名第一的中标候选人放弃中标、因不可抗力提出不能履行合同,或者招标文件规定应当提交履约保证金而在规定的期限内未能提交的,招标人可以确定排名第二的中标候选人为中标人。排名第二的中标候选人因前款规定的同样原因不能签订合同的,招标人可以确定排名第三的中标候选人为中标人。

2. 中标通知书与合同签订

招标人确定中标人之后，应当及时向中标人发出中标通知书。同时，也应向其他未中标的投标人发出书面通知，并按有关规定及时退还投标保证金。至于中标人的投标保证金，国际上通行的做法是，中标人应在规定的时间内向招标人提交履约保证，用履约保证换回投标保证金。

中标通知书对招标人和中标人都具有法律约束力。中标人收到中标通知书后，即成为该项目承包商，必须在30天内和招标人签订合同。

招标人应当自发出中标通知书之日起15天内，向有关行政监督部门提交招标投标情况的书面报告。书面报告至少应包括下列内容。

（1）招标范围。

（2）招标方式和发布招标公告的媒介。

（3）招标文件中投标人须知、技术条款、评标标准和方法、合同主要条款等内容。

（4）评标委员会的组成和评标报告。

（5）中标结果。

招标人和中标人正式签订合同后，整个招标投标工作结束。

3.2.2 建设项目工程投标

工程投标是指投标人根据项目的招标文件，研究投标策略，确定投标报价，并编制投标文件参与竞标的过程。

在市场经济条件下，投标是承包商获得工程项目建设合同的主要途径。对投标者而言，这是一场激烈的竞争。在这场竞争中，投标者之间不仅是一场报价、技术、经验、实力和信誉的较量，而且也是一场投标技巧的较量。此外，投标还是一种法律行为，投标人一旦提交了投标文件，就必须在招标文件规定的期限内信守诺言，不得随意退出投标竞争，否则必须承担相应的经济和法律责任。因此，对投标者来说，投标应该是一项严肃认真的工作，必须慎重考虑。为此，了解工程投标的程序、掌握投标工作内容、做好投标准备工作、编制具有竞争实力的投标文件是投标成功的关键。

1. 投标程序

投标既是一项严肃认真的工作，又是一项决策工作，必须按照当地规定的程序和做法，满足招标文件的各项要求，遵守有关法律法规的规定，在规定的招标时间内进行公平、公正的竞争。为了获得投标的成功，投标必须按照一定的程序进行，才能保证投标的公正合理性与中标的可能性。我国国内工程投标程序如下。

（1）获取投标信息。

（2）参加资格预审。

（3）购买和阅读招标文件。

（4）现场勘察、计算和复核工程量、参加标前会议、市场询价。

（5）编制施工规划。

（6）研究投标技巧。

（7）计算投标报价。

(8) 编制投标文件。

(9) 递送投标文件。

2. 投标工作准备

在正式投标前积极做好各项投标准备工作，有助于投标的成功。投标的前期准备工作包括获取投标信息、调查分析研究、投标前期决策、成立投标工作机构、寻求合作伙伴等内容。

(1) 获取并查证投标信息。随着信息技术的发展，获取投标信息的渠道越来越多，这为招标投标提供了便捷的服务。各地都开辟了建设网或招标投标网，从网络获取招标信息已是获取招标信息的主要途径了。报刊、杂志、电台、社会媒体、公众等是获取招标信息的其他途径。作为投标人要经常关心传播信息的各种载体，以最快的速度获取招标信息。

信息查证是保证投标顺利进行和达到预期目的的前提条件。作为投标人，在获取了投标信息后一定要保持冷静的头脑，认真分析所获得的信息的真实性，除调查信息的真实性外，还应查证建设项目是否具备招标条件，不具备招标条件的项目硬性招标属违法行为，万一发生纠纷承包商得不到法律的保护。

(2) 投标前期决策。查证了招标信息的真实性后，必须对投标与否作出论证。投标与否，要考虑的因素很多，需要投标人广泛、深入地调查研究，系统地积累资料，并作出全面的分析，才能使投标作出正确决策。

下列招标项目应放弃投标：本施工企业主管或经营能力以外的项目；工程规模、技术要求超过本施工企业技术等级的项目；本施工企业生产任务饱满，而招标工程的盈利水平较低或风险较大的项目；本施工企业技术等级、信誉、施工水平明显不如竞争对手的项目；业主的合法地位、支付能力、履约信誉等存在问题。

(3) 成立投标工作机构。一旦决定要投标，就要精心组建投标工作小组。投标工作小组的人员必须诚信、精干、积极、认真、对公司忠诚，保守报价机密且经验丰富。一个好的投标班子应由经济管理人才、专业技术人才、商务金融人才以及合同管理人才组成。他们不仅熟悉工程技术知识、熟悉费用的计算、市场分析预测的过程，而且还熟悉经济合同相关的法律、法规等知识。该工作小组成员应能及时掌握市场动态，了解价格行情，基本能判断投标项目的竞争态势，善于运用竞争策略，能针对具体项目的各种特点制定出恰当的投标报价策略。

(4) 寻求合作伙伴。为了能顺利地投标或者在投标中获胜，遇下列情况需要寻找合作伙伴。

1) 实力不强或考虑竞争的因素。如果认为自己实力不强或竞争优势不明显，常常考虑寻找合作伙伴，采取联合承包的方式投标。这时选择的合作伙伴，应能弥补自己不足优势互补，且信誉好。

2) 招标项目要求"总包"。即建设方要求承包商从项目的勘察设计开始到施工完工的全过程进行承包，即所谓的"交钥匙"工程。对这种承包方式，就我国目前的管理体制和机构设置（设计与施工分离）而言，一家企业是很难胜任的，必须寻找合作伙伴，组成联合承包体进行投标。

但是，在选择合作伙伴时，不能盲目行事，必须就合作伙伴的资信、财务、技术、经验、声誉、地位和社会背景等进行深入细致的调查研究，选择的合作伙伴必须满足以下条件。

1）符合招标项目所在国和招标文件对投标人的资格条件要求。

2）具备承担招标项目的相应能力和经验要求，在某一方面有一定的优势，与自己形成互补。

3）诚实守信，有威望，在当地有一定的社会关系。

选好合作伙伴后，应与合作伙伴签订联合投标的相关协议，在协议中明确规定合作各方的权利、义务和责任。若中标，合作各方都应严格履行合约，并向招标人承担连带责任。

3. 资格预审

一旦投标人决定去投标，就要立刻参与招标人组织的资格预审，在规定的时间内编制并递送投标文件。投标人的资格预审程序如下。

（1）购买资格预审文件。投标人应按照招标单位发布的招标公告的要求，在规定的时间和地点去购买资格预审文件。

（2）研究资格预审文件。投标人购买了资格预审文件后一定要仔细阅读，认真研究，尤其要认真阅读以下内容。

1）对申请预审人的要求。如资格预审文件中规定的对投标人以往的经验和设备、人员、资金等方面完成该项目工作能力的要求，资格预审通过的强制性标准等。

2）要求申请人应提供的资料和有关的证明材料。如招标人要求投标人提供申请人的详细履历、联营体的基本情况、分包商的基本情况等。

3）资格预审申请递交的截止日期、地址和负责人姓名。

（3）准备资料，填写资格预审文件。申请人在填写资格预审申请书前，要按照资格预审文件的要求，认真准备资料，如以往的经验、近几年财务状况等资料。为了节约时间，提高效率，申请人应在每个工程完工后，做好资料的积累工作，将资料存入计算机内，并予以整理，以备随时调用。最好请有一定声望的专家或部门对每个完工工程进行质量鉴定，给予书面的优良工程证明，并作为资料保存。一些获奖证书也应复印保存，千万不要临时拼凑。

准备的资料既要能满足资格预审文件的要求，又要对自己有利。根据准备的资料，认真填写资格预审申请书。填写时要注意以下几点。

1）突出重点。在填写资格预审申请书时一定要突出重点，突出自己在某方面的优势，如技术管理上的优势、财务能力上的优势、信誉上的优势或经验方面的优势均可。突出重点有利于通过资格预审。

2）实事求是。填写时一定要实事求是，不得隐瞒，也不得弄虚作假。

3）分析利弊，采取措施。在对资格预审文件进行认真分析的基础上，同时要分析自己的实力。当发现本企业某些方面难以满足投标要求时，应考虑与适当的其他企业联合，组成联营企业来参与资格预审。

（4）提交资格预审文件。填写完资格预审申请书后，应按照招标人的要求，在规定的时间内，将资格预审申请书递交到规定的地点和人员手中。资格预审申请书呈递后，还应注意信息的跟踪,发现有不足之处,应及时补送资料,以争取通过资格预审,成为有资格的投标人。

4. 调查研究与现场勘察

当通过资格预审成为有资格的投标人后,投标人就应进行投标前的调查研究和现场勘察,这是投标前极其重要的准备工作。如在前述的投标决策阶段对拟投标的项目进行了深入的调查,则拿到招标文件后只需进行有针对性的补充调查即可。否则,应进行全面的调查研究。如果是去国外投标,那么调查研究应更早些,最好在购买资格预审文件时就进行调查研究,以免时间紧张。

(1)投标前的调查研究。投标前的调查研究主要是指与本工程项目相关的承包市场和生产要素市场等方面的调查,包括以下几个方面。

1)对招标人情况的调查。调查招标人对本工程提供的资金来源、资金额度、资金的落实情况。调查本工程的各项审批手续是否齐全。调查招标人员在招标评标过程中的习惯做法和对承包人的态度。调查招标人能否秉公办事,是否惯于挑剔刁难。调查招标人的诚信度、支付工程款的能力及是否经常按时支付工程款。调查招标人是否能够合理对待承包人的索赔要求等。

2)对监理工程师的调查。由于监理工程师是受业主的委托,代表业主对工程承包人进行监督管理。因此,监理工程师的工作作风将直接影响到承包商的工作效率和经济效益,所以,投标人还需对监理工程师的情况进行调查。主要调查监理工程师承担过的工程监理任务、工作方式、工作习惯以及对承包人的态度。调查监理工程师处理问题时是否公正,能否提出合理的解决问题的办法。

3)对竞争对手的调查。知己知彼,百战不殆。投标前应详细了解获得本工程投标资格的公司数量,有多少家承包商购买了招标文件,有多少家承包商参加了标前会议和现场勘察。分析确认可能参与投标的公司,调查这些公司的技术特长、管理水平、以往的工作经验、经营状况等。分析对手的优势和弱势。

4)生产要素的市场调查。为了使投标时报价合理,且具有竞争力,必须对工程所需的物资品种、价格等做好认真调查,并做好询价工作。调查时不仅要了解物资当时的价格,还要了解过去的价格变化情况,预测未来施工期间可能发生的价格变化,以便在报价时加以考虑。此外,还要了解物资的种类、品种,购买物资时的支付方式、运输方式、供货计划等问题。如果工程施工中需要雇佣当地劳务,则还应了解可能雇佣到的工人的工种、数量、素质、基本工资和各种补助费及有关社会福利、社会保险等方面的规定等。如果施工企业需要在当地贷款和使用外汇的,还需要了解当地的信贷利率和外汇汇率。

5)政治、经济、社会、法律等方面的调查。在政治方面,要调查项目所在地的政治制度、社会制度和政局状况等。如果是国际工程,还要调查项目所在国与周边国家、地区及投标人所在国的关系。

在经济方面,要调查项目所在地的经济发展状况、科学技术发展水平、自然资源状况和交通、运输、通信等基础设施条件等。

在社会方面,要调查项目所在地的社会治安、民俗、民风、民族关系、宗教信仰和工会组织及活动等。

在法律方面,要调查项目所在地的法律法规,尤其要调查与工程项目建设有关的法律法规,如经济法、税法、合同法、工商企业法、劳动法、建筑法、招标投标法、金融法、仲裁法、环境保护法、城市规划法等。如果是国际工程,还要调查项目所在国的宪法、民法、民事诉讼法、移民法、外国人管理法等。

(2)现场勘察。现场勘察就是到工地现场进行考察,一般是标前会议的一部分。招标单位一般在招标文件中要注明现场考察的时间和地点,在招标文件发出后就应安排投标者进行现场考察的准备工作。在考察中,招标人应组织所有投标人进行现场参观和说明。

施工现场勘察是投标者必须经过的投标程序,也是投标人的权利和职责。因此,投标人在报价前必须认真地进行施工现场考察,全面、仔细地调查了解工地及其周围的政治、经济、地理等情况。按照国际惯例,投标人提出的报价单一般认为是在现场考察的基础上编制的。一旦报价单提出之后,投标者就无权因为现场考察不周、情况了解不细或因素考虑不全面而提出修改投标、调整报价或提出补偿等要求。

投标人在去现场考察之前,应事先研究招标文件的内容,特别是文中的工作范围、专用条款,以及设计图纸、说明和技术文件。然后拟定出调查研究的提纲,确定重点要解决的问题,做到事先有准备。

考察的内容有以下几个方面。

1)工地的性质以及与其他工程之间的关系。

2)投标者投标的标段工程与其他标段工程的关系。

3)工地的地理位置、用地范围、地形、地貌、地质、气候等情况。

4)工地附近有无住宿条件,料场开采条件,材料加工条件,设备维修条件等。

5)工地的施工条件。如工地现场布置临时设施、生活营地的可能性,工地周围的水电、交通、运输的情况,附近现有建筑物情况,环境对工程施工的限制因素等。

6)工地附近的治安情况。在现场勘察中,投标人应根据本工程的专业技术特点有重点地结合专业要求进行勘察,同时认真做好现场记录,勘察完后进行总结。

5.计算和复核工程量

工程量是指以自然计量单位(如个、台、件等)或物理单位(如吨、米等)表示的各分部分项工程和结构构件的实物数量。分部分项工程和结构构件的数量是影响投标报价的主要因素之一。

通常在招标文件中都附有工程量表,投标人在报价时应根据图纸和招标文件的规定,仔细核算工程量,如发现漏项、错误或相差较大时,应通知招标单位要求更正。一般规定,工程量未经招标业主允许,不得修改或变动工程量,否则后果自负。如果业主在投标前未予以更正,而且是对投标者不利的情况,投标者可以在投标时附上声明函件,指出工程量表中的漏项或某项工程量有错误,施工结算应按实际完成量计算,也可以按不平衡报价的思路报价,待以后再解决。如果招标文件中没有列出工程量表,仅有招标图纸,需要投标者根据设计图纸自行计算,按照自己的习惯或按照给定的有关工程量编制方法分项列出工程量。在计算时应注意以下内容。

(1)正确划分分部分项工程项目,与当地现行定额一致。

(2)按照一定的计算顺序进行,避免漏算或重算。

(3) 严格按照图纸标明的尺寸、数据和招标文件中的说明计算。

(4) 在计算中一定要结合已定的施工方案或施工方法进行。

复核工程量要尽量准确无误，因为工程量的大小直接影响投标报价的高低。对于总价合同，由于工程量错误而导致的风险是由承包商承担，工程量的漏算或错算有可能给承包商带来无法弥补的经济损失。因此，对总价合同，按图纸核算工程量就更为重要了。

如果招标的工程是一个大型项目，而投标时间又比较短，要在短时间里核算全部工程数量将是十分困难的。对这类工程，由于时间紧迫，承包商就应当在报价前核算那些工程数量较大和造价较高的项目，以确保工程量的正确性。

6. 施工组织设计

施工组织设计是指导招标工程施工全过程中各项活动的技术、经济和组织管理的综合性文件。投标人应按招标人要求用详细的文字和相应的图表，认真编写好施工组织设计，以达到招标人的满意。

一般情况，业主在招标文件中都要求投标者在报价的同时附上施工规划，即初步的施工组织设计，它一般包括工程进度计划和施工方案。业主将根据施工规划判断投标人是否采取了充分和合理的施工措施，是否能按时完成施工任务，以此作为评标的依据。另外，施工规划对投标人也是十分重要的。制定施工规划的依据是设计图纸，复核了的工程量，现场施工条件，开工、竣工的日期要求，机械设备来源，劳动力来源等。这些与工程成本直接相关，决定着工程质量、施工进度，因而直接影响着工程成本及报价的高低。因此，在报价以前，必须精心安排施工方案，使施工方案最充分地利用机械设备，最合理地组织劳动力和各种建筑材料，最有效地减少资金的占用，以利于最大限度地降低成本，提高报价的竞争力。

(1) 施工规划。施工规划一般包括以下内容。

1) 综合说明或概述。

2) 施工现场平面布置。

3) 各分部分项工程的施工方法。

4) 各分部分项工程的施工进度计划。

5) 施工机械设备的使用计划。

6) 建筑材料进场计划。

7) 临时占道或道路布置。

8) 冬、雨季施工措施和防护措施。

9) 地下管线及其他设施的防护措施。

10) 各分项工程质量保证措施、安全施工的组织措施。

11) 保证安全施工和文明施工，环境保护，减少环境污染和噪声的防护措施。

12) 施工现场维护措施。

(2) 施工组织设计的编制要求。

1) 应采用文字并结合图表形式说明各分部分项工程的施工方法。

2) 拟投入的主要施工机械设备情况、劳动力计划等。

3) 结合招标工程特点提出切实可行的工程质量、安全生产、文明施工、工程进度、技术组织措施,同时应对关键工序、复杂环节重点提出相应技术措施。

(3) 编制施工进度计划应注意的问题。

1) 总工期与招标文件中规定的一致。如果合同要求分期分批竣工交付使用,那么,应注明分期交付工程的时间和数量。

2) 标明各主要分部分项工程的开始和结束时间。

3) 体现各主要工序的相互衔接的合理安排。如基础工程与砌筑工程的衔接、主体工程与装修工程的衔接。

4) 劳动力安排要均衡,尽量避免现场劳动力数量急剧大起大落。

5) 充分有效利用设备,减少设备的占用周期和限制时间。

6) 便于编制资金流动计划,有利于降低流动资金占用量,节省资金利息。

(4) 施工方案的主要内容。

1) 施工总体部署和场地总平面布置。施工部署是对整个工程项目进行的全面安排,并对工程施工中的重大战略问题进行决策。包括项目组织安排、任务分工、施工准备的规划等工作。

场地总平面布置是用来正确处理全工地在施工期间所需要各项设施和永久建筑物之间的空间关系,包括合理规划场地进出口、材料仓库、场地运输、附属生产设施、生活设施、临时房屋建筑和临时水、电、管线等的布置。

2) 选择和确定施工方法。投标者应根据拟投标工程的类型、企业已有的施工机械设备和人员的技术力量来选定主要的单项工程或主要的单位工程及特殊的分项工程的施工方案。再计算这些单项或单位工程的工程量,确定其工艺流程,选定其施工方法。施工方法影响施工机械设备的选用,最终将影响工程施工周期和施工成本。对大型复杂项目应考虑几种施工方法,进行综合比选。

3) 选择施工机械设备和施工设施。根据已定的施工方法选择施工设备。不同的施工方法,所用的施工设备是不同的。每种设备又有各种规格、型号。不同的设备,不同的规格型号,其工作效率和成本均不相同。所以,还要根据生产技术的发展状况,考虑经济性、可能性,认真选择施工机械设备和施工设施。

4) 确定劳动力数量、来源及其配置。根据施工方法和选用的施工机械设备,用概算指标估算直接生产劳务数量,从所需要的直接生产劳务数量,结合以往经验估算所需间接劳务和管理人员数量。在估算劳动力数量的同时,分析劳动力的来源。

5) 安排主要材料需用量、来源及分批进场的时间。用概算指标估算主要的和大宗的建筑材料的需用量,考虑其来源和分批进场的时间安排,从而可以估算现场用于储存、加工的临时设施。

6) 选定自采砂石、自制构配件的生产工艺及机械设备。对需要自行开采的建筑材料,如砂石等应估计采砂石场的设备、人员,并计算自采砂石的单位成本价格。如有些构件拟在现场自制的,应确定相应的设备、人员,并计算自制构件的成本价格。

7) 选择主要材料和大型机械设备的运输方式。根据工程的规模和材料的用量及类型,考虑外部和内部材料供应的运输方式,估计运输和交通车辆的需要和来源。

8) 确定现场水电需用量、来源及供应设施。根据工程的规模和劳动力的需要量,估算现场用水、用电的需要量、来源及供应设施。

9) 确定临时设施的数量和标准。根据工程的规模和劳动力的需要量，估算生活临时设施的数量和标准。

10) 提出某些特殊条件下保证正常施工的措施。为了保证工程进度，投标人还必须提出某些特殊条件下保证正常施工的措施，如降低地下水位以保证基础或地下工程施工的措施，冬雨季施工措施等。

7. 投标策略与报价技巧

投标人在递交投标文件前应制定相应的投标决策和报价技巧，以提高中标的可能性并获取较好的经济效益。

(1) 投标策略的含义。投标策略是指承包商在投标竞争中的指导思想与系统工作部署及其参与投标竞争的方式和手段。投标策略作为投标取胜的方式、手段和艺术，贯穿于投标竞争的始终，内容十分丰富。在投标与否、投标项目的选择、投标报价等方面，无不包含投标策略。

(2) 投标策略的内容。

1) 以信取胜。这是依靠企业长期形成的良好社会信誉，技术和管理上的优势，优良的工程质量和服务措施，合理的价格和工期等因素争取中标。

2) 以快取胜。即通过采取有效措施缩短施工工期，并能保证进度计划的合理性和可行性，从而使招标工作早投产、早收益，以吸引业主。

3) 以廉取胜。其前提是保证施工质量，这对业主一般都具有较强的吸引力。从投标单位的角度出发，采取这一策略也可能有长远的考虑，即通过降价扩大任务来源，从而降低固定成本在各个工程上的摊销比例，既降低工程成本，又为降低新投标工程的承包价格创造了条件。

4) 靠改进设计取胜。通过仔细研究原设计图纸，若发现明显不合理之处，可提出改进设计的建议和能切实降低造价的措施。在这种情况下，一般仍然要按原设计报价，再按建议的方案报价。

5) 采取以退为进的策略。当发现招标文件中有不明确之处并有可能据此索赔时，可报低价先争取中标，再寻求索赔机会。采用这种策略一般要在索赔事务方面具有相当成熟的经验。

6) 采用长远发展的策略。其目的不在于在当前的招标工程中获利，而着眼于发展，争取将来的优势，如为了开辟新市场、掌握某种有发展前途的工程施工技术等，宁可在当前招标工程上以微利甚至无利的价格参与竞争。

(3) 确定投标性质。投标分为风险标、保险标、盈利标和保本标 4 种。

1) 风险标是指明知工程承包难度大、风险大，且技术、设备、资金上都有未解决的问题，但由于队伍窝工，或因为工程盈利丰厚，或为了开拓新技术领域而决定参加投标，同时设法解决存在的问题。该标若中标后，如问题解决得好，可取得较好的经济效益，可锻炼出一支好的施工队伍，使企业更上一层楼；解决得不好，企业的信誉、效益就会受到损害，严重者可能导致企业亏损以致破产。因此，投风险标必须审慎从事。

2) 保险标是指对可以遇见的情况从技术、设备、资金等重大问题都有了解决的对策之后再投标。企业经济实力较弱，经不起失误的打击，则往往投保险标。

3）盈利标是指如果招标工程既是本企业的强项，又是竞争对手的弱项；或建设单位意见明确的情况下进行的投标。

4）保本标是指当企业无后续工程，或已经出现部分窝工，且招标的工程项目本企业又无优势可言，竞争对手又多的情况下进行的投标。

（4）报价技巧。为保证投标策略的有效实施，在投标报价中还需运用一些报价技巧。报价技巧是指在投标报价中采用一定的手法或技巧使业主可以接受，而中标后又能获得更多的利润。常用的报价技巧主要有以下几种。

1）根据招标项目的不同特点采用不同报价。投标报价时，既要考虑自身的优势和劣势，也要分析招标项目的特点。按照工程项目的不同特点、类别、施工条件等来选择报价策略。

a. 遇到如下情况报价可高一些：施工条件差的工程；专业要求高的技术密集型工程，而本公司在这方面又有专长，声望也较高；总价低的小工程，以及自己不愿做、又不方便不投标的工程；特殊的工程，如港口码头、地下开挖工程等；工期要求急的工程；投标对手少的工程；支付条件不理想的工程。

b. 遇到如下情况报价可低一些：施工条件好的工程，工作简单、工程量大而一般公司都可以做的工程；本公司目前急于打入某一市场、某一地区，或在该地区面临工程结束，机械设备等无工地转移时；本公司在附近有工程，而本项目又可利用该工程的设备、劳务，或有条件短期内突击完成的工程；投标对手多，竞争激烈的工程；非急需工程；支付条件好的工程。

2）不平衡报价法。这一方法是指一个工程项目总报价基本确定后，通过调整内部各个项目的报价，以期既不提高单价、不影响中标，又能在结算时得到更理想的经济效益。一般可以考虑在以下几方面采用不平衡报价。

a. 能够早日结账收款的项目（如开办费、基础工程、土方开挖、桩基等）可适当提高单价；对晚结账的项目（如屋面防水工程、装饰工程等）可适当降低单价。

b. 预计今后工程量会增加的项目，单价适当提高，这样在最终结算时可多赚钱；将工程量可能减少的项目单价降低，工程结算时损失不大。

上述两种情况要统筹考虑，即对于工程量有错误的早期工程，如果实际工程量可能小于工程量清单中的数量，则不可盲目抬高单价，要具体分析后再定。

c. 设计图纸不明确，估计修改后工程量要增加的，可以提高单价；而工程内容解说不清楚的，则可适当降低一些单价，待澄清后可再要求提价。

d. 暂定项目，又叫任意项目或选择项目，对这类项目要具体分析。因为这类项目要在开工后再由业主研究决定是否实施，以及由哪家承包商实施。如果工程不分标，则其中肯定要做的单价可高些，不一定做的则应低些。如果工程分标，该暂定项目也可能由其他承包商施工时，则不宜报高价，以免抬高总报价。

采用不平衡报价一定要建立在对工程量清单的工程量仔细核对分析的基础上，特别是对报低单价的项目，如工程量执行时增多可将造成承包商的重大损失；不平衡报价过多或过于明显，可能会引起业主反对，甚至导致废标。

3) 计日工单价的报价。如果是单纯报计日工单价,而且不计入总价中,可以报高些,以便在业主额外用工或使用施工机械时可多盈利。但如果计日工单价要计入总报价时,则需具体分析是否报高价,以免抬高总价。总之,要分析业主在开工后可能使用的计日工数量,再来确定报价方针。

4) 暂定工程量的报价。暂定工程量有三种:第一种是业主规定了暂定工程量的分项内容和暂定总价款,并规定所有投标人都必须在总报价中加入这笔固定金额,但由于分项工程量不很准确,允许将来按投标人所报单价和实际完成的工程量付款;第二种是业主列出了暂定工程量的项目和数量,但并没有限制这些工程量的估价总价款,要求投标人既列出单价,也应按暂定项目的数量计算总价,当将来结算付款时可按实际完成的工程量和所报单价支付;第三种是只有暂定工程的一笔固定总金额,将来这笔金额做什么用,由业主确定。第一种情况,由于暂定总价款是固定的,对各投标人的总报价水平竞争力没有任何影响,因此投标时应当对暂定工程量是固定的,对各投标人的总报价水平竞争力没有任何影响,投标时应当对暂定工程量的单价适当提高。这样做,既不会因今后工程量变更而吃亏,也不会削弱投标报价的竞争力。第二种情况,投标人应慎重考虑。如果单价定得高了,同其他工程量计价一样,将会增加总报价,影响投标报价的竞争力;如果单价定得低了,将来这类工程量增大,将会影响收益。一般来说,这类工程量可以采用正常价格。如果承包商估计今后实际工程量肯定会增大,则可适当提高单价,使将来可增加额外收益。第三种情况,对投标竞争没有实际意义,按招标文件要求将规定的暂定条款列入总报价即可。

5) 多方案报价法。对于一些招标文件,如果发现工程范围不很明确,条款不清楚或很不公正,或技术规范要求过于苛刻时,则要在充分估计投标风险的基础上,按多方案报价法处理。即先按原招标文件报一个价,然后再提出,如果某条款做些变动,报价可降低多少,由此可报出一个较低的价。这样可以降低总价,吸引业主。

6) 增加建议方案。有时招标文件中规定,可以提一个建议方案,即可以修改原设计方案,提出投标者的方案。投标者这时应抓住机会,组织一批有经验的设计和施工工程师,对原招标文件的设计和施工方案仔细研究,提出更为合理的方案以吸引业主,促成自己的方案中标。这种新建议方案可以降低总造价或是缩短工期,或使工程运用更为合理。但要注意对原招标方案一定也要报价。建议方案不要写得太具体,要保留方案的技术关键,防止业主将此方案交给其他承包商。同时要强调的是,建议方案一定要比较成熟,有很好的操作性。

7) 突然降价法。投标报价中各竞争对手往往通过多种渠道和手段来刺探对手的情况,因而在报价时可以采取迷惑对手的方法。即先按一般情况报价或表现出自己对该工程兴趣不大,到快投标截止时,再突然降价,为最后中标打下基础。采用这种方法时,一定要在准备投标报价的过程中考虑好降价的幅度,在临近投标截止日期前,根据情报信息与分析判断,再做最后决策。如果中标,因为开标只降总价,在签订合同后可采用不平衡报价的思想调整工程量清单中的各项单价,以期取得更高效益。

8) 分包商报价的采用。由于现代工程的综合性和复杂性,总承包商不可能将全部工程内容完全独家包揽,特别是有些专业性较强的工程内容,需分包给其他专业工程公司施工,还有些招标项目,业主规定某些工程内容必须由他指定的几家分包商承担。因此,总承包商常应在投标前先取得分包商的报价,并增加总承包商摊入的一定的管理费,而后作为自己投标总价的一个组成部分一并列入报价单中。应当注意,分包商在投标前可能同意接受总承包商压低其报价的要求,但等到总承包商得标后,他们常常以种种理由要求提高分包价格,这将使总承包商处于十分被动的地位。解决的办法是,总承包商在投标前找两三家分包商分别报价,而后选择其中一家信誉较好、实力较强和报价合理的分包商签订协议,同意该分包商作为本分包工程的唯一合作者,并将分包商的姓名列到投标文件中,但要求该分包商相应地提交投标保函。如果该分包商认为这家总承包商确实有可能中标,他也许愿意接受这一条件。这种把分包商的利益同投标人捆在一起的做法,不但可以防止分包商事后反悔和涨价,还可能迫使分包时报出较合理的价格,以便共同争取得标。

9) 无利润算标。缺乏竞争优势的承包商,在不得已的情况下,只好在算标中根本不考虑利润去夺标。这种办法一般是处于以下条件时采用:①有可能在得标后,将部分工程分包给索价较低的一些分包商;②对于分期建设的项目,先以低价获得首期工程,而后赢得机会创造第二期工程中的竞争优势,并在以后的实施中赚得利润;③较长时期内,承包商没有在建的工程项目,如果再不得标,就难以维持生存。因此,虽然本工程无利可图,只要能有一定的管理费维持公司的日常运转,就可设法渡过暂时的困难,以图将来东山再起。

8. 投标报价

投标报价是承包商采取投标方式承揽工程项目时,计算和确定承包该工程的投标总价格。报价是进行工程投标的核心,是招标人选择中标者的主要依据,也是业主和投标人进行合同谈判的基础。投标报价是影响投标人投标成败的关键,因此,正确合理地计算和确定投标报价非常重要。

(1) 投标报价方法。

1) 工料单价法。分部分项工程量的单价为直接费,按照现行定额计价方式进行报价。

2) 综合单价法。分部分项工程量的单价为全费用单价,按照清单计价方式进行报价。

投标人根据招标人提出的报价方式进行投标报价。

(2) 投标报价依据。

1) 采用综合单价法。投标报价依据如下:①招标文件内有关投标报价的规定及说明;②企业定额;③市场价格信息(包括劳动力价格、材料设备价格);④工程量清单内的工程量;⑤投标策略及技巧。

2) 采用工料单价法。投标报价依据如下:①招标文件内有关投标报价的规定及说明;②国家或地方政府建设行政主管部门制订的定额;③企业定额;④市场价格信息(包括劳动力价格、材料设备价格);⑤投标策略及技巧。

(3) 研究招标文件。招标文件是投标的主要依据,承包商在动手计算标价以前和整个投标报价之间,都应组织参加投标报价的人员认真阅读招标文件,仔细分析研究。具体包括以下内容。

1) 工程特点、工程量范围和报价要求。投标人应弄清拟投标工程的概况、工程的性质、工程的质量标准、建设范围、建设条件、使用的技术规范、图纸、工程数量、计量方法及现场情况等。还要分清不同种类的合同，对不同种类的合同采取不同的计价方法。投标者在总价合同中承担着工程量方面的风险，所以应当准确计算工程量。在单价合同中，承包商承担着单价不确定的风险，因此投标人应对每一个子项工程的单价作出详细准确的分析。

2）投标书附件及合同条件。投标书附件的重点是投标者须知，投标者须知是投标人进行工程项目投标的指南。此文件主要是告诉投标者投标时应注意的事项。它包括工程的资金来源、资格要求、投标费用规定、标前会议规定、投标语言规定、投标价格计算规定、投标货币规定、投标有效期、投标保函的规定、投标文件递交日期及地点、开标时间、评标方法、付款方式、提前竣工或误工的奖惩规定等内容，这些规定直接影响投标人的报价，因此必须认真阅读和研究。

合同条件也称合同条款，是工程项目承发包合同的重要组成部分，是整个投标过程及后期工作中必须严格遵循的准则。合同条件规定的在合同执行过程中，当事人双方的职责范围、权利、义务、维修条款、工期条款、分包条款、材料供应条款、保险条款、验收条款、质量条款、奖惩条款、监理工程师的职责和授权范围、遇到各类问题的处理条款等，都直接关系着日后工程承发包双方利益的分配比例，关系着投标人的报价和将来的工程成本。因此，合同条件是影响投标人投标策略和投标价格的重要因素，必须慎之又慎地反复推敲研究。

3）施工技术、材料和设备要求。研究招标文件中是否有规定的施工方法和施工验收规范，研究有无特殊的施工技术要求，有无特殊的材料设备技术要求，有无材料设备的供应要求。

此外，在研究招标文件的过程中，尤其要整理出招标文件中含糊不清的问题，留待以后向招标人质疑或索赔用。

（4）投标报价的内容。

1）采用工料单价法。投标报价内容如下：①投标报价说明；②投标报价汇总表；③主要材料清单报价表；④设备清单报价表；⑤分部工程工料价格计算表；⑥分部工程费用计算表。

2）采用综合单价法。投标报价内容如下：①投标报价说明；②投标报价汇总表；③主要材料清单报价表；④设备清单报价表；⑤工程量清单报价表；⑥措施项目报价表；⑦其他项目报价表；⑧工程量清单项目价格计算表。

9. 投标文件的编制

投标文件是投标活动的一个书面成果，它是投标人能否通过评标、决标、中标，进而签订合同的依据。因此，投标人应对投标文件的编制和递送给予高度重视。

投标文件包括三部分内容：投标函部分、商务部分和技术部分。

（1）投标函部分。投标函部分是招标人提出要求，由投标人表示参与该招标工程投标的意思表示的文件。招标人按照招标文件提供的格式填写，包括下列内容。

1）法定代表人身份证明书。
2）投标文件签署授权委托书。
3）投标函。

4) 投标函附录。

5) 投标担保银行保函。

6) 投标担保书。

7) 招标文件要求投标人提交的其他投标资料。

(2) 商务部分。

1) 采用综合单价法。

2) 采用工料单价法

(3) 技术部分。

1) 施工组织设计或施工方案。

2) 项目管理机构配备。

10. 编制标书时应注意的事项

(1) 投标文件中的各种表格必须严格按照招标文件提供的格式编制。填写表格时应按照招标文件的要求填写,决不能随心所欲。所有表格不能有空,应全部填满。而且,重要的项目或数字,如质量等级、价格、工期等不能漏填,否则就会被认作是废标或无效标。

(2) 投标文件的内容必须按招标文件的要求来编写,切勿对招标文件的要求进行修改或提出保留意见。如果投标人确实发现招标文件中有问题的,应采取相应的处理办法。如存在的问题对投标人有利,则可以在投标时加以利用或在以后建设过程中提出索赔,对这类问题暂时不提出来;如存在有明显的错误且对投标人不利,对这类问题投标人应及时向业主提出质疑,要求更正;如招标文件的内容存在不科学、不合理的地方,改进后对双方都有利的,对这类问题投标人可以留待合同谈判时根据业主当时的兴趣提出来,以争取投标的主动权。无论是哪类问题,投标人都应该做好备忘录。

(3) 投标文件的"副本"应与"正本"一致,"副本"与"正本"不一致时以"正本"为准。"正本"只有一本,"副本"必须按照招标文件附表要求的份数提供。

(4) 投标文件应打印清楚、整洁、美观。补充的设计图纸也应美观,给业主留下好的印象。所有投标文件均应由投标人的法定代表人签字,并加盖印章及法人公章。所有投标文件都要装订成册,小型工程可装订一册,大、中型工程可分册装订。

(5) 编制投标文件时,应对计算过程反复核对、认真检查,保证分项和汇总计算一致。投标文件中不能有计算和文字错误。全套投标文件应当没有涂改和行间插字,如有个别涂改和行间插字,必须在有涂改和行间插字的地方由投标负责人签字并加盖印章。

(6) 如招标文件规定投标保证金为合同总价的某一百分比,投标人不宜过早开具投标保函,以防泄漏自己的投标报价。

(7) 要注意投标文件的语言组织,必须考虑开标后如果进入评标对象,在评标中采用的对策。如替代方案的优点的阐明,向业主致函,都应该有利于中标。

11. 投标文件的递送

投标文件的递送也称递标,是指投标人在规定的投标截止日期之前,将准备妥善的所有投标文件密封递送到招标单位的行为。

对于招标单位,在收到投标人的投标文件后,应签收或通知投标人已经收到其投标文件,并记录收到的日期和时间。同时,在收到投标文件到开标之前,所有投标文件不得启封，并应采取相应的保证措施，保证投标文件的安全。递标时必须注意以下 3 点。

（1）投标文件的递送应在招标文件规定的截止日期之前，否则即不接受，或算作废标。但也不宜过早投递，以免泄露信息。

（2）所有投标文件的正、副本都应用内外两层信封包装，外层封面应写明招标单位的名称、地址、邮政编码、合同名称、工程名称和招标编号，并注明"开标前不得拆封"。内层封面应填写投标人的名称、地址、邮政编码等，以便投标文件送达时间超出截止日期时，招标单位能原封不动退回其标书。

（3）注意信息跟踪。投标书递送后应时刻注意信息跟踪，一旦发现不足，要及时提供补充说明。如有必要，可以给业主致函，表明投送投标文件后考虑到与业主长期合作的诚意，决定降低报价一定的百分比。

目前国内工程投标一般不提前递交投标文件，而是开标时递交，同时参加开标会议。

3.3　建筑工程项目合同管理的概述

3.3.1　基本概念

1. 合同

所谓合同，又称契约，是指具有平等民事主体资格的当事人（包括自然人和法人）为了达到一定目的，经过自愿、平等、协商一致设立、变更、终止民事权利义务关系而达成的协议。从合同的定义来看，合同具有下列法律上的特征。

（1）合同是一种法律行为。这种法律行为使签订合同的双方当事人产生一种权利和义务关系，受到国家强制力即法律上的保护，任何一方不履行或者不完全履行合同，都要承担经济上或者法律上的责任。

（2）合同是当事人双方的法律行为。合同的订立必须是合同双方当事人意思的表示，只有双方的意思表示一致时，合同方能成立。

（3）双方当事人在合同中具有平等的地位。即双方当事人应当以平等的民事主体地位来协商制订合同，任何一方不得把自己的意志强加于另一方，任何单位机构不得非法干预，这是当事人自由表达其意志的前提，也是合同双方权利、义务相互对等的基础。

（4）合同应是一种合法的法律行为。合同是国家规定的一种法律制度，双方当事人按照法律规范的要求达成协议，从而产生双方所预期的法律后果。合同必须遵循国家法律、行政法规的规定，并为国家所承认和保护。

（5）合同关系是一种法律关系。这种法律关系不是一般的道德关系。合同制度是一项重要的民事法律制度，它具有强制的性质，不履行合同要受到国家法律的制裁。

综上所述，合同是双方当事人依照法律的规定而达成的协议。合同一旦成立，即具有法律约束力，在合同双方当事人之间产生权利和义务的法律关系。也正是通过这种权利和义务的约束，促使签订合同的双方当事人认真全面地履行合同。

2. 建筑工程项目合同

建筑工程项目合同是指建筑工程项目业主与承包商为完成一定的工程建设任务，而明确双方权利义务的协议，是承包商进行工程建设，业主支付价款的合同。建筑工程项目合

同是一种诺成合同，合同订立生效后双方应当严格履行。建筑工程项目合同也是一种双务、有偿合同，当事人双方在合同中都有各自的权利和义务，在享有权利的同时必须履行义务。

3. 建筑工程项目合同管理

建筑工程项目合同管理，是指对建筑工程项目建设有关的各类合同，从合同条件的拟定、协商，合同的订立、履行和合同纠纷处理情况的检查和分析等环节的科学管理工作，以期通过合同管理实现建筑工程项目的"三控制"目标，维护合同当事人双方的合法权益。建筑工程项目合同管理的过程是一个动态过程，是随着建筑工程项目合同管理的实施而实施的，因此建筑工程项目合同管理，是一个全过程的动态管理。

3.3.2 建筑工程项目合同管理制度

为了更好地落实合同管理工作，建筑工程施工企业必须建立完善的项目合同管理制度。建筑工程项目合同管理制度主要包括施工企业内部合同会签制度、合同签订审查批准制度、印章制度、管理目标制度、管理质量责任制度、统计考核制度、评估制度、检查和奖励制度等内容。

1. 施工企业内部合同会签制度

由于施工企业的合同涉及施工企业各个部门的管理工作，为了保证合同签订后得以全面履行，在合同未正式签订之前，由办理合同的业务部门会同企业施工、技术、材料、劳动、机械动力和财务等部门共同研究，提出对合同条款的具体意见，进行会签。在施工企业内部实行合同会签制度，有利于调动企业各部门的积极性，发挥各部门管理职能作用，群策群力，集思广益，以保证合同履行的可行性，并促使施工企业各部门之间相互衔接和协调，确保合同的全面及实际履行。

2. 合同签订审查批准制度

为了使施工企业的合同签订后合法、有效，必须在签订前履行审查、批准手续。审查是指将准备签订的合同在部门之间会签后，送给企业主管合同的机构或法律顾问进行审查；批准是由企业主管或法定代表人签署意见，同意对外正式签订合同。通过严格的审查批准手续，可以使合同的签订建立在可靠的基础上，尽量防止合同纠纷的发生，以维护企业的合法权益。

3. 管理目标制度

合同管理目标制是各项合同管理活动应达到的预期结果和最终目的。合同管理的目的是施工企业通过自身在合同的订立和履行过程中进行的计划、组织、指挥、监督和协调等工作，促使企业内部各部门、各环节互相衔接、密切配合，进而使人、财、物各要素得到合理组织和充分利用，保证企业经营管理活动的顺利进行，提高工程管理水平，增强市场竞争能力，从而达到高质量、高效益，满足社会需要，更好地为发展和完善建筑业市场经济服务。

4. 印章制度

施工企业合同专用章是代表企业在经营活动中对外行使权力、承担义务、签订合同的凭证。因此，企业对合同专用章的登记、保管、使用等都要有严格的规定。合同专用章应由合同管理员保管、签印，并实行专章专用。合同专用章只能在规定的业务范围内使用，

3.3 建筑工程项目合同管理的概述

不能超越范围使用;不准为空白合同文本加盖合同印章;不得为未经审查批准的合同文本加盖合同印章;严禁与合同洽谈人员勾结,利用合同专用章谋取个人私利。出现上述情况,要追究合同专用章管理人员的责任。凡外出签订合同时,应由合同专用章管理人员携章陪同负责办理签约的人员一起前往签约。

5. 管理质量责任制度

这是施工企业的一项基本管理制度。它具体规定企业内部具有合同管理任务的部门和合同管理人员的工作范围,履行合同中应负的责任,以及拥有的职权。这一制度有利于企业内部合同管理工作分工协作,责任明确,任务落实,逐级负责,人人负责,从而调动企业合同管理人员以及合同履行中涉及的有关人员的积极性,促进施工企业合同管理工作正常开展,保证合同圆满完成。

建筑工程施工企业应当建立完善的合同管理质量责任制度,确保人员、部门、制度三落实,一方面把合同管理的质量责任落实到人,让合同管理部门的主管人员和合同管理员的工作质量与奖惩挂钩,以引起具体人员的真正重视;另一方面把合同签约、履约实绩考评落实到人,按类分派不同合同管理员全过程负责不同的合同的签约和履约,以便及时发现问题、解决问题。

6. 评估制度

合同管理制度是合同管理活动及其运行过程的行为规范,合同管理制度是否健全是合同管理能否奏效的关键所在。因此,建立一套有效的合同管理评估制度是十分必要的。

合同管理评估制度的主要特点有:第一,合法性,指合同管理制度符合国家有关法律、法规的规定;第二,规范性,指合同管理制度具有规范合同行为的作用,对合同管理行为进行评价、指导、预测,对合法行为进行保护奖励,对违法行为进行预防、警示或制裁等;第三,实用性,合同管理制度能适应合同管理的需求,以便于操作和实施;第四,系统性,指各类合同的管理制度是一个有机结合体,互相制约、互相协调,在工程建设合同管理中,能够发挥整体效应的作用;第五,科学性,指合同管理制度能够正确反映合同管理的客观经济规律,能保证人们利用客观规律进行有效的合同管理。

7. 统计考核制度

合同统计考核制度,是施工企业整个统计报表制度的重要组成部分。完善的合同统计考核制度,是运用科学的方法,利用统计数字,反馈合同订立和履行情况,通过对统计数字的分析,总结经验,找出教训,为企业经营决策提供重要依据。施工企业合同考核制度包括统计范围、计算方法、报表格式、填报规定、报送期限和部门等。施工企业一般是对中标率、合同谈判成功率、合同签约率(即实行合同面)和合同履约率进行统计考核。

8. 检查和奖励制度

发现和解决合同履行中的问题,协调企业各部门履行合同中的关系,施工企业应建立合同签订、履行的监督检查制度。通过检查及时发现合同履行管理中的薄弱环节和矛盾,以利于提出改进意见,促进企业各部门不断改进合同履行管理工作,提高企业的经营管理水平。通过定期的检查和考核,对合同履行管理工作完成好的部门和人员给予表扬鼓励;成绩突出,并有重大贡献的人员,给予物质奖励。对于工作差、不负责任的或经常"扯皮"的部门和人员要给以批评教育;对玩忽职守、严重渎职或有违法行为的人员要给予行

政处分、经济制裁，情节严重触及刑律的要追究刑事责任。实行奖惩制度有利于增强企业各部门和有关人员履行合同的责任心，是保证全面履行合同的极其有力的措施。

3.3.3 建筑工程项目合同管理的内容

建筑合同管理包括合同订立、履行、变更、索赔、解除、终止、争议解决以及控制和综合评价等内容，并应遵守《合同法》和《建筑法》的有关规定。具体包括以下内容。

（1）对合同履行情况进行监督检查。通过检查，发现问题及时协调解决，提高合同履约率。主要包括：①检查合同法及有关法规贯彻执行情况；②检查合同管理办法及有关规定的贯彻执行情况；③检查合同签订和履行情况，减少和避免合同纠纷的发生。

（2）经常对项目经理及有关人员进行合同法及有关法律知识教育，提高合同管理人员的素质。

（3）建立健全工程项目合同管理制度。包括项目合同归口管理制度；考核制度；合同用章管理制度；合同台账、统计及归档制度。

（4）对合同履行情况进行统计分析。包括工程合同份数、造价、履约率、纠纷次数、违约原因、变更次数及原因等。通过统计分析手段，发现问题，及时协调解决，提高利用合同进行生产经营的能力。

（5）组织和配合有关部门做好有关工程项目合同的鉴证、公证和调解、仲裁及诉讼活动。

3.3.4 建筑工程项目合同管理的程序

建筑工程项目合同管理应遵循以下程序。

（1）合同评审。

（2）合同订立。

（3）合同实施计划编制。

（4）合同实施控制。

（5）合同综合评价。

（6）有关知识产权的合法使用。

3.3.5 建筑工程项目合同管理机构及人员的设置

1. 合同管理机构的设立

合同管理机构应当与企业总经理室、工程部等机构一样成为施工企业的重要内部机构。施工企业应设立专门的法律顾问室来管理合同的谈判、签署、修改、履约监控、存档和保管等一系列管理活动。合同管理是非常专业化且要求相当高的一种工作，所以，必须要由专门机构和专业人员来完成，而不应兼任，甚至是临时管理。

（1）对于集团型大型施工企业应当设置二级管理制度。由于集团和其属下的施工企业都是独立的法人，故两者之间虽有投资管理关系，但在法律上又相互独立。施工企业在经营上有各自的灵活性和独立性。对于这种集团型施工企业的管理，应当设置二级双重合同管理制度，即在集团和其子公司中分别设立各自的合同管理机构，工作相对独立，但又应当及时联络，形成统、分灵活的管理模式。

（2）对于中小型建筑工程施工企业也必须设立合同管理机构和合同管理员，统一管理施工队和挂靠企业的合同，制定合同评审制度，切忌将合同管理权下放到项目部，以强化规范管理。

2. 合同管理专门人员的配备

合同管理工作由合同管理机构统一操作,应当落实到具体人员。对于合同管理工作较繁重的集团型施工企业,应当配以多人,明确分工,做好各自的合同管理工作;对于中小型施工企业,可依具体的合同管理工作量决定合同管理人员的数量。合同管理员的分工可依合同性质、种类划分,也可依合同实施阶段划分,具体由施工企业根据自身实际情况和企业经营传统决定。

3. 企业内部合同管理的协作

企业内部机构和人员对于合同管理的协作,是指由企业内部各相关职能部门各司其职,分别参与合同的谈判、起草、修改等工作,并建立会审和监督机制,实施合同管理的行为和制度。

建筑工程施工企业需签订的合同种类繁多、性质各异。不同种类的合同因其所涉行业、专业的不同特点,而具有各自的特殊性。签订不同种类、不同性质的合同。应当由企业中与其相对应的职能部门参加合同谈判和拟定。例如,施工合同的谈判拟定,应由企业工程部负责,而贷款合同的谈判和拟定则应由企业财务部门负责。所有合同文本在各相关部门草拟之后应由企业的总工程师、总经济师、总会计师以及合同管理机构进行会审,从不同的角度提出修改意见,完善合同文本,以供企业的决策者参考,确定合同文本,最终签署合同。

3.4 建筑工程项目合同评审

合同评审应在合同签订之前进行,主要是在招标文件和合同条件进行的审查认定、评价。通过合同评审,可以发现合同中存在的内容含糊、概念不清之处或自己未能完全理解的条款,并加以仔细研究,认真分析,采取相应的措施,以减少合同中的风险,减少合同谈判和签订中的失误,有利于合同双方合作愉快,促进建筑工程项目施工的顺利进行。

3.4.1 招标文件分析

1. 招标文件的作用及组成

招标文件是整个建筑工程项目招标过程所遵循的基础性文件,是投标和评标的基础,也是合同的重要组成部分。一般情况下,招标人与投标人之间不进行或进行有限的面对面交流,投标人只能根据招标文件的要求编写投标文件,因此,招标文件是联系、沟通招标人与投标人的桥梁。能否编制出完整、严谨的招标文件,直接影响到招标的质量,也是招标成败的关键。

(1) 招标文件的作用。招标文件的作用主要表现在以下三方面。

1) 招标文件是投标人准备投标文件和参加投标的依据。

2) 招标文件是招标投标活动当事人的行为准则和评标的重要依据。

3) 招标文件是招标人和投标人签订合同的基础。

(2) 招标文件的组成。招标文件的内容大致分为三类。

1) 关于编写和提交投标文件的规定。载入这些内容的目的是尽量减少承包商或供应

商由于不明确如何编写投标文件而处于不利地位或其投标遭到拒绝的可能。

2) 关于对投标人资格审查的标准及投标文件的评审标准和方法。这是为了提高招标过程的透明度和公平性，所以非常重要，也是不可缺少的。

3) 关于合同的主要条款。其中主要是商务性条款，有利于投标人了解中标后签订合同的主要内容，明确双方的权利和义务。其中，技术要求、投标报价要求和主要合同条款等内容是招标文件的关键内容，统称实质性要求。

招标文件一般至少包括以下内容：①投标人须知；②招标项目的性质、数量；③技术规格；④投标价格的要求及其计算方式；⑤评标的标准和方法；⑥交货、竣工或提供服务的时间；⑦投标人应当提供的有关资格和资信证明；⑧投标保证金的数额或其他有关形式的担保；⑨投标文件的编制要求；⑩提供投标文件的方式、地点和截止时间；⑪开标、评标、定标的日程安排；⑫主要合同条款。

《房屋建筑和市政基础设施工程施工招标文件范本》（建设部〔2002〕256号）中推荐使用的招标文件示范文本包括以下几个方面的内容。

第一章　投标须知及投标须知前附表

第二章　合同条款

第三章　合同文件格式

第四章　工程建设标准

第五章　图纸

第六章　工程量清单

第七章　投标文件投标函部分格式

第八章　投标文件商务部分格式

第九章　投标文件技术部分格式

第十章　资格审查申请书格式

2. 招标文件分析的内容

承包商在建筑工程项目招标过程中，得到招标文件后，通常首先进行总体检查，重点是招标文件的完备性。一般要对照招标文件目录检查文件是否齐全，是否有缺页，对照图纸目录检查图纸是否齐全。然后分三部分进行全面分析。

(1) 招标条件分析。分析的对象是投标人须知，通过分析不仅要掌握招标过程、评标的规则和各项要求，对投标报价工作作出具体安排，而且要了解投标风险，以确定投标策略。

(2) 工程技术文件分析。主要是进行图纸会审，工程量复核，图纸和规范中的问题分析，从中了解承包商具体的工程范围、技术要求、质量标准。在此基础上进行施工组织，确定劳动力的安排，进行材料、设备的分析，制定实施方案，进行报价。

(3) 合同文本分析。合同文本分析是一项综合性的、复杂的、技术性很强的工作，分析的对象主要是合同协议书和合同条件。它要求合同管理者必须熟悉与合同相关的法律、法规，精通合同条款，对工程环境有全面的了解，有合同管理的实际工作经验。

合同文本分析主要包括以下五个方面的内容：①承包合同的合法性分析；②承包合同的完备性分析；③承包合同双方责任和权益及其关系分析；④承包合同条件之间的联系分

析；⑤承包合同实施的后果分析。

3.4.2 合同合法性审查

合同合法性是指合同依法成立所具有的约束力。对建筑工程项目合同合法性的审查，基本上从合同主体、客体、内容三方面加以考虑。结合实践情况，在工程项目建设市场上有以下几种合同无效的情况。

（1）没有经营资格而签订的合同。建筑工程施工合同的签订双方是否有专门从事建筑业务的资格，这是合同有效、无效的重要条件之一。

（2）缺少相应资质而签订的合同。建筑工程是"百年大计"的不动产产品，而不是一般的产品，因此工程施工合同的主体除了具备可以支配的财产、固定的经营场所和组织机构外，还必须具备与建筑工程项目相适应的资质条件，而且也只能在资质证书核定的范围内承接相应的建筑工程任务，不得擅自越级或超越规定的范围。

（3）违反法定程序而订立的合同。在建筑工程施工合同尤其是总承包合同和施工总承包合同的订立中，通常通过招标投标的程序，招标为要约邀请，投标为要约，中标通知书的发出意味着承诺。对通过这一程序缔结的合同，《招标投标法》有着严格的规定。

首先，《招标投标法》对必须进行招投标的项目作了限定。其次，招投标遵循公平、公正的原则，违反这一原则，也可能导致合同无效。

（4）违反关于分包和转包的规定所签订的合同。我国《建筑法》允许建筑工程总承包单位将承包工程中的部分发包给具有相应资质条件的分包单位，但是，除总承包合同中约定的分包外，其他分包必须经建设单位认可。而且属于施工总承包的，建筑工程主体结构的施工必须由总承包单位自行完成。也就是说，未经建设单位认可的分包和施工总承包单位将工程主体结构分包出去所订立的分包合同，都是无效的。此外，将建筑工程分包给不具备相应资质条件的单位或分包后将工程再分包，均是法律禁止的。

《建筑法》及其他法律、法规对转包行为均作了严格禁止。转包，包括承包单位将其承包的全部建筑工程转包或将其承包的全部建筑工程肢解后以分包的名义分别转包给他人。属于转包性质的合同，也因其违法而无效。

（5）其他违反法律和行政法规所订立的合同。如合同内容违反法律和行政法规，也可能导致整个合同的无效或合同的部分无效。例如发包方指定承包单位购入的用于工程的建筑材料、构配件，或者指定生产厂、供应商等，此类条款均为无效。合同中某一条款的无效，并不必然影响整个合同的有效性。

实践中，构成合同无效的情况众多，需要有一定的法律知识方能判别。所以，建议承发包双方将合同审查落实到合同管理机构和专门人员，每一项目的合同文本均须经过经办人员、部门负责人、法律顾问及总经理几道审查，批注具体意见，必要时还应听取财务人员的意见，以期尽量完善合同，确保在谈判时确定己方利益能够得到最大保护。

3.4.3 合同条款完备性审查

合同条款的内容直接关系到合同双方的权利、义务，在建筑工程项目合同签订之前，应当严格审查各项合同条款内容的完备性，尤其应注意如下内容。

（1）确定合理的工期。工期过长，不利于发包方及时收回投资；工期过短，则不利于承包方对工程质量以及施工过程中建筑半成品的养护。因此，对承包方而言，应当合理计算自己能否在发包方要求的工期内完成承包任务,否则应当按照合同约定承担逾期竣工的违约责任。

(2) 明确双方代表的权限。在施工承包合同中通常都明确甲方代表和乙方代表的姓名和职务,但对其作为代表的权限则往往规定不明。由于代表的行为代表了合同双方的行为,因此,有必要对其权利范围以及权利限制作一定约定。

(3) 明确工程造价或工程造价的计算方法。工程造价条款是工程施工合同的必备和关键条款,但通常会发生约定不明的情况,往往为日后争议与纠纷的发生埋下隐患。而处理这类纠纷,法院或仲裁机构一般委托有权审价单位鉴定造价,这势必使当事人陷入旷日持久的诉讼,更何况经审价得出的造价也因缺少可靠的计算依据而缺乏准确性,对维护当事人的合法权益极为不利。

(4) 明确材料和设备的供应。由于材料、设备的采购和供应引发的纠纷非常多,故必须在合同中明确约定相关条款,包括发包方或承包商所供应或采购的材料、设备的名称、型号、规格、数量、单价、质量要求、运送到达工地的时间、验收标准、运输费用的承担、保管责任、违约责任等。

(5) 明确工程竣工交付的标准。应当明确约定工程竣工交付的标准。如发包方需要提前竣工,而承包商表示同意的,则应约定由发包方另行支付赶工费用或奖励。因为赶工意味着承包商将投入更多的人力、物力、财力,劳动强度增大,损耗亦增加。

(6) 明确违约责任。违约责任条款订立的目的在于促使合同双方严格履行合同义务,防止违约行为的发生。发包方拖欠工程款、承包方不能保证施工质量或不按期竣工,均会给对方以及第三方带来不可估量的损失。审查违约责任条款时,要注意以下两点。

1) 对违约责任的约定不应笼统化,而应区分情况作相应约定。有的合同不论违约具体情况,笼统地约定一笔违约金,这没有与因违约造成的真正损失额挂钩,从而会导致违约金过高或过低的情形,是不妥当的。应当针对不同的情形作不同的约定,如质量不符合合同约定标准应当承担的责任、因工程返修造成工期延长的责任、逾期支付工程款所应承担的责任等,衡量标准均不同。

2) 对双方违约责任的约定是否全面。在建筑工程施工合同中,双方的义务繁多,有的合同仅对主要的违约情况作了违约责任的约定,而忽视了违反其他非主要义务所应承担的违约责任。但实际上,违反义务极可能影响整个合同的履行。

3.4.4 合同风险评价

建筑工程项目承包合同中一般都有风险条款和一些明显的或隐含的对承包商不利的条款,它们会造成承包商的损失,因此是合同风险分析的重点。

1. 合同风险的特征

合同风险是指合同中的不确定性,它有两个特征。

(1) 合同风险事件可能发生也可能不发生,但一经发生就会给承包商带来损失。风险的对立面是机会,它会带来收益。

在一个具体的环境中,双方签订一个内容确定的合同,实施一个规模和技术要求确定的工程,则工程风险有一定的范围,它的发生和影响有一定的规律性。

(2) 合同风险是相对的,可以通过合同条文定义风险及其承担者。在工程中,如果风险成为现实,则承担者主要负责风险控制,并承担相应的损失责任。所以,对风险的确定属于双方责任划分问题,不同的表达,有不同的风险和不同的风险承担者。

2. 合同风险的类型

(1) 合同中明确规定的承包商应承担的风险。承包商的合同风险首先与所签订的合同的类型有关。如果签订的是固定总价合同,则承包商承担全部物价和工作量变化的风险;而对成本加酬金合同,承包商则不承担任何风险;对常见的单价合同,风险则由双方共同承担。

此外,在建筑工程承包合同中一般都应有明确规定承包商应承担的风险的条款,常见的有以下条款。

1) 工程变更的补偿范围和补偿条件。例如某合同规定,工程量变更在5%的范围内承包商得不到任何补偿。那么,在这个范围内工程量可能的增加就是承包商的风险。

2) 合同价格的调整条件。如对通货膨胀、汇率变化、税收增加等,合同规定不予调整,则承包商必须承担全部风险;如果在一定范围内可以调整,则承担部分风险。

3) 工程范围不确定,特别是固定总价合同。例如,某固定总价合同规定:"承包商的工程范围包括工程量表中所列的各个分项,以及在工程量表中没有包括的,但为工程安全、经济、高效率运行所必需的附加工程和供应。"由于工程范围不确定、做标时设计图纸不完备,承包商无法精确计算工程量。而在该工程中,这方面的风险很容易给承包商造成严重损失。

4) 业主和工程师对设计、施工、材料供应的认可权和各种检查权。在国际工程中合同条件常赋予业主和工程师对承包商工程和工作的认可权和各种检查权。

5) 其他形式的风险型条款,如索赔有效期限制等。

(2) 合同条文不全面、不完整导致承包商损失的风险。合同条文不全面、不完整,没有将合同双方的责权利关系全面表达清楚,没有预计到合同实施过程中可能发生的各种情况,引起合同实施过程中的激烈争执,最终导致承包商的损失。例如可能存在以下情况。

1) 缺少工期拖延违约金最高限额的条款或限额太高;缺少工期提前的奖励条款;缺少业主拖欠工程款的处罚条款。

2) 对工程量变更、通货膨胀、汇率变化等引起的合同价格的调整没有具体规定调整方法、计算公式、计算基础等;对材料价差的调整没有具体说明是否对所有的材料,是否对所有相关费用(包括基价、运输费、税收、采购保管费等)以及价差的支付时间等做调整。

3) 合同中缺少对承包商权益的保护条款,如在工程受到外界干扰情况下的工期和费用的索赔权等。

4) 在某国际工程施工合同中遗漏工程价款的外汇额度条款,结果承包商无法获得已商定的外汇款额。

5) 由于没有具体规定,如果发生以上这些情况,业主完全可以以"合同中没有明确规定"为理由,推卸自己的合同责任,使承包商蒙受损失。

(3) 合同条文不清楚、不细致、不严密导致承包商蒙受损失的风险。合同条文不清楚、不细致、不严密,承包商不能清楚地理解合同内容,造成失误。这可能是由招标文件

的语言表达方式、表达能力、承包商的外语水平、专业理解能力或工作不细致,以及做标期太短等原因所致。例如可能存在以下情况:

1) 在某些工程承包合同中有如下条款:"承包商为施工方便而设置的任何设施,均由他自己付款"。这种提法对承包商很不利,在工程过程中业主对承包商在施工中需要使用的某些永久性设施会以"施工方便"为借口而拒绝支付。

2) 合同中对一些问题不作具体规定。

3) 业主要求承包商提供业主的现场管理人员(包括监理工程师)的办公和生活设施,但又没有明确列出提供的具体内容和水准,承包商无法准确报价。

4) 对业主供应的材料和生产设备,合同中未明确规定详细的送达地点,没有"必须送施工和安装现场"的规定。这样很容易就场内运输,甚至场外运输责任引起争执。

5) 某合同中对付款条款规定:"工程款根据工程进度和合同价格,按照当月完成的工程量支付。乙方在月底提交当月工程款账单,在经过业主上级主管审批后,业主在 15 天内支付。"由于没有业主上级主管的审批时间限定,所以在该工程中,业主上级利用拖延审批的办法大量拖欠工程款,而承包商无法对业主进行约束。

(4) 发包商提出单方面约束性的、责权利不平衡合同条款的风险。发包商为了转嫁风险提出单方面约束性的、过于苛刻的、责权利不平衡的合同条款。例如可能存在以下情况。

1) 业主对任何潜在的问题,如工期拖延、施工缺陷、付款不及时等所引起的损失不负责。

2) 业主对招标文件中所提供的地质资料、试验数据、工程环境资料的准确性不负责。

3) 业主对工程实施中发生的不可预见风险不负责。

4) 业主对由于第三方干扰造成的工期拖延不负责等。

这样就将许多属于业主责任的风险推给了承包商。

这类风险型条款在分包合同中也特别明显。例如可能存在以下情况。

1) 某分包合同规定:"总承包商同意在分包商完成工程,经监理工程师签发证书并在业主支付总承包商该项工程款后××天内,向分包商付款。"这样,如果总包其他方面工程出现问题,业主拒绝付款,则分包商尽管按分包合同完成工程,也仍得不到相应的工程款。

2) 某分包合同规定:"对总承包商因管理失误造成的违约责任,仅当这种违约造成分包商人员和物品的损害时,总承包商才给分包商以赔偿,而其他情况不予赔偿。"这样总承包商管理失误造成分包商成本和费用的增加就不在赔偿范围之内。

(5) 其他对承包商要求苛刻条款的风险。其他对承包商苛刻的要求,如要承包商大量垫资承包,工期要求太紧,超过常规,过于苛刻的质量要求等。

3. 合同风险分析的影响因素

合同风险分析的准确程度、详细程度和全面性,主要受以下几个方面因素的影响。

(1) 承包商对环境状况的了解程度。要精确地分析风险必须作详细的环境调查,占有大量的第一手资料。

(2) 招标文件的完备程度和承包商对招标文件分析的全面程度、详细程度和正确性。

(3) 对引起风险的各种因素的合理预测及预测的准确性。
(4) 做标时间的长短。

4. 合同风险的防范

合同风险的防范应从递交投标文件、合同谈判阶段开始，到工程实施完成合同结束为止。

3.5 建筑工程项目合同实施计划

在建筑工程项目施工合同签订后，承包商必须就合同履行作出具体安排，制订合同实施计划。项目合同实施计划应包括合同实施总体安排、分包策划以及合同实施保证体系的建立等内容。

3.5.1 建筑工程项目合同实施总体策划

项目合同实施总体策划是指在项目的开始阶段，对那些带根本性和方向性的，对整个项目、整个合同实施有重大影响的问题进行确定。它的目标是通过合同保证项目目标和项目实施战略的实现。

在工程项目建设中，承包商必须按照业主的要求投标报价，确定方案并完成工程，所以业主的合同总体策划对整个工程有着很大的影响。

1. 工程承包方式和费用的划分

在项目合同实施总体策划过程中，首先需要根据项目的分包策划确定项目的承包方式和每个合同的工程范围，后文将对这部分的具体内容进行详细讨论。

2. 合同种类的选择

不同种类的合同，有不同的应用条件、不同的权力和责任的分配、不同的付款方式，对合同双方有不同的风险。所以，应按具体情况选择合同类型。

(1) 单价合同。单价合同是最常见的合同种类，适用范围广，如国际咨询工程师联合会（FIDIC）工程施工合同，我国的建筑工程施工合同也主要是这一类合同。

在这种合同中，承包商仅按合同规定承担报价的风险，即对报价（主要为单价）的正确性和适宜性承担责任；而工程量变化的风险由业主承担。由于风险分配比较合理，能够适应大多数工程，能调动承包商和业主双方的管理积极性。单价合同又分为固定单价和可调单价等形式。

单价合同的特点是单价优先，业主在招标文件中给出的工程量表中的工程量是参考数字，而实际合同价款按实际完成的工程量和承包商所报的单价计算。在单价合同中应明确编制工程量清单的方法和工程计量方法。

(2) 固定总合同。这种合同以一次包死的总价格委托，除了设计有重大变更，一般不允许调整合同价格。所以在这类合同中承包商承担了全部的工作量和价格风险。在现代建筑工程中，业主喜欢采用这种合同形式。在正常情况下，可以免除业主由于要追加合同价款、追加投资带来的麻烦。但由于承包商承担了全部风险，报价中不可预见风险费用较高。报价的确定必须考虑施工期间物价变化以及工程量变化。

过去，固定总价合同的应用范围很小，其特点主要表现为以下几点。

1) 工程范围必须清楚明确。
2) 工程设计较细，图纸完整、详细、清楚。
3) 工程量小、工期短，环境因素变化小，条件稳定并合理。
4) 工程结构、技术简单，风险小，报价估算方便。
5) 工程投标期相对宽裕，承包商可以充分作准备。
6) 合同条件完备，双方的权利和义务十分清楚。

但现在固定总价合同的使用范围有扩大的趋势。

(3) 成本加酬金合同。建筑工程最终合同价格按承包商的实际成本加一定比率的酬金（间接费）计算。在合同签订时不能确定一个具体的合同价格，只能确定酬金的比率。由于合同价格按承包商的实际成本结算，承包商不承担任何风险，所以他没有成本控制的积极性，相反期望提高成本以提高自己工程的经济效益。这样会损害工程的整体效益。所以这类合同的使用应受到严格限制，通常应用于以下情况。

1) 投标阶段依据不准，工程的范围无法界定，无法准确估价，缺少工程的详细说明。
2) 工程特别复杂，工程技术、结构方案不能预先确定。它们可能按工程中出现的新的情况确定。
3) 时间特别紧急，要求尽快开工。如抢救、抢险工程，人们无法详细地计划和商谈。

为了克服成本加酬金合同的缺点，人们对该种合同又作了许多改进，以调动承包商成本控制的积极性。

(4) 目标合同。它是固定总价合同和成本加酬金合同的结合和改进形式。在国外，它广泛使用于工业项目、研究和开发项目、军事工程项目。承包商在项目早期（可行性研究阶段）就介入工程，并以全包的形式承包工程。

一般来说，目标合同规定，承包商对工程建成后的生产能力（或使用功能）、工程总成本、工期目标承担责任。例如：①如果工程投产后一定时间内达不到预定的生产能力，则按一定比例扣减合同价格；②如果工期拖延，则承包商承担工期拖延违约金；③如果实际总成本低于预定总成本，则节约的部分按预定的比例给承包商奖励，而超支的部分由承包商按比例承担；④如果承包商提出合理化建议被业主认可，该建议方案使实际成本减少，则合同价款总额不予减少，这样成本节约的部分业主与承包商分成。

总的说来，目标合同能够最大限度地发挥承包商工程管理的积极性。

3. 项目招标方式的确定

项目招标方式，通常有公开招标、议标、选择性竞争招标三种，每种方式都有其特点及适用范围。

(1) 公开招标。在这个过程中，业主选择范围大，承包商之间充分地平等竞争，有利于降低报价，提高工程质量，缩短工期。但招标期较长，业主有大量的管理工作，如准备许多资格预审文件和招标文件，资格预审、评标、澄清会议工作量大。

但是，不限对象的公开招标会导致许多无效投标，导致社会资源的浪费。许多承包商竞争一个标，除中标的一家外，其他各家的花费都是徒劳的。这会导致承包商经营费用的提高，最终导致整个市场上工程成本的提高。

(2) 议标。在这种招标方式中，业主直接与一个承包商进行合同谈判，由于没有竞

3.5 建筑工程项目合同实施计划

争,承包商报价较高,工程合同价格自然很高。议标一般适合在以下一些特殊情况下采用。

1) 业主对承包商十分信任,可能是老主顾,承包商资信很好。

2) 由于工程的特殊性,如军事工程、保密工程、特殊专业工程和仅由一家承包商控制的专利技术工程等。

3) 有些采用成本加酬金合同的情况。

4) 在一些国际工程中,承包商帮助业主进行项目前期策划,做可行性研究甚至项目的初步设计。

(3) 选择性竞争招标(邀请招标)。业主根据工程的特点,有目标、有条件地选择几个承包商,邀请他们参加工程的投标竞争,这是国内外经常采用的招标方式。采用这种招标方式,业主的事务性管理工作较少,招标所用的时间较短,费用低,同时业主可以获得一个比较合理的价格。

4. 项目合同条件的选择

合同条件是合同文件中最重要的部分。在实际工程中,业主可以按照需要自己(通常委托咨询公司)起草合同协议书(包括合同条件),也可以选择标准的合同条件。可以通过特殊条款对标准文本作修改、限定或补充。合同条件的选择应注意如下问题。

(1) 大家从主观上都希望使用严密的、完备的合同条件,但合同条件应该与双方的管理水平相配套。如果双方的管理水平很低,而使用十分完备、周密,同时又规定十分严格的合同条件,则这种合同条件没有可执行性。

(2) 最好选用双方都熟悉的标准的合同条件,这样能较好地执行。如果双方来自不同的国家,选用合同条件时应更多地考虑承包商的因素,使用承包商熟悉的合同条件。

(3) 合同条件的使用应注意到其他方面的制约。例如我国工程估价有一整套定额和取费标准,这是与我国所采用的施工合同文本相配套的。

5. 重要合同条款的确定

在合同实施总体策划过程中,需要对以下重要的条款进行确定。

(1) 适用于合同关系的法律,以及合同争执仲裁的地点、程序等。

(2) 付款方式。

(3) 合同价格的调整条件、范围、方法。

(4) 合同双方风险的分担。

(5) 对承包商的激励措施。

(6) 设计合同条款,通过合同保证对工程的控制权力,并形成一个完整的控制体系。

(7) 为了保证双方诚实信用,必须有相应的合同措施。如保函、保险等。

6. 其他问题

在项目合同实施总体策划过程中,除了确定上述各项问题外,还需要对以下问题进行确定。

(1) 确定资格预审的标准和允许参加投标的单位的数量。

(2) 定标的标准。

(3) 标后谈判的处理。

在实际建筑工程项目合同实施总体策划过程中，需要对以下问题引起足够的重视。

（1）由于各合同不在同一个时间内签订，容易引起失调，所以它们必须纳入到一个统一的完整的计划体系中统筹安排，做到各合同之间互相兼顾。

（2）在许多企业及工程项目中，不同的合同由不同的职能部门（或人员）管理，在管理程序上应注意各部门之间的协调。

（3）在项目实施中必须顾及各合同之间的联系。

3.5.2 建筑工程项目分包策划

建筑工程项目的所有工作都是由具体的组织（单位或人员）来完成的，业主必须将它们委托出去。建筑工程项目分包策划就是决定将整个项目任务分为多少个包（或标段），以及如何划分这些标段。项目的分标方式，对承包商来说就是承包方式。

1. 分阶段分专业工程平行承包

这种分包方式是指业主将设计、设备供应、土建、电器安装、机械安装、装饰等工程施工分别委托给不同的承包商。各承包商分别与业主签订合同，向业主负责。这种方式的特点如下。

（1）业主有大量的管理工作，有许多次招标，作比较精细的计划及控制，因此项目前期需要比较充裕的时间。

（2）在工程中，业主必须负责各承包商之间的协调，对各承包商之间互相干扰造成的问题承担责任。所以在这类工程中组织争执较多，索赔较多，工期比较长。

（3）对这样的项目业主管理和控制比较细，需要对出现的各种工程问题作中间决策，必须具备较强的项目管理能力。

（4）在大型工程项目中，业主将面对很多承包商（包括设计单位、供应单位、施工单位），直接管理承包商的数量太多，管理跨度太大，容易造成项目协调的困难，造成工程中的混乱和项目失控现象。

（5）业主可以分阶段进行招标，可以通过协调和项目管理加强对工程的干预。同时承包商之间存在着一定的制衡，如各专业设计、设备供应、专业工程施工之间存在制约关系。

（6）使用这种方式，项目的计划和设计必须周全、准确、细致，否则极容易造成项目实施中的混乱状态。

如果业主不是项目管理专家，或没有聘请得力的咨询（监理）工程师进行全过程的项目管理，则不能将项目分标太多。

2. "设计-施工-供应"总承包

这种承包方式又称全包、统包、"设计-建造交钥匙"工程等，即由一个承包商承包建筑工程项目的全部工作，包括设计、供应、各专业工程的施工以及管理工作，甚至包括项目前期筹划、方案选择、可行性研究。承包商向业主承担全部工程责任。这种分包方式的特点如下。

（1）可以减少业主面对的承包商的数量，这给业主带来很大的方便。在工程中业主责任较小，主要提出工程的总体要求（如工程的功能要求、设计标准、材料标准的说明），作宏观控制，验收结果，一般不干涉承包商的工程实施过程和项目管理工作。

(2) 这使得承包商能将整个项目管理形成一个统一的系统,方便协调和控制,减少大量的重复的管理工作与花费,有利于施工现场的管理,减少中间检查、交接环节和手续,避免由此引起的工程拖延,从而使工期(招标投标和建设期)大大缩短。

(3) 无论是设计与施工,与供应之间的互相干扰,还是不同专业之间的干扰,都由总承包商负责,业主不承担任何责任,所以争执较少,索赔较少。

(4) 要求业主必须加强对承包商的宏观控制,选择资信好、实力强、适应全方位工作的承包商。

目前这种承包方式在国际上受到普遍欢迎。

3. 将工程委托给几个主要的承包商

这种方式是介于上述两者之间的中间形式,即将工程委托给几个主要的承包商,如设计总承包商、施工总承包商、供应总承包商等,在工程中是极为常见的。

3.5.3 建筑工程项目合同实施保证体系

建立合同实施的保证体系,是为了保证合同实施过程中的日常事务性工作有序地进行,使工程项目的全部合同事件处于受控状态,以保证合同目标的实现。建筑工程项目合同实施保证体系的内容主要包括以下几个方面。

1. 作合同交底,分解合同责任,实行目标管理

在总承包合同签订后,具体的执行者是项目部人员。项目部从项目经理、项目班子成员、项目中层到项目各部门管理人员,都应该认真学习合同各条款,对合同进行分析、分解。项目经理、主管经理要向项目各部门负责人进行"合同交底",对合同的主要内容及存在的风险作出解释和说明。项目各部门负责人要向本部门管理人员进行较详细的"合同交底",实行目标管理。

(1) 对项目管理人员和各工程小组负责人进行"合同交底",组织大家学习合同和合同总体分析结果,对合同的主要内容作出解释和说明,使大家熟悉合同中的主要内容、各种规定、管理程序,了解承包商的合同责任和工程范围,各种行为的法律后果等。

(2) 将各种合同事件的责任分解落实到各工程小组或分包商,使他们对合同事件表(任务单、分包合同)、施工图纸、设备安装图纸、详细的施工说明等有十分详细的了解。并对工程实施的技术的和法律的问题进行解释和说明,如工程的质量、技术要求和实施中的注意点、工期要求、消耗标准、相关事件之间的搭接关系、各工程小组(分包商)责任界限的划分、完不成责任的影响和法律后果等。

(3) 在合同实施前与其他相关的各方面(如业主、监理工程师、承包商)沟通,召开协调会议,落实各种安排。

(4) 在合同实施过程中还必须进行经常性的检查、监督,对合同作解释。

(5) 合同责任的完成必须通过其他经济手段来保证。

2. 建立合同管理的工作程序

在建筑工程实施过程中,合同管理的日常事务性工作很多,要协调好各方面关系,使总承包合同的实施工作程序化、规范化,按质量保证体系进行工作。具体来说,应订立如

下工作程序。

(1) 制定定期或不定期的协商会办制度。在工程过程中，业主、工程师和各承包商之间，承包商和分包商之间以及承包商的项目管理职能人员和各工程小组负责人之间都应有定期的协商会议。通过会议可以解决以下问题：①检查合同实施进度和各种计划落实情况；②协调各方面的工作，对后期工作作安排；③讨论和解决目前已经发生的和以后可能发生的各种问题，并作出相应的决议；④讨论合同变更问题，作出合同变更决议，落实变更措施，决定合同变更的工期和费用补偿数量等。

对工程中出现的特殊问题可不定期地召开特别会议讨论解决方法，保证合同实施一直得到很好的协调和控制。

(2) 建立特殊工作程序。对于一些经常性工作应订立工作程序，使大家有章可循，合同管理人员也不必进行经常性的解释和指导，如图纸批准程序，工程变更程序，分包商的索赔程序，分包商的账单审查程序，材料、设备、隐蔽工程、已完工程的检查验收程序，工程进度付款账单的审查批准程序，工程问题的请示报告程序等。

3. 建立文档系统

项目上要设专职或兼职的合同管理人员。合同管理人员负责各种合同资料和相关的工程资料的收集、整理和保存。这些工作非常烦琐，需要花费大量的时间和精力。工程的原始资料都是在合同实施的过程中产生的，是由业主、分包商及项目的管理人员提供的。

建立文档系统的具体工作应包括以下几个方面。

(1) 各种数据，资料的标准化，如各种文件、报表、单据等应有规定的格式和规定的数据结构要求。

(2) 将原始资料收集整理的责任落实到人，由他对资料负责。资料的收集工作必须落实到工程现场，必须对工程小组负责人和分包商提出具体要求。

(3) 各种资料的提供时间。

(4) 准确性要求。

(5) 建立工程资料的文档系统等。

4. 建立报告和行文制度

总承包商和业主、监理工程师、分包商之间的沟通都应该以书面形式进行，或以书面形式为最终依据。这既是合同的要求，也是经济法律的要求，更是工程管理的需要。主要包括以下内容。

(1) 定期的工程实施情况报告，如日报、周报、旬报、月报等。应规定报告内容、格式、报告方式、时间以及负责人。

(2) 工程过程中发生的特殊情况及其处理的书面文件（如特殊的气候条件、工程环境的变化等）应有书面记录，并由监理工程师签署。

(3) 工程中所有涉及双方的工程活动，如材料、设备、各种工程的检查验收，场地、图纸的交接，各种文件（如会议纪要、索赔和反索赔报告、账单）的交接，都应有相应的手续，应有签收证据。

对在工程中合同双方的任何协商、意见、请示、指示都应落实在纸上，这样双方的各种工程活动才有根有据。

3.6 建筑工程项目合同实施控制

建筑工程合同实施控制是指承包商为保证合同所约定的各项义务的全面完成及各项权利的实现,以合同分析的成果为基准,对整个合同实施过程的全面监督、检查、对比、引导及纠正的管理活动。建筑工程项目合同实施控制主要包括合同交底、合同跟踪与诊断、合同变更管理和索赔管理等工作。

3.6.1 项目合同交底

合同实施中,承包人的各职能人员不可能人手一份合同,从另一方面,各职能人员所涉及的活动和问题不全是合同文件内容,而仅为合同的部分内容,或超出合同界定的职责。为此,建筑工程项目合同管理人员应当作全面的合同分解,再向各相关人员进行合同交底工作。

合同交底指承包商合同管理人员在对合同的主要内容作出解释和说明的基础上,通过组织项目管理人员和各工程小组负责人学习合同条文和合同总体分析结果,使大家熟悉合同中的主要内容、各种规定、管理程序,了解承包商的合同责任和工程范围、各种行为的法律后果等,使大家都树立全局观念,避免在执行中出现违约行为。同时使大家的工作协调一致。

建筑工程项目合同交底主要包括如下几方面内容。
(1) 工程的质量、技术要求和实施中的注意点。
(2) 工期要求。
(3) 消耗标准。
(4) 相关事件之间的搭接关系。
(5) 各工程小组(分包商)责任界限的划分。
(6) 完不成责任的影响和法律后果等。

3.6.2 项目合同跟踪与诊断

1. 合同实施跟踪

在建筑工程实施过程中,由于实际情况千变万化,导致合同实施与预定目标的偏离。如果不采取措施,这种偏差常常由小到大,逐渐积累。这就需要对建筑工程项目合同实施的情况进行跟踪,以便及早发现偏离。

(1) 根据依据。对建筑工程项目合同实施情况进行跟踪时,主要有如下几个方面的依据。

1) 合同和合同分析的结果,如各种计划、方案、合同变更文件等,它们是比较的基础,是合同实施的目标和方向。

2) 各种实际的工程文件,如原始记录、各种工程报表、报告、验收结果、量方结果等。

3) 工程管理人员每天对现场情况的直观了解,如通过施工现场的巡视、与各种人谈话、召集小组会议、检查工程质量,通过报表、报告等。

(2) 主要内容。建筑工程项目合同实施跟踪的对象如下。

1) 具体的合同事件。对照合同事件表的具体内容，分析该事件的实际完成情况。现以设备安装事件为例进行分析说明。

a. 安装质量，如标高、位置、安装精度、材料质量是否符合合同要求，安装过程中设备有无损坏。

b. 工程数量，如是否全部安装完毕，有无合同规定以外的设备安装，有无其他附加工程。

c. 工期，是否在预定期限内施工，工期有无延长，延长的原因是什么，该工程工期变化原因可能是：业主未及时交付施工图纸；或生产设备未及时运到工地；或基础土建施工拖延；或业主指令增加附加工程；或业主提供了错误的安装图纸，造成工程返工；或工程师指令暂停工程施工等。

d. 成本的增加和减少。

将上述内容在合同事件表上加以注明，这样可以检查每个合同事件的执行情况。对一些有异常情况的特殊事件，即实际和计划存在大的偏离的事件，可以列特殊事件分析表，作进一步的处理。

2) 工程小组或分包商的工程和工作。一个工程小组或分包商可能承担许多专业相同、工艺相近的分项工程或许多合同事件，所以必须对其实施的总情况进行检查分析。

作为分包合同的发包商，总承包商必须对分包合同的实施进行有效的控制，这是总承包商合同管理的重要任务之一。分包合同控制的目的如下。

a. 控制分包商的工作，严格监督他们按分包合同完成工程责任。分包合同是总承包合同的一部分，如果分包商完不成他的合同责任，则总包就不能顺利完成总包合同责任。

b. 为向分包商索赔和对分包商反索赔作准备。总包和分包之间利益是不一致的，双方之间常常有尖锐的利益争执。在合同实施中，双方都在进行合同管理，都在寻求向对方索赔的机会，所以双方都有索赔和反索赔的任务。

对分包商的工程和工作，总承包商负有协调和管理的责任，并承担由此造成的损失。所以分包商的工程和工作必须纳入总承包工程的计划和控制中，防止因分包商工程管理失误而影响全局。

3) 业主和工程师的工作。业主和工程师是承包商的主要工作伙伴，对他们的工作进行监督和跟踪是十分重要的。

业主和工程师必须正确、及时地履行合同责任，及时提供各种工程实施条件，如及时发布图纸、提供场地、及时下达指令、作出答复、及时支付工程款等。这常常是承包商推卸工程责任的托辞，所以要特别重视。在这里合同工程师应寻找合同中以及对方合同执行中的漏洞。

在工程中承包商应积极主动地做好工作，如提前催要图纸、材料，对工作事先通知。这样不仅可以让业主和工程师及时准备，建立良好的合作关系，保证工程顺利实施，而且可以撇清自己的责任。

有问题及时与工程师沟通，多向他汇报情况，及时听取他的指示（书面的）。

及时收集各种工程资料，对各种活动、双方的交流作出记录。

对有恶意的业主提前防范,并及时采取措施。

4) 工程总实施状况中存在的问题。对工程总的实施状况的跟踪可以就如下几方面进行:

a. 工程整体施工秩序状况。如果出现以下情况,合同实施必然有问题:现场混乱、拥挤不堪;承包商与业主的其他承包商、供应商之间协调困难;合同事件之间和工程小组之间协调困难;出现事先未考虑到的情况和局面;发生较严重的工程事故等。

b. 已完工程没通过验收、出现大的工程质量问题、工程试生产不成功或达不到预定的生产能力等。

c. 施工进度未达到预定计划,主要的工程活动出现拖期,在工程周报和月报上计划和实际进度出现大的偏差。

d. 计划和实际的成本曲线出现大的偏离。在工程项目管理中,工程累计成本曲线对合同实施的跟踪分析起很大作用。计划成本累计曲线通常在网络分析、各工程活动成本计划确定后得到。在国外,它又被称为工程项目的成本模型。而实际成本曲线由实际施工进度安排和实际成本累计得到,两者对比即可分析出实际和计划的差异。

2. 合同实施诊断

合同实施诊断是在合同实施跟踪的基础上进行的,是指对合同实施偏差情况的分析。合同实施偏差的分析,主要是评价合同实施情况及其偏差,预测偏差的影响及发展的趋势,并分析偏差产生的原因,以便对该偏差采取调整措施。

(1) 合同实施诊断的内容。

1) 合同执行差异的原因分析。通过对不同监督和跟踪对象的计划和实际的对比分析,不仅可以得到差异,而且可以探索引起这个差异的原因。原因分析可以采用鱼刺图,因果关系分析图(表),成本量差、价差分析等方法定性或定量地进行。

2) 合同差异责任分析。即这些原因由谁引起,该由谁承担责任,这常常是索赔的理由。一般只要原因分析详细,有根有据,则责任自然清楚。责任分析必须以合同为依据,按合同规定落实双方的责任。

3) 合同实施趋向预测。分别考虑不采取调控措施和采取调控措施以及采取不同的调控措施情况下,合同的最终执行结果。包括:①最终的工程状况,包括总工期的延误,总成本的超支,质量标准,所能达到的生产能力(或功能要求)等;②承包商将承担什么样的后果,如被罚款,被清算,甚至被起诉,对承包商资信、企业形象、经营战略造成的影响等;③最终工程经济效益(利润)水平。

(2) 合同实施偏差的处理措施。经过合同诊断之后,根据合同实施偏差分析的结果,承包商应采取相应的调整措施。调整措施有如下四类。

1) 组织措施,例如增加人员投入,重新计划或调整计划,派遣得力的管理人员。

2) 技术措施,例如变更技术方案,采用新的更高效率的施工方案。

3) 经济措施,例如增加投入,对工作人员进行经济激励等。

4) 合同措施,例如进行合同变更,签订新的附加协议、备忘录,通过索赔解决费用超支问题等。

如果通过合同诊断,承包商已经发现业主有恶意,不支付工程款或自己已经坠入合同陷阱中，或已经发现合同亏损，而且估计亏损会越来越大，则要及早改变合同执行战略，采取措施。例如，及早撕毁合同，降低损失；争取道义索赔，取得部分补偿；采用以守为攻的办法，拖延工程进度，消极怠工等。因为在这种情况下，常常承包商投入资金越多，工程完成得越多，承包商就越被动，损失会越大，等到工程完成，交付使用，则承包商的主动权就没有了。

3.6.3 项目合同变更管理

合同变更是指依法对原来合同进行的修改和补充。即在履行合同项目的过程中，由于实施条件或相关因素的变化，而不得不对原合同的某些条款作出修改、订正、删除或补充。合同变更一经成立，原合同中的相应条款就应解除。

1. 合同变更的起因及影响

合同内容频繁变更是工程合同的特点之一。一个工程，合同变更的次数、范围和影响的大小与该工程招标文件（特别是合同条件）的完备性、技术设计的正确性，以及实施方案和实施计划的科学性直接相关。合同变更一般主要有以下几方面的原因。

（1）发包人有新的意图，发包人修改项目总计划，削减预算，发包人要求变化。

（2）由于设计人员、工程师、承包商事先没能很好地理解发包人的意图，或设计的错误，导致的图纸修改。

（3）工程环境的变化，预定的工程条件不准确，必须改变原设计、实施方案或实施计划，或由于发包人指令及发包人责任的原因造成承包商施工方案的变更。

（4）由于产生新的技术和知识，有必要改变原设计、实施方案或实施计划。

（5）政府部门对工程新的要求，如国家计划变化、环境保护要求、城市规划变动等。

（6）由于合同实施出现问题，必须调整合同目标，或修改合同条款。

（7）合同双方当事人由于倒闭或其他原因转让合同，造成合同当事人的变化。

合同的变更通常不能免除或改变承包商的合同责任，但对合同实施影响很大，主要表现在如下几方面。

（1）导致设计图纸、成本计划和支付计划、工期计划、施工方案、技术说明和适用的规范等定义工程目标和工程实施情况的各种文件作相应的修改和变更。当然，相关的其他计划也应作相应调整，如材料采购计划、劳动力安排、机械使用计划等。它不仅引起与承包合同平行的其他合同的变化，而且会引起所属的各个分合同，如供应合同、租赁合同、分包合同的变更。有些重大的变更会打乱整个施工部署。

（2）引起合同双方、承包商的工程小组之间、总承包商和分包商之间合同责任的变化。如工程量增加，则增加了承包商的工程责任，增加了费用开支和延长了工期。

（3）有些工程变更还会引起已完工程的返工，现场工程施工的停滞，施工秩序的打乱，已购材料的损失等。

2. 合同变更的范围

合同变更的范围很广，一般在合同签订后所有工程范围、进度、工程质量要求、合同条款内容、合同双方责权利关系的变化等都可以被看作合同变更。最常见的变更有以下两种。

（1）涉及合同条款的变更，合同条件和合同协议书所定义的双方责权利关系或一些重大问题的变更。这是狭义的合同变更，以前人们定义合同变更即为这一类。

(2) 工程变更，即工程的质量、数量、性质、功能、施工次序和实施方案的变化。

3. 合同变更的程序

(1) 合同变更的提出。

1) 承包商提出合同变更。承包商在提出合同变更时，一般情况是工程遇到不能预见的地质条件或地下障碍。如原设计的某大厦基础为钻孔灌注桩，承包商根据开工后钻探的地质条件和施工经验，认为改成沉井基础较好。另一种情况是承包商为了节约工程成本或加快工程施工进度，提出合同变更。

2) 发包人提出变更。发包人一般可通过工程师提出合同变更。但如发包方提出的合同变更内容超出合同限定的范围，则属于新增工程，只能另签合同处理，除非承包方同意作为变更。

3) 工程师提出合同变更。工程师往往根据工地现场工程进展的具体情况，认为确有必要时，可提出合同变更。工程承包合同施工中，因设计考虑不周，或施工时环境发生变化，工程师本着节约工程成本和加快工程与保证工程质量的原则，提出合同变更。只要提出的合同变更在原合同规定的范围内，一般是切实可行的。若超出原合同，新增了很多工程内容和项目，则属于不合理的合同变更请求。工程师应和承包商协商后酌情处理。

(2) 合同变更的批准。由承包商提出的合同变更，应交与工程师审查并批准。由发包人提出的合同变更，为便于工程的统一管理，一般由工程师代为发出。

而工程师发出合同变更通知的权力，一般由工程施工合同明确约定。当然该权力也可约定为发包人所有，然后发包人通过书面授权的方式使工程师拥有该权力。如果合同对工程师提出合同变更的权力作了具体限制，而约定其余均应由发包人批准，则工程师就超出其权限范围的合同变更发出指令时，应附上发包人的书面批准文件，否则承包商可拒绝执行。但在紧急情况下，不应限制工程师向承包商发布他认为必要的变更指示。

合同变更审批的一般原则如下。

1) 考虑合同变更对工程进展是否有利。

2) 考虑合同变更可否节约工程成本。

3) 考虑合同变更是兼顾发包人、承包商或工程项目之外其他第三方的利益，不能因合同变更而损害任何一方的正当权益。

4) 必须保证变更项目符合本工程的技术标准。

5) 最后一种情况为工程受阻，如遇到特殊风险、人为阻碍、合同一方当事人违约等不得不变更合同。

(3) 合同变更指令的发出及执行。为了避免耽误工作，工程师在和承包商就变更价格达成一致意见之前，有必要先行发布变更指示，即分两个阶段发布变更指示：第一阶段是在没有规定价格和费率的情况下直接指示承包商继续工作；第二阶段是在通过进一步的协商之后，发布确定变更工程费率和价格的指示。

合同变更指示的发出有以下两种形式。

1) 书面形式。一般情况要求工程师签发书面变更通知令。当工程师书面通知承包商工程变更，承包商才执行变更的工程。

2) 口头形式。当工程师发出口头指令要求合同变更时，要求工程师事后一定要补签一份书面的合同变更指示。如果工程师口头指示后忘了补书面指示，承包商须在 7 天之内以书面形式证实此项指示，交与工程师签字，工程师若在 14 天之内没有提出反对意见，应视为认可。

所有合同变更必须用书面或一定规格写明。对于要取消的任何一项分部工程，合同变更应在该部分工程还未施工之前进行，以免造成人力、物力、财力的浪费，避免造成发包人多支付工程款项。

根据通常的工程惯例，除非工程师明显超越合同赋予其的权限，承包商应该无条件地执行其合同变更的指示。如果工程师根据合同约定发布了进行合同变更的书面指令，则不论承包商对此是否有异议，不论合同变更的价款是否已经确定，也不论监理方或发包人答应给予付款的金额是否令承包商满意，承包商都必须无条件地执行此种指令。即使承包商有意见，也只能是一边进行变更工作，一边根据合同规定寻求索赔或仲裁解决。在争议处理期间，承包商有义务继续进行正常的工程施工和有争议的变更工程施工，否则可能会构成承包商违约。

4. 合同变更责任分析

在合同变更中，量最大、最频繁的是工程变更。它在工程索赔中所占的份额也最大。工程变更的责任分析是工程变更起因与工程变更问题处理，是确定赔偿问题的重要的直接的依据。工程变更中有两大类变更，即设计变更和施工方案变更。

（1）设计变更。设计变更会引起工程量的增加、减少，新增或删除工程分项，工程质量和进度的变化，实施方案的变化。一般工程施工合同赋予发包人（或工程师）这方面的变更权力，可以直接通过下达指令，重新发布图纸或规范实现变更。

（2）施工方案变更。施工方案变更的责任分析有时比较复杂。

1) 在投标文件中，承包商就在施工组织设计中提出比较完备的施工方案，但施工组织设计不作为合同文件的一部分。对此有如下问题应注意。

施工方案虽不是合同文件，但它也有约束力。发包人向承包商授标就表示对这个方案的认可。当然在授标前，在澄清会议上，发包人也可以要求承包商对施工方案作出说明，甚至可以要求修改方案，以符合发包人的目标、发包人的配合和供应能力（如图纸、场地、资金等）。此时一般承包商会积极迎合发包人的要求，以争取中标。

施工合同规定，承包商应对所有现场作业和施工方法的完备、安全、稳定负全部责任。这一责任表示在通常情况下由于承包商自身原因（如失误或风险）修改施工方案所造成的损失由承包商负责。

承包商对决定和修改施工方案具有相应的权利，即发包人不能随便干预承包商的施工方案；为了更好地完成合同目标（如缩短工期），或在不影响合同目标的前提下承包商有权采用更为科学和经济合理的施工方案，发包人不得随便干预。当然承包商承担重新选择施工方案的风险和机会收益。

在工程中承包商采用或修改实施方案都要经过工程师的批准或同意。

2) 重大的设计变更常常会导致施工方案的变更。如果设计变更由发包人承担责任，则相应的施工方案的变更也由发包人负责；反之，则由承包商负责。

3) 对不利的异常的地质条件所引起的施工方案的变更,一般作为发包人的责任。一方面这是一个有经验的承包商无法预料的现场气候条件除外的障碍或条件,另一方面发包人负责地质勘察和提供地质报告,应对报告的正确性和完备性承担责任。

4) 施工进度的变更。施工进度的变更是十分频繁的：在招标文件中,发包人给出工程的总工期目标；承包商在投标书中有一个总进度计划（一般以横道图形式表示）；中标后承包商还要提出详细的进度计划,由工程师批准（或同意）；在工程开工后,每月都可能有进度的调整。通常只要工程师（或发包人）批准（或同意）承包商的进度计划（或调整后的进度计划）,则新进度计划就产生约束力。如果发包人不能按照新进度计划完成按合同应由发包人完成的责任,如及时提供图纸、施工场地、水电等,则属发包人的违约,应承担责任。

3.6.4 项目索赔管理

1. 索赔

索赔是当事人在合同实施过程中,根据法律、合同规定及惯例,因非己方的过错而造成的实际损失,向责任对方提出给予补偿要求。索赔事件的发生,可以是一定行为造成的,也可以由不可抗力引起；可以是合同当事人一方引起,也可以由任何第三方行为引起。索赔的性质属于经济补偿行为,而不是惩罚。在工程建设的各个阶段,都有发生索赔的可能性,但在施工阶段索赔发生最多。

2. 索赔的双面性

索赔具有索赔与反索赔的双面性。

承包商可以向业主提出,业主也可以向承包商提出索赔。承包商向业主提出索赔称为索赔,业主向承包商提出索赔称为反索赔。一般来说业主在向承包商提出索赔的过程中占有主动地位,可以直接从应付给承包商的工程款中扣抵,因此,我们平时所说的索赔都是指承包商向业主提出的索赔。

3. 索赔的分类

(1) 按涉及当事双方分类。包括：承包商与业主（或建设监理）之间的索赔；承包商与分包商之间的索赔；承包商与供应商之间的索赔。

(2) 按索赔原因分类。包括：地质条件变化引起的索赔；施工中人为障碍引起的索赔；工程变更命令引起的索赔；合同条款的模糊和错误引起的索赔；工期延长引起的索赔；设计图纸错误引起的索赔；工期提前引起的索赔；施工图纸拖延引起的索赔；增减工程量引起的索赔；业主（或建设监理）拖延付款引起的索赔；货币贬值引起的索赔；价格调整引起的索赔；业主（或建设监理）的风险引起的索赔；不可抗拒的自然灾害引起的索赔；暂停施工引起的索赔；终止合同引起的索赔。

(3) 按索赔的依据分类。包括以下三类。

1) 合同中明示的索赔。凡是在合同条文中有明文规定的索赔项目,如设计图纸错误、变更工程的计量和价格等,承包商因业主的原因造成开支亏损等,都属于这一类。

2) 合同中默示的索赔。这类索赔项目一般在合同条文中没有明文规定,但从合同含义中可以找出索赔的依据,如业主或监理工程师违反合同时,承包商有权提出经济赔偿。

3) 道义索赔,又称为"额外支付"。它是指承包商对标价估计不足遇到了巨大的困难而蒙受重大损失时，建设单位会超越合同条款，给承包商以相应的经济补偿。

(4) 按索赔的目的分类。包括以下两类。

1) 延长工期索赔。承包商要求业主延长施工时间，拖后竣工日期。

2) 经济索赔。承包商要求业主给付增加的开支或亏损，弥补承包商的经济损失。

4. 承包商索赔的一般内容

承包商索赔的一般内容包括：工程地质条件变化索赔；工程变更索赔；因业主原因引起的工期延长和延误索赔；施工费用索赔；业主终止工程施工索赔；物价上涨引起的索赔；法规、货币及汇率变化引起的索赔；拖延支付工程款的索赔；特殊风险索赔。

5. 建设单位（业主）索赔的一般内容

(1) 工程建设失误索赔。

(2) 因承包商拖延施工工期引起的索赔。

1) 增大工程管理费开支。建设单位为监理、咨询机构及其职员由于承包商拖延工期而发生的扩大支付费用；由建设单位提供的施工设备在延长期内的租金支付；建设单位筹资贷款由于承包商延误工期而引起的利息支付。

2) 建设单位盈利和收入损失。

(3) 承包商未履行的保险费用索赔。

(4) 对超额利润的索赔。

(5) 对指定分包商的付款索赔。

(6) 建设单位合理终止合同或承包商无正当理由放弃工程的索赔。

6. 索赔的程序（承包商要求的索赔）

从承包商提出索赔要求开始到索赔事件的最终处理，大致可划分为四个阶段。

(1) 承包商提出索赔要求。按照合同规定，凡不属于承包商责任导致工程拖期和工程成本增加时，承包商一方面进行施工，另一方面用正式函件通知建设单位或其代表，声明对此事项要求索赔。这个书面信件应在索赔事项发生后的 28 天内正式提出，逾期不报，建设单位有权拒绝索赔要求。

(2) 建设单位审核承包商的索赔申请。在接到承包商的正式索赔信件后，建设单位或其代表应立即研究承包商的索赔资料，在不确认责任属于谁的情况下，客观分析事件发生的原因，重温有关的合同条款，研究承包商提出的索赔证据。必要时还可要求承包商进一步提交补充材料。经过对事件的充分分析研究，建设单位依据合同条款，划清责任的归属，剔除承包商不合理要求部分，拟订出自己计算的合理索赔款额和工期展延天数。

(3) 建设单位审批索赔报告。建设单位首先根据事件发生的原因及责任范围、合同条款，审核承包商的索赔申请，再根据对工程建设的目的、投资控制、竣工投产要求以及承包商方面在实施合同过程中的缺陷或不符合合同要求的地方提出反索赔等方面的通盘考虑，决定是否批准承包商的报告。如果建设单位不同意索赔请求，则分歧只能通过仲裁手段加以解决。

(4) 承包商是否接受最终的索赔决定。承包商接受了最终的索赔决定，这一索赔事件可结束。若承包商不接受建设单位代表单方面决定或建设单位删减的索赔款额和延展工期天数，就会导致合同纠纷。

通过谈判和协商双方达成互谅互让的争端解决方案是处理纠纷的最理想方式。如果双方不能达成谅解，则只能诉诸法律程序，即通过仲裁和诉讼裁决。

3.7 建筑工程项目合同的终止和评价

3.7.1 建筑工程项目合同的终止

工程项目合同终止是指在工程项目建设过程中，承包商按照施工承包合同约定的责任范围完成了施工任务，圆满地通过竣工验收，并与业主办理竣工结算手续，将所施工的工程移交给业主使用和照管，业主按照合同约定完成工程款支付工作后，合同效力及作用的结束。

合同终止的条件，通常有以下几种。

（1）满足合同竣工验收条件。竣工交付使用的工程必须符合下列基本条件：①符合建设工程设计和合同约定的各项内容；②有完整的技术档案和施工管理资料；③有工程使用的主要建筑材料，建筑构配件和设备的进场试验报告；④有勘察、设计、施工、工程监理等单位分别签署的质量合格文件；⑤有施工单位签署的工程保修书。

（2）已完成竣工结算。

（3）工程款全部回收到位。

（4）按合同约定签订保修合同并扣留相应工程尾款。

3.7.2 建筑工程竣工结算

建筑工程竣工结算是指承包商完成合同内工程的施工并通过了交工验收后，所提交的竣工结算书经过业主和监理工程师审查签证，然后由建设银行办理拨付工程价款的手续。

1. 竣工结算程序

（1）承包人递交竣工结算报告。工程竣工验收报告经发包人认可后，承发包双方应当按协议书约定的合同价款及专用条款约定的合同价款调整方式，进行工程竣工结算。

工程竣工验收报告经发包人认可后28天，承包人向发包人递交竣工结算报告及完整的结算资料。

（2）发包人的核实和支付。发包人自收到竣工结算报告及结算资料后28天内进行核实，给予确认或提出修改意见。发包人认可竣工结算报告后，及时办理竣工结算价款的支付手续。

（3）移交工程。承包人收到竣工结算价款后14天内将竣工工程交付发包人，施工合同即告终止。

2. 合同价款的结算

（1）工程款结算方式。合同双方应明确工程款的结算方式是按月结算，按形象进度结算，还是竣工后一次性结算。

1）按月结算。这是国内外常见的一种工程款支付方式，一般在每个月末，承包人提交已完工程量报告，经工程师审查确认，签发月度付款证书后，由发包人按合同约定的时间支付工程款。

2）按形象进度结算。这是国内一种常见的工程款支付方式，实际上是按工程形象进度分段结算。当承包人完成合同约定的工程形象进度时，承包人提出已完工程量报告，经工程师审查确认，签发付款证书后，由发包人按合同约定的时间付款。如专用条款中可约定：当承包人完成基础工程施工时，发包人支付合同价款的20%，完成主体结构工程施工时，支付合同价款的50%，完成装饰工程施工时，支付合同价款的15%，工程竣工验收通过后，再支付合同价款的10%，其余5%作为工程保修金，在保修期满后返还给承包人。

3）竣工后一次性结算。当工程项目工期较短、合同价格较低时，可采用工程价款每月月中预支、竣工后一次性结算的方法。

4）其他结算方式。合同双方可在专用条款中约定经开户银行同意的其他结算方式。

(2) 工程款的动态结算。我国现行的结算基本上是按照设计预算价值，以预算定额单价和各地方定额站不定期公布的调价文件为依据进行的。在结算中，对通货膨胀等因素考虑不足。

实行动态结算，要按照协议条款约定的合同价款，在结算时考虑工程造价管理部门规定的价格指数，即要考虑资金的时间价值，使结算大体能反映实际的消耗费用。常用的动态结算方法有以下几种。

1）实际价格结算法。对钢材、木材、水泥三大材的价格，有些地区采取按实际价格结算的办法，施工承包单位可凭发票据实报销。此法方便而准确，但不利于施工承包单位降低成本。因此，地方基建主管部门通常要定期公布最高结算限价。

2）调价文件结算法。施工承包单位按当时的预算价格承包，在合同工期内，按照造价管理部门调价文件的规定，进行抽料补差（在同一价格期内，按所完成的材料用量乘以价差）。有的地方定期（通常是半年）发布一次主要材料供应价格和管理价格，对这一时期的工程进行抽料补差。

3）调值公式法。调值公式法又称动态结算公式法。根据国际惯例，对建设项目已完投资费用的结算，一般采用此法。在一般情况下，承发包双方在签订合同时，就规定了明确的调值公式。

(3) 工程款支付的程序和责任。在计量结果确认后14天内，发包人应向承包人支付工程款。同期用于工程的发包人供应的材料设备价款，以及按约定时间发包人应扣回的预付款，与工程款同期结算。合同价款调整、设计变更调整的合同价款及追加的合同价款、发包人或工程师同意确认的工程索赔款等，也应与工程款同期调整支付。

发包人超过约定的支付时间不支付工程款，承包人可向发包人发出要求付款的通知，发包人收到承包人通知后仍不能按要求付款，可与承包人协商签订延期付款协议，经承包人同意后可延期支付。协议应明确延期支付的时间和从计量结果确认后第15天起计算应付款的贷款利息。发包人不按合同约定支付工程款，双方又未达成延期付款协议，导致施工无法进行，承包人可停止施工，由发包人承担违约责任。

3.7.3 建筑工程项目合同的评价

1. 合同评价的基本概念

合同评价是指在合同实施结束后，将合同签订和执行过程中的利弊得失、经验教训总结出来，提出分析报告，作为以后工程合同管理的借鉴。

由于合同管理工作比较偏重于经验，只有不断总结经验，才能不断提高管理水平，才能通过工程不断培养出高水平的合同管理者。所以这项工作十分重要。

2. 合同签订情况评价

项目在正式签订合同前，所进行的工作都属于签约管理，签约管理质量直接制约着合同的执行过程，因此，签约管理是合同管理的重中之重。评价项目合同签订情况时，主要参照以下几方面。

（1）招标前，对发包人和建设项目是否进行了调查和分析，是否清楚、准确。例如：施工所需的资金是否已经落实，工程的资金状况直接影响后期工程款的回收；施工条件是否已经具备，初步设计及概算是否已批准，直接影响后期工程施工进度等。

（2）投标时，是否依据公司整体实力及实际市场状况进行报价，对项目的成本控制及利润收益有明确的目标，心中有数，不至于中标后难以控制费用支出，为避免亏本而骑虎难下。

（3）中标后，即使使用标准合同文本，也需逐条与发包人进行谈判，既要通过有效的谈判技巧争取较为宽松的合同条件，又要避免合同条款不明确，造成施工过程中的争议，使索赔工作难以实现。

（4）做好资料管理工作。签约过程中的所有资料都应经过严格的审阅、分类、归档，因为前期资料既是后期施工的依据，也是后期索赔工作的重要依据。

3. 合同执行情况评价

在合同实施过程中，应当严格按照施工合同的规定，履行自己的职责，通过一定有序的施工管理工作对合同进行控制管理，评价控制管理工作的优劣主要是评价施工过程中工期目标、质量目标、成本目标完成的情况和特点。

（1）工期目标评价。主要评价合同工期履约情况和各单位（单项）工程进度计划执行情况；核实单项工程实际开、竣工日期，计算合同建设工期和实际建设工期的变化率；分析施工进度提前或拖后的原因。

（2）质量目标评价。主要评价单位工程的合格率、优良率和综合质量情况。

1）计算实际工程质量的合格品率、实际工程质量的优良品率等指标，将实际工程质量指标与合同文件中规定的、设计规定的或其他同类工程的质量状况进行比较，分析变化的原因。

2）评价设备质量，分析设备及其安装工程质量能否保证投产后正常生产的需要。

3）计算和分析工程质量事故的经济损失，包括计算返工损失率、因质量事故拖延建设工期所造成的实际损失。以及分析无法补救的工程质量事故对项目投产后投资效益的影响程度。

4）工程安全情况评价，分析有无重大安全事故发生，分析其原因和所带来的实际影响。

（3）成本目标评价。主要评价物资消耗、工时定额、设备折旧、管理费等计划与实际支出的情况，评价项目成本控制方法是否科学合理，分析实际成本高于或低于目标成本的原因。

1）主要实物工程量的变化及其范围。

2) 主要材料消耗的变化情况,分析造成超耗的原因。
3) 各项工时定额和管理费用标准是否符合有关规定。

4. 合同管理工作评价

这是对合同管理本身,如工作职能、程序、工作成果的评价,主要包括以下内容。

(1) 合同管理工作对工程项目总体贡献或影响。
(2) 合同分析的准确程度。
(3) 在投标报价和工程实施中,合同管理子系统与其他职能的协调中的问题,需要改进的地方。
(4) 索赔处理和纠纷处理的经验教训等。

5. 合同条款评价

这是对本项目有重大影响的合同条款进行评价,主要包括以下内容。

(1) 本合同的具体条款,特别对本工程有重大影响的合同条款的表达和执行利弊得失。
(2) 本合同签订和执行过程中所遇到的特殊问题的分析结果。
(3) 对具体的合同条款如何表达更为有利等。

复习思考题

(1) 合同具有哪些法律上的特征?项目合同又具有哪些特点?
(2) 项目合同的签订程序是什么?每阶段的特点是什么?
(3) 为什么说要约的邀请不具有法律上的约束力?而要约则对项目双方的当事人具有约束力?
(4) 项目合同的签订程序中两个基本阶段是什么?根据你的实际经验,说明这两个阶段为什么是必需的?
(5) 一项有效的承诺应当具备哪些条件?
(6) 项目合同的履行有哪两种方式?每种方式各有什么特点?
(7) 在哪些情况下可以不追究项目当事人不履行合同的责任?
(8) 解决项目合同纠纷主要有哪几种方式?每种方式各有什么特点?
(9) 索赔有几种类型?包括哪些内容?
(10) 简述项目招标基本程序。
(11) 建设工程招标投标的特征是什么?
(12) 建设工程招标投标管理的职能有哪些?
(13) 工程招标投标的意义和作用有哪些?
(14) 简述建设工程招标程序、工作内容和要求。
(15) 简述建设工程投标程序、工作内容和要求。

项目4 施工项目目标控制

【学习目标】 主要介绍建筑工程项目的进度控制、质量控制、成本控制及采购管理等三个方面的内容。通过本项目学习，应会编制月（旬）作业计划和施工任务书、施工进度的检查、进度控制的分析与调整，能完成施工项目进度的控制任务；会建立施工项目质量控制系统和质量体系，编制质量手册，在项目实施过程中进行质量控制；能根据标准和规范进行质量检验和实验，对建筑安装工程进行质量检验与评定；懂得施工项目成本预测的依据和程序，施工项目成本控制的过程和内容及手段，会进行施工项目成本预测与计划的编制及方法选择、施工项目成本管理考核，能完成施工项目成本计划的编制，完成施工项目成本的控制任务。

4.1 施工项目进度控制

4.1.1 建设项目进度管理

《建设工程项目管理规范》（GB/T 50326—2017）中对建设项目进度管理进行如下规定："组织应建立项目进度管理制度，明确进度管理程序，规定进度管理职责及工作要求。项目进度管理应遵循下列程序：编制进度计划；进度计划交底，落实管理责任；实施进度计划；进行进度控制和变更管理。"

1. 编制进度计划

建筑工程项目进度计划是进度控制的依据。施工项目进度计划需要编制两种施工进度计划：施工总进度计划和单位工程施工进度计划。

（1）建筑工程项目施工总进度计划的编制。建筑工程项目施工总进度计划是对整个群体工程编制的施工进度计划。由于施工的内容较多，施工工期较长，故其计划项目综合性大，较多控制性，较少作业性。

1）编制依据。

a. 施工合同。施工合同中的施工组织设计，合同工期，开竣工日期，关于工期的延误、调整等约定，均是编制施工总进度计划的依据。

b. 施工进度目标。除了合同约定的施工进度目标外，企业本身有自己的施工目标，用以指导施工进度计划的编制。

c. 工期定额。工期定额中规定的工期，是施工项目的最大工期限额。在编制施工总进度计划时，以此为最大工期标准，力争缩短而绝对不能超限。

d. 有关技术经济资料。指可供参考的施工档案资料、地质资料、环境资料、统计资料等。

e. 施工部署与主要施工方案。施工部署与主要施工方案是施工组织总设计中的内容。编制总进度计划应在施工部署和主要施工方案确定后进行。

2）编制步骤。

a. 计算工程量。工程量的计算可按初步设计（或扩大初步设计）图纸和有关定额手册或资料进行。

b. 确定各单位工程的施工期限。各单位工程的施工期限应根据合同工期确定，同时还要考虑建筑类型、结构特征、施工方法、施工管理水平、施工机械化程度及施工现场条件等因素。

c. 确定各单位工程开竣工时间和相互搭接关系。主要考虑以下几点要求：①尽量做到均衡施工，使劳动力、施工机械和主要材料供应在整个工期范围内达到均衡；②施工顺序必须与主要生产系统投入生产的先后次序相吻合，同时还要安排好配套工程的施工时间；③应注意季节对施工顺序的影响，使施工季节不导致工期拖延、不影响工程质量；④注意主要工种和主要施工机械连续施工。

3）编制正式施工总进度计划。

a. 初步施工总进度计划编制完成后，要对其进行检查。主要检查总工期是否符合要求，资源供应是否能够保证，资源使用是否均衡等。

b. 如果出现问题，可进行调整。调整方法可以改变某些工程的起止时间或调整主导工程的工期。

c. 如果是网络计划，可利用计算机分别进行工期优化、费用优化和资源优化。

d. 初步施工总进度计划经过调整符合要求后，即可编制正式的施工总进度计划。

4）编写施工进度计划说明书。其包括以下内容。

a. 本施工总进度计划安排的总工期。

b. 该总工期与合同工期和指令工期的比较，得出施工提前率。

c. 各单位工程的工期、开工日期、竣工日期与合同约定的比较和分析。

d. 施工高峰人数、平均人数及劳动力不均衡系数。

e. 本施工总进度计划的优点和存在的问题。

f. 执行本计划的重点和措施，有关责任的分配等。

5）编制内容。

a. 施工总计划的内容包括：编制说明；施工进度计划表；分期分批施工工程的开工日期、完工日期及工资一览表；资源需要量及供应平衡表等。

b. 施工总进度计划表是最主要内容。用来安排各单位工程计划开竣工日期、工期、搭接关系及其实施步骤。

c. 资源需要量及供应平衡表是根据施工总进度计划表编制的保证计划。包括劳动力、材料、构件、商品混凝土、预制构件和施工机械等资源计划。

（2）建筑单位工程施工进度计划的编制。建筑单位工程施工进度计划是对单位工程或单体工程编制的施工进度计划的总称。由于其所包含的施工内容具体明确，施工期较短，故其作业性较强，是进度控制的直接依据。

1）编制依据。

a. 项目管理目标责任书。项目管理目标责任书中有六项内容，其中一项指"应达到的项目进度目标"。这个目标既不是合同目标，也不是定额工期，而是项目管理的责任目标，不但有工期，而且还有开工时间和竣工时间及主要搭接关系等。

b. 施工总进度计划。单位工程进度计划应执行施工总进度计划中的开竣工时间、工期安排、搭接关系及其说明书。如需要调整，应征得施工总进度计划审批者的同意。

c. 施工方案。施工方案中所包含的内容都对施工进度计划有约束作用。

d. 主要材料和设备的供应能力。在编制单位工程施工进度计划时，必须考虑主要材料和机械设备供应能力是否满足需求量的要求。

e. 施工人员的技术素质和劳动效率。施工人员的技术素质高低，影响着施工的进度和质量。因此，施工人员的技术素质必须满足施工规定要求。

f. 施工现场条件、气候条件、环境条件。这三种条件依靠调查研究，如果在施工组织总设计中已经编制完成，可继续使用其作为依据，否则要重新调整。

g. 工程进度及经济指标。已建成的同类工程实际进度及经济指标。

2) 编制内容。

a. 编制说明。

b. 进度计划图。

c. 资源需要量计划。

d. 单位工程施工进度计划的风险分析及控制措施。

2. 进度计划的交底与管理责任的落实

施工进度计划的实施，并不只是项目组的事情，而需要整个项目全体参与人员的共同努力，因此必须注意计划的交底工作。在施工进度计划实施前，可根据涉及范围召开全体动员大会和各级生产会议以落实责任，要求高层管理人员熟知计划并创造好良好的实施环境，要求生产管理人员熟悉计划并安排好人力、机械供应等。最好的方法是建立周计划、日计划体系，进一步加强施工人员施工进度计划控制的责任感，激发广大员工的积极性和主动性，及时明确并完成计划任务。

3. 进度计划的实施

项目进度计划的实施就是用项目进度计划指导施工活动、落实和完成计划。项目进度计划逐步实施的进程就是项目项目逐步完成的过程，涉及项目准备工作、项目进度实施、项目进度控制与进度变更等。

(1) 项目进度计划执行准备。要保证项目进度计划的落实，必须首先做好准备工作，估计和预测执行中可能出现的问题。做好进度计划执行的准备工作是项目进度计划顺利执行的保证。

(2) 签发施工任务书。编制好月（旬）作业计划以后，签发施工任务书使其进一步落实。施工任务书是向班组下达任务、实行责任承包、全面管理的综合性文件，它是计划和实施的纽带。施工任务书包括施工任务单、限额领料单、考勤表等。其中施工任务单包括分项工程施工任务、工程量、劳动量、开工及完工日期、工艺、质量和安全要求等内容。限额领料单根据施工任务单编制，它是控制班组领用料的依据，主要列明材料名称、规格、型号、单位和数量、退领料记录等。

(3) 做好施工进度记录、填好施工进度统计表。在计划任务完成的过程中，各级施工进度计划的执行者都要跟踪做好施工记录，实事求是地记载计划中每项工作的开始日期、

工作进度和完成日期，并填好有关图表为施工项目进度检查分析提供信息。

（4）做好施工中的调度工作。施工调度是指在施工过程中不断组织新的平衡，建立和维护正常的施工条件及施工程序所做的工作。主要任务是督促、检查工程项目计划和工程合同执行情况，调度物资、设备、劳力，解决施工现场出现的矛盾，协调内、外部的配合关系，促进和确保各项计划指标的落实。

（5）施工进度计划检查。为了能够经常掌握项目的进度情况，在进度计划执行一段时间后就要检查实际进度是否按照计划进度顺利进行。进度控制人员应经常地、定期地跟踪检查施工实际进度情况，收集施工项目进度材料，统计整理和对比分析，研究实际进度与计划进度之间的偏差。

1）跟踪检查施工实际进度。跟踪检查的主要工作是定期收集反映实际工程进度的有关数据。收集的方式有两种：报表和现场实地检查。收集的数据应完整、正确，避免因数据不全面而导致作出不正确的决策。

进度控制的效果与收集信息资料的时间间隔有关，不做到经常、定期地收集进度报表资料，就很难达到进度控制的效果。此外，进度检查的时间间隔还与工程项目的类型、规模、现场条件等多方面因素有关，可视工程进度的实际情况，每月、每半月或每周进行一次。在某些特殊情况下，甚至可能进行每日进度检查。

2）整理统计检查数据。收集到的施工项目实际进度数据，要进行必要的整理，按计划控制的工作项目进行统计，形成与计划进度具有可比性的数据、相同的量纲和形象进度。一般可以按实物工程量、工作量和劳动消耗量以及累计百分率整理和统计实际检查的数据，以便与相应的计划完成量相对比。

3）对比实际进度与计划进度。主要是将实际的数据与计划的数据进行比较，如将实际的完成量、实际完成的百分率与计划的完成量、计划完成的百分率进行比较。通常可利用表格形成各种进度比较报表或直接绘制比较图形直观地反映实际与计划的差距。通过比较，了解实际进度比计划进度拖后、超前还是与计划进度一致。

4）施工项目进度检查结果的处理。施工项目进度检查的结果，按照检查报告制度的规定，形成进度控制报告向有关主管人员和部门汇报。进度控制报告是把检查比较的结果、有关施工进度现状和发展趋势，提供给项目经理及各级业务职能负责人的最简单的书面形式报告。

施工项目进度控制报告的基本内容如下。

a. 对施工进度执行情况的综合描述。检查期的起止时间、当地气象及晴雨天数统计、计划目标及实际进度、检查期内施工现场主要大事记。

b. 项目实施、管理、进度概况的总说明。施工进度、形象进度及简要说明；施工图纸提供进度；材料、物资、构配件供应进度；劳务记录及预测；日历计划；对建设单位和施工者的工程变更指令、价格调整、索赔及工程款收支情况；停水、停电、事故发生及处理情况；实际进度与计划目标相比较的偏差状况及其原因分析；解决问题措施；计划调整意见等。

（6）施工进度计划的调整。施工进度计划的调整应依据施工进度计划检查结果，在进度计划执行发生偏离的时候，调整施工内容、工程量、起止时间、资源供应，或局部改变施工顺序，重新确认作业过程相互协作方式等工作关系，充分利用施工的时间和空间进行合理交叉衔接，并编制调整后的施工进度计划，以保证施工总目标的实现。

1）进度偏差影响分析。在建筑工程项目实施过程中，当通过实际进度与计划进度的比较，发现存在进度偏差时，需要分析该偏差对后续工作及总工期的影响，从而采取相应的调整措施对原进度计划进行调整，以确保工期目标的顺利实现。进度偏差的大小及其所处的位置不同，对后续工作和总工期的影响程度是不同的，分析时需要利用网络计划中工作总时差和自由时差的概念进行判断。分析步骤如下。

a. 分析进度偏差的工作是否为关键工作。若出现偏差的工作为关键工作，则无论偏差大小，都会对后续工作及总工期产生影响，必须采取相应的调整措施；若出现偏差的工作不是关键工作，需要根据偏差值与总时差和自由时差的大小关系，确定对后续工作和总工期的影响程度。

b. 分析进度偏差是否大于总时差。若工作的进度偏差大于该工作的总时差，说明此偏差必将影响后续工作和总工期，必须采取相应的调整措施；若工作的进度偏差小于或等于该工作的总时差，说明此偏差对总工期无影响，但它对后续工作的影响程度，需要根据比较偏差与自由时差的情况来确定。

c. 分析进度偏差是否大于自由时差。若工作的进度偏差大于该工作的自由时差，说明此偏差对后续工作产生影响，应该如何调整，应根据后续工作允许影响的程度而定；若工作的进度偏差小于或等于该工作的自由时差，则说明此偏差对后续工作无影响，因此，原进度计划可以不作调整。

经过以上分析，进度控制人员可以确认应该调整产生进度偏差的工作和调整偏差值的大小，以便确定采取调整新措施，获得新的符合实际进度情况和计划目标的新进度计划。

2）施工进度计划调整方法。

a. 缩短某些工作的持续时间。这种方法是不改变工作之间的逻辑关系，而是缩短某些工作的持续时间使施工进度加快，并保证实现计划工期的方法。这些被压缩持续时间的工作是位于由于实际施工进度的拖延而引起总工期增长的关键线路和某些非关键线路上的工作，同时，这些工作又是可压缩持续时间的工作。这种方法实际上就是网络计划优化中的工期优化方法和工期与费用优化的方法。具体做法是：研究后续各工作持续时间压缩的可能性及其极限工作持续时间；确定由于计划调整和采取必要措施而引起的各工作的费用变化率；选择直接引起拖期的工作及紧后工作优先压缩，以免拖期影响扩大；选择费用变化率最小的工作优先压缩，以求花费最小代价，满足既定工期要求；综合考虑，确定新的调整计划。

b. 改变某些工作间的逻辑关系。当工程项目实施中产生的进度偏差影响到总工期，且有关工作的逻辑关系允许改变时，可以改变关键线路和超过计划工期的非关键线路上的有关工作之间的逻辑关系，达到缩短工期的目的。例如，将顺序进行的工作改为平行作业、搭接作业以及分段组织流水作业等都可以有效地缩短工期；对于大型群体工程项目，单位工程间的相互制约相对较小，可调幅度较大；对于单位工程内部，由于施工顺序和逻辑关系约束较大，可调幅度较小。

c. 资源供应的调整。对于因资源供应发生异常而引起进度计划执行问题，应采用资源优化方法对计划进行调整，或采取应急措施使其对工期影响最小。

d. 增减施工内容。增减施工内容应做到不打乱原计划的逻辑关系，只对局部逻辑关系进行调整。在增减施工内容以后，应重新计算时间参数，分析对原网络计划的影响。当对工期有影响时，应采取调整措施，保证计划工期不变。

e. 增减工程量。增减工程量主要是指改变施工方案、施工方法，使工程量增加或减少。

f. 起止时间的改变。起止时间的改变应在相应的工作时差范围内进行：如延长或缩短工作的持续时间，或将工作在最早开始时间和最迟完成时间范围内移动。每次调整必须重新计算时间参数，观察该项调整对整个施工计划的影响。

4.1.2 施工项目进度管理

1. 建设项目进度控制与施工项目进度控制

在项目管理工作中，必须对每个阶段都要进行进度管理。建设项目进度管理的关键是施工阶段的进度控制。施工阶段的进度控制也称为施工项目进度控制，是施工项目管理中的重点控制目标之一，是保证施工项目按期完成、合理安排资源供应、节约工程成本的重要措施。施工项目进度控制的质量如何不仅直接影响建设项目能否在合同规定的期限内按期交付使用，而且关系到建设项目投资活动的综合效益能否顺利实现，是建设项目管理的一个重要内容。

施工项目进度控制的任务是指在既定的工期内，编制出最优的施工进度计划。在执行该计划的过程中，经常检查施工的实际情况，并将其与进度计划相比较，若出现偏差，便分析产生的原因和对工期的影响程度，制订出必要的调整措施，修改原计划，如此不断地循环，直至工程竣工。

施工项目进度控制的总目标是实现合同约定的交工日期，或者在保证施工质量和不增加实际成本的前提下，适当缩短施工工期。总目标要根据实际情况进行分解，形成一个能够有效地实施进度控制、相互联系相互制约的目标体系。一般来讲，应分解成各单项工程的交工分目标，各施工阶段的完工分目标，以及按年、季、月施工计划制订的时间分目标等。

2. 施工项目进度控制主要内容

施工项目进度控制主要内容按照发生时间可以分为：事前进度控制、事中进度控制与事后进度控制。

（1）事前进度控制。事前进度控制是指项目正式施工前进行的进度控制，其具体包括以下内容。

1）编制施工阶段进度控制工作细则。施工阶段进度目标分解图；施工阶段进度控制的主要工作内容和深度；人员的具体分工；与进度控制有关的各项工作的时间安排、总的工作流程；进度控制所采取的具体措施（包括检查日期、收集数据方式、进度报表形式、统计分析方法等）；进度控制的方法；进度目标实现的风险分析；尚待解决的有关问题。

2）编制或审核施工总进度计划。项目的划分是否合理，有无重项和漏项；进度在总的时间安排上是否符合合同中规定的工期要求或是否与项目总进度计划中施工进度分目标的要求一致；施工顺序的安排是否符合逻辑，是否满足分期投产的要求以及是否符合施工程序的要求；全工地性材料物资供应的均衡是否满足要求；劳动力、材料、机具设备供应计划是否能确保施工总进度计划的实现；施工组织总设计的合理性、全面性和可行性如何；进度安排与建设单位提供资金的能力是否一致。

3）审核单位工程施工进度计划。进度安排是否满足合同规定的开竣工日期；施工顺序的安排是否符合逻辑，是否符合施工程序的要求；施工单位的劳动力、材料、机具设备供应计划能否保证进度计划的实现；进度安排的合理性，以防止施工单位利用进度计划的安排造成建设单位违约，并以此向建设单位提出索赔；该进度计划是否与其他施工进度计划协调；进度计划的安排是否满足连续性、均衡性的要求。

4）进行进度计划系统的综合。在对施工计划进行审核后，往往要把若干个相互关联的处于同一层次或不同层次的进度计划综合成一个多阶群体的施工总进度计划，以利于进行总体控制。

(2) 事中进度控制。事中进度控制是指项目施工过程中进行的进度控制，这是施工进度计划能否付诸实施实现的关键过程，进度控制人员一旦发现实际进度与目标偏离，必须及时采取措施以纠正这种偏差。

事中进度控制的具体内容包括：建立现场办公室，以保证施工进度的顺利实施；随时注意施工进度的关键控制点；及时检查和审核进度，进行统计分析资料和进度控制报表；做好工程施工进度，将计划与实际进行比较，从中发现是否出现进度偏差；分析进度偏差带来的影响并进行工程进度预测，提出可行的修改措施；重新调整进度计划并实施；组织定期和不定期的现场会议，及时分析，协调各生产单位的生产活动。

(3) 事后进度控制。事后进度控制是指完成整个施工任务后进行的进度控制工作，具体内容有：及时组织验收准备，迎接验收；准备及迎接工程索赔；整理工程进度资料；根据实际施工进度，及时修改和调整验收阶段进度计划，保证下个阶段工作顺利实施。

3. 相关影响因素

(1) 相关单位。施工单位是对施工进度起着决定性影响的单位，其他相关单位也可能会给施工的某些方面造成困难而影响进度。如图纸错误、设计变更、资金到位不及时、材料和设备不能按期供应、水电供应不完善等。

(2) 施工条件。工程地质条件、水文地质条件与勘查设计不符，气候的异常变化及施工条件（如"三通一平"）准备不完善等都会给施工造成困难而影响进度的顺利完成。

(3) 技术失误。施工单位采用技术措施不当，施工中发生技术事故；应用新技术、新材料、新工艺、新结构缺乏经验；工程质量不能满足要求等都会影响施工进度。

(4) 施工组织管理。主要是施工组织不合理、施工方案欠佳、计划不周、管理不完善、劳动力和机械设备调配不当、施工平面布置不合理、解决问题不及时等方面造成的对进度的影响。

(5) 意外事件的出现。施工中如果出现意外事件，如战争、内乱、工人罢工等政治事件；地震、洪水等严重的自然灾害；重大工程事故的发生；标准变更、试验失败等技术事件；通货膨胀、款项拖延、拒付债务、合同违约等经济事件都会对施工进度造成影响。

4.1.3 程序及准则

1. 一般规定

GB/T 50326—2017 中要求进度控制步骤及其过程应符合如下规定。

项目4 施工项目目标控制

（1）进度控制步骤。项目进度控制应遵循下列步骤：熟悉进度计划的目标、顺序、步骤、数量、时间和技术要求；实施跟踪检查，进行数据记录与统计；将实际数据与计划目标对照，分析计划执行情况；采取纠偏措施，确保各项计划目标实现。

（2）控制过程。项目管理机构的进度控制过程应符合下列规定：对关键线路上的各项活动过程和主要影响因素作为项目进度控制的重点；对项目进度有影响的相关方的活动进行跟踪协调。

2. 施工项目进度控制的程序

施工项目进度控制的实施者是施工单位以项目经理为首的项目进度控制体系，即项目经理部。项目经理部在实施具体的施工项目进度控制时，主要是按下述程序进行工作。

（1）根据施工合同确定的开工日期、总工期和竣工日期确定施工进度目标，明确计划开工日期、计划总工期和计划竣工日期，确定项目分期分批的开工、竣工日期。

（2）编制施工计划，具体安排实现前述目标的工艺关系、组织关系、搭接关系、起止关系、劳动力计划、材料计划、机械计划和其他保证性计划。

（3）向监理工程师提出开工申请报告，按监理工程师开工令指定的日期开工。

（4）实施施工进度计划，加强协调和检查，如出现偏差，要及时进行调整。

（5）项目竣工验收前抓紧收尾阶段进度控制。

（6）全部任务完成后进行进度控制总结，并写出进度控制报告。

3. 施工项目进度控制的准则

要完成施工项目的进度控制，必须认真分析主观与客观因素，加强目标管理，按照"事前计划，事中检查，事后分析"的顺序进行"三结合"的动态控制、系统控制和网络控制。

施工项目进度控制是一个不断进行的动态控制，也是一个循环进行的过程。从项目施工开始，实际进度就出现了运动的轨迹，也就是计划进入执行的动态。实际进度按照计划进度进行时，两者相吻合；当实际进度与计划不一致时就产生了超前或滞后的偏差，就要分析偏差产生的原因，采取相应的措施，调整原来的计划，使两者在新的起点上重合，使实际工作按计划进行。但调整后的作业计划又会在新的因素干扰下产生新的偏差，又要进行新的调整。因而施工进度计划内的控制必须在动态控制原理下采用动态控制的方法。

（1）施工项目进度控制系统。施工项目进度控制是一个系统工程，必须采用系统工程的原理来加以控制。一般来说，施工进度控制系统由以下三个子系统组成。

1）施工项目计划系统。为了对施工项目进行进度控制，必须编制施工项目的各种进度计划。其中最重要的是施工项目总进度计划、单位工程进度计划、分部分项工程进度计划、季月旬时间进度计划等，这些计划组成了一个项目进度计划系统。计划编制时，从上到下，从总体计划到局部计划，计划的编制对象由大到小，计划的内容从粗到细。实施和执行计划时，从下到上，从月（旬）计划、分部分项工程进度计划开始逐级按目标控制，从而达到对施工项目整体进度目标控制。

2）施工项目进度实施组织系统。施工项目实施的全过程，各专业队伍都是按照计划规定的目标去努力完成一个个任务。施工项目经理和有关劳动调配、材料设备、采购运输等职能部门都按照施工进度规定的要求进行严格管理、落实和完成各自的任务。施工组织各级负责人,从项目经理、施工队长、班组长及其所属全体成员组成了施工项目实施的完整的组织系统。

3)施工项目进度控制组织系统。为了保证施工项目进度的实施,还有一个项目进度的检查控制系统。从总公司、项目经理部一直到作业班组都设有专门职能部门或人员负责检查、统计、整理实际施工进度的资料,与计划进度比较分析并进行必要的调节。

(2)进度控制的准则。

1)信息反馈准则。信息反馈是施工项目进度控制的主要环节。工程的实际进度通过信息反馈给基层施工项目进度控制的工作人员,在分工的职责范围内,经过对其加工,再将信息逐级向上反馈,直到主控制室,主控制室整理统计各方面的信息,经比较分析作出决策,调整进度计划,使其符合预定工期目标。若不应用信息反馈原理,则无法进行计划控制,因而施工项目进度控制的过程就是信息反馈的过程。

2)弹性准则。施工项目的工期比较长,影响进度的因素也比较多。其中有些因素已被人们所掌握,有些并未被人们所全面掌握。根据对影响因素的把握、利用原有的统计资料和过去的施工经验,可以估计出各个方面对施工进度的影响程度和施工过程中可能出现的一些问题,并在确定进度目标时,进行目标实现的风险分析。因而在编制施工进度计划时就必须要留有余地,即施工进度计划要具有弹性。在进行施工项目进度控制时,便可利用这些弹性,缩短有关工作的时间,或者改变它们之间的搭接关系,使之前拖延的工期,通过缩短剩余计划工期的办法得以弥补,达到预期的计划目标。

3)封闭循环准则。项目进度计划控制的全过程是计划、实施、检查、比较分析、确定调整措施、再计划。从编制项目施工进度计划开始,经过实施过程中的跟踪检查,收集有关实际进度的信息,比较和分析实际进度与施工计划进度之间的偏差,找出产生偏差的原因和解决的办法,确定调整措施,并修改原进度计划。从整个进度计划控制的全过程来看,形成了一个封闭的动态调整的循环。

4)网络计划原则。在施工项目的进度控制中,要利用网络计划技术原理编制进度计划。在计划执行过程中,又要根据收集的实际进度信息,比较和分析进度计划,利用网络计划的优化技术,进行工期优化、成本优化和资源优化,从而合理地制订和调整施工项目的进度计划。网络计划技术原理是施工项目进度控制的计划管理和分析计算的理论基础。

4.1.4 控制措施与方法的选择

1. 一般规定

GB/T 50326—2017对施工项目进度控制措施在进度变更管理中规定:"项目管理机构应根据进度管理报告提供的信息,纠正进度计划执行中的偏差,对进度计划进行变更调整。进度计划变更可包括下列内容:工程量或工作量;工作的起止时间;工作关系;资源供应。项目管理机构应识别进度计划变更风险,并在进度计划变更前制定下列预防风险的措施:组织措施、技术措施、经济措施与沟通协调措施。当采取措施后仍不能实现原目标时,项目管理机构应变更进度计划,并报原计划审批部门批准。同时,项目管理机构进度计划的变更控制应符合下列规定:调整相关资源供应计划,并与相关方进行沟通;变更计划的实施应与组织管理规定及相关合同要求一致。"

2. 施工项目进度控制的措施

（1）组织措施。组织措施主要是指落实各层次进度控制人员的具体任务和工作职责。首先要建立进度控制组织体系；其次是建立健全进度计划制订、审核、执行、检查、协调过程的有关规章制度，和各相关部门、相关工作人员的工作标准、工作制度和工作职责，做到有章可循、有法可依、制度明确；再次要根据施工项目的结构、进展的阶段和合同约定的条款进行项目分解，确定其进度目标，建立控制目标体系，并对影响进度的因素进行分析和预测。

（2）技术措施。技术措施有两个方面：一是要组织有丰富施工经验的工程师编制施工进度计划，同时监理单位要编制进度控制工作细则，采用流水施工原理，网络计划技术，结合电子计算机对建设项目进行动态控制；二是计划中要考虑到大量采用加快施工进度的技术方法。

（3）经济措施。经济措施主要是指实施进度计划的资金保障措施。在施工进度的实施过程中，要及时进行工程量核算，签署进度款的支付，工期提前要给予奖励，工期延误要认定原因和责任，进行必要惩罚，做到奖罚分明。同时要做好工期索赔的认定与管理工作。

（4）合同措施。合同措施是指要严格履行项目的施工合同，并使与分包单位签订的施工合同的合同工期和进度计划与整个项目的进度计划相协调。

（5）信息管理措施。信息管理措施是指不断地收集施工实际进度的有关资料，将收集到的资料进行统计、整理，同计划进度对比分析，并定期向建设单位提供比较报告。

3. 控制方法

施工项目进度控制的方法主要有三个方面：规划、控制、协调。

（1）规划是指确定施工项目总进度控制目标和分进度控制目标，并编制进度计划。常用的技术手段和方法有横道图、网络计划图等。

（2）控制是指在施工项目实施的全过程中，进行施工实际进度的比较，若出现偏差，要分析产生的原因，确定采取的措施并对计划进行适当的调整。常用的技术方法和手段有横道图比较法、"S"形曲线比较法、"香蕉"形曲线比较法、前锋线比较法、列表比较法等。

（3）协调是指疏通、优化与施工进度有关的单位、部门和工作队组间的进度关系。

4.1.5 施工项目进度计划的实施

施工项目进度计划的实施是落实施工项目计划、用施工项目进度计划指导施工活动并完成施工项目计划。为此，在实施前必须进行施工项目计划的审核和贯彻。实施施工进度计划要做好五项工作，即编制月（旬）作业计划和施工任务书，做好记录掌握施工实际情况，做好调度工作。现分述如下。

1. 编制月（旬）作业计划和施工任务书

施工组织设计中编制的施工进度计划，是按整个项目（或单位工程）编制的，也带有一定的控制性，还不能满足施工作业要求。实际作业时是按月（旬）作业计划和施工任务书执行的，故应进行认真编制。

月（旬）作业计划除依据施工进度计划编制外，还应依据现场情况及月（旬）具体要求编制。月（旬）计划以贯彻执行施工进度计划，明确当期任务及满足作业要求为前提。

施工任务书是一份计划文件，也是一份核算文件和原始记录，它把作业计划下达到班组进行责任承包，并将计划执行与技术管理、质量管理、成本核算、原始记录、资源管理等融合为一体，是计划与作业的连接纽带。

2. 做好记录掌握现场施工实际情况

在施工中，如实记载每项工作的开始日期、工作进程和结束日期，可为计划实施的检查、分析、调整、总结提供原始资料。要求跟踪记录、如实记录，并借助图表形成记录文件。

3. 做好调度工作

调度工作主要对进度控制起到协调作用，协调配合关系，排除施工中出现的各种矛盾，克服薄弱环节，实现动态平衡。调度工作的内容包括：检查作业计划执行中的问题，找出原因，并采取措施解决；督促供应单位按进度要求供应资源，控制施工现场临时设施的使用，按计划进行作业条件准备；传达决策人员的决策意图；发布调度令等。要求调度工作做得及时、灵活、准确、果断。

4. 施工项目计划的审核

施工项目计划的审核由总监理工程师完成，审核的内容主要包括：进度安排是否与施工合同相符；进度计划的内容是否全面，分期施工的是否满足分期交工要求和配套交工要求；施工顺序要求是否符合施工程序的要求；资源供应计划的内容是否全面，分期施工的是否满足分期交工要求和配套交工要求；施工图设计进度是否满足施工计划的要求；总分包间的计划是否协调、统一；对实施进度计划的风险是否分析清楚并有相应的对策；各项保证进度计划实现的措施是否周到、可行、有效。

5. 施工项目计划的贯彻

审核确定的施工项目进度计划要进行彻底地贯彻，以便进行有效的实施。检查各层次的计划，形成严密的计划保证系统。进行计划的交底，促进计划的全面、彻底实施。

施工项目进度计划在审核通过并认真贯彻后，就要进行彻底的实施。实施中必须做好如下几个方面的工作：认真编制好月（旬）生产作业计划；以签发任务书的形式落实施工任务和责任；做好施工进度记录，填好施工进度统计表；做好施工中的组织、管理和调度工作。

4.1.6 施工项目进度计划的检查

在施工项目的实施过程中，进度控制人员必须对实际的工程进度进行经常性的检查，并收集施工项目进度的相关材料，进行统计整理和对比分析，确定实际进度与计划进度间的关系，以便适时调整计划，进行有效的进度控制。

1. 一般规定

在施工项目进度控制中，项目管理机构应按规定的统计周期，检查进度计划并保存相关记录。进度计划检查应包括下列内容：工作完成数量；工作时间的执行情况；工作顺序的执行情况；资源使用及其与进度计划的匹配情况；前次检查提出问题的整改情况。进度检查后，项目管理机构应编制进度管理报告并向相关方发布。

2. 检查步骤与方法

(1) 跟踪检查施工实际进度。跟踪检查施工实际进度一般要做日检查和定期检查,检查的内容主要包括:检查期内实际完成的和累计完成的工作量;实际参加施工的人力、机械数量和生产效率;窝工人数、窝工机械台班数及其原因分析;进度偏差情况;进度管理情况;影响进度的特殊原因及其分析。

(2) 整理统计检查数据。收集到的施工项目实际进度数据,要进行必要的整理,按计划控制的工作项目进行统计,形成与计划进度具有可比性的数据、相同的量纲和形象进度。一般可以按实物工程量、工作量和劳动消耗量以及累计百分比整理和统计实际检查的数据,以便与相应的计划完成量相对比。

(3) 对比实际进度与计划进度。将收集到的资料整理和统计成具有与计划进度可比性的数据后,将施工项目实际进度与计划进度进行比较,通过比较得出实际进度与计划进度相一致、拖后、超前三种情况。

(4) 施工项目进度结果的处理。施工项目进度检查的结果,按照检查报告制度的规定,形成进度控制报告向有关管理人员和部门汇报。

进度控制报告是把检查比较的结果、有关施工进度的现状和发展趋势,提供给项目经理及各级业务职能负责人的最简单的书面形式的报告。进度控制报告是根据报告的对象不同,确定不同的编制范围和内容而分别编写的。一般分为项目概要级进度控制报告、项目管理级进度控制报告和业务管理级进度控制报告。项目概要级进度控制报告是报给项目经理、企业经理或业务部门以及建设单位或业主的,它是以整个施工项目为对象说明进度执行情况的报告;项目管理级进度报告是报给项目经理或企业业务部门的,它是以单位工程或项目分区为对象说明进度执行情况的报告;业务管理级的进度报告是就某个重点部位或重点问题为对象编写的报告,供项目管理者及各业务部门为其采取应急措施而使用的。进度报告由计划负责人或进度管理人员与其他项目管理人员合作编写。报告时间一般与进度检查时间相协调,也可按月、旬、周等间隔时间进行编写上报。

通过检查应向企业提供月度施工进度报告的内容主要包括:项目实施概况、管理概况、进度概况的总说明;项目施工进度、形象进度及简要说明;施工图纸提供进度;材料、物资、构配件提供进度;劳务记录及预测;日历计划;对建设单位、业主和施工者的工程变更指令、价格调整、索赔及工程款收支情况;进度偏差和导致偏差的原因分析;解决问题的措施和计划调整意见等。

(5) 施工进度的检查方法。施工进度的检查与进度计划的执行是融汇在一起的。计划检查是计划执行信息的主要来源,是施工进度调整和分析的依据,是进度控制的关键步骤。

进度计划的检查方法主要是对比法,即实际进度与计划进度进行对比,从而发现偏差,以便调整或修改计划。最好是在图上对比,故由于计划图形的不同便产生了多种检查方法。

1) 用横道计划图检查。在图 4.1 中,实线表示计划进度,虚线表示实际进度。图中显示,由于工序 K 和 F 提前 0.5 天完成,使整个计划提前完成了 0.5 天。

2) 利用网络计划检查。首先记录实际时间,例如某项工作计划为 8 天,实际进度为

4.1 施工项目进度控制

工序	施工进度									
	1	2	3	4	5	6	7	8	9	10
A										
B										
C										
D										
E										
F										
G										
H										
K										

图 4.1 利用横道计划图记录施工进度

7天，如图 4.2 所示，将实际进度记录于括弧中，显示进度提前1天；其次，记录工作的开始日期和结束日期进行检查，仍如图 4.3 所示为某项工作计划为8天，实际进度为7天，如图中标法记录，亦表示实际进度提前1天；最后，标注已完工作，可以在网络图上用特殊的符号、颜色记录其已完成部分，如图 4.4 所示，阴影部分为已完成部分。

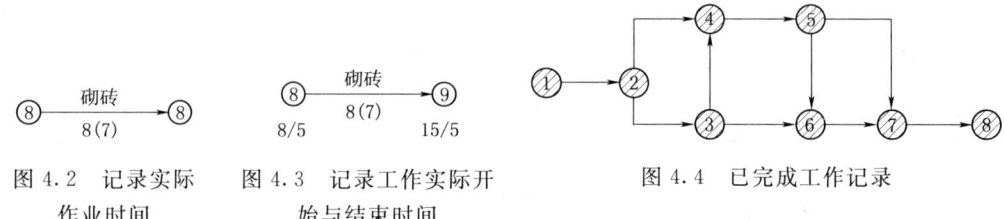

图 4.2 记录实际作业时间

图 4.3 记录工作实际开始与结束时间

图 4.4 已完成工作记录

3) 当采用时标网络计划时，可利用实际进度前锋线记录实际进度，如图 4.5 所示。

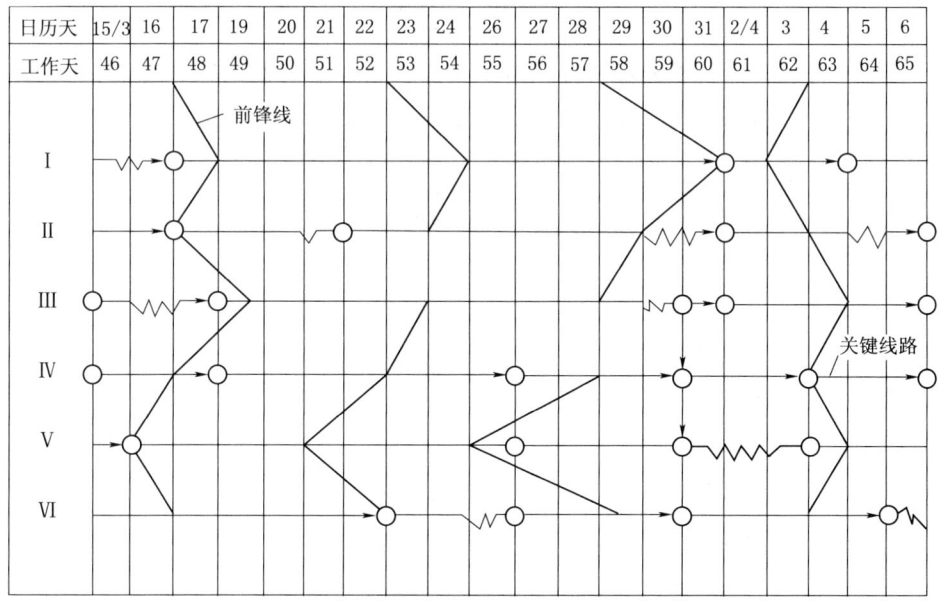

图 4.5 用实际进度前锋线记录实际进度

图中的折线是实际进度的连线,在记录日期右方的点,表示提前完成进度计划,在记录日期左方的点,表示进度拖期。进度前锋点的确定可采用比例法。这种方法形象、直观、便于采取措施。

4)用切割线进行实际进度记录。如图4.6所示,点划线称为"切割线"。在第10天进度记录中,D用工尚需1天(方括号内的数)才能完成,G工作尚需8天才能完成,L工作尚需2天才能完成。这种检查方法可利用表4.1进行分析。经过计算,判断进度进行情况是D、L工作正常,G拖期1天。由于G工作是关键工作,所以它的拖期很可能影响整个计划导致拖延,故应调整计划,追回损失的时间。图中十字线符号分别为 T_{I-J}^{ES} 代表施工过程 $I-J$ 的最早开始时间;T_{I-J}^{LS} 代表施工过程 $I-J$ 的最晚开始时间;F_{I-J}^{T} 代表施工过程 $I-J$ 的总时差;F_{I-J}^{F} 代表施工过程 $I-J$ 的自由时差。

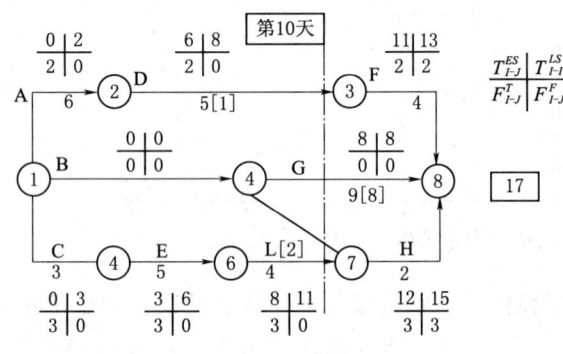

图4.6 用切割线记录实际进度
(注:□内数字是第10天检查工作尚需时间)

表4.1　　　　　　　网络计划进行到第10天的检查结果

工作编号	工作代号	检查时尚需时间/天	到计划最迟完成前尚有时间/天	原有总时差/天	尚有时差/天	情况判断
②—③	D	1	13−10=3	2	3−1=2	正常
④—⑧	G	8	17−10=7	0	7−8=−1	拖期
⑥—⑦	L	2	15−10=5	3	5−2=3	正常

5)利用"香蕉"形曲线进行检查。图4.7是根据计划绘制的累计完成数量与时间对

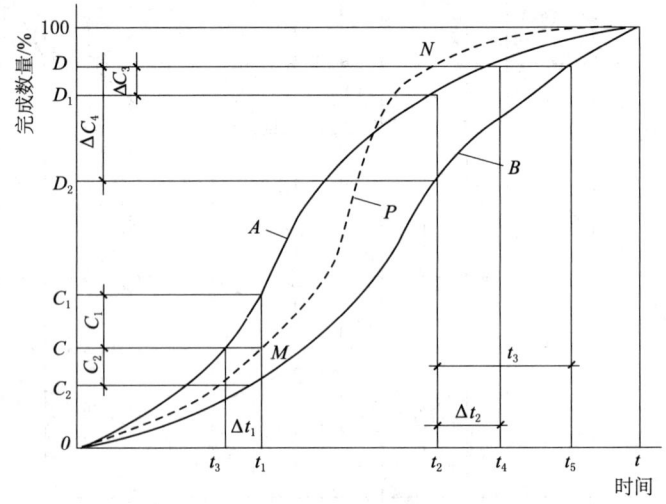

图4.7　"香蕉"形曲线图

应关系的轨迹。A 线是按最早时间绘制的曲线，B 线是按最迟时间绘制的计划曲线，P 线是实际进度记录线，由于一项工程开始、中间和结束时曲线的斜率不相同，总的呈"S"形，故称"S"形曲线，又由于 A 线与 B 线构成香蕉状，故有的称为"香蕉"形曲线。

检查方法是：当计划进行到时间 t_1 时，实际完成数量记录在 M 点。这个进度比最早时间计划曲线 A 的要求少完成 $\Delta C_1 = OC_1 - OC$，比最迟时间计划曲线 B 的要求多完成 $\Delta C_2 = OC - OC_2$。由于它的进度比最迟时间要求提前，故不会影响总工期，只要控制得好，有可能提前 $\Delta t_1 = Ot_1 - Ot$ 完成全部计划，同理可分析 t_2 时间的进度状况。

4.1.7 施工项目进度计划的比较

施工项目进度计划比较分析与计划调整是施工项目进度控制的主要环节。其中计划比较是调整的基础，常用的方法有如下几种。

1. 横道图比较法

横道图比较法是进行施工项目进度控制最常用的、最简单的方法。把项目施工中检查实际进度收集到的各种数据信息经整理后直接用横道线并列标于原计划横道线一起，进行计划进度与实际进度的直观比较。比较后根据计划进度与实际进度之间的偏差情况进行进度计划的调整。

横道图比较法常用的有匀速施工横道图比较法、双比例单侧横道图比较法和双比例双侧横道图比较法等。

2. "S"形曲线比较法

"S"形曲线比较法又叫坐标比较法。它与横道图比较法不同，是以横坐标表示进度时间，纵坐标表示累计完成工作量，而绘制出的按计划时间累计完成任务量的一条"S"形的曲线，再将施工中实际进度绘成"S"形曲线与之相比较，因而称"S"形曲线比较法。

3. "香蕉"形曲线比较法

"香蕉"形曲线比较法是从"S"形曲线法发展过来的。"S"形曲线比较法是一条"S"形曲线，而"香蕉"形曲线比较法是两条"S"形曲线，其一是以计划中各项工作的最早开始时间安排进度而绘制的"S"形曲线，称 ES 曲线；其二是以计划中各项工作最迟开始时间安排进度而绘制的"S"形曲线，称 LS 曲线。两者构成一个闭合曲线，是"香蕉"形的，而实际完成进度的"S"形曲线落在此闭合曲线之中，可以很方便地进行计划进度与实际进度的比较。

4. 前锋线比较法

施工项目的进度计划用时标网络计划表达时，可以采用实际进度前锋线法进行实际进度与计划进度的比较。

前锋线比较法是从计划检查时间的坐标点出发，用点划线依次连接各项工作的实际进度点，最后到计划检查时间的坐标点为止，形成前锋线。按实际进度前锋线与工作箭线交点的位置判定施工实际进度与计划进度偏差。

4.1.8 施工项目进度计划的调整

1. 进度偏差影响的分析

通过前述的进度比较方法，当出现进度偏差时，应分析该偏差对后续工作及总工期的影响。分析的主要内容如下。

(1) 分析产生偏差的工作是否为关键工作。若出现偏差的工作为关键工作，则无论偏差大小，都会对后续工作和总工期产生影响，必须采取相应的调整措施；若出现偏差的工作不是关键工作，需要根据偏差值与总时差和自由时差的大小关系，确定对后续工作和总工期的影响程度。

(2) 分析进度偏差是否大于总时差。若工作的进度偏差大于或等于该工作的总时差，说明此偏差必将影响后续工作和总工期，必须采取相应的调整措施；若工作的进度偏差小于或等于该工作的总时差，说明此偏差对总工期无影响，但它对后续工作的影响程度，需要根据比较偏差和自由时差的情况来确定。

(3) 分析进度偏差是否大于自由时差。若工作的进度偏差大于该工作的自由时差，说明此偏差对后续工作产生影响，应该如何调整，就根据后续工作影响的程度而定；若工作的进度偏差小于或等于该工作的自由时差，说明此偏差对后续工作无影响，因此原进度计划可以不作调整。

经过如此分析，进度控制人员可以确认应该调整产生进度偏差的工作和调整偏差值的大小，以便确定采取措施，获得新的符合实际进度情况和计划目标的新进度计划。

2. 施工项目进度计划的调整方法

在对实施的原进度计划分析的基础上，应确定调整原计划的方法，一般有如下几种。

(1) 改变某些工作间的逻辑关系。若检查的实际施工进度产生的偏差影响了总工期，在工作间的逻辑关系允许改变的条件下，可改变关键线路和超过计划工期的非关键线路上的有关工作的逻辑关系，达到缩短工期的目的。用这种方法调整的效益是很显著的，例如可以把依次进行的有关工作改成平行的或互相搭接的，以及分成几个施工段进行流水施工等，都可以达到缩短工期的目的。

例如：将依次作业、平行作业、流水施工依据工期的限制合理采用。

(2) 改变某些工作的持续时间。这种方法是不改变工作间的逻辑关系，而是缩短某些工作的持续时间使施工进度加快，并保证实现计划工期的方法。这些被压缩持续时间的工作是位于由于实际施工进度的拖延而引起总工期增长的关键线路和某些非关键线路上的工作，同时这些工作又是可压缩持续时间的工作。这种方法实际上就是网络计划优化中的工期优化方法和工期与成本优化方法。

例如：依靠增减施工资源，增减施工内容与工程量等。

(3) 资源供应的调整。如果资源供应发生异常，应采取资源优化方法对计划进行调整，或采取应急措施使其对工期影响最小。

(4) 增减施工内容。增减施工内容应做到不打乱原计划的逻辑关系，只对局部逻辑关系进行调整。在增减施工内容后，应重新计算时间参数，分析对原网络计划的影响。当对工期有影响时，应采取调整措施，保证计划工期不变。

(5) 增减工程量。增减工程量主要是指改变施工方案、施工方法，使工程量增多或减少。

(6) 起止时间的改变。起止时间的改变应在相应工作时差范围内进行。每次调整必须重新计算时间参数，观察该项调整对整个施工计划的影响。

调整时可在下列方法中进行：将工作在其最早开始时间与其最迟完成时间范围内移动；延长或缩短工作的持续时间。

3. 利用网络计划调整进度

利用网络计划对进度进行调整，一种较为有效的方法是采用"工期-成本"优化原则。就是当进度拖期以后进行赶工时，要逐次缩短那些有压缩可能，且费用最低的关键工作。现以图4.8为例进行说明。图4.8中，箭线上数字为缩短一天需增加的费用（元/天）；箭线下括弧外数字为工作正常施工时间（天）；箭线下括弧内数字为工作最短施工时间（天）。十字线上各符号含义同图4.6。

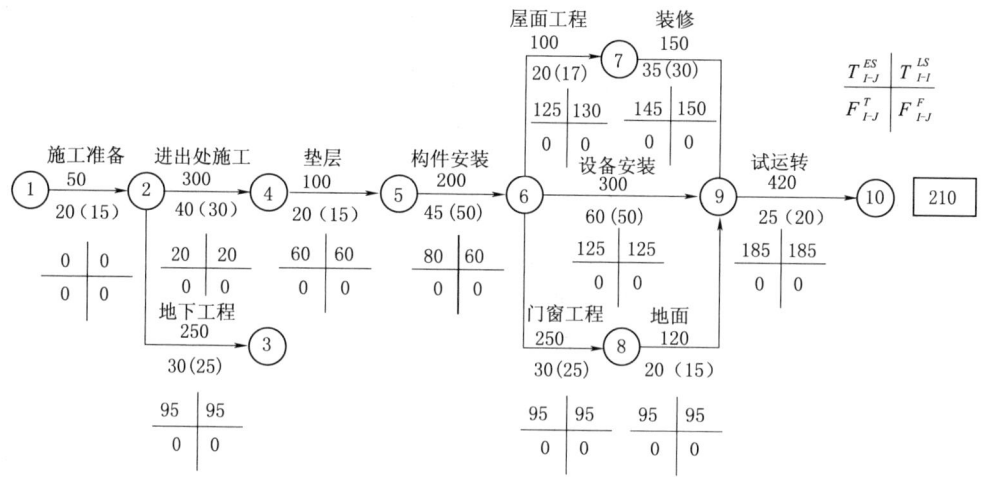

图 4.8 某单项工程网络进度计划

原计划工期是210天，假设在第95天进行检查，工作④—⑤（垫层）前已全部完成，工作⑤—⑥（构件安装）刚开工，即拖后了15天开工。因为工作⑤—⑥是关键工作，它拖后15天，将可能导致总工期延长15天，于是便应当进行计划调整，使其按原计划完成。办法就是缩短工作⑤—⑥以后的计划工作时间，根据上述调整原理，按以下步骤进行调整。

（1）第一步，先压缩关键工作中费用增加率最小的工作，压缩量不能超过实际可能压缩值。从图4.8中可以看出，三个关键工作⑤—⑥、⑧—⑨和⑨—⑩中，赶工费最低的是 $a_{5-6}=200$ 元，可压缩量$=45-40=5$天，因此先压缩工作⑤—⑥5天，需支出压缩费$5 \times 200 = 1000$元。至此，工期缩短了5天，但⑤—⑥不能再压缩了。

（2）第二步，删去已压缩的工作。按上述方法，压缩未经调整的各关键工作中费用增加率最小者。比较⑥—⑦和⑨—⑩两个关键工作，赶工费 $a_{6-9}=300$ 元为最小，所以压缩⑧—⑨。但压缩⑥—⑨工作必须考虑与其平行进行的工作，它们最小时差为5天，所以只能先压缩5天，增加费用$5 \times 300 = 1500$元，至此工期已压缩10天。此时⑥—⑦与⑦—⑨也变成关键工作，如⑥—⑨再加压缩还需考虑⑥—⑦或⑦—⑨同步压缩，不然不能缩短工期。

（3）第三步，⑥—⑦与⑥—⑨同步压缩，但压缩量是⑥—⑦小，只有3天，故先各压缩 3 天，增加费用 $3\times100+3\times300=1200$ 元，至此，工期已压缩了 13 天。

(4) 第四步，分析仍能压缩的关键工作，⑧—⑨与⑦—⑨同步压缩，每天赶工费用增加 $a_{⑦-⑧}=300+150=450$，$a_{⑨-⑩}=420$，因此，⑨—⑩工作较节省，压缩⑨—⑩2 天，增加费用 $2\times420=840$ 元，至此，工期压缩 15 天已完成。总增加费用为 $1000+150+1200+840=4540$ 元，压缩调整后的网络计划如图 4.9 所示。调整后工期仍是 210 天，但各工作的开工时间和部分工作作业时间有变动。劳动力、物资、机械计划及平面布置按调整后的进度计划作相应的调整。

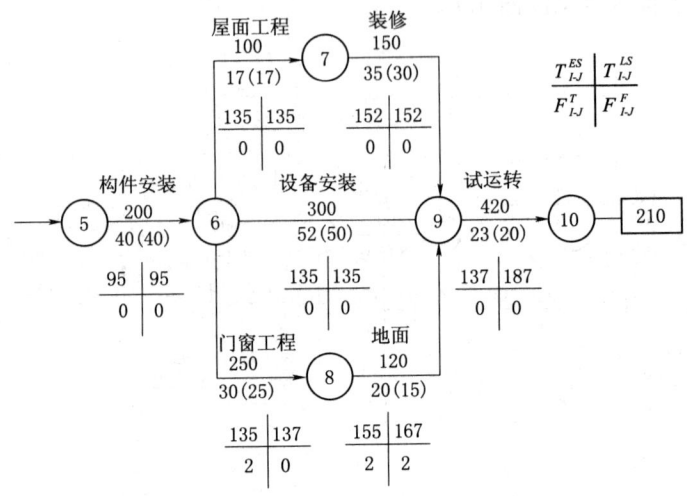

图 4.9 压缩调整后的网络计划

仍用图 4.8 的资料，如果按合同规定工期提前完工，每天发包单位奖给承包单位 400 元，迟延一天每天罚款 300 元，在第 25 天检查时，发现施工准备刚结束，问承包单位的进度计划应作何决策？

分析图 4.8 得知，第一个月工期就拖后了 5 天，如果不作调整，承包单位将被罚 1500 元，如按表 4.2 的步骤调整，如果将工期确定为 187 天，承包单位可多得 2000 元，是最高收益值。

表 4.2　　　　　　　　调 整 计 划 计 算 表

计划方案	工期/天	压缩时间/天	增加的压缩费/元	增加的累计压缩费/元	奖罚值/元	承包单位损益/元
压缩④—⑤	210	5	−500	−500	±0	−500
压缩⑤—⑥	205	5	−1000	−1500	+2000	+500
压缩②—④	195	10	−3000	−4500	+6000	+1500
压缩⑥—⑨	190	5	−1500	−6000	+8000	+2000
压缩⑥—⑨、⑥—⑦	187	3	−1200	−7200	+9200	+2000
压缩⑨—⑩	182	5	−2100	−9300	+11200	+1900
压缩⑥—⑨、⑦—⑨	180	2	−900	−10200	+12000	+1800

4.1.9 进度控制的分析

进度控制的分析比其他阶段更为重要,因为它对实现管理循环和信息反馈起重要作用。进度控制分析是对进度控制进行评价的前提,是提高控制水平的阶梯。

1. 进度控制分析的内容

进度控制分析阶段的主要工作内容是:各项目标的完成情况分析,进度控制中的问题及原因分析,进度控制中的经验分析,提高进度控制工作水平的措施。

2. 目标完成情况分析

(1) 时间目标。时间目标完成情况分析计算下列指标。

合同工期节约值=合同工期-实际工期

指令工期节约值=指令工期-实际工期

定额工期节约值=定额工期-实际工期

$$计划工期提前率 = \frac{计划工期 - 实际工期}{计划工期} \times 100\%$$

缩短工期的经济效益=缩短一天产生的经济效益×缩短工期天数

还要分析缩短工期的原因,大致有以下几种:计划积极可靠、执行认真、控制得力、协调及时有效、劳动效率高。

(2) 资源目标。资源情况分析使用下列指标。

$$单方用工 = \frac{总用工数}{建筑面积}$$

$$劳动力不均衡系数 = \frac{最高日用工数}{平均日用工数}$$

节约用工日数=计划用工工日-实际用工工日

主要材料节约量=计划材料用量-实际材料用量

主要机械台班节约量=计划主要机械台班数-实际主要机械台班数

$$主要大型机械节约率 = \frac{各种大型机械计划费之和 - 实际费之和}{各种大型机械计划费之和} \times 100\%$$

资源节约的原因大致有以下几种:资源优化效果好、按计划保证供应、认真制订并实施了节约措施、协调及时得力、劳动力及机械的效率高。

(3) 成本目标。成本分析的主要指标如下。

降低成本额=计划成本-实际成本

$$降低成本率 = \frac{降低成本额}{计划成本额} \times 100\%$$

节约成本的原因主要是:计划积极可靠、成本优化效果好、认真制定并执行了节约成本措施、工期缩短、成本核算及成本分析工作效果好。

3. 进度控制中的问题分析

这里所指的问题是:某些进度控制目标没有实现,或在计划执行中存在缺陷。在总结分析时可以定量计算(指标与前项分析相同),也可以定性地分析,对产生问题的原因也要从编制和执行计划中去找,问题要找够,原因要摆透,不能文过饰非,遗留的问题应反

馈到下一循环解决。

进度控制中大致有以下一些问题：工期拖后、资源浪费、成本浪费、计划变化太大等。控制中出现上述问题的原因大致是：计划本身的原因、资源供应和使用中的原因、协调方面的原因、环境方面的原因等。

4. 进度控制中的经验分析

总结出来的经验是指对成绩及其取得的原因进行分析以后，归纳出来的可以为以后进度控制使用的本质的、规律性的东西。分析进度控制的经验可以从以下几方面进行。

(1) 怎样编制计划，编制什么样的计划才能取得更大效益，包括准备、绘图、计算等。

(2) 怎样优化计划才更有实际意义，包括优化目标的确定、优化方法的选择、优化计算、优化结果的评审、电子计算机应用等。

(3) 怎样实施、调整与控制计划，包括组织保证、宣传、培训、建立责任制、信息反馈、调度、统计、记录、检查、调整、修改、成本控制方法、资源节约措施等。

(4) 进度控制工作的创新。总结出来的经验应有应用价值，通过企业和有关领导部门的审查与批准，形成规程、标准及制度，作为指导以后工作的参照执行文件。

4.2 施工项目质量的控制

4.2.1 概述

1. 一般规定

GB/T 50326—2017 规定："组织应根据需求制定项目质量管理和质量管理绩效考核制度，配备质量管理资源。项目质量管理应按下列程序实施：确定质量计划；实施质量控制；开展质量检查与处置；落实质量改进。"

项目质量控制应确保下列内容满足规定要求：实施过程的各种输入；实施过程控制点的设置；实施过程的输出；各个实施过程之间的接口。

项目管理机构应在质量控制过程中，跟踪、收集、整理实际数据，与质量要求进行比较，分析偏差，采取措施予以纠正和处置，并对处置效果复查。分包的质量控制应纳入项目质量控制范围，分包人应按分包合同的约定对其分包的工程质量向项目管理机构负责。

设计质量控制应包括如下流程：按照设计合同要求进行设计策划；根据设计需求确定设计输入；实施设计活动并进行设计评审；验证和确认设计输出。

施工质量控制应包括下列流程：施工质量目标分解；施工技术交底与工序控制；施工质量偏差控制；产品或服务的验证、评价和防护。

项目质量创优控制宜符合下列规定：明确质量创优目标和创优计划；精心策划和系统管理；制定高于国家标准的控制准则；确保工程创优资料和相关证据的管理水平。

2. 施工质量控制依据

施工质量控制是项目质量管理的主要内容之一，其主要依据包括技术标准和管理标准。技术标准包括：《建筑工程施工及验收规范》（GB 50202～GB 50210），《建筑工程施工质量验收统一标准》（GB 50300—2013），《建筑工程质量检验评定标准》（GB 50301—

2001），本地区及企业自身的技术标准和规程，施工合同中规定采用的有关技术标准。管理标准有：GB/T 19000—ISO 9000 族系列标准（根据需要的模式选用），企业主管部门有关质量工作的规定，本企业的质量管理制度及有关质量工作的规定。另外，项目经理部与企业签订的质量责任状，企业与业主签订的工程承包合同，施工组织设计，施工图纸及说明书等，也是施工项目质量控制的依据。

3. 工程质量的特性及其分析

（1）工程质量的特性。

1）适用性，是指建筑工程能够满足使用目的各种性能，如理化性能、结构性能、使用性能和外观性能等。

2）耐久性，是指工程在规定的条件下，满足规定功能要求使用的年限，也就是合理使用的寿命。

3）安全性，是指工程在使用过程中保证结构安全、人身安全和环境免受危害的能力。如一般工程的结构安全、抗震及防火能力，人防工程的抗辐射、抗核污染、抗爆炸冲动波的能力，民用工程的整体及各种组件和设备保证使用者安全的能力等。

4）可靠性，是指工程在规定的时间和规定的条件下完成规定的功能的能力。

5）经济性，是指工程的设计成本、施工成本和使用成本三者之和与工程本身的使用价值之间的比例关系。

6）环境的协调性，是指工程与其所在位置周围的生态环境相协调，与其所在地区的经济环境相协调以及与其周围的已建工程相协调，以适应可持续发展的要求。

（2）工程质量分析。

1）工程质量的特点分析。建设工程质量的特点是由建设工程本身和建设生产的特点决定的。建设工程及其生产有两个最为明显的特点：一是产品的固定性和生产的流动性；二是产品的多样性和生产的单件性。正是建设工程及其生产的特点决定了工程质量的特点。

a. 工程质量的影响因素多。建设工程的质量受到诸多因素的影响，既有社会的、经济的，也有技术的、环境的，这些因素都直接或间接地影响着建设工程的质量。

b. 工程质量波动大。生产的流动性和单件性决定了建设工程产品不像一般工业产品那样具有规范性的生产工艺、完善的检测技术、固定的生产流水线和稳定的生产环境，生产中偶然因素和系统因素比较多，产品具有较大质量波动性。

c. 质量隐蔽性。建设工程施工过程中，分项工程交接多、中间产品多、隐蔽工程多，如不是在施工中及时检验，事后很难从表面上检查发现质量问题，具有产品质量的隐蔽性。在事后的检查中，有时还会发生误判（弃真）和误收（取伪）的错误。

d. 终检的局限性。建设工程产品不能像一般工业产品那样，依靠终检来判断产品的质量，也不能进行破坏性的抽样拆卸检验，大部分情况下是只能借助一些科学的手段进行表面化的检验，因而其终检具有一定的局限性。为此，要求工程质量控制应以预防为主，重事先、事中控制，防患于未然。

e. 评价方法的特殊性。建设工程产品质量的检查、评价方法不同于一般的工业产品，强调的是"验评分离、强化验收、完善手段、过程控制"。质量的检查、评定和验收是按检验批、分项工程、分部工程、单位工程进行的，检验批的质量是分项工程乃至整个工程质量的基础。而检验批的合格与否也只能取决于主控项目和一般项目经抽样检验的结果。

2) 工程项目质量的影响因素分析。从质量管理角度和建设工程的生产实践来看，建设工程产品也同一般工业品一样，影响其质量的因素归纳起来不外乎五个方面，即人、机械、材料、方法和环境，俗称"4M1E因素"。在这里，人的因素主要是指人员素质和工作质量对建设工程产品质量影响。机械的因素包含两个方面：一是指施工中使用的机械设备其性能的稳定性和技术的先进性对工程产品质量的影响；二是指组成建设工程实体及配套的工艺设备和各类机具本身的质量对工程产品质量的影响。材料的因素是指工程中所使用的各类建筑材料、构配件和半成品等的本身质量对建设工程产品质量的影响。方法因素指的是施工方案、施工组织、施工方法、施工工艺、作业方法等对建设工程质量的影响。环境的因素是指对工程质量特性起着重要作用的环境条件，如工程技术环境、工程作业环境、工程管理环境和周边环境对建设工程质量的影响。

3) 工程项目质量的形成过程分析。建设工程项目质量的形成过程就是建设项目的建设过程，建设过程中的每一个阶段都对项目的质量起着不可替代的作用，这其中最关键的是如下几个阶段。

a. 项目可行性研究阶段。项目的可行性研究是在项目建议书和项目策划的基础上，运用经济学的原理和技术经济分析的方法对项目技术上的可行性、经济上的合理性和建设上的可能性进行分析，对多个可能或可行的建设方案进行对比，并最终选择一个最佳的项目建设方案的过程。在此过程中，必须根据项目建设的总体方案，确定项目的质量目标和要求，因而可行性研究过程的质量将直接影响着项目的决策质量和设计质量。

b. 项目决策阶段。项目的决策是在项目可行性研究报告和项目评估的基础上进行的，其目的在于最终确定项目建设的方案。确定的项目既要符合时代和社会的需要，更要充分反映业主的意愿。要考虑投资、质量、进度三者的统一，要确定合理的质量目标和水平。

c. 项目设计阶段。施工过程是建设工程质量实体的主要形成过程。规划得再好，决策得再好，设计得再好，如果施工不好，终不能形成高质量的工程项目。工程施工决定着决策方案和设计成果的能否实现，是工程适用性、耐久性、安全性、可行性和使用性能的保证，因而工程施工质量决定着建设工程的实体质量，是工程质量的决定性环节。

d. 项目竣工验收阶段。工程的竣工验收就是对项目施工阶段的质量通过进行检查评定和试车运转，考核项目是否达到了质量目标和工程设计的要求。达不到时，要进行返工和改进，直至达到要求为止。因而竣工验收是确保工程项目最终质量的强有力的手段。

根据有关资料的统计，实际工程项目的质量问题的原因及其所占的比例如下：设计的问题占40.1%；施工的责任占29.3%；材料的问题占14.5%；使用的责任占9.0%；其他问题占7.1%。

4.2.2 建立施工项目质量的控制系统

1. 工程项目质量的控制过程

从工程项目的质量形成过程可以看出，工程项目的质量控制必须是全过程的质量控制，也是全生产要素和全生产人员的质量控制。工程项目的质量控制过程可参见图4.10。

施工是形成建筑工程产品质量的过程，因而施工阶段的质量控制是建筑工程质量控制

4.2 施工项目质量的控制

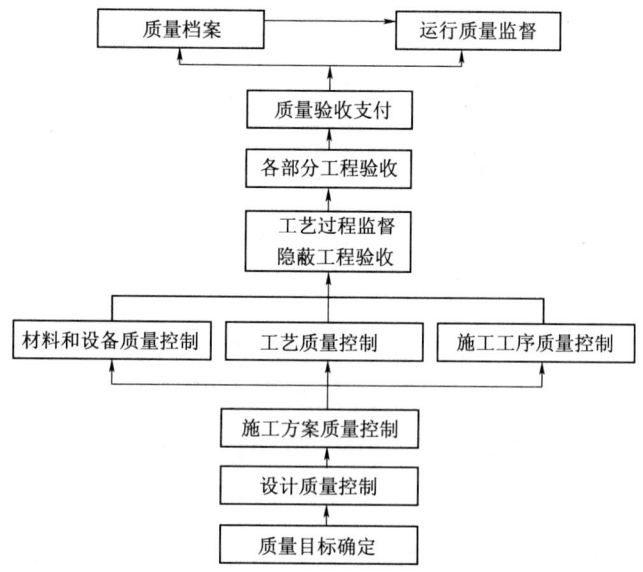

图 4.10 工程项目质量控制过程

的关键。

2. 施工项目质量控制控制系统建立

从投标开始的施工项目管理全过程,均是质量控制的过程,我们可以把这个过程细化为图 4.11 的几个过程。

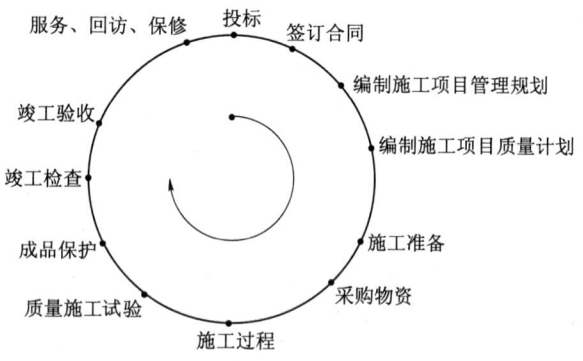

图 4.11 施工项目质量控制的全过程

施工项目质量控制是一个系统过程,图 4.12、图 4.13 都可以表示施工项目质量控制系统过程。

4.2.3 施工项目质量的控制对策

1. 质量体系的建立

(1) 质量体系的建立重点。施工项目管理的质量体系应围绕图 4.14 的两大重点建立。

(2) 建立质量体系的要求。

1) 强调系统优化。质量体系既然是一个

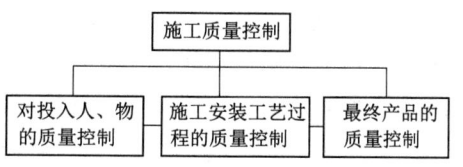

图 4.12 过程质量控制系统

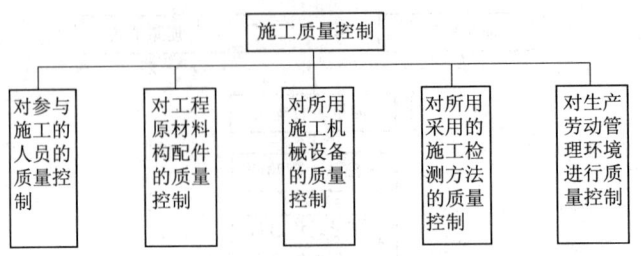

图 4.13 质量因素控制系统

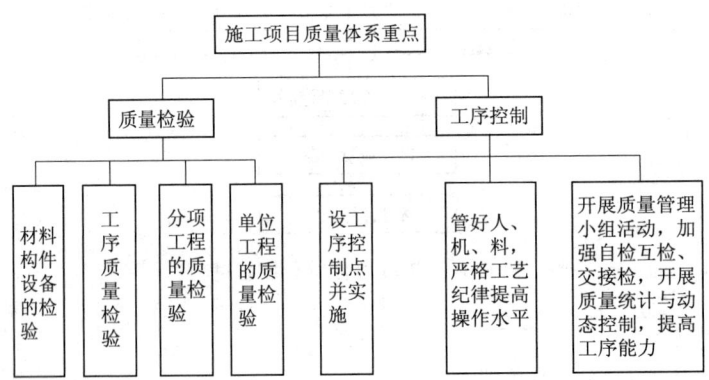

图 4.14 施工项目管理质量体系的重点

"体系",便应以系统工程为其主要方法,系统工程的核心是整体优化,故建立质量体系必须强调系统优化。

2) 强调预防为主。要将质量管理的重点从管理结果向管理因素转移,使产品质量的技术、管理和人的因素处于受控状态,达到预防产生质量事故的目的。

3) 强调满足顾客对产品的需求。满足顾客及其他受益者对产品的需求是建立质量体系的核心,质量体系是否有效应体现在生产的产品质量上,产品质量必须满足顾客的需要。

4) 强调过程概念。所有工作都是通过过程来完成的,评价质量体系时,必须对每个被评价的过程提出三个问题:一是过程是否被确定,过程程序是否被恰当地形成文件;二是过程是否被充分展开,并按文件要求贯彻实施;三是在提供预期的结果方面,过程是否有效。

(3) 质量体系的建立。质量体系的建立经过策划与设计、质量体系文件编制、试运行、审核和评审 4 个阶段,每个阶段又可分为若干具体步骤。

1) 质量体系的策划与设计。

a. 培训教育、统一认识。培训教育应分层次进行。第一层次为决策层,包括党、政、技术领导,主要使他们认识建立和完善质量体系的迫切性和重要性,提高对贯彻标准和建立质量体系的认识,明确决策层在质量体系建设中的关键地位和主导作用;第二层次是管理层,重点是管理、技术和生产部门的负责人,以及与建立质量体系有关的工作人员,要使他们全面接受 ISO 9000 族标准有关内容的培训;第三层次是执行层,即与产品质量形成全过程有关的作业人员。主要培训与本岗位质量活动有关的内容，包括在质量活动中应承担的任务，完成任务应赋予的权限，以及造成质量过失应承担的责任。

b. 组织落实、拟订计划。应成立一个精干的工作班子，这个班子也分为三个层次：第一层次是以最高管理者（厂长、总经理等）为组长，质量主管领导为副组长的质量体系建设领导小组（或委员会），负责编制体系建设的总体规划，制定质量方针和目标、按职能部门进行质量职能的分解；第二层次是由各职能部门领导（或代表）参加的工作班子，一般由质量部门和计划部门领导共同牵头，主要任务是按照体系建设的总体规划具体组织实施；第三层次是成立要素工作小组，根据各职能部门的分工，明确各质量体系要素的责任单位，再按不同层次分别制订工作计划，明确目标，控制进程，突出重点。

c. 确定质量方针，制定质量目标。质量方针体现了一个组织对质量的追求、对顾客的承诺，是职工质量行为的准则和质量工作的方向。制定质量方针要求与企业的总方针协调，应包含质量目标，结合组织的特点，确保各级人员都能理解和坚持执行。

d. 现状调查和分析。现状调查的目的是合理确定质量体系要素，包括体系情况分析，产品特点分析，组织结构分析，生产设备及检测设备能否适应质量体系的有关要求，技术、管理和操作人员的组成、结构及水平状况的分析，管理基础工作情况分析。对以上内容可采取与标准中规定的质量体系要素要求进行对比性分析。

e. 调整组织结构，配备资源。在完成落实质量体系要素并展开相对应的质量活动以后，必须将活动相对应的工作职责和权限分配到各职能部门。一个质量职能部门可以负责或参与多个质量活动，但不要让一项质量活动由多个职能部门来负责。

2）质量体系文件的编制。质量体系文件（也可称为"体系文件"），是一个组织执行ISO 9000族标准，保持质量体系要素有效运行的重要基础工作，也是一个组织为达到所要求的（产品）质量、评价质量体系、进行质量改进、保持对质量的改进所必不可少的依据。

a. 质量体系文件的层次和内容。质量体系文件的层次和内容如图4.15所示。一般认为，除图4.15中包含的典型质量体系文件外，还涉及质量计划的质量记录。故质量体系文件包含（涉及）以下文件：质量手册、质量体系程序、详细作业文件、质量计划和质量记录。

b. 编制质量体系文件的要求。质量体系文件要有系统性和法规性；编制质量体系文件要体现出动态的高增值的转换活动；质量体系要有见证性；以作为客观证据向顾客、第三方证实本组织质量体系的运行情况；质量体系文件还应有适宜性，即根据产品特点、组织规模、质量活动的具体性质等采取不同形式。

c. 质量手册。质量手册是证实或描述文件化质量体系的主要文件的一般形式，它阐明一个组织的质量方

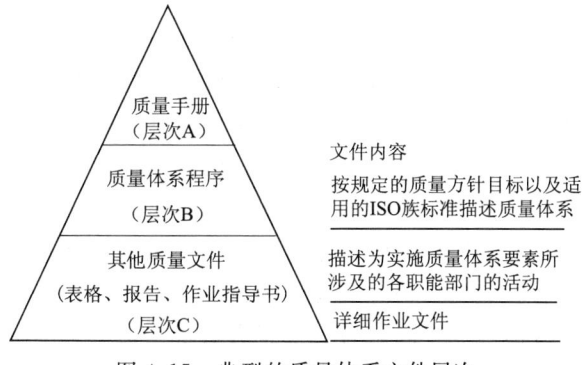

图4.15 典型的质量体系文件层次

针,并描述其质量体系。质量手册可以涉及一个组织的全部活动或部分活动。它至少应包括或涉及质量方针、影响参加质量的管理、执行、验证或评审工作人员的职责、权限和互相关系、质量体系程序和说明,关于手册的评审、修改和控制的规定。

d. 文件化程序。文件程序是为进行某项活动所规定的途径。它通常包括：活动的目的和范围、做什么和谁来做、何时何地及如何做、应采取什么材料、设备和文件、如何对活动进行控制和记录。应将组织的质量体系中采用的全部要素、要求和规定,以政策和程序的形式有系统、有条理地形成文件,并能为人们所理解。

e. 质量计划。质量计划是针对特定的产品、项目或合同规定专门的质量措施、资源和活动顺序的文件。它的作用是：作为一种工具,当用于组织内部时,应确保特定产品项目或合同要求被恰当地纳入质量计划；在合同情况下,向顾客证实具体合同的特定要求已被充分阐述。质量计划是以特定产品为主线,将质量保证模式标准、质量手册和质量体系程序等文件的通用要求联系起来的专用文件。一个针对性强的、内容全面的质量计划,可以在特定产品、项目或合同上代替或减少其他质量体系文件的运用,从而简化现场管理。编制并执行质量计划,有利于实现规定的质量目标和全面、经济地完成合同要求。

根据《质量管理和质量体系要素》(GB/T 19004.1—1994)的要求,质量计划的内容包括：需达到质量目标(如特性 或规范、一致性、有效性、美学、周期时间、成本、自然资料、综合利用、产量和可信性);组织实际运作的各过程的步骤；在项目的各不同阶段的职责、权限和资源的具体的文件程序和指导书,适宜阶段(如设计、施工)适用的试验、检验、检查和审核大纲；随项目的进展进行更改和完善质量计划的文件程序；达到质量目标的度量方法；为达到质量目标必须采取的其他措施。

f. 质量记录。质量记录是为完成的活动或达到的结果提供客观证据的文件。质量记录为满足质量要求的程度或为质量体系要素运行的有效性提供客观证据。质量记录的某些目的是证实可追溯性,预防措施和纠正措施。记录可以是书面的,也可以储存在任何媒体上。质量记录包括两个方面的文件：一是与质量体系运行有关的记录,如设计更改记录等；二是与产品有关的记录,如产品鉴定报告等。

g. 作业指导书。作业指导书是实施程序活动中需要深化控制的内容,它比程序文件更细化,阐述某一项工作(作业)所包含的内容及要做到什么程度、由谁做、用什么方法、在什么地方做、如何控制其结果等。通常包括了质量要求、操作标准和控制标准。并非所有工作(作业)都要编制作业指导书,而是重点的、复杂的、易出问题的作业才需要编制。在施工项目中,作业指导书类似于工艺卡。

(4) 质量体系试运行。质量体系文件编制后进入试运行阶段,其目的是通过试运行考验质量体系文件的有效性和协调性,并对暴露出来的问题采取改进措施和纠正措施,以达到进一步完善质量体系文件的目的。

(5) 质量体系的审核与评审。质量体系审核的重点主要是验证和确认质量体系文件的适用性和有效性,内容包括：规定的质量方针和质量目标是否可行；质量体系文件是否覆盖了所有质量活动,各文件之间的接口是否清楚；组织结构能否满足质量体系运行的需要；各部门、各岗位的质量职责是否明确；质量体系要素的选择是否合理；规定的质量记录能否起到见证作用；所有职工是否养成按体系文件操作或工作的习惯,执行情况如何。

4.2 施工项目质量的控制

2. 施工项目质量控制的主要对策

施工项目质量控制，就是为了确保工程符合合同、规范所规定的质量标准，所采取的一系列检测、监控措施、手段和方法。为此必须建立施工项目质量控制的主要对策，如图 4.16 所示。

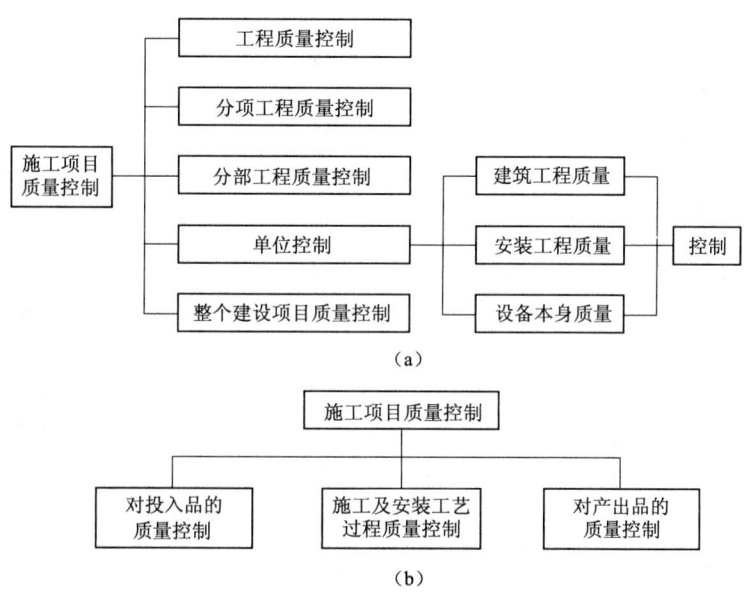

图 4.16 施工项目质量控制对策
(a) 施工项目质量控制过程（1）；(b) 施工项目质量控制过程（2）

(1) 用全员的工作质量保证工程质量。工程质量是人所创造的。人的政治思想素质、责任感、事业心、质量观、业务能力、技术水平等均直接影响工程质量。据统计资料证明，88%的质量安全事故都是人的失误所造成。为此，我们对工程质量的控制始终就"以人为本"，狠抓人的工作质量，避免人的失误；充分调动人的积极性，发挥人的主导作用，增强人的质量观和责任感，使每个人牢牢树立"百年大计，质量第一"的思想，认真地搞好本职工作，以优秀的工作质量来创造优质的工程质量。

(2) 严格控制投入品的质量。任何一项工程施工，均需投入大量的各种原材料、成品、半成品、构配件和机械设备，要采用不同的施工工艺和施工方法，这是构成工程质量的基础。投入品质量不符合要求，工程质量也就不可能符合标准，所以，严格控制投入品的质量，是确保工程质量的前提。为此，对投入品的订货、采购、检查、验收、取样、试验均应进行全面控制，从组织货源，优选供货厂家，直到使用认证，做到层层把关；对施工过程中所采用的施工方案要进行充分论证，要做到工艺先进、技术合理、环境协调，这样才有利于安全文明施工，有利于提高工程质量。

(3) 全面控制施工过程，重点控制工序质量。任何一个工程项目都是由若干分项、分部工程所组成，要确保整个工程项目的质量，达到整体优化的目的，就必须全面控制施工过程，使每一个分项、分部工程都符合质量标准。而每一个分项、分部工程，又是通过一道道工序来完成，由此可见，工程质量是在工序中所创造的，为此，要确保工程质量就必须重点控制工序质量。对每一道工序质量都必须进行严格检查，当上一道工序质量不符合要求时，决不允许进入下一道工序施工。这样，只要每一道工序质量都符合要求，整个工程项目的质量就能得到保证。

（4）严把分项工程质量检验评定关。分项工程质量等级是分部工程、单位工程质量等级评定的基础；分项工程质量等级不符合标准，分部工程、单位工程的质量也不可能评为合格；而分项工程质量等级评定正确与否，又直接影响分部工程和单位工程等级评定的真实性和可靠性。为此，在进行分项工程质量检验评定时，一定要坚持质量标准，严格检查，一切用数据说话，避免出现判断错误。

（5）贯彻"以预防为主"的方针。以预防为主，防患于未然，把质量问题消灭于萌芽之中，这是现代化管理的观念。预防为主就是要加强对影响质量因素的控制，对投入品质量的控制；就是要从对质量的事后检查把关，转向对质量的事前控制、事中控制；从对产品质量的检查，转向对工作质量的检查、对工序质量的检查、对中间产品的质量检查。这些是确保施工项目质量的有效措施。

（6）严防系统性因素的质量变异。系统性因素，如使用不合格的材料、违反操作规程、混凝土达不到设计强度等级、机械设备发生故障等，均必然会造成不合格产品或工程质量事故。系统性因素的特点是易于识别、易于消除，是可以避免的。只要我们增强质量观念，提高工作质量，精心施工，完全可以预防系统性因素引起的质量变异。为此，工程质量的控制，就是要把质量变异控制在偶然性因素引起的范围内，要严防或杜绝由系统性因素引起的质量变异，以免造成工程质量事故。

3. 施工项目质量的因素控制

如前所述，影响施工项目质量的因素主要有五大方面，即人、材料、机械、方法和环境，简称4M1E因素。事前对这五方面的因素严加控制，是保证施工质量的关键。

（1）人的控制。人，是指直接参与施工的组织者、指挥者和操作者。人，作为控制的对象，是要避免产生失误；作为控制的动力，是要充分调动人的积极性，发挥人的主导作用。为此，除了加强政治思想教育、劳动纪律教育、职业道德教育、专业技术培训，健全岗位责任制，改善劳动条件，公平合理地激励劳动热情以外，还需根据工程特点，从确保质量出发，在人的技术水平、人的生理缺陷、人的心理行为、人的错误行为等方面来控制人的使用。如对技术复杂、难度大、精度高的工序或操作，应由技术熟练、经验丰富的工人来完成；反应迟钝、应变能力差的人，不能操作快速运行、动作复杂的机械设备；对某些要求万无一失的工序和操作，一定要分析人的心理行为，控制人的思想活动，稳定人的情绪；对具有危险源的现场作业，应控制人的错误行为，严禁吸烟、打赌、嬉戏、误判断、误动作等。

此外，应严格禁止无技术资质的人员上岗操作；对不懂装懂、图省事、碰运气、有意违章的行为，必须及时制止。总之，在使用人的问题上，应从政治素质、业务素质和身体素质等方面综合考虑，全面控制。

（2）材料的控制。材料控制包括析材料、成品、半成品、构配件等的控制，主要是严格检查验收，正确合理的使用，建立管理台账，进行收、发、储、运等各环节的技术管理，避免混料和将不合格的原材料使用到工程上。

（3）机械控制。机械控制包括施工机械设备、工具等控制，要根据不同工艺特点和技术要求，选用合适的机械设备；正确使用、管理和保养好机械设备。为此要健全"人机固定"制度、"操作证"制度、岗位责任制度、交接班制度、"技术保养"制度、"安全使用"制度、机械设备检查制度等，确保机械设备处于最佳使用状态。

（4）方法控制。这里所指的方法控制，包含施工方案、施工工艺、施工组织设计、施工技术措施等的控制，主要应切合工程实际、能解决施工难题、技术可行、经济合理，有利于保证质量、加快进度、降低成本。

（5）环境控制。影响施工项目质量的环境因素较多，有工程技术环境，如工程地质、水文、气象等；工程管理环境，如质量保证体系、质量管理制度等；劳动环境，如劳动组合、作业场所、工作面等。环境因素对质量的影响，具有复杂而多变的特点，如气象条件就变化万千，温度、湿度、大风、暴雨、酷暑、严寒都直接影响工程质量；又如前一工序往往就是后一工序的环境，前一分项、分部工程也就是后一分项、分部工程的环境。因此，根据工程特点和具体条件，应对影响质量的环境因素，采取有效的措施严加控制。尤其是施工现场，应建立文明施工和文明生产的环境，保持材料工件堆放有序，道路畅通，工作场所清洁整齐，施工程序井然有序，为确保质量、安全创造良好条件。

4.2.4 施工项目质量的阶段控制及其控制方法

4.2.4.1 质量控制的三个阶段

为了加强对施工项目的质量控制，明确各施工阶段质量控制的重点，可把施工项目质量分为事前质量控制、事中质量控制和事后质量控制三个阶段。

1. 事前质量控制

事前质量控制指在正式施工前进行的质量控制，其控制重点是做好施工准备工作，且施工准备工作要贯穿于施工全过程中。

（1）施工准备的范围。施工准备的范围包括：全场性施工准备，是以整个项目施工现场为对象而进行的各项施工准备；单位工程施工准备，是以一个建筑物或构筑物为对象而进行的施工准备；分项（部）工程施工准备，是以单位工程中的一个分项（部）工程或冬、雨期施工为对象而进行的施工准备；项目开工前的施工准备，是在拟建项目正式开工前所进行的一切施工准备；项目开工后的施工准备，是在拟建项目正式开工后，每个施工阶段正式开工前所进行的施工准备，如混合结构住宅施工，通常分为基础工程、主体工程和装饰工程等施工阶段，每个阶段的施工内容不同，其所需的物质技术条件、组织要求和现场布置也不同，因此，必须做好相应的施工准备。

（2）施工准备的内容。施工准备内容主要包括技术准备、物质准备、组织准备与施工现场准备。

1）技术准备，包括项目扩大初步设计方案的审查，熟悉和审查项目的施工图纸；项目建设地点的自然条件、技术经济条件调查分析；编制项目施工预算和施工预算；编制项目施工组织设计等。

2）物质准备，包括建筑材料准备、构配件和制品加工准备、施工机具准备、生产工艺设备的准备等。

3）组织准备，包括建立项目组织机构；集结施工队伍；对施工队伍进行入场教育等。

4）施工现场准备，包括控制网、水准点、标桩的测量；"五通一平"；生产、生活临时设施等的准备；组织机具、材料进场；拟定有关试验、试制和技术进步项目计划；编制季节性施工准备；制定施工现场管理制度等。

2. 事中质量控制

事中质量控制指在施工过程中进行的质量控制。事中质量控制的策略是：全面控制施工过程，重点控制工序质量。其具体措施是：工序交接有检查；质量预控有对策；施工项目有方案；技术措施有交底，图纸会审有记录；配制材料有试验；隐蔽工程有验收；计量器具校正有复核；设计变更有手续；钢筋代换有制度；质量处理有复查；成品保护有措施；行使质控有否决（如发现质量异常、隐蔽未经验收、质量问题未处理、擅自变更设计图纸、擅自代换或使用不合格材料、无证上岗未经资质审查的操作人员等，均应对质量予以否决）；质量文件有档案（凡是与质量有关的技术文件，如水准、坐标位置，测量、放线记录，沉降、变形观测记录，图纸会审记录，材料合格证明、试验报告，施工记录，隐蔽工程记录，设计变更记录，调试、试压运行记录，试车动转记录，竣工图等都要编目建档）。

3. 事后质量控制

事后质量控制指在完成施工过程形成产品的质量控制，其具体工作内容有：组织联动试车；准备竣工验收资料，组织自检和初步验收；按规定的质量评定标准和办法，对完成的分项、分部工程，单位工程进行质量评定；组织竣工验收；质量文件编目建档；办理工程交接手续。

4.2.4.2 施工项目质量控制的方法选择

施工项目质量控制的方法，主要是审核有关技术文件、报告和直接进行现场质量检验或必要的试验等。

1. 审核有关技术文件、报告或报表

对技术文件、报告、报表的审核，是项目经理对工程质量进行全面控制的重要手段，其具体内容如下。

（1）审核有关技术资质证明文件。

（2）审核开工报告，并经现场核实。

（3）审核施工方案、施工组织设计和技术措施。

（4）审核有关材料、半成品的质量检验报告。

（5）审核反映工序质量动态的统计资料或控制图表。

（6）审核设计变更、修改图纸和技术核定书。

（7）审核有关质量问题的修理报告。

（8）审核有关应用新工艺、新材料、新技术、新结构的技术鉴定书。

（9）审核有关工序交接检查，分项、分部工程质量检查报告。

（10）审核并签署现场有关技术签证、文件等。

2. 现场质量检验

（1）现场质量检验的内容。现场质量检验主要包括以下内容。

1）开工前检查。目的是检查是否具备开工条件，开工后能否连续正常施工，能否保证工程质量。

2) 工序交接检查。对于重要的工序或对工程质量有重大影响的工序，在自检、互检的基础上，还要组织专职人员进行工序交接检查。

3) 隐蔽工程检查。凡是隐蔽工程均应检查认证后方能掩盖。

4) 停工后复工前的检查。因处理质量问题或某种原因停工后需复工时，亦应经检查认可后方能复工。

5) 分项、分部工程完工后，应经检查认可，签署验收记录后，才允许进行下一工程项目施工。

6) 成品保护检查。检查成品的保护措施，或保护措施是否可靠。

此外，还应经常深入现场，对施工操作质量进行巡视检查。必要时，还应进行跟班或追踪检查。质量检验就是根据一定的质量标准，借助一定的检测手段来估价工程产品、材料或设备等的性能特征或质量状况的工作。

（2）现场质量检查的方法。

1) 目测法。其手段可归纳为看、摸、敲、照四个字。

a. 看，就是根据质量标准进行外观目测。如墙纸裱糊质量应是：纸面无斑痕、空鼓、气泡、褶皱；每一墙面纸的颜色、花纹一致；斜视无胶痕，纹理无压平、起光现象；对缝无离缝、搭缝、张嘴；对缝处图案、花纹完整；裁纸的一边不能对缝，只能搭接；墙纸只能在阴角应采用包角等。又如，清水墙面是否洁净，喷涂是否密实和颜色是否均匀，内墙抹灰大面及口角是否平直，地面是否光洁平整，油漆浆活表面观感，施工顺序是否合理，工人操作是否正确等，均是通过目测检查、评价。

b. 摸，就是手感检查，主要用于装饰工程的某些检查项目，如水刷石、干粘石固结牢固程度，油漆的光滑度，浆活是否掉粉，地面有无起砂等，均可通过手摸加以鉴别。

c. 敲，是运用工具进行声感检查。对地面工程、装饰工程中的水磨石、面砖、锦砖和大理石贴面等，均应进行敲击检查，通过声音的虚实确定有无空鼓，还可根据声音的清脆和沉闷，判定属于面层空鼓或底层空鼓。此外，用手敲玻璃，如发出颤动声响，一般是底灰不满或压条不实。

d. 照，对于难以看到或光线较暗的部位，则可采用镜子反射或灯光照射的方法进行检查。

2) 实测法。就是通过实测数据与施工规范及质量标准所规定的允许偏差对照，来判别质量是否合格。实测检查法的手段，可归纳为靠、吊、量、套四个字。

a. 靠，是用直尺、塞尺检查墙面、地面、屋面的平整度。

b. 吊，是用托线板以线坠吊线检查垂直度。

c. 量，是用测量工具和计量仪表等检查断面尺寸、轴线、标高、湿度、温度等的偏差。

d. 套，是以方尺套方，辅以塞尺检查。如对阴阳角的方正、踢脚线的垂直度、预制构件的方正等项目的检查。对门窗口及构配件的对角线（窜角）检查，也是套方的特殊手段。

3) 试验检查，指必须通过试验的手段，才能对质量进行判断的检查方法。如对桩或地基的静载试验，确定其承载力；对钢结构进行稳定性试验，确定是否产生失稳现象；对钢筋对焊接头进行拉力实验，检验焊接的质量等。

3. 质量的检验与试验

（1）材料与构件的质量试验。按照国家规定，建筑材料、设备供应单位应对供应的产品质量负责。供应的产品必须达到国家有关法规、技术标准和购销合同规定的质量要求，有产品检验合格证和说明书以及有关技术资料。实行生产许可证制度的产品，要有许可证主管部门颁发的许可证编号、批准日期和有效期限。产品包装必须符合国家有关规定和标准；使用商标和分级分等的产品，应在产品或包装上有商标和分级分等标记；建筑设备（包括相应仪表）除符合上述要求外，还应有产品的详细说明书，电气产品应附有线路图。除明确规定由产品生产厂家负责售后服务的产品之外，供应单位售出的产品发生质量问题时，由供应单位负责保修、保换、保退、并赔偿经济损失。

国家亦规定，构配件产品出厂时，必须达到国家规定的合格标准，具有产品标号等文字说明，在构件上有明显的出厂合格标志，注明厂名、产品型号、出厂日期、检查编号等。因此，原材料和成品、半成品进厂后，应检查是否按国家规范和标准及有关规定进行的试（检）验记录。施工部门对进厂的材料和产品，要严格按国家规范的要求进行验收，不得使用无出厂证明或质量不合格的材料、构配件和设备。许多材料只有制造单位的有关资料还不能确定是否适用，还必须进行试验。需要按规定进行试验与检验的原材料、成品、半成品主要包括水泥、钢筋、钢结构的钢材及产品，焊条、焊剂、焊药，砖、砂、石、外加剂、防水材料、预制混凝土构件等。

（2）施工试验。施工试验有：回填土、灰土、回填砂和砂石、砂浆试块强度、混凝土试块强度，钢筋焊接、钢结构焊接、现场预应力混凝土，防水、试水、风道、烟道、垃圾道（检查）等。

4.2.5 建筑工程质量的检验与评定

1. 一般规定

（1）基本概念。质量检验就是借助于某种手段和方法，测定产品的质量特性，然后把测得的结果与规定的产品质量标准进行比较，从而对产品作出合格或不合格的判断，凡是合乎标准的称为合格品，检查以后予以通过；凡是不合标准的，检查后予以返修、加固或补强；合乎优良标准的，评为优良品。检验包括以下四项具体工作：度量，即借助于计量手段进行对比与测试；比较，即把度量结果同质量标准进行对比；判断，是根据比较的结果，判断产品是否符合规定的质量标准；处理，即决定被检查的对象是否可以验收，下一步工作是否可以进行，是否要采取补救措施。

（2）检验与评定依据。施工项目质量目标控制的依据包括技术标准和管理标准。技术标准包括：《建筑工程施工及验收规范》（GB 50202～GB 50210），《建筑工程施工质量验收统一标准》（GB 50300—2013），《建筑工程施工质量评价标准》（GB/T 50375—2016），本地区及企业自身的技术标准和规程，施工合同中规定采用的有关技术标准。标准的主要内容分成两部分，一部分是检验标准，一部分是评定标准。本书就《建筑工程施工质量验收统一标准》（GB 50300—2013）为典型阐述质量检验标准，以《建筑工程施工质量评价标准》（GB/T 50375—2016）为典型阐述评定标准，着重阐述基本原理，而不对具体规定一一进行介绍。但通过对本书的学习，可以具备参照标准的规定及根据自身的专业水平进行质量检验与评定的能力。

(3) 质量检查与处置。GB/T 50326—2017对质量检查与处置规定如下：项目管理机构应根据项目管理策划要求实施检验与检测，并按照规定配备检验和检测设备；对项目质量计划设置的质量控制点，项目管理机构应按规定进行检验和检测。质量控制点可包括下列内容：对施工质量有重要影响的关键质量特性、关键部位或重要影响因素；工艺上有严格要求，对下道工序的活动有重要影响的关键质量特性、部位；严重影响项目质量的材料质量和性能；影响下道工序质量的技术间歇时间；与施工质量密切相关的技术参数；容易出现质量通病的部位；紧缺工程材料、构配件和工程设备或可能对生产安排有严重影响的关键项目；隐蔽工程验收。

项目管理机构对不合格品控制应符合下列规定：对检验和检测中发现的不合格品，按规定进行标识、记录、评价、隔离，防止非预期的使用或交付；采用返修、加固、返工、让步接受和报废措施，对不合格品进行处置。

2. 质量检验标准

(1) 分项工程的检验标准。分项工程是建筑安装工程的最基本组成部分，在质量检验中，它一般是按主要工程为标志划分。例如，土方工程必须按楼层（段）划分分项工程；单层房屋工程中的主体分部工程，应按变形缝划分分项工程；其他分部工程的分项工程可按楼层（段）划分。每个分项工程的检查标准一般都按三种项目作出了规定，这三种项目分别是保证项目、基本项目和容许偏差项目。现对这三种项目的意义分述如下。

1) 保证项目。保证项目是分项工程施工必须达到要求，是保证工程安全或使用功能的重要检验项目。检验标准条文中采用"必须""严禁"等词表示，以突出其重要性。这些项目是确定分工程性质的。如果提高要求，就等于提高性能等级，导致工程造价增加；如果降低要求，会严重地影响工程的安全或使用功能，所以无论是合格工程还是优良工程均应同样遵守。保证项目的内容都涉及结构工程安全或重要使用性能，因此都应满足标准规定要求。例如砌砖工程，其砖的品种和标号、砂浆的品种和强度、砌体砂浆的饱满密实程度、外墙转角的留槎、临时间断处的留槎做法，都涉及砌体的强度和结构使用性能，都必须满足要求。

2) 基本项目。基本项目是保证工程安全或使用性能的基本要求，标准条文中采用"应""不应"的用词表示。其指标分为合格及优良两级，并尽可能给出了量的规定。基本项目与前述的保证项目相比，虽不像保证项目那样重要，但对使用安全、使用功能及美观都有较大影响，只是基本项目的要求有一定"弹性"，即允许有优良、合格之分。基本项目的内容是工程质量或使用性能的基本要求，是划分分项工程合格、优良的条件之一。例如，砌砖工程中，砌砖体的错缝、砖砌体接槎、预埋拉结筋、留置构造柱、清水墙面，都作为基本项目作出了检验规定。

3) 容许偏差项目。容许偏差项目是分项工程检验项目中规定有容许偏差的项目，条文中也采用"应""不应"等词表示。在检验时，容许有少量检查点的测量结果略超过容许偏差值范围，并以其所占比例作为区分分项工程合格和优良等级的条件之一。对检查时所有抽查点均要满足规定要求值的项目不属此项目范围，它们已被列入了保证项目或基本项目。容许偏差项目的内容反映了工程使用功能、观感质量，是由其测点合格率划分合格、优良等级的。例如，砌砖工程中的砖砌体的尺寸、位置都按工程的部位分别作出了容许偏差的规定。

（2）分部工程的检验标准。

1）分部工程由若干个相关分项工程组成，是按建筑的主要部位划分的。

2）建筑工程按部位分地基与基础工程、主体工程、地面与楼面工程、门窗工程、装饰工程、屋面工程、建筑设备安装工程、通风与空调工程、电梯安装工程。

3）分部工程的检查是以其中所包含的分项工程的检查为基础的，按照规定，基础工程完成后，必须进行检查验收，方可进行主体工程施工；主体工程完成后，也必须经过检查验收，方可进行装修。一般工程在主体完成后，作一次性结构检查验收；有人防地下室的工程，可分两次进行结构检查验收（地下室一次，主体一次）。如需提前装修的工程，可分层进行检查验收。

（3）单位工程的检验标准。按《建筑工程施工质量验收统一标准》（GB 50300—2013）规定，建筑工程和建筑设备安装工程共同组成一个单位工程；新（扩）建的居住小区和厂区室外给水、排水、采暖、通风、煤气等组成一个单位工程；室外的架空线路、电缆线路、路灯等建筑电气安装工程组成一个单位工程；道路、围墙等工程组成一个单位工程。单位工程的各部分工程完工检查后，还要对观感质量进行检验（室外的单位工程不进行观感质量检验），对质量保证资料进行检查。

3. 质量检验的数量

GB 50300—2013 中对检验数量也进行了规定，检验工程质量时必须严格以规定的数量为检验数量的最少限量。检验数量的规定有以下几种。

（1）全数检验。全数检验就是对一批待验产品的所有产品都要逐一进行检验。全数检验一般说来比较可靠，能提供更完整的检验数据，以便获得更充分可靠的质量信息。如果希望得到产品都是百分之百的合格产品，唯一的办法就是全检。但全检有工作量大、周期长、检验成本高等特点，更不适用于破坏性的检验项目。GB 50300—2013 中规定进行全数检验的项目如室外和屋面的单位工程质量观感检查。

（2）抽样检验。抽样检验就是根据数理统计原理所预先制定的抽样方案，从交验的分项工程中，抽出部分项目样品进行检验，根据这部分样品的检验结果，照抽样方案的判断规则，判定整批产品（分项工程）的质量水平，从而得出该批产品（分项工程）是否合格或优良的结论。例如，GB 50300—2013 中砌砖工程容许偏差项目规定的检查数量是：外墙，按楼层（或4m高以内）每20m抽查1处，每处3m，但不少于3处；内墙，按有代表性的自然间抽查10%，但不少于3间，每间不少于2处；柱不少于5根。这个"规定"是在数理统计原理试验、分析的基础上做出的。

抽样检验的主要优点是大大地节约检验工作量和检验费用，缩短时间，尤其适用于破坏性试验，但这种检验有一定风险，即有错判率，不可能100%可靠。对于建筑安装工程来说，由于其体积庞大，构成复杂，分项工程多，检验项目数量大，也只有抽样检验才使检验工作有可能进行下去并保证它的及时性。

4. 质量等级的评定

(1) 质量评定的程序。质量评定的程序，建筑工程的质量评定按照 GB 50300—2013 要求，要先评定分项工程，再评定分部工程，最后评定单位工程。

(2) 质量评定的等级。建筑工程的分项工程、分部工程和单位工程的质量等级标准，均分为不合格、合格与优良三个等级。对不合格分项工程最终返工重做，或经设计认定让步接收最终应为合格，或采取报废措施。

(3) 评定标准。GB 50300 及其配套专业验收规范为认定建筑工程施工质量合格的评价标准，而 GB/T 50375—2016 为在 GB 50300 及其配套专业验收规范基础上认定建筑工程施工质量优良的评价标准。本文仅着重介绍基本原理，不对具体问题进行一一介绍。

1) 分项工程的等级评定标准。

a. 合格。保证项目必须符合相应质量检验评定标准的规定；基本项目抽检的处（件）应符合相应质量检验评定标准的合格规定；容许偏差项目抽检的点数中，建筑工程有 70% 及其以上、建筑设备安装工程有 80% 及以上的实测值应在相应质量检验评定标准的容许偏差范围内。

b. 优良。保证项目必须符合相应质量检验评定标准的规定；基本项目抽检处（件）应符合相应质量检验评定标准的合格规定；其中 50% 及以上的处（件）符合优良规定，该项即为优良；优良项目应占检验项数 50% 及以上。

c. 容许偏差项目抽检的点数中，有 90% 及以上的实测值应在质量检验评定标准的容许偏差范围内。

2) 分部工程的等级评定标准。

a. 合格。所含分项工程的质量应全部合格。

b. 优良。所含分项工程的质量全部合格，其中有 50% 及以上为优良（建筑设备安装工程中，必须包含指定的主要分项工程）。

3) 单位工程的质量等级评定标准。

a. 合格。所含分部工程的质量应全部合格；质量保证资料应基本齐全，观感质量的评定得分率应达到 70% 及以上。

b. 优良。所含分部工程的质量应全部合格，其中 50% 及以上优良，建筑工程必须含主体和装饰分部工程；以建筑设备安装工程为主的单位工程，其指定的分部工程必须优良（如锅炉房的建筑采暖卫生与煤气分部工程；变、配电室的建筑电气安装分部工程；空调机房和净化车间的通风与空调分部工程等）；质量保证资料基本齐全；观感质量的评定得分率应达到 85% 以上。

4) 对不合格分项工程的处理标准。返工重做的可重新评定质量等级；经加固补强或以法定检测单位鉴定能够达到设计要求的，其质量仅应评为合格；经法定检测单位鉴定达不到原设计要求，但经设计单位认可能够满足结构安全和使用功能要求可不加固补强的，或经加固补强改变外形尺寸或造成永久性缺陷的，其质量可定为合格。但所在分项工程不应评为优良。

4.2.6 质量控制的数理统计

(1) 排列图法。排列图又称主次因素排列图。它是根据意大利经济学家维弗雷多·帕累托（Vilfredo Pareto）提出"关键的少数和次要的多数"的原理，由美国质量管理专家约瑟夫·莫西·朱兰（Joseph M. Juran）运用于质量管理中而发明的一种质量管理图形。其作用是寻找主要质量问题或影响质量的主要原因，以便于工作抓住提高质量的关键，取得好的效果。图4.17是根据表4.3绘制的排列图。

表4.3　　　　　　　　　　柱子不合格点频数频率统计表

序号	项　目	容许偏差/mm	不合格点数	频率/%	累计频率/%
1	轴线位移	5	35	46.05	46.05
2	柱高	±5	24	31.58	77.63
3	截面尺寸	±5	8	10.53	88.16
4	垂直度	5	4	5.26	93.42
5	表面平整度	8	2	2.63	96.05
6	预埋钢板中心偏移	10	1	1.32	97.37
7	其他	—	2	2.63	100
	合计	—	76	100	—

（2）因果分析图。因果分析图，按其形状又可称为鱼刺图或树枝图，也叫特性要因图。所谓特性，就是施工中出现的质量问题。所谓要因，也就是对质量问题有影响的因素或原因。

因果分析图是一种用来逐步深入地研究和讨论质量问题，寻找其影响因素，以便从重要的因素着手进行解决的一种工具，其形状如图4.18所示。因果分析图也像座谈会的小结提纲，可以供人们集体地、一步一步地、顺藤摸瓜地寻找影响质量特性的大原因和小原因。找出原因后便可以针对性地制定相应的对策加以改进。对策表见表4.4。

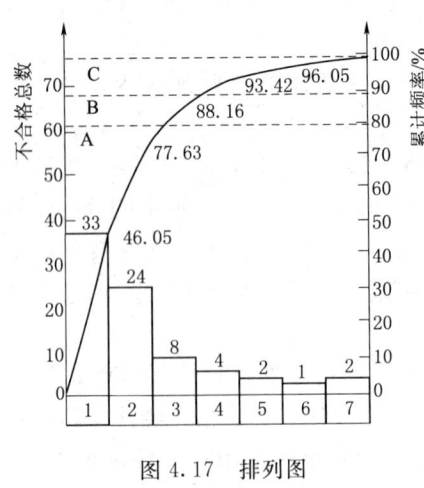

图4.17　排列图　　　　　　　　图4.18　因果分析图

表4.4　　　　　　　　　　　　　对　策　表

序号	项目	现状	目标	措施	地点	负责人	完成期	备注

(3) 频数分布直方图。所谓频数，是在重复试验中，随机事件的重复出现次数，或一批数据中某个数据（或某组数据）重复出现的次数。

产品在生产过程中，质量状况总是会有波动的。其波动的原因一般有人的因素、材料的因素、工艺的因素、设备的因素和环境的因素。

为了了解上述各种因素对产品质量的影响情况，在现场随机地实测一批产品的有关数据，将实测得来的这批数据进行分组整理，统计每组数据出现的频数。然后，在直角坐标的横坐标轴上自小至大标出各分组点，在纵坐标轴上标出对应的频数。画出其高度值为其频数值的一系列直

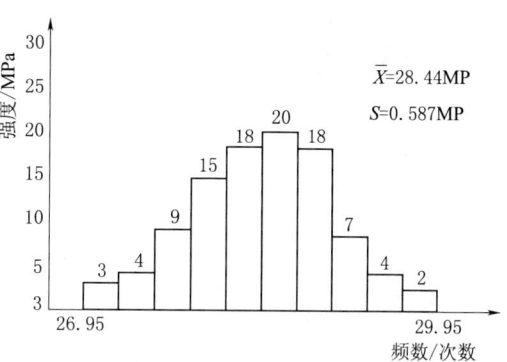

图 4.19 频率分布直方图
$\overline{X}$—均值；S—方差

方形，即成为频数分布直方图，图 4.19 是根据表 4.5 绘制的频数分布直方图。

表 4.5 数 据 表

数 据										最大值	最小值
29.4	27.3	28.2	27.1	28.3	28.5	28.9	28.3	29.9	28.0	29.9	27.1
28.9	27.9	28.1	28.3	28.9	28.3	27.8	27.5	28.4	27.9	28.9	27.5
28.8	27.1	27.1	27.9	28.0	28.5	28.6	28.3	28.9	28.8	28.9	27.1
28.5	29.1	28.1	29.0	28.6	28.9	27.9	27.8	28.6	28.4	29.1	27.8
28.7	29.2	29.0	29.1	28.0	28.5	28.9	27.7	27.9	27.7	29.2	27.7
29.1	29.0	28.7	27.6	28.3	28.3	28.6	28.3	27.9	28.5	29.1	27.6
28.5	28.7	28.3	28.7	28.3	29.1	28.5	27.7	29.3	29.3	29.3	27.7
28.8	28.3	27.8	28.1	28.4	28.9	28.3	27.3	27.5	28.4	28.9	27.3
28.4	29.0	28.9	28.3	28.6	27.7	28.7	27.7	29.0	29.4	29.4	27.7
29.3	28.1	29.7	28.5	28.9	29.0	28.7	28.1	29.4	27.9	29.7	27.9

频数分布直方图的作用是通过对数据的加工、整理、绘图，掌握数据的公布状况，从而判断加工能力、加工质量，以及估计产品的不合格率。频数分布直方图又是控制图产生的直接理论基础。

(4) 控制图。控制图又叫管理图，是能够表达施工过程中质量波动状态的一种图形，使用控制图，能够及时地提供施工中质量状态偏离控制目标的信息，提醒人们不失时机的采取措施，使质量始终处于控制状态。使用控制图，使工序质量的控制由事后检查转变为以预防为主，使质量控制产生了一个飞跃。1924 年，美国人沃特·阿罗德·休哈特（Walter A. Shewhart）发明了这种图形，此后在质量控制中得到了日益广泛的应用。控制图与前述各统计方法的根本区别在于，前述各种方法所提供的数据是静态的，而控制图则可提供动态的质量数据，使人们有可能控制异常状态的产生和蔓延。

如前所述,质量的特性总是有波动的,波动的原因主要有人、材料、设备、工艺、环境五个方面。控制图就是通过分析不同状态下统计数据的变化,来判断五个系统因素是否存在异常而影响质量,也就是要及时发现异常因素并加以控制,保证工序处于正常状态。它通过子样数据来判断总体状态,以预防不良产品的产生。图4.20是根据表4.6绘制的控制图。

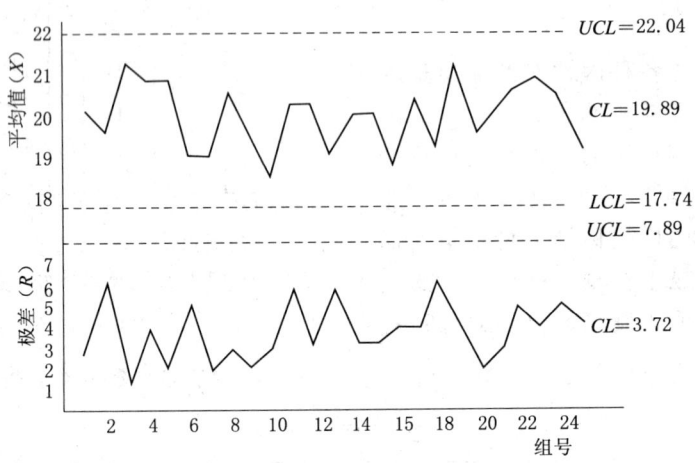

图4.20 X-R 控制图

注:UCL为上控制线(Upper Control Line),CL为控制中心线(Central Line),LCL为下控制线(Lower Corotrol Line)。

表4.6 混凝土构件强度数据表 单位:MPa

组号	测定日期	X_1	X_2	X_3	X_4	X_5	X	R
1	10月10日	21.0	19.0	19.0	22.0	20.0	20.2	3.0
2	10月11日	23.0	17.0	18.0	19.0	21.0	19.6	6.0
3	10月12日	21.0	21.0	22.0	21.0	22.0	21.4	1.0
4	10月13日	20.0	19.0	19.0	23.0	20.0	20.8	4.0
5	10月14日	21.0	22.0	20.0	20.0	21.0	20.8	2.0
6	10月15日	21.0	17.0	18.0	17.0	22.0	19.0	5.0
7	10月16日	18.0	18.0	20.0	19.0	20.0	19.0	2.0
8	10月17日	22.0	22.0	19.0	20.0	19.0	20.4	3.0
9	10月18日	20.0	18.0	20.0	19.0	20.0	19.4	6.0
10	10月19日	18.0	17.0	20.0	20.0	17.0	18.4	3.0
11	10月20日	18.0	19.0	19.0	24.0	21.0	20.2	6.0
12	10月21日	19.0	22.0	20.0	20.0	20.0	20.2	3.0
13	10月22日	22.0	19.0	16.0	19.0	18.0	18.8	6.0
14	10月23日	20.0	22.0	21.0	21.0	18.8	20.0	3.0
15	10月24日	19.0	18.0	21.0	21.0	20.0	19.8	3.0

续表

组号	测定日期	X_1	X_2	X_3	X_4	X_5	X	R
16	10月25日	16.0	18.0	19.0	20.0	20.0	18.6	4.0
17	10月26日	21.0	22.0	21.0	20.0	18.0	20.4	4.0
18	10月27日	18.0	18.0	16.0	21.0	22.0	19.0	6.0
19	10月28日	21.0	21.0	21.0	21.0	20.0	21.4	4.0
20	10月29日	21.0	19.0	19.0	19.0	19.0	19.4	2.0
21	10月30日	20.0	20.0	19.0	20.0	22.0	20.6	3.0
22	10月31日	20.0	20.0	23.0	22.0	18.0	20.6	5.0
23	11月1日	22.0	22.0	20.0	20.0	22.0	20.8	4.0
24	11月2日	19.0	19.0	20.0	24.0	22.0	20.4	5.0
25	11月3日	17.0	21.0	21.0	18.0	19.0	19.2	4.0

（5）相关图。相关图又叫散布图。它不同前述各种方法之处是，不是对一种数据进行处理和分析，而是对两种测定数据之间的相关关系进行处理、分析和判断。它是一种动态的分析方法。在工程施工中，工程质量的相关关系有三种类型：第一种是质量特性和影响因素之间的关系，例如混凝土强度与温度的关系；第二种是质量特性与质量特性之间的关系，如混凝土强度与水泥标号之间的关系，钢筋强度与钢筋混凝土强度之间的关系等；第三种是影响因素与影响因素之间的关系，如混凝土容重与抗渗能力之间的关系，沥青的黏结力与沥青的延伸率之间的关系等。通过对相关关系的分析、判断，可以给人们提供对质量目标进行控制的信息。

分析质量结果与产生原因之间的相关关系，有时从数据上比较容易看清，但有时从数据上很难看清。这就有必要借助相关图为进行相关分析提供方便。使用相关图，就是通过控制一种数据达到控制另一种数据的目的。正如我们掌握了在弹性极限内钢材的应力和应变的正相关关系（直线关系），就可以通过控制拉伸长度（应变）而达到提高钢材强度的目的一样（冷拉的原理）。图4.21是根据表4.7绘制的相关图。

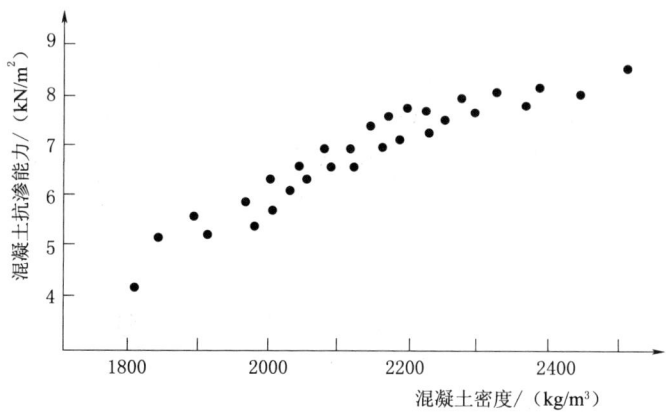

图4.21 混凝土密度与抗渗相关图

表 4.7　　　　　　　　　　　混凝土密度与抗渗能力的关系

序号	抗渗/(kN/m²)	密度/(kg/m³)	序号	抗渗/(kN/m²)	密度/(kg/m³)	序号	抗渗/(kN/m²)	密度/(kg/m³)	序号	抗渗/(kN/m²)	密度/(kg/m³)	序号	抗渗/(kN/m²)	密度/(kg/m³)
1	780	2290	6	650	2080	11	480	1850	16	580	2040	21	550	1940
2	500	1919	7	700	2150	12	730	2200	17	590	2050	22	680	2140
3	550	1960	8	840	2520	13	750	2240	18	640	2060	23	620	2110
4	810	2400	9	520	1900	14	810	2440	19	780	2350	24	630	2120
5	800	2350	10	750	2250	15	690	2170	20	350	2300	25	700	2200

4.2.7　施工项目质量控制 ISO 9000 族标准简介

ISO 9000 族标准是 ISO/TC 176 技术委员会制定的所有国际标准，于 1987 年 3 月问世，1992 年修改，1994 年再次修改并沿用至今。我国于 1992 年起等同采用这一国际标准，编号为 GB/T 19000 族。ISO 9000 族的构成如图 4.22 所示。

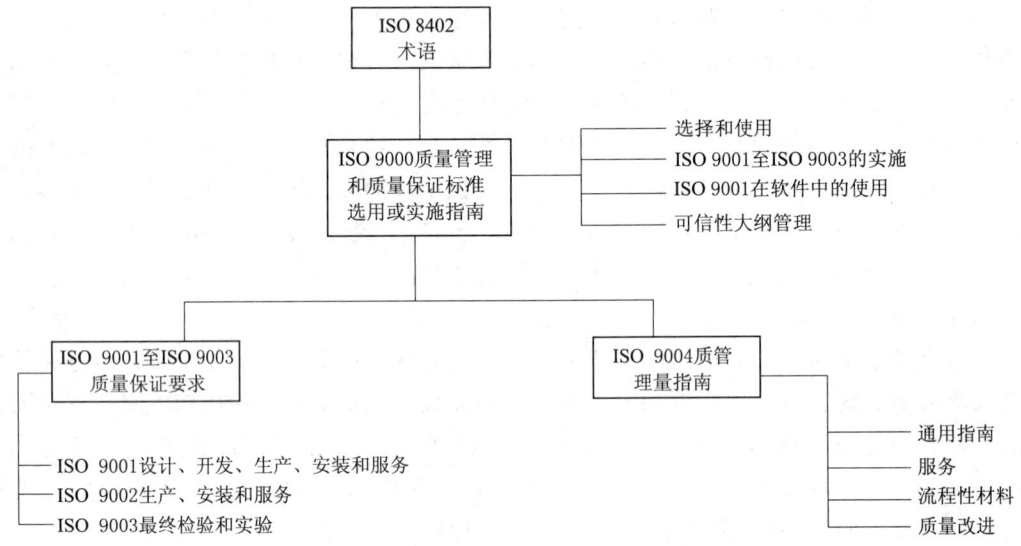

图 4.22　ISO 9000 族标准构成

1. 术语标准

《质量管理和质量保证——术语》（ISO 8402—1994）是阐明质量领域所用的质量术语含意的标准，共 67 个词条，按照内容的逻辑关系分为 4 类：基本术语，13 个词条；与质量有关的术语，19 个词条；与质量体系有关的术语，16 个词条；与工具和技术有关的术语，19 个词条。

2. 两类标准的使用或实施指南

这类标准的总编号为 ISO 9000，总标题是质量管理和质量保证，每个部分的标准再加上该分标准的部分号和具体名称，共有 4 个分标准，目的是为质量管理和质量保证两类标准的选择和使用或如何实施提供指南。

（1）《质量管理和质量保证标准　第 1 部分：选择和使用指南》（ISO 9000.1—1994）。

本标准阐明了与质量有关的基本概念,并为ISO 9000族的质量管理和质量保证标准的选择和使用提供指南。

(2)《质量管理和质量保证标准 第2部分:实施通用指南》(ISO 9000.2—1997)。ISO 9001、ISO 9002和ISO 9003的实施通用指南。本标准是对3个质量保证标准的实施所作的解释,以便对标准中的要求一致、准确和清楚地理解。

(3)《质量管理和质量保证标准 第3部分:软件使用指南》(ISO 9000.3—1997)。ISO 9001在软件开发、供应和维护中的使用指南。本标准中的软件仅指计算机软件,由于计算机软件的开发和维护过程不同于其他大多数工业产品,因而有必要对涉及软件产品的质量体系提供补充性指南。本标准的目的是为承担软件开发、供应和维护的组织、通过建议适当的控制和方法、采用ISO 9001提供使用指南。

(4) ISO 9000—4《质量管理和质量保证标准 第4部分:可信性大纲管理指南》(ISO 9000.4—1993)。可信性包括可靠性、维护性和可用性。可信性大纲是用于管理可信性的组织结构、职责、程序、过程和资源。本标准适用于在使用和维修阶段可信性是特别重要的那些硬件和软件产品,例如用于运输、电力、通信和信息服务的产品,主要目的是在从策划到使用的整个产品寿命周期内控制对可信性的影响,以便生产出可靠的和可维修的产品。

3. 质量保证标准

质量保证标准有3个,分别将一定数量的质量体系要素组成3种不同的模式,代表了第二方或第三方在具体情况下对供方质量体系的要求,供方对这些要求必须满足并予以证实。

(1)《质量体系——设计、开发、生产、安装和服务的质量保证模式》(ISO 9001)。当需要证实供方设计和生产合格产品的过程控制能力时,应选择和使用此种模式的标准。

(2)《质量体系——生产、安装和服务的质量保证模式》(ISO 9002)。当需要证实供方生产合格产品的过程控制能力时,应选择和使用此种模式的标准。

(3)《质量体系——最终检验和试验的质量保证模式》(ISO 9003)。当仅要求供方保证最终检验和试验符合规定要求时,应选择此种模式的标准。

4. 质量管理标准

这一类标准的总编号为ISO 9004,总标题是质量管理和质量体系要素,每个部分的标准再加上该分标准的部分号和具体名称。所有这些标准的目的都是用于指导组织进行质量管理和建立质量体系的,这一类的分标准有以下4个。

(1)《质量管理和质量体系要素 第1部分:指南》(ISO 9004.1—1994)。本标准全面阐述了与产品寿命周期内所有阶段和活动有关的质量体系要素,以帮助组织选择和使用适合其需要的要素。本标准适用于生产或提供四种通用类别产品(硬件、软件、流程性材料和服务)的组织。

(2)《质量管理和质量体系要素 第2部分:服务指南》(ISO 9004.2—1991)。本标准是对ISO 9004.1在服务类产品方面的补充指南,提供服务或提供具有服务成分的产品的组织参照使用。

(3)《质量管理和质量体系要素 第3部分:流程性材料指南》(ISO 9004.3—1993)。

本标准是对 ISO9004.1 在流程材料类产品方面的补充指南。供生产流程性材料类产品的组织参照使用。所谓流程性材料，是指通过将原材料转化成某一预定状态所形成的有形产品。

（4）《质量管理和质量体系要素 第 4 部分：质量改进指南》（ISO 9004.4—1993）。本标准阐述了质量改进的基本概念和原理、管理指南和方法（工具和技术）。凡是希望改进其有效性的组织，不管他是否已经实施了正规的质量体系，均应参照本标准。

4.3 施工项目的成本控制及风险管理

4.3.1 施工项目成本管理

1. 基本概念

施工项目成本是施工企业为完成施工项目的建筑安装工程任务所耗费的各项生产费用的总和，它包括施工过程中所消耗的生产资料、转移价值及以工资补偿费形式分配给劳动者消费的那部分活劳动消耗所创造的价值。亦即，某建设项目在施工中所发生的全部生产费用的总和，包括所消耗的主、辅材料，构配件，周转材料的摊销费或租赁费，施工机械的台班费或租赁费，支付给生产工人的工资、奖金以及项目经理部（或分公司、工程处）层级为组织和管理施工所发生的全部费用支出。建设项目成本不包括劳动者为社会所创造的价值（如税金和计划利润），也不应包括不构成建设项目价值的一切非生产性支出。建设项目成本是建设单位的主要产品成本，也称工程成本，一般以项目的单位工程作为核算对象，通过各单位工程成本核算的综合来反映建设项目成本。在建设项目管理中，最终是要使项目达到质量高、工期短、消耗低、安全好等目标，而成本是这四项目标经济效果的综合反映。因此，建设项目成本是建设项目管理的核心。

施工成本控制就是要在保证工期和质量的满足要求的前提下，采取相应管理措施（包括组织措施、经济措施、技术措施、合同措施）把成本控制在计划范围内，并进一步寻求最大程度的成本节约。施工项目成本控制既不是造价控制，更不是业主所进行的投资控制。要达到控制成本的目的，必须对人工费、材料费、机械费、其他直接费用和现场管理费分别进行有效控制。施工项目成本控制的任务包括施工项目成本预测与决策、成本计划的编制和实施、成本核算和成本分析等主要环节，其中成本计划的实施为关键环节。因此，进行施工项目成本控制，必须具体研究每个环节的有效工作方式和关键控制措施，从而取得施工项目整体的成本控制效果。

2. 施工项目成本分类

（1）造价构成。施工项目的成本按造价构成分为直接成本和间接成本。

1）直接成本。直接成本是指直接耗用于并能直接计入工程对象的费用，包括人工费；材料费；机械使用费；其他直接费。

2）间接成本。间接成本是指非直接用于也无法计入工程对象，但为进行工程施工所必须发生的费用，通常是按照直接成本的比例来计算。包括工作人员薪金；劳动保护费；职工福利费；办公费；差旅、交通费；固定资产使用费；工具用具使用费；保险费；工程保修费；工程排污费；其他费用；工会经费；教育经费；业务活动经费；税金；劳保统筹费；利息支出；其他财务费用。

（2）成本性质。按成本性质工程成本划分为固定成本和变动成本。

1）固定成本。固定成本是指在一定期间和一定的工程范围内，其发生的成本额不受工程量增减变动的影响而相对固定的成本，如折旧费、大修理费、管理人员工资、办公费、照明负荷费等。这一成本是为了企业一定的生产经营承条件而发生的。一般来说，对于企业的固定成本每年基本相同，但是，当工程量超过一定范围则需要增添机械设备和管理人员，此时固定成本将会发生变动。此外，所谓固定，指其总额而言，关于分配到每个项目单位工程的固定费用则是变动的。

2）变动成本。变本成本是指发生总额随着工程量的增减变动而成正比例变动的费用，如直接用于工程上的材料费、实行计划工资的人工费等。所谓变动，也是就其总额而言，对于单位分项工程上的变动费用往往是不变。

将施工过程中发生的全部费用划分为固定成本和变动成本，对于成本管理和成本决策具有重要作用。它是成本控制的前提条件。由于成本是维持生产能力所必需的费用，只有通过提高劳动率，增加企业总工程量数额并降低固定成本的绝对值入手，降低变动成本只能从降低单位分项工程的消耗定额入手。

（3）计算范围。工程成本按计算范围的大小可分为全部工程成本、单项工程成本、单位工程成本与分部工程成本。

1）全部工程成本。全部工程成本，亦称总成本，指建设项目进行各种建筑安装工程施工所发生的全部施工费用。

2）单项工程成本。单项工程，亦称工程项目。它是建设项目的组成部分。单项工程成本，是指具有独立的设计文件，在建成后可以独立发挥生产能力或效益的各项工程所发生的施工费用，如纺纱车间工程成本、织布车间工程成本、一栋职工宿舍工程成本等。

3）单位工程成本。单位工程，是单位工程的组成部分，是指单项工程内具有独立的施工图和独立施工条件的工程。如某车间是一个单项工程，而车间的厂房建筑工程，设备安装工程都是单位工程；民用建筑一般以一栋房屋作业一个单位工程。单位工程成本，是指单位工程进行施工所发生的施工费用。

4）分部工程成本。分部工程，是单位工程的组成部分，如一般房屋土建工程，按其结构可分为基础、墙体、楼梯、门窗、屋面等分部工程。单位工程成本，是指分部工程进行施工所发生的施工费用，如织布车间的基础工程成本、屋面工程成本等。

以上各项工程成本的关系是：单位工程成本，由各有关部门工程成本组成；单位工程成本，由各有关单位工程成本组成；全部工程成本，由各单项工程成本组成。

建设项目成本分类还有许多方法，可根据用途与需要不同而划分。

3. 工程项目成本的特点与任务分析

（1）工程项目成本特点。

1）事前计划性。从工程项目投标报价开始到工程项目竣工结算前，对于工程项目的承包商而言，各阶段的成本数据都是事前的计划成本，包括投标书的预算成本、合同预算成本、设计预算成本、组织对项目经理的责任目标成本、项目经理部的施工预算及计划成本等。

2）投入复杂性。工程项目最终作为建筑产品的完全成本和承包商在实施工程项目期间投入的完全成本，其内涵是不一样的。作为工程项目管理责任范围的项目成本，显然要根据项目管理的具体要求来界定。

3）核算困难大。由于成本的发生或费用的支出与已完成的工程任务量，在时间和范围上不一定一致，这就对实际成本的统计归集造成很大的困难，影响核算结果数据的可比性和真实性，以致失去对成本管理的指导作用。

4）信息不对称。建设工程项目的实施通常采用总分包的模式，由于商业机密，总包方对分包方的实际成本往往很难把握，这对总包方的事前成本计划带来一定的困难。

（2）工程成本控制的任务分析。工程项目成本控制，着重围绕着成本预测、成本计划、成本控制、成本核算、成本分析与考核等环节来进行。这些环节的内容相辅相成，构成了一个完整的成本控制体系。各个环节之间是互为条件、互为制约的。成本预测与成本计划为成本控制与成本核算提出要求和目标，成本控制与成本核算为成本分析与考核提供依据；成本分析与考核的结果，反馈给成本预测与计划环节，作为下一阶段预测和计划的参考。建设项目的整个成本管理工作就是这样一环扣一环不断地进行。

4．一般规定与要求

GB/T 50326—2017对成本管理进行如下规定与要求。

（1）全面成本管理制度。组织应建立项目全面成本管理制度，明确职责分工和业务关系，把管理目标分解到各项技术和管理过程。项目成本管理应符合下列规定：组织管理层，应负责项目成本管理的决策，确定项目的成本控制重点、难点，确定项目成本目标，并对项目管理机构进行过程和结果的考核；项目管理机构，应负责项目成本管理，遵守组织管理层的决策，实现项目管理的成本目标。项目成本管理应遵循下列程序：掌握生产要素的价格信息；确定项目合同价；编制成本计划，确定成本实施目标；进行成本控制；进行项目过程成本分析；进行项目过程成本考核；编制项目成本报告；项目成本管理资料归档。

（2）成本计划。项目成本计划编制依据应包括下列内容：合同文件；项目管理实施规划；相关设计文件；价格信息；相关定额；类似项目的成本资料。项目管理机构应通过系统的成本策划，按成本组成、项目结构和工程实施阶段分别编制项目成本计划。

编制成本计划应符合下列规定：由项目管理机构负责组织编制；项目成本计划对项目成本控制具有指导性；成本项目指标和降低成本指标明确。

项目成本计划编制应符合下列程序：预测项目成本；确定项目总体成本目标；编制项目总体成本计划；项目管理机构与组织的职能部门根据其责任成本范围，分别确定自己的成本目标，并编制相应的成本计划；针对成本计划制定相应的控制措施；由项目管理机构与组织的职能部门负责人分别审批相应的成本计划。

（3）成本控制。项目管理机构成本控制应依据下列内容：合同文件；成本计划；进度报告；工程变更与索赔资料；各种资源的市场信息。

项目成本控制应遵循下列程序：确定项目成本管理分层次目标；采集成本数据，监测成本形成过程；找出偏差，分析原因；制定对策，纠正偏差；调整改进成本管理方法。

（4）成本核算。项目管理机构应根据项目成本管理制度明确项目成本核算的原则、范围、程序、方法、内容、责任及要求，健全项目核算台账。项目管理机构应按规定的会计周期进行项目成本核算。项目成本核算应坚持形象进度、产值统计、成本归集同步的原则。项目管理机构应编制项目成本报告。

（5）成本分析。项目成本分析依据应包括下列内容：项目成本计划；项目成本核算资料；项目的会计核算、统计核算和业务核算的资料。

成本分析宜包括下列内容：时间节点成本分析；工作任务分解单元成本分析；组织单元成本分析；单项指标成本分析；综合项目成本分析。

成本分析应遵循下列步骤：选择成本分析方法；收集成本信息；进行成本数据处理；分析成本形成原因；确定成本结果。

（6）成本考核。组织应根据项目成本管理制度，确定项目成本考核目的、时间、范围、对象、方式、依据、指标、组织领导、评价与奖惩原则。组织应以项目成本降低额、项目成本降低率作为对项目管理机构成本考核主要指标。组织应对项目管理机构的成本和效益进行全面评价、考核与奖惩。项目管理机构应根据项目管理成本考核结果对相关人员进行奖惩。

4.3.2 施工项目成本控制的基础工作

在加强建设项目成本管理，必须把基础工作搞好，它是搞好建设项目成本管理的前提。

1. 必须加强工程项目成本观念

要搞好工程项目成本控制，必须首先对企业的项目经理部人员加强成本管理教育并采取措施，只有在工程项目中培养强烈的成本意识，让参与项目管理与实施的每个人员都意识到加强项目成本控制对建设项目的经济效益及个人收入所产生的重大影响，各项成本管理工作才能在建设项目管理中得到贯彻和实施。

2. 加强定额和预算管理

为了进行工程项目成本管理，必须具有完善的定额资料，搞好施工预算和施工图预算。除了国家统一的建筑、安装工程基础定额以及市场的劳务、材料价格信息外，企业还应有施工定额，施工定额既是编制单位工程预算及成本计划的依据，又是衡量人工、材料、机械消耗的标准。要对建设项目成本进行控制，分析成本节约或超支的原因，就不能离开施工定额。按照国家统一的定额和取费标准编制的施工图预算也是成本计划和控制的基础资料，可以通过"两算对比"确定成本降低水平。实践证明，加强定额和预算管理，不断完善企业内部定额资料，对节约材料消耗、提高劳动生产率、降低建设项目成本，都有着十分重要的意义。

3. 建立和健全原始记录与统计工作

原始记录是生产经营活动的第一次直接记载，是反映生产经营活动的原始资料，是编制成本计划、制定各项定额的主要依据，也是统计的成本管理的基础。施工企业在施工中对人工、材料、机械台班消耗、费用开支等，都必须作好及时的、完整的、准确的原始记录。原始记录应符合成本管理要求，记录格式内容和计算方法要统一，填写、签署、报送、传送、保管和存档等制度要健全并有专人负责管理要求，对项目经理部有关人员要进行训练，以掌握原始记录的填制、统计、分析和计算方法，做到及时反映施工活动情况。

原始记录还应有利于开展班组织经济核算,力求简便易行讲求实效,并根据实际使用情况,随时补充和修改,以充分发挥原始凭证的作用。

4. 建立和健全各项责任制度

对工程项目成本进行全过程的成本管理,不仅需要有周密的成本计划和目标,更重要的是为实现这种计划和目标的控制方法和项目施工中有关的各项责任制度。有关建设项目成本管理的各项责任制度包括计量验收制度、考勤、考核制度,原始记录和统计制度,成本核算部分以及完善的成本目标责任制体系。

4.3.3 工程项目成本控制的程序和过程

建设项目成本管理的一般程序如图 4.23 所示。

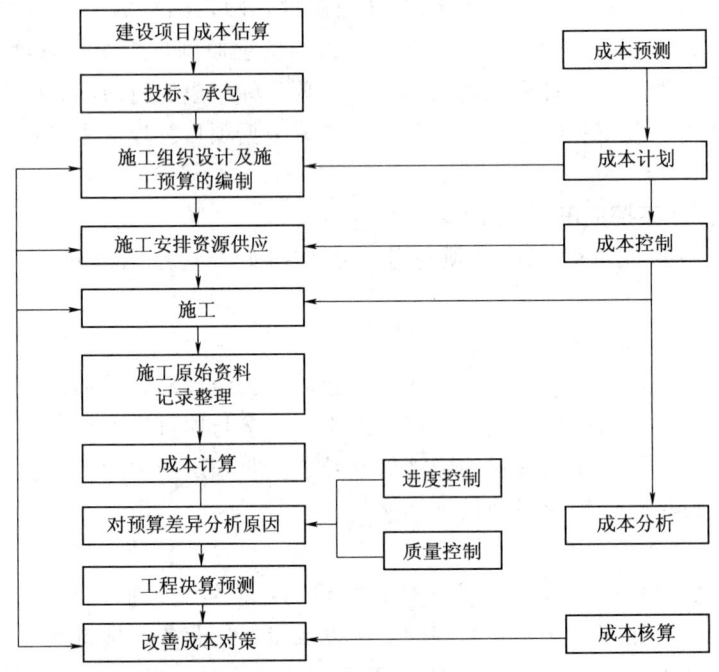

图 4.23 建设项目成本管理的一般程序

1. 工程项目成本控制的程序

工程项目成本控制的程序是从成本估算开始,经编制成本计划,采取降低成本的措施,进行成本控制,直到成本核算与分析为止的一系列管理工作步骤,一般程序如图 4.23 所示。

2. 工程项目成本控制的过程

施工项目成本控制的过程包括施工项目成本预测与决策、成本计划的编制和实施、成本核算和成本分析等主要环节,其中成本计划的实施为关键环节。因此,进行施工项目成本控制,必须具体研究每个环节的有效工作方式和关键控制措施,从而取得施工项目整体的成本控制效果。

(1) 成本预测。施工项目成本预测是其成本控制的首要环节之一,也是成本控制的关键。成本预测的目的是预见成本的发展趋势,为成本管理决策和编制成本计划提供依据。

(2) 施工项目成本的决策。施工项目成本决策是根据成本预测情况，经过认真分析作出决定，确定成本管理目标。成本决策是先提出几个成本目标方案，然后再从中选择理想的成本目标作出决定。

(3) 施工项目成本计划的编制。成本计划是实现成本目标的具体安排，是成本管理工作的行动纲领，是根据成本预测、决策结果，并考虑企业经营需要和经营水平编制的，它也是事先成本控制的环节之一。成本控制必须以成本计划作标准。

(4) 成本计划的实施。即是根据成本计划所作的具体安排，对施工项目的各项费用实施有效制，不断收集实施信息，并与计划比较，发现偏差，分析原因，采取措施纠正偏差，从而实现成本目标。

(5) 成本的核算。施工项目成本核算是对施工中各项费用支出和成本的形成进行核算，项目经理部应作为企业的成本中心，大力加强施工项目成本核算，为成本控制各项环节提供必要的资料。成本核算应贯穿于成本控制的全过程。

(6) 施工项目的成本检查。成本检查是根据核算资料及成本计划实施情况，检查成本计划完成情况，以评价成本控制水平，并为企业调整与修正成本计划提供依据。

(7) 成本分析与考核。施工项目成本分析分为中间成本分析和竣工成本分析，是为了对成本计划的执行情况和成本状况进行的分析，也是总结经验教训的重要方法和信息积累的关键步骤。成本考核的目的在于通过考察责任成本的完成情况，调动责任者成本控制的积极性。

以上7个环节构成成本控制的循环，每个施工项目在施工成本控制中，不断地进行着大大小小（工程组成部分）的成本控制循环，促使成本管理水平不断提高。

3. 施工项目成本控制的手段

(1) 计划控制。即是用计划的手段对施工项目成本进行控制。施工项目的成本上升预测和决策为成本计划的编制提供依据，编制成本计划首先要设计降低成本技术组织措施，然后编制降低成本计划，将承包成本额降低而形成成本计划。

(2) 预算控制。用预算控制成本可分为两种类型：一是包干预算，即一次包死预算总额，不论中间有何变化，成本总额不予调整；二是弹性预算，即先确定包干总额，但可根据工程的变化进行洽商，作相应的变动。我国目前大部分是弹性预算控制。

(3) 会计控制。会计控制，是以会计方法为手段，以记录实际发生的经济业务发生的合法凭证为依据，对成本支出进行核算与监督，从而发挥成本控制作用。会计控制方法系统性强、严格、具体、计算准确、政策性强，是理想的和必需的成本控制方法。

(4) 制度控制。制度是对例行性活动应遵循的方法、程序、要求及标准所作的规定。成本的制度控制就是通过制度成本管理制度，对成本控制作出具体规定，作为行动准则，约束管理人员和工人，达到控制成本的目的，如成本管理责任制度、技术组织措施制度、成本管理制度、劳动工资管理制度、固定资产管理制度等，都与成本控制关系非常密切。

在施工项目管理中，上述手段是同时综合使用，不应该孤立地使用某一种成本控制手段。

4.3.4 施工项目成本的预测

施工项目的预测是施工项目成本的事前控制，是施工项目成本形成之前的控制，它的任务是通过成本预测估计出施工项目的成本目标,并通过成本计划的编制作出成本控制的安排。因此施工项目成本的事前控制的目的是提出一个可行的成本控制实施纲领和作业设计。

1. 施工项目成本控制目标的依据

(1) 利润目标对工程成本的要求。施工项目成本目标预测的首要依据是施工企业的利润目标对企业降低工程成本的要求。企业要依据经营决策提出利润目标后,便对企业降低成本提出总目标。每个施工项目的降低成本率水平应等于或高于企业的总降低成本率水平,以保证降低成本总目标的实现,在此基础上才能确定施工项目的降低成本目标和成本目标。

(2) 施工项目的合同价格。施工项目的合同价格是其销售价格,是所能取得的收入总额。施工项目的目标成本就是合同价格与目标利润之差。这个目标成本降低额就是企业利润目标分配到该项目的降低成本要求。根据目标成本降低额,求出目标成本降低率,再与企业的目标成本降低率进行比较,如果前者等于或大于后者,则目标成本降低额可行,否则,应予以调整。

(3) 施工项目成本估算(概算或预算)。施工项目成本估算是根据市场价格或定额价格(计划价格)对成本发生的社会水平作估计,它即是合同价格的基础,又是成本决策的依据,是量入为出的标准。这是最主要的依据。

(4) 施工企业同类施工项目的降低水平。这个水平代表了企业的成本控制水平,是该施工项目可能达到的成本水平,可与成本控制目标进行比较,从而作出成本目标决策。

2. 施工项目成本预测的程序

(1) 第一步,进行施工项目成本估算,确定可以得到补偿的社会平均水平的成本。目前,主要是要根据概算定额或预算定额进行计算,市场经济则要求企业根据实物估计法进行科学地计算。

(2) 第二步,根据合同承包价格计算施工项目和承包成本,并与估算成本进行比较。一般承包成本应低于估算成本,如高于估算成本,应对工程索赔和降低成本作出可行性分析。

(3) 第三步,根据企业利润目标提出的施工项目降低成本要求,企业同类工程的降低成本水平以及合同承包成本,作出降低成本决策,计算出降低成本率,对降低成本率水平进行评估,在评估的基础上作出决策。

(4) 第四步,根据企业降低成本率决策计算出降低成本额和决策施工项目成本额,在此基础上定出项目经理部责任成本额。

3. 成本预测方法

成本预测方法可分为定性预测方法和定量预测方法两大类。

(1) 成本的定性预测。指成本管理人员根据专业知识实践经验,通过调查研究,利用已有材料,对成本的发展趋势及可能达到的水平所作的分析和推断。

由于定性预测主要依靠管理人员的素质和判断力,因而这种方法必须建立在对项目成本耗费的历史资料、现状及影响因素深刻了解的基础之上。这种方法简便易行,在资料不多、难以进行定量预测时最为适用。

定性预测方法有许多种,最常用的是调查研究判断法,即依靠专家预测未来成本的方法，所以也称为专家预测法。其具体方式有座谈会法和函询调查法。

1) 座谈会法。座谈会指以会诊形式集中各方面专家面对面地进行讨论，各自提出自己的看法和意见，最后综合分析，得出预测结论。这种方法的优点是能经过充分讨论，预测数值比较准确；缺点是有时可能出现会议准备不周、走过场，或者屈从于领导意见的问题。

2) 函询调查法。该法也称为德尔菲法，系采用函询调查的方式，向有关专家提出所要预测的问题，请他们在互不商量的情况下，背对背各自作出书面答复，然后将收集的意见进行综合、整理和归类，并匿名反馈给各个专家，再次征求意见，如此经过多交反复之后，就能对所需预测的问题取得较为一致的意见，从而得出预测结果。为了能体现各种预测结果的权威程度，可以针对不同专家预测的结果，分别给予重要性权数，再将他们对各种情况的评估做加权平均计算，从而得到期望平均值，作出较为可靠的判断。这种方法的优点是能最大限度地利用各个专家的能力，相互不受影响，意见易于集中真实；缺点是受专家的业务水平、工作经验和成本信息的限制，有一定的局限性。这是一种广泛应用的专家预测方法。

（2）成本的定量预测。定量预测是利用历史成本统计资料以及成本与影响因素之间的数量关系，通过数学模型来推测、计算未来成本的可能结果。在成本预测中，常用的定量预测方法有高低点法、加权平均法、回归分析法、量本利分析法。这里仅就回归分析法进行介绍。回归分析法根据变量之间的相互依存关系来预测成本的变化趋势。这种方法计算的数值准确，但计算过程相对烦琐些。

回归分析有一元线性回归、多元线性回归和非线性回归等。在这里，我们简单介绍一元线性回归在成本预测中的应用。

根据成本和产量之间的依存关系，以产量为自变量，以 X 表示；以成本为因变量，以 Y 表示，则有

$$Y = a + bX \tag{4.1}$$

式中　a——固定成本，元或万元；

b——单位变动成本，若产量单位为台，则单位变动成本的单位为元/台或万元/台。

在公式（4.1）的应用中，a、b 的计算是关键，通常是应用最小二乘法原理进行计算，a、b 的计算公式如式（4.2）和式（4.3）所示。

$$b = \frac{n\sum xy - \sum x \cdot \sum y}{n\sum x^2 - (\sum x)^2} = \frac{\sum xy - n x \overline{y}}{\sum x^2 - n \overline{x}^2} \tag{4.2}$$

$$a = \frac{\sum y - b\sum x}{n} = \overline{y} - b\overline{x} \tag{4.3}$$

利用一元线性回归这一数学模型，可以对建设项目进行成本预测。预测，常常利用预算成本和实际成本的相互依存关系，建立线性模型 $Y = a + bX$（X 代表实际预算成本，Y 代表实际成本），根据此公式进行预测计算。

4.3.5 编制施工项目成本计划

成本计划是在多种成本预测的基础上，经过分析、比较、论证、判断之后，以货币形式预先规定计划期内生产的耗费和成本所要达到的水平，并且确定各个项目比上期预计要达到的降低额和降低率，提出保证成本费用计划实施所需要的主要措施方案。它是进行成本控制的主要依据。

施工项目成本计划应当由项目经理部进行编制，从而规划出实现项目经理成本承包目标的实施方案。施工项目成本计划的关键内容是降低成本措施的合理设计。

1. 施工项目成本计划的编制步骤

（1）第一步，项目经理部按项目经理的成本承包目标确定施工项目的成本控制目标和降低成本控制目标，后两者之和应低于前者。

（2）第二步，按分部分项工程对施工项目的成本控制目标和降低成本目标进行分解，确定各分部分项工程的成本目标。

（3）第三步，按分部分项工程的目标成本实行施工项目内部成本承包，确定各承包队的成本承包责任。

（4）第四步，由项目经理部组织各承包队确定降低成本技术组织措施并计算其降低成本效果，编制降低成本计划，与项目经理降低成本目标进行对比，经过反复对降低成本措施进行修改而最终确定降低计划。

（5）第五步，编制降低成本技术组织措施计划表，降低计划表和施工项目成本计划表。

2. 施工项目成本计划的编制方法

项目成本计划的编制，是建立在成本预测和一定资料的基础上，具体编制需采用一定的方法。

（1）试算平衡。在成本计划降低指标试算平衡的基础上编制成本计划的试算平衡，是编制成本计划的一项重要步骤。试算平衡是指在正式编制成本之前，根据已有的资料，测算影响成本的各项因素。寻求切实可行的节约措施，提出符合成本降低目标的成本计划指标，以保证降低成本。

（2）弹性预算。这里所说的预算，就是通过有关数据集中而系统地反映出来的企业经营预测、决策所确定的具体目标。预算的种类很多，按静动区分，可分为固定预算和可变预算。固定预算又称静态预算，是根据预算期间内计划预定的一种活动水平（如施工产量水平）确定相应数据的预算水平。

如果按照预算期内可预见的多种生产经营活动水平，分别确定相应的数据，使编制的预算随着生产经营活动水平的变动而变动，这种预算就是可变预算，即弹性预算。因此，弹性预算是为一定活动范围而不是单一水平编制的。它比固定预算更便于落实任务、区分责任，并使预算执行情况的评价和考核建立在更加客观可比的基础上。

弹性预算主要适用于成本预算及一些间接费用、期间费用等的预算。

（3）零基预算。编制预算的传统方法，是以原有的费用水平为基础进行相关量分析。其基本程序是：以本期费用预算的执行情况为基础，按预算期内有关业务量预期的增减变化，对现有费用水平作适当调整，以确定预算期的预算数。在指导思想上，它是以承认现实的基本合理性为出发点。而零基预算则不同，是一种全新的预算控制法，它的全称叫做"以零为基础的编制计划和预算方法"。零基预算的基本原理是：对于任何一个预算期，任何一种费用项目的开支数，不是从原有的基础出发，即根本不考虑基期的费用开支水平，而是像企业新创立时那样，一切从"零"为起点，从根本上来考虑各个费用项目的必要性及其规模。

零基预算的优点是不受框框限制，不受现行财务预算情况的约束，能够充分发挥各级管理人员的积极性和创造性，促进各级财务划部门精打细算，量力而行，合理使用资金，提高经济效益。缺点是编制预算的工作量较大。

(4) 滚动预算。通常的财务预算，都是以固定的一个时期（如一年）为预算期的。由于实际经济情况是不断变化的，预算人员难以准确地对未来较远时期进行推测，所以这种预算往往不能适应实际中的各种变化。另外，在预算执行了一个阶段以后，往往会使管理人员只考虑剩下的一段时间，而缺乏长远打算。为了弥补这些缺陷，一些国家推广使用了滚动预算法编制预算。

滚动预算，也叫连续预算或永续预算。它是根据每一阶段预算执行情况相应调整下一阶段的预算值，并同时将预算期向后移动一个时间阶段。这样使预算不断向前滚动、延伸，于是经常保持一定的预算期。

这种方法的优点是在预算中可使管理者能够对未来一定时期生产经营活动经常保持一个稳定的视野，便于对不同时期的预算作出分析和比较，也使工作主动，不至于在原预算将全部执行结束时，再组织编制新的预算，以免："临渴掘井"。

3. 降低施工项目成本的技术组织措施设计

（1）全面设计。降低成本的措施要从技术方面和组织方面进行全面设计。技术措施要从施工作业所涉及的生产要素方面进行设计，以降低生产消耗为宗旨。组织措施要从经营管理方面，尤其是从施工管理方面进行筹划，以降低固定成本、消灭非生产性损失、提高生产效率和组织管理效果为宗旨。

（2）降低材料费。从费用构成的要素方面考虑，首先应降低材料费用。材料费用占工程成本的大部分，降低成本的潜力最大，而降低材料费用首先应抓住关键性的材料，因为它们的品种少，而所占费用比重大，故不但容易抓住重点，而且易见成效。降低材料费用最有效的措施是改善设计或采用代用材料，它比改进施工工艺更有效，潜力更大。而在降低材料成本措施的设计中，ABC分类法和价值分析法是有效和科学手段。

（3）降低机械使用费。降低机械使用费的主要途径是设计提高机械利用率和机械效率、以充分发挥机械生产能力的措施。因此，科学的机械使用计划和完好的机械状态是必须重视的。随着施工机械化程度的不断提高，降低机械使用费的潜力越来越大，必须作好施工机械使用的技术经济分析。

（4）降低人工费用。降低人工费用的根本途径是提高劳动生产率。提高劳动生产率必须通过提高生产工人的劳动积极性实现，提高工人劳动积极性则与适当的分配制度、激励办法、责任制及思想工作有关，要正确应用行为科学和理论，进行有效的"激励"。

（5）降低成本计划编制基础。降低成本计划的编制必须以施工组织设计为基础。在施工组织设计的施工方案中，必须有降低成本措施。施工进度计划所设计的工期，必须与成本优化相结合。施工总平面图无论对施工准备费用支出还是施工的经济性都有重大影响。因此,施工项目管理规划既要作出技术和组织设计,也要作出成本设计。只有在施工项目管理规划基础上编制的成本计划,才是有可靠基础的、可操作的成本计划,也是考虑缜密的成本计划。

4.3.6 施工项目成本计划的实施

1. 注意主要环节

(1) 加强施工任务单和限额领料单的管理,落实执行降低成本的各项措施,作好施工任务单的验收和限额领料单的结算。

(2) 将施工任务单和限额领料单的结算资料进行对比,计算分部分项工程的成本差异,分析差异原因,并采取有效的纠偏措施。

(3) 作好月度成本原始资料的收集和整理,正确计算月度成本,分析月度计划成本和实际差异,充分注意不利差异,认真分析有利差异的原因,特别重视盈亏比例异常现象的原因分析,并采取措施尽快消除异常现象。

(4) 在月度成本核算的基础上实行责任成本核算。即利用原始的会计核算的资料,重新按责任部门或责任者归集成本费用,每月结算一次,并与责任成本进行对比,由责任者自行分析成本差异和产生的原因,自行采取纠正措施,为全面实现责任成本创造条件。

(5) 经常检查承包合同履行情况,防止发生经济损失。

(6) 加强施工项目成本计划执行情况的检查与协调。

(7) 在竣工验收阶段搞好扫尾工作,缩短扫尾时间。认真清理费用,为结算创造条件,搞好结算。在保修期间搞好费用控制和核算。

2. 质量成本控制

质量成本是指为达到和保证规定的质量水平所消耗的那些费用。其中包括预防和鉴定成本(或投资)、损失成本(或故障成本)。

预防成本是致力于预防故障的费用;鉴定成本是为了确定保持规定质量所进行的试验、检验和验证所支出的费用;内部故障成本是由于交货前因产品或服务没有满足质量要求而造成的费用;外部故障成本是交货后因产品或服务没有满足质量要求而造成的费用。

质量成本控制应抓成本核算,计算各科目的实际发生额,然后进行分析(表4.8),根据分析找出的关键因素采取有效措施加以控制。

表 4.8　　　　　　　　　　　　　质 量 成 本 分 析 表

质量成本支出项目		金额/元	质量成本率/%		对 比 分 析
			占本项	占总额	
预防成本	质量管理工作费	1380	10.43	0.95	预算成本 4147500 元
	质量情报费	854	6.41	0.58	实际成本 3896765 元
	质量培训费	1875	14.08	1.28	降低成本 250735 元
	质量技术宣传费	—	—	—	成本降低率 6.43%
	质量管理活动费	9198	69.08	6.28	$\dfrac{质量成本}{实际成本}=\dfrac{146482}{3896765}=3.76\%$
	小计	13316	100.00	9.08	

续表

质量成本支出项目		金额/元	质量成本率/%		对比分析
			占本项	占总额	
鉴定成本	材料检验费	1154	12.81	0.79	$\dfrac{\text{质量成本}}{\text{预算成本}}=\dfrac{146482}{4147500}=3.53\%$
	工序质量检查费	7851	87.19	5.36	
	小计	9005	100.00	6.15	
内部故障成本	返工损失	53823	49.80	36.74	$\dfrac{\text{预防成本}}{\text{预算成本}}=\dfrac{13316}{4147500}=0.32\%$
	返修损失	27999	25.91	19.10	
	事故分析处理费	1956	1.81	1.34	$\dfrac{\text{鉴定成本}}{\text{预算成本}}=\dfrac{9005}{4147500}=0.22\%$
	停工损失	2488	2.30	1.70	
	质量过剩支出	21813	20.18	14.89	$\dfrac{\text{内部故障成本}}{\text{预算成本}}=\dfrac{108079}{4147500}=2.61\%$
	技术超前支出费	—	—	—	$\dfrac{\text{外部故障成本}}{\text{预算成本}}=\dfrac{16082}{4147500}=0.39\%$
	小计	108079	100.00	73.76	
外部故障成本	回访修理费	4431	27.57	3.03	
	劣质材料额外支出	11648	72.43	7.95	
	小计	16082	100.00	10.98	
合计		146482	100.00	100.00	

3. 施工项目成本计划执行情况检查与协调

项目经理部应定期检查成本计划的执行情况，检查后及时分析，采取措施，控制成本支出，保证成本计划实现。

项目经理部应根据承包成本和计划成本，绘制月度成本折线图。在成本计划实施过程中，按月在同一图上打点，形成实际成本折线，如图 4.24 所示。该图不但可以看出成本发展动态，还可以分析成本偏差。成本偏差有以下三种。

$$\text{实际偏差}=\text{实际成本}-\text{承包成本}$$

$$\text{计划偏差}=\text{承包成本}-\text{计划成本}$$

$$\text{目标偏差}=\text{实际成本}-\text{计划成本}$$

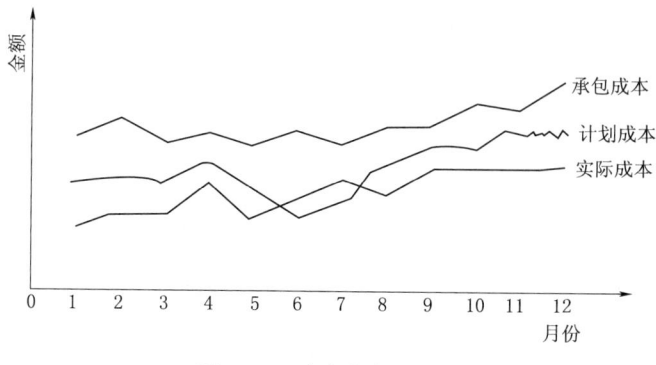

图 4.24 成本控制折线图

目标偏差为计划偏差与实际偏差之和,目标偏差越小,说明控制效果越好,应尽量减少目标偏差。

根据成本偏差,用因果分析图分析产生的原因,然后设计纠偏措施,制定对策,协调成本计划,对策要列成对策表,落实执行责任,最后对责任的执行情况进行考核。

4.3.7 工程项目成本控制

成本控制,指在生产经营过程中,按照规定的成本费用标准,对影响产品寿命周期成本费用的各种因素进行严格的监督调节,及时揭示偏差,并采取措施加以纠正,使实际成本费用控制在计划范围内,保证实现成本目标。

1. 明确成本控制程序

(1) 制定成本控制标准。成本控制标准是对各项费用开支和各种资源消耗所规定的数量界限。成本控制标准有多种形式,主要有目标成本、成本计划指标、费用预算、消耗定额等。

(2) 实施成本控制。即依据成本控制标准对成本的形成过程进行具体监督,并通过成本的信息反馈系统及时揭示成本差异,实行成本过程控制。

(3) 确定差异。通过对实际成本和成本标准比较,计算成本差异数额,分析成本脱离标准的程度和性质,确定造成成本差异的原因和责任归属。

(4) 消除差异。组织群众挖掘潜力,提出降低成本的新措施或修订成本建议,并对成本差异的责任部门进行相应的考核和奖惩,采取措施改进工作,达到降低成本的目的。

2. 标准成本控制

指预先确定标准成本,在实际成本发生后,以实际成本与标准成本相比,用来揭示成本差异,并对成本差异进行因素分析,据此加强成本控制的方法。其中标准成本是经过仔细调查、分析和技术测定而制定的在正常生产经营条件下用以衡量和控制实际成本的一种预计成本。通常按零件、部件、生产阶段,分别对直接材料、直接人工、制造费用等进行测定。

(1) 标准成本的制定。制定标准成本的基本形式均是以"价格标准"乘以"数量标准",即

$$标准成本 = 价格标准 \times 数量标准$$

1) 直接材料的标准成本。价格标准是指事先确定的购买材料应支付的标准价格,数量标准是指在现有生产技术条件下生产单位产品需用的材料数量,公认为

$$直接材料标准成本 = 直接材料标准价格 \times 单位产品用量标准$$

2) 直接人工的标准成本。价格标准是工资率标准,在计件工资下,是单位产品支付直接人工工资;在计时工资制下,是单位工作时间标准应分配的工资,其计算公式为

$$计时工资标准 = \frac{预计支付直接人工工资总额}{标准总工时}$$

数量标准是指在现有生产技术条件下生产单位产品需用的工作时间。

因此,直接人工标准成本 = 成本工资率标准 × 单位产品工时标准。

3) 制造费用的标准成本。价格标准是指制造费用分配标准,制造费用分配率是根据制造费用预算确定的固定费用和变动费用分别除以生产量标准的结果。其计算公式如下

$$\text{每工时标准变动费用分配率} = \frac{\text{固定费用预算合计}}{\text{标准总工时}}$$

$$\text{每工时标准固定费用分配率} = \frac{\text{固定费用预算合计}}{\text{标准总工时}}$$

数量标准是指生产单位产品需用的直接人工小时（或机器小时）。

$$\text{变动费用标准} = \text{成本变动费用分配率} \times \text{工时定额}$$
$$\text{固定费用标准} = \text{成本固定费用分配率} \times \text{工时定额}$$

根据上述计算的各个标准成本项目加以汇总，构成产品的标准成本。

（2）成本差异的计算分析。成本差异就是实际成本与标准成本的差额。实际成本大于标准成本为逆差；实际成本小于标准成本为顺差。通过对成本差异的计算分析，可以揭示每种差异对生产成本影响程度的具体原因及责任归属。

1) 直接材料成本差异的计算分析。其计算公式为直接材料成本差异＝实际价格×实际数量－标准价格×标准数量，其中

$$\text{标准数量} = \text{实际产量} \times \text{单位产品的用量标准}$$

直接材料成本差异包括直接材料价格差异和直接材料数量差异两部分。计算公式为

$$\text{材料价格差异} = (\text{实际价格} - \text{标准价格}) \times \text{实际耕用数量}$$

$$\text{材料数量差异} = \text{标准价格} \times (\text{实际耕用数量} - \text{标准耕用数量})$$

在计算材料成本差异的基础上，进行成本差异的分析。以材料成本顺差或逆差为线索，按照产生的价差和量差，找出其具体原因，明确其责任归属。一般情况下，材料价格差异应由采购部门负责，有时则应由其他部门负责。比如，由于生产上的原因需要进行紧急采购时，运输方式改变引起的价格差异，就应由生产部门负责。另外，材料数量差异一般应由生产部门负责，但也有例外。比如，由于采购部门购入劣质材料引起超量用料，就应由采购部门负责。

2) 直接人工成本差异的计算分析。其计算公式为

$$\text{直接人工成本差异} = \text{实际工资价格} \times \text{实际工时} - \text{标准工资价格} \times \text{标准工时}$$

其中

$$\text{标准工时} = \text{实际产量} \times \text{单位产品工时耗用标准}$$

直接人工成本差异包括直接人工工资价格差异和直接人工效率差异两部分。计算公式为

$$\text{直接人工工资价格差异} = (\text{实际工资价格} - \text{标准工资价格}) \times \text{实际工时}$$

$$\text{直接人工效率差异} = \text{标准工资价格} \times (\text{实际工时} - \text{标准工时})$$

对直接人工成本差异进行分析，工资价格差异是由于生产人员安排是否合理而形成的，故其责任应由劳动人事部门或生产部门负责。人工效率差异，如果是由于生产部门人员安排恰当与否引起的，由生产部门负责；如果是由于生产工艺流程的变化情况引起的，由技术部门负责。

3) 变动制造费用差异的计算分析。其计算公式为

$$\text{变动制造费用差异} = \text{实际分配率} \times \text{实际工时} - \text{标准分配率} \times \text{标准工时}$$

标准工时的计算同前。

变动制造费用差异包括变动制造费用开支差异和效率差异两部分。计算公式为

$$变动制造费用开支差异=(实际分配率-标准分配率)\times 实际工时$$

$$变动制造费用效率差异=标准分配率\times(实际工时-标准工时)$$

4) 固定制造费用差异的计算分析。其计算公式为

$$固定制造费用差异=实际分配率\times 实际工时-标准分配率\times 标准工时$$

$$=实际固定制造费用-标准固定制造费用$$

标准工时的计算同前。

固定制造费用差异包括固定制造费用开支差异和能量差异两部分。计算公式为

$$固定制造费用开支差异=实际分配率\times 实际工时-标准分配率\times 预算工时$$

$$=实际固定制造费用-标准固定制造费用$$

$$固定制造费用能量差异=标准分配率\times(预算工时-标准工时)$$

$$=预算固定费用-标准固定费用$$

其中

$$预算工时=计划产量\times 单位产品标准工时$$

3. 成本归口分级管理

为了有效地进行成本控制，项目要建立成本控制体系，实行成本归口分级管理。

成本归口管理是指各职能部门对成本的管理，按照各职能部门在成本管理方面的职责，把成本指标和降低成本目标分解下达给有关职能部门进行控制，负责完成，实行责权利相结合的一种管理形式。在公司总部统一领导、统一计划下，由财务部门负责把成本指标和降低成本目标按主管的职能部门进行分解下达。如原材料成本指标（或物资实物量指标）由物资供应部门归口控制；工资成本指标由劳动部门归口控制；改进产品设计和生产工艺的降低成本任务由技术部门负责实现；管理费用指标由行政部门归口控制等。

成本分级管理，是按照各施工生产单位成本管理的职责，把成本指标和降低成本目标分解下达给工程队、班组进行控制，负责完成，实行责权利相结合的一种管理形式。在我国，一般实行公司总部、工程处（工区）、施工队、班组四级成本管理。它一般采用逐级分解成本和降低成本目标的办法。公司总部的成本管理在公司总经理或总会计师领导下，由会计部门负责进行，并下达各工程处（工区）成本指标，计算实际成本，检查和分析指标情况。工程处（工区）根据总部下达的成本指标，分解下达给各施工队，各施工队再下达给班组，组织班组进行成本管理。班组是成本管理的最基层单位，直接费用的发生大多数是在班组中发生的，所以这一级成本的节约和浪费，直接影响成本高低，所以要加强班组成本控制。

4.3.8 项目成本核算

工程项目成本核算是指对项目建设过程中所发生的各种费用和形成建设项目成本的核算。它包括两个基本环节：一是按照规定的成本开支范围对建设费用进行归集，计算出建设费用的实际发生额；二是根据成本核算对象，采取适应的方法，计算出该建设项目的总成本和单位成本。建设项目成本核算所提供的各种信息，是成本预算、成本计划、成本控制、成本分析和成本考核等各个环节的依据。因此，加强建设项目成本核算工作，对降低建设项目成本，提高企业的经济效益有积极的作用。

成本核算，是审核、汇总、核算一定时期内生产费用发生额和计算产品成本工作的总称。正确进行成本核算，是加强成本管理的前提，核算得不准确、不及时，就无从实现成本的合理补偿，无从及时分析成本升降的原因，不利于及时采取措施，降低成本，提高经济效益。

1. 成本核算对象的划分

成本核算对象必须根据具体情况和施工管理的要求，具体进行划分。具体的划分方法为：

（1）单位工程划分。工业和民用建筑一般应以单位工程作为成本核算对象；一个单位工程，如果有两个或两个以上施工单位共同施工时，各个施工单位都以同一单位工程为成本核算对象，各自核算自行完成的部分。

（2）工程部位划分。对于工程规模工期长，或者采用新材料、新工艺的工程，可以根据需要，按工程部位划分成本核算对象。

（3）工程项目划分。在同一个工程项目中，如果若干个单位工程结构类型、施工地点相同，开竣工时间接近，可以合并成一个成本核算对象；建筑群中如有创全优的工程，则应以全优工程为成本核算对象，并严格划清工料费用。

（4）改建或扩建的零星工程划分。改建或扩建的零星工程可以将开竣工时间接近的一批单位工程合并为一个成本核算对象。

2. 施工项目的"成本项目"

根据建设部《建筑安装工程费用项目组成》（建标〔2003〕206号）和新财务制度的规定，将施工项目的"成本项目"列成表4.9。

表4.9　　　　　　　　　　　施工项目费用构成

工程费用组成 （侧重造价构成）	施工企业财务制度 （侧重成本、费用支出和营业收入）	异　同
一、直接工程费 1. 直接费 （1）人工费 （2）材料费 （3）机械使用费 2. 其他直接费 3. 现场经费 （1）临时设施费 （2）现场管理费 二、间接费 1. 企业管理费 2. 财务费用 3. 其他费用（代收代付） （1）定额编制管理费 （2）定额测定费 （3）上级管理费 三、计划利润（差别利润率） 四、税金（营业税、城市维护建设税、教育费附加）按税法规定	一、直接成本 1. 人工费 2. 材料费 3. 机械使用费 4. 其他直接费（含临时设施） 二、间接成本 施工间接费 项目成本（即制造成本） 三、期间费用 1. 管理费用 2. 财务费用 四、计划利润（属营业收入组成部分） 五、税金及附加 六、投资收益 七、营业收入 八、营业外支出	1. 工程项目成本包括直接成本和间接成本，有关管理费用、财务费用子目； 2. 临时设施"制度"划入其他直接费，"组成"划入现场经费，总之都构成项目成本； 3. 有些费用名称叫法不一，如企业管理费和管理费用； 4. 间接费和间接成本系两个不同概念

续表

工程费用组成 （侧重造价构成）	施工企业财务制度 （侧重成本、费用支出和营业收入）	异 同
计费基数		
1. 土建工程费用计算基数 （1）其他直接费、现场经费以直接费为基数计算； （2）间接费以直接工程费为基数计算	其中单独承包装饰工程其他直接费、现场经费、间接费均以人工费为基数计算	安装工程：其他直接费、现场经费、间接费均以人工费为基数计算
2. 计划利润计算基数 以直接工程费与间接费之和为基数计算	以人工费为基数	以人工费为基数

3. 施工项目成本核算要求

执行国家有关成本开支范围和费用开支标准，控制费用开支，节约使用人力、物力和财力；正确及时记录施工项目的各项开支和实际成本；划清成本、费用支出和非成本、费用的界限；正确划分各种成本、费用的界限；加强在本核算的基础工作，包括建立各种财产、物资的收发、领退、转移、报废、清点、盘点、索赔制度，健全原始记录和工程量统计制度，建立各种内部消耗定额及内部指导和工程量统计制度，建立各种内部消耗定额及内部指导价格，完善计量、检测、检验设施等；有账有据，资料要真实、可靠、准确、完整、及时、审核无误、手续齐全、建立台账；要求具备成本核算内部条件（两层分开、内部市场等）和外部条件（定价方式、承包方式、价格状况、经济法规等）。

4.3.9 工程项目成本分析与考核

1. 工程项目成本分析的内容

工程项目成本分析，是对工程项目成本的形成过程和影响成本升降的因素进行分析，以寻求进一步降低成本的途径。通过成本分析可增强项目成本的透明度和可控性，为加强成本控制实现项目成本目标创造条件。工程项目成本进行分析的内容包括以下三个方面。

（1）随着项目施工的进展而进行的成本分析。主要内容包括：部分项目工程的成本分析；月（季）度成本分析；年度成本分析；竣工成本分析。

（2）按成本项目进行的成本分析。主要内容包括：人工费分析；材料费分析；机械费分析；其他直接费用分析；间接成本分析。

（3）针对特定问题和与成本有关事项的分析。主要内容包括：成本赢利异常分析；工期成本分析；资金成本分析；技术组织措施节约效果分析；其他有利因素和不利因素对成本影响的分析。

建设项目成本分析，应该随着项目施工的进展，动态地、多形式开展，而且要与生产诸要素的经营管理相结合。这是因为成本分析必须为生产经营服务，即通过成本分析，及时发现矛盾，解决矛盾，从而改善生产经营，同时又可降低成本。

2. 选择项目成本分析方法

成本分析的方法很多，随着科学技术经济的发展，在工程成本分析中，将出现越来越多的新的分析方法。由于建设项目成本涉及的范围很广，需要分析的内容也很多，应该在不同的情况下采取不同的分析方法。为了便于联系实际参考应用，我们按成本分析的基本方法、综合成本的分析方法、成本项目的分析方法和与成本有关事项的基本分析方法叙述如下。

（1）比较分析法。比较分析法又称"指标对比分析法"，简称比较法。就是通过技术经济指标的对比，检查计划的完成情况，分析产生差异的原因，进而挖掘内部潜力的方法。这种方法具有通俗易懂、简单易行、便于掌握的特点，因而得到了广泛的应用。在实际工作中，比较分析法通常有下列形式。

1）实际成本与计划成本比较。将实际成本与计划成本比较，以检查计划的完成情况，分析完成计划的积极因素和影响计划完成的原因，以便及时采取措施，保证成本目标的实现，比较时，计算出实际成本与计划成本的差异，如果是正数差异，说明成本计划完成；反之，负差说明成本超支，成本比例没有完成。

2）本期实际成本与上期实际成本的比较。通过这种对比，可以看出各项技术经济指标的动态情况，反映建设项目管理工作水平的提高程度。在一般情况下，一个技术经济指标只能代表建设项目管理的一个侧面，只有成本指标才能是管理水平的综合反映。因此，成本指标的对比分析尤为重要，不但要真实可靠，而且要有深度。

3）与本行业平均水平，先进水平对比。通过这种对比，可以反映本项目的技术管理和经济管理与其他项目的平均水平和先进水平的差距，进而采取措施赶超先进水平。

（2）因素分析法。

1）一般要求。因素分析法又称连环替代法，它是用来确定影响成本计划完成情况的因素及其影响程度的分析方法。影响成本计划完成的因素是各种各样的，成本计划的完成与否，往往是多种因素综合影响的结果。为了分析各个因素对成本的影响程度，就需要应用因素分析法来测定每一个因素的影响数值，测定时，要把其中一个因素当作可变因素，其他因素暂时当作不变。必须注意，各个因素应根据其相互内在联系和所起作用的主次关系，确定其排列顺序。各因素的排列顺序一旦确定，不能任意改变，否则将会得出不同的计算结果，影响分析、评价的质量。

2）计算程序。因素分析法的计算程序如下。

a. 确定分析对象。即将分析的各项成本指标，计算出实际数与计划数的差异，作为分析对象。

b. 确定该成本指标。即是由哪几个因素组成的，并按照各个因素之间的相互联系，排列顺序。

c. 实际数替换计划数。以计划（预算）数为基础，将全部因素的计划（预算）数相乘，作为替代的基础。将各因素的实际数逐个替换其计划（预算）数，替换后的实际数应保留下来，每次替换后，都要计算出新的结果。

d. 结果比较。将每次替换所得的结果，与前一次计算的结果比较，二者差额，就是某一因素对计划完成情况的影响程度。

3）示例说明。现以材料成本分析的方法为例来说明，影响材料成本的升降因素，主要有如下几个。

a. 工程量的变动。即工程量比计划增加，材料消耗总值也会相应的增加；反之，工程量比计划减少,材料消耗总值也会随之减少。

b. 单位材料消耗定额的变动。即单位产品的实际用料低于定额用料,材料成本可以降低;反之,实际用料高于定额用料,材料成本就会发生超支。

c. 材料单价的变动。即材料实际单价小于计划单价,材料成本可以降低;反之实际单价大于计划单价,材料成本就会发生超支。

现将上述三个因素按工程量、单位材料消耗量、材料单价的排列顺序,列式如下。

①计划数:计划工程量×单位材料消耗定额×计划单价;
②第一次替代:实际工程量×单位材料消耗定额×计划单价;
③第二次替代:实际工程量×单位实际用料量×计划单价;
④第三次替代:实际工程量×单位实际用料量×实际单价。

②式与①式计算结果的差额,是由于工程量变动的结果。③式与②式计算结果的差额,是由于材料消耗定额变动的结果。④式与③式计算结果的差额,是由于材料单价变动的结果。

例如某工程材料成本资料如表 4.10 所示。用因素分析法分析各种因素的影响见表 4.11。分析的顺序是:先绝对量指标,后相对量指标;先实物量指标,后货币量指标。

表 4.10　　　　　　　　　　材料成本情况表

项目	计划	实际	差值	差异率/%
工程量/m³	100	110	+10	+10.0
单位砖料耗量/kg	320	310	-10	-3.1
材料单价/(元/kg)	40	42	+2.0	+5.0
材料成本/元	1280000	1432200	+152200	+12.0

表 4.11　　　　　　　　　　材料成本影响因素分析法

计算顺序	替换因素	影响成本的变动因素			成本/元	与前一次之差/元	差异原因
		工程量/m³	单位材料耗量	单价/元			
替换基数		100	320	40.0	1280000		
一次替换	工程量	110	320	40.0	1408000	128000	工程量增加
二次替换	单耗量	110	310	40.0	1364000	-44000	单位耗量节约
三次替换	单价	110	310	40.0	1432200	68200	单价提高
合计						15200	

(3) 差额分析法。差额分析法是因素分析法的简化形式。运用差额分析法的原则与运用因素分析法的原则基本相同,但其计算方式有所不同。差额分析法是利用指标的各个因素的实际数与计划数的差额,按照一定的顺序,直接计算出各个因素变动时对计划指标完成的影响程度的一种方法。

这是因素分析法的一种简化形式,用差额分析法计算上例如下。

由于工程量增加使成本增加(110-100)×320×40=128000(元)

4.3 施工项目的成本控制及风险管理

由于单位耗量节约使成本降低(310−320)×110×40＝−44000(元)
由于单价提高使成本增加(42−40)×110×310＝68200(元)

（4）比率分析法。比率分析法，是指用两个以上的指标的比例进行分析的方法。它的基本特点是：先把对比分析的数值变成相对数，再观察其相互之间的关系，常用的比率法有以下几种。

1）相关比率。由于项目经济活动的各个方面是互相联系、互相依存，又互相影响的，因而将两个性质不同而又相关的指标加以对比，求出比率，并以此来考查经营成果的好坏。例如，产值和工资是两个不同的概念，但它们的关系又是投入与生产的关系。在一般情况下，都希望以最少的人工费支出完成最大的产值。因此，用产值工资率指标考核人工费的支出水平，就很能说明问题。

2）构成比率。构成比率又称比重分析法或结构对比分析法。通过构成比率，可以考察成本总量的构成情况以及各成本项目占成本总量的比重，同时也看出量、本、利的比例关系（即预算成本、实际成本和降低成本的比例关系），从而为寻求低成本的途径指明方向。

3）动态比率。动态比率法，就是将同类指标不同时期的数值进行比较，求出比率，以分析该项目指标的发展方向和发展速度。动态比率的计算，通常采用基期指数（或稳定比指数）和环比指数两种方法。

3. 综合成本的分析方法

所谓综合成本，是指涉及多种生产要素，并受多种因素影响的成本费用，如分部分项工程成本、月（季）成本、年度成本等。由于这些成本都随着项目施工的进展逐步形成，与生产经营有着密切的关系。因此，做好上述成本的分析工作，无疑将促进项目的生产经营管理，提高项目的经营效益。

（1）分部分项工程成本分析。分部分项工程成本分析是建设项目成本分析的基础。分部分项工程成本分析的对象为已完成的分部分项工程。分析的方法是：进行预算成本、计划成本和实际成本的"三算"对比，分别计算实际偏差，分析偏差产生的原因，为今后的分部分项工程成本寻求节约的途径。

分部分项工程成本分分析的资料来源是：预算成本来自施工图预算，计划成本来自施工预算，实际成本来自施工任务单的实际工作量、实耗人工和限额领料单的实耗材料。

由于施工项目包括很多分部分项工程，不可能也没有必要对每一个分部分项工程都进行成本分析，特别是一些工程量小、成本费用微不足道的零星工程。但是，对于那些主要的分部分项工程则必须进行成本分析，而且要做到从开工到竣工进行系统的成本分析。这是一项很有意义的工作，因为通过主要分部分项工程成本的系统分析，可以基本上了解项目成本形成的全过程，为竣工成本分析和今后项目成本管理提供一份宝贵的参考资料。

（2）月（季）度成本分析。月（季）度成本分析，是建设项目定期的、经常性的中间成本分析。对于有一次性特点的建设项目来说，有着特别重要的意义。因为，通过月（季）度成本分析可以及时发现问题，以便按照成本目标指示的方向进行监督和控制，保证项目成本目标的实现。

1）编制依据。月（季）度成本分析的编制依据是当月（季）的成本报表。

2) 分析方法。通常有以下几个方面。

a. 通过实际成本与预算成本的对比，分析当月（季）的成本降低水平；通过累计实际成本与累计预算成本的对比，分析累计的成本降低水平；预测实现项目成本目标的前景。

b. 通过实际成本与计划成本的对比，分析计划成本的落实情况，以及目标管理中的问题和不足，进而采取措施，加强成本管理，保证成本计划的落实。

c. 通过对各成本项目的成本分析，可以了解成本总量的构成比例和成本管理的薄弱环节。例如，在成本分析中，发现人工费、机械费和间接费等大幅度超支，就应该对这些费用的收支配比关系认真研究，并采取对应的增收节支措施，防止今后再超支。如果是属于预算定额规定的"政策性"亏损，则应从控制支出着手，把超支额压缩到最低限度。

d. 通过主要技术经济指标的实际与计划的对比，分析产量、工期、质量、"三材"节约率、机械利用率等对成本的影响。

e. 通过对技术组织措施执行效果的分析，寻求更加有效的节约途径。

f. 分析其他有利条件和不利条件对成本的影响。

（3）年度成本分析。企业成本要求一年结算一次，不得将本年成本转入下一年度。而项目成本则以项目的寿命周期为结算期，要求从开工到竣工到保修期结束连续计算，最后结算出成本总量及盈亏。由于项目的施工周期一般都比较长，除了要进行月（季）度成本的核算和分析外，还要进行年度成本的核算和分析。这不仅是为了发现企业成本管理的成绩和不足，更是为今后的成本管理提供经验和教训，从而可对项目成本分析进行更有效的管理。

年度成本分析的依据是年度成本报表，年度成本分析的内容，除了月（季）度成本分析的六个方面以外，重点还应针对下一年度的施工进展情况制定切实可行的成本管理措施，以保证施工项目成本目标的实现。

（4）竣工成本的综合分析。凡是有几个单位工程而且是单独进行成本核算（即成本核算对象）的项目，其竣工成本分析应以各单位工程竣工成本分析资料为基础，再加上项目管理部的经营效益进行综合分析。如果施工项目只有一个成本核算对象（单位工程），就以该成本核算对象的竣工成本资料作为成本分析的依据。

单位工程竣工成本分析，应包括以下三方面的内容：竣工成本分析；主要资源节超对比分析；主要技术节约措施及经济效果分析。

通过以上分析，可以全面了解单位工程的成本构成和降低成本的来源，对今后同类工程的成本管理很有参考价值。

（5）特定问题和与成本有关事项的分析。针对特定问题和与成本有关事项的分析，包括成本盈亏异常分析、工期成本分析、资金成本分析等内容。

1) 成本盈亏异常分析。成本出现盈亏异常情况，对建设项目来说，必须引起高度重视，必须彻底查明原因，必须立即加以纠正。检查成本盈亏异常的原因，应从经济核算的"三同步"入手。因为，项目经济核算的基本规律是：在完成多少产值、消耗多少资源、发生多少成本之间有着必然的同步关系。如果违背这个规律，就会发生成本的盈亏异常。

"三同步"检查是提高项目经济核算的有效手段，不仅适用于成本盈亏异常的检查，也可用于月度成本的检查。"三同步"检查可以通过以下五方面的对比分析来实现：产值与施工任务单的实际工程量和形象进度是否同步？资源消耗与施工任务单的实耗人工、限额领料单的实耗材料、当期租用的周转材料和施工机械是否同步？其他费用（如材料价差、超高费、井点抽水的打拔费和台班费等）的产值统计与实际支付是否同步？预算成本与产值统计是否同步？实际成本与资源消耗是否同步？实践证明，把以上五方面的同步情况查明以后，成本盈亏的原因自然一目了然。

2）工期成本分析。工期的长短与成本的高低有着密切的关系。在一般情况下，工期越长费用支出越多，工期越短费用支出越少。特别是固定成本的支出，基本上是与实际工期成本同步增减的，是进行工期成本分析的重点。

工期成本分析，就是计划工期成本与实际工期成本的比较分析。所谓计划工期成本，是指在假定完成预期利润的前提下计划工期内所耗用的计划成本；而实际成本则是在实际工期中耗用的实际成本。工期成本分析的方法一般采用比较法，即将计划工期成本与实际工期成本进行比较，然后用"因素分析法"分析各种因素的变动对工期成本差异的影响程度。

进行工期成本分析的前提条件，是根据施工图预算和施工组织设计进行量本利分析，计算施工项目的产量、成本和利润的比例关系，然后用固定成本除以合同工期，求出每月支用的固定成本。

3）资金成本分析。资金与成本的关系，就是工程收入与成本支出的关系。根据工程成本核算的特点，工程收入与成本支出有很强的配比性。在一般情况下，都希望工程收入越多越好，成本支出越少越好。

施工项目的资金来源，主要是工程款的成本；而施工耗用的人、财、物的货币表现，则是工程成本支出。因此，减少人、财、物的消耗，即能降低成本，又能节约资金。进行资金成本分析，通常应用"成本支出率"指标，即成本支出占工程款收入的比例。计算公式为

$$成本支出率 = \frac{计算期实际成本支出}{计算期实际工程款收入} \times 100\%$$

通过对"成本支出率"的分析，可以看出资金收入中用于成本支出的比重有多大；也可以通过加强资金管理来控制成本支出；还可联系储备金和结存资金的比重，分析资金使用的合理性。

4）技术组织措施执行效果分析。技术组织措施是施工项目降低工程成本、提高经济效益的有效途径。因此，在开工以前都要根据工程特点编制技术组织措施计划，列入施工组织设计。在施工过程中，为了落实施工组织设计所列的技术组织措施计划，可以结合月度施工作业计划的内容编制月度组织措施计划；同时，还要对月度技术组织措施计划的执行情况进行检查和考核。

在实际工作中，往往有些措施已按计划实施，有些措施并未实施，还有一些措施则是计划以外的。因此在检查考核措施计划成本执行情况的时候，必须分析拖计划和超计划的具体原因，做出正确的评价，以免挫伤有关人员的积极性。

对执行效果的分析也要实事求是，既要按理论计算，也要联系实际，对节约的实物进

行验收,然后根据实际节约效果论功行赏,以激励有关人员执行技术组织措施的积极性。

技术组织措施必须与施工项目的工程特点相结合。也就是说,不同特点的施工项目,需要采取不同的技术组织措施,有很强的针对性和适应性(当然也有各施工项目通用的技术组织措施)。在这种情况下,计算节约效果的方法也会有所不同。但总的来说,通用的计算方法为

措施节约效果=措施前的成本-措施后的成本

对节约效果的分析,需要联系措施的内容和措施的执行经过来进行。有些措施难度比较大,但节约效果并不高;而有些措施难度并不大,但节约效果却很高。因此,在技术组织措施执行效果进行考核的时候,也要根据不同情况区别对待。

对于在项目施工管理中影响比较大、节约效果比较好的技术组织措施,应该以专题分析的形式进行深入详细的分析,以便推广应用。

5)其他有利因素和不利因素对成本影响的分析。在项目施工过程中,必然会有很多有利因素,同时也会碰到不少不利因素。不管是有利因素还是不利因素,都将对项目成本造成影响。

对待这些有利因素和不利因素,首先要有预见和抵御风险的能力;同时还要把握机遇充分利用有利因素,积极争取转换不利因素。这样,就会更有利于项目施工,也更有利于成本的降低。

这些有利因素和不利因素,包括工程结构的复杂性和施工技术的难度,施工现场的自然地理环境(如水文、地质、气候等),以及物资供应渠道和技术装备水平等。它们对项目成本的影响,需要具体问题具体分析。这里只能作为一项成本分析的内容提出来,有待今后根据施工中接触到的实际问题进行分析。

4. 施工项目成本管理考核

施工项目的成本考核分两个层次:一是对项目经理成本管理的考核;二是对施工项目经理所属职能部门和班组的成本管理考核。

对施工项目经理成本管理考核的内容有:项目成本目标和阶段成本目标的完成情况;建立以项目经理为核心的成本管理责任制的情况;成本计划的编制和落实情况;对各部门、各作业队和班组责任成本的检查和考核情况;在成本管理贯彻责权利相结合原则的执行情况。

对各部门成本管理考核的内容包括:本部门、本岗位责任成本的完成情况;本部门、本岗位成本管理责任的执行情况。

对班组(承包队)成本管理考核的内容包括:对劳务合同的承包范围和承包内容的执行情况;劳务合同以外的补充收费情况;对班组施工任务单的管理情况;对班组完成施工任务后的考核情况。对班组的成本管理考核是考核其责任成本(分部分项工程成本)的完成情况。

4.3.10 采购管理

编制采购计划。根据项目立项报告、工程合同、设计文件、项目管理实施规划和采购管理制度编制采购计划。采购计划应包括下列内容:采购工作范围、内容及管理标准;采购信息,包括产品或服务的数量、技术标准与质量规范;检验方式和标准;供方资质审查

要求；采购控制目标及措施。

采购计划应经过相关部门审核，并经授权人签字批准实施。必要时，采购计划应及时变更。采购过程应按法律、法规和规定程序，依据工程合同需求采用招标、询价或其他方式实施。符合公开招标规定的过程应按相关要求进行控制。

组织应确保采购控制目标的实现，对供方下列条件进行有关技术和商务评审：经营许可、企业资质；相关业绩与社会信誉；人员素质和技术管理能力；质量要求与价格水平。

组织应制定供方选择、评审和重新评审的准则。评审记录应予以保存。组织应对特殊产品和服务的供方进行实地考察并采取措施进行重点监控，实地考察内容应包括生产或服务能力、现场控制结果和相关风险评估。

承压产品、有毒有害产品和重要设备采购前，组织应要求供方提供有效的安全资质、生产许可证与其他相关要求的证明文件。

组织应按工程合同的约定和需要，订立采购合同或规定相关要求。采购合同或相关要求应明确双方责任、权限、范围和风险，并经组织授权人员审核批准，确保采购合同或要求内容的合法性。

组织应依据采购合同或相关要求对供方的下列生产和服务条件进行确认：项目管理机构和相关人员的数量、资格；主要材料、设备、构配件、生产机具与设施。

供方项目实施前，组织应对供方进行相关要求的沟通或交底，确认或审批供方编制的生产或服务方案。组织应对供方的下列生产或服务过程进行监督管理：实施合同的履约和服务水平；重要技术措施、质量控制、人员变动、材料验收、安全条件、污染防治。

采购产品的验收与控制应符合下列条件：项目采用的设备、材料应经检验合格，满足设计及相关标准的要求；检验产品使用的计量器具、产品的取样和抽检应符合标准要求；进口产品应确保验收结果符合合同规定的质量标准，并按规定办理报关和商检手续；采购产品在检验、运输、移交和保管过程中，应避免对职业健康安全和环境产生负面的影响；采购过程应按规定对产品和服务进行检验或验收，对不合格品或不符合项依据合同和法规要求进行处置。

复 习 思 考 题

（1）什么是网络计划？其基本原理是什么？
（2）网络图与横道图比较各自有什么特点？
（3）双代号网络图的绘制规则有哪些？
（4）施工进度计划如何编制？
（5）什么是质量？质量概念的含义是什么？
（6）施工项目的事前、事中、事后质量控制包括哪些内容？
（7）质量验收是如何进行划分的？验收合格的标准是什么？
（8）简述项目成本的概念与构成。
（9）项目成本管理的措施有哪些？

项目 5　建筑工程项目资源管理

【学习目标】　熟悉建筑工程项目资源管理的要求、程序及内容，建筑工程项目人力资源管理，掌握建筑工程项目材料管理，建筑工程项目技术管理，建筑工程施工项目资金管理。

5.1　建筑工程项目资源管理概述

5.1.1　项目资源管理的概念

1. 项目资源

项目资源是对项目实施中使用的人力资源、材料、机械设备、技术、资金和基础设施等的总称。资源是人们创造出产品（即形成生产力）所需要的各种要素，亦称生产要素。

2. 项目资源管理

项目资源管理是对项目所需的各种资源进行的计划、组织、指挥、协调和控制等系统活动。项目资源管理的复杂性主要表现如下。

（1）工程实施所需资源的种类多、需要量大。

（2）建设过程对资源的消耗极不均衡。

（3）资源供应受外界影响很大，具有一定的复杂性和不确定性，且资源经常需要在多个项目间进行调配。

（4）资源对项目成本的影响最大。加强项目管理，必须对投入项目的资源进行市场调查与研究，做到合理配置，并在生产中强化管理，以尽量少的消耗获得产出，达到节约物化劳动和活劳动、减少支出的目的。

5.1.2　项目资源管理的目的和要求

1. 项目资源管理的目的

项目资源管理的目的，就是在保证工程施工质量和工期的前提下，节约活劳动和物化劳动，从而节约资源，达到降低工程成本的目的。

2. 项目资源管理的要求

（1）项目资源管理就是对资源进行优化配置，即适时、适量地按照一定比例配置资源，并投入到施工生产中，以满足需要。

（2）进行资源的优化组合，即对投入项目的各种资源在施工项目中搭配适当、协调，使其能够充分发挥作用，更有效地形成生产力。

在整个项目运行过程中，要对资源进行动态管理。由于项目的实施过程是一个不断变化的过程，对资源的需求也会不断发生变化，因此资源的配置与组合也需要不断地调整以适应工程的需要，这就是一种动态的管理。动态资源管理是优化组合与配置的手段与保证。其基本内容应该是按照项目的内在规律有效地计划、组织协调、控制各种生产资源，使其能合理地流动，在动态中求得平衡。

在施工项目运行中，合理地、节约地使用资源，是实现节约资源（资金、材料、设备、劳动力）的一种重要手段。

5.1.3 项目资源管理的程序

项目资源管理的全过程应包括项目资源的计划、配置、控制和处置。具体来说，项目资源管理应遵循下列程序。

（1）按合同要求，编制资源配置计划，确定投入资源的数量与时间。

（2）根据资源配置计划，做好各种资源的供应工作。

（3）根据各种资源的特性，采取科学的措施，进行有效组合，合理投入，动态调控。

（4）对资源收入和使用情况进行定期分析，找出问题，总结经验并持续改进。

5.1.4 项目资源管理的内容

（1）编制项目资源管理计划。项目施工过程中，往往涉及多种资源，如人力资源、原材料、机械设备、施工工艺及资金等，因此，在施工前必须编制项目资源管理计划。施工前，工程总承包商的项目经理部必须做出指导工程施工全局的施工组织计划，其中，编制项目资源计划便是施工组织设计中的一项重要内容。

为了对资源的投入量、投入时间、投入步骤有一个合理的安排，在编制项目资源管理计划时，必须按照工程施工准备计划、施工进度总计划和主要分部（项）工程进度计划以及工程的工作量，套用相关的定额，来确定所需资源的数量、进场时间、进场要求和进场安排，编制出详尽的需用计划表。

（2）资源的供应与节约使用。在项目施工过程中，为保证资源的供应，应当按照编制的各种资源计划，派专业部门人员负责组织资源的来源，进行优化选择，并把它投入到施工项目管理中，使计划得以实施、施工项目的需要得以保证。

在项目施工过程中，资源管理的最根本意义就在于节约活劳动及物化劳动，因此，节约使用资源应该是资源管理诸环节中最为重要的一环。要节约使用资源，就要根据每种资源的特性，设计出科学的措施，进行动态配置和组合，协调投入，合理使用，不断地纠正偏差，以尽可能少的资源，满足项目的使用要求，以达到节约的目的。

（3）资源核算。资源管理的另一个重要环节就是对施工项目投入的资源的使用和产出情况进行核算。只有完成了这个程序，资源管理者才能做到心中有数，才知道哪些资源的投入、使用是恰当的，哪些资源还需要进行重新调整。

（4）对资源使用效果进行分析。对资源使用效果进行分析，一方面是对管理效果的总结，找出经验与问题，评价管理活动；另一方面又为管理者提供储备与反馈信息，指导以后的管理工作。

5.1.5 项目资源管理的范围

（1）人力资源管理。在工程项目资源中，人力资源是各生产要素中"人"的因素，具有非常重要的作用,主要包括劳动力总量,各专业、各级别的劳动力,操作工、修理工以及不同层次和职能的管理人员。

人力资源泛指能够从事生产活动的体力和脑力劳动者,在项目管理中包括不同层次的管理人员和参与作业的各种工人。人是生产力中最活跃的因素,人具有能动性和社会性等。项目人力资源管理是指项目组织对该项目的人力资源进行的科学的计划、适当的培训教育、合理的配置、有效的约束和激励、准确的评估等方面的一系列管理工作。

项目人力资源管理的任务是根据项目目标,不断获取项目所需人员,并将其整合到项目组织中,使之与项目团队融为一体。项目中人力资源的使用,关键在于明确责任,调动职工的劳动积极性,提高工作效率。从劳动者个人的需要和行为科学的观点出发,责权利相结合,多采取激励措施,并在使用中重视对他们的培训,提高他们的综合素质。

(2) 劳务资源管理。项目管理机构应编制劳务需求计划、劳务配置计划和劳务人员培训计划。项目管理机构应确保劳务队伍选择、劳务分包合同订立、施工过程控制、劳务结算、劳务分包退场管理满足工程项目的劳务需求。项目管理机构应依据项目需求进行劳务人员专项培训,特殊工种和相关人员应按规定持证上岗。施工现场应实行劳务实名制管理,建立劳务突发事件应急管理预案。组织宜为从事危险作业的劳务人员购买意外伤害保险。组织应对劳务计划、过程控制、分包工程目标实现程度以及相关制度进行考核评价。

(3) 工程材料与设备管理。一般工程中,建筑材料占工程造价的 70% 左右,加强材料管理对保证工程质量、降低工程成本都将起到积极的作用。项目材料管理的重点在现场、使用、节约和核算,尤其是节约,其潜力巨大。建筑材料主要包括原材料、设备和周转材料。其中,原材料和设备构成工程建筑的实体。周转材料,如脚手架材、模板材、工具、预制构配件、机械零配件等,都因在施工中有独特作用而自成一类,其管理方式与材料基本相同。

(4) 施工机具与设施管理。工程项目的施工机具与设施主要是指项目施工所需的施工设备、临时设施和必需的后勤供应。施工机具与设施包括塔吊、混凝土拌和设备、运输设备等。临时设施包括施工用仓库、宿舍、办公室、工棚、厕所、现场施工用供排系统(水电管网、道路等)。机械设备管理往往实行集中管理与分散管理相结合的办法,主要任务在于正确选择机械设备,保证机械设备在使用中处于良好状态,减少机械设备闲置、损坏,提高施工机械化水平,提高使用效率。机械设备管理关键在于提高机械使用效率,而提高机械使用效率必须提高利用率和完好率。利用率的提高靠人,完好率的提高在于保养和维修。

(5) 资金管理。资金也是一种资源,从流动过程来讲,首先是投入,即将筹集到的资金投入到施工项目上;其次是使用,也就是支出。资金的合理使用是施工有序进行的重要保证,这也是常说的"资金是项目的生命线"的原因。

工程项目资金管理包括编制资金计划、筹集资金、投入资金(项目经理部收入)、资金使用(支出)、资金核算与分析等环节。资金管理应以保证收入、节约支出、防范风险为目的,重点是收入与支出问题,收支之差涉及核算、筹资、利息、利润、税收等问题。

5.2 建筑工程项目人力资源与劳务管理

5.2.1 工程施工项目劳动力组织与管理

1. 施工项目劳动力组织

大多数施工企业通过长期的施工管理实践，形成了比较固定的劳动力分组方式及工种、技术等级的配合。

所有间接劳动力的组织与配置，都从属于施工项目经理部组织形式。为直接劳动力服务的人员（如医生、厨师、司机等）、工地警卫、勤杂人员、工地管理人员等，可根据劳动力投入量计划按比例计算，或根据现场的实际需要配置。对大型施工项目，这些人员的投入比例较大，约 5%～10%；中小型项目可利用项目周围社会资源，投入人数较少。

2. 劳动力的配置原则

（1）配置劳动力时，应让工人有超额完成的可能，以获得奖励，进而激发工人的劳动热情。

（2）尽量使劳动力和劳动组织保持稳定，防止频繁调动。劳动组织的形式有专业班组、混合班组、大包队。但当原劳动组织不适应工程项目任务要求时，项目经理部可根据工程需要，打乱原派遣到现场的作业人员建制，对有关工种工人重新进行优化组合。

（3）为保证作业需要，工种组合、技工与壮工比例必须适当、配套。

（4）尽量使劳动力配置均衡，使劳动资源消耗强度适当，以方便管理，达到节约的目的。

（5）每日劳动力需求量最好是在正常操作条件下所需各工种劳动力的近似估计，有一些因素，如学习过程、天气条件、劳动力周转、矿工、病假和超工时工作制度，都会影响每日劳动力需求总和。虽然很难量化这些变量，但为编制计划，建议每类劳动力增加 5% 左右以适应上述变化可能导致劳动力不足的情况。如果可能的话，适当加班能降低每日劳动需求量，最大可达 10%～15%。

3. 劳动力的动态控制

项目经理部是项目施工范围内劳动力动态管理的直接责任者，劳动管理部门对劳动力的动态管理起主导作用，其主要工作如下。

（1）根据项目经理部提出的劳动力需要量计划，签订劳务合同，并按合同派遣队伍。

（2）根据施工任务的需要和变化，从社会劳务市场中招募和遣返（辞退）民工。

（3）负责对企业劳务人员的工资进行管理，实行按劳分配，兑现合同中的经济利益条款，进行符合规章制度及合同约定的奖罚。

（4）对劳动力进行企业范围内的调度、平衡和统一管理。当施工项目中的承包任务完成后收回作业人员，重新进行平衡、派遣。

5.2.2 工程项目人力资源的确定

1. 项目管理人员、专业技术人员的确定

（1）根据岗位编制计划，参考类似工程经验进行管理人员、技术人员需求预测。在人

员需求中应明确需求的职务名称、人员需求数量、知识技能等方面的要求，招聘的途径、选择的方法和程序，希望的到岗时间等，最终形成一个有员工数量、招聘成本、技能要求、工作类别以及为满足管理需要的人员数量和层次的分列表。

（2）管理人员需求计划编制一定要提前做好工作分析。工作分析是指通过观察和研究，对特定的工作职务做出明确的规定，并规定这一职务的人员应具备什么素质，具体包括工作内容、责任者、工作岗位、工作时间、如何操作、为何要做。根据工作分析的结果，编制工作说明书、制定工作规范。

2. 劳动力综合需要量计划的确定

劳动力综合需要量计划是确定暂设工程规模和组织劳动力进场的依据。

劳动力综合需要量计划应根据工种工程量汇总表所列的各个建筑物不同专业工种的工程量编制。查劳动定额，便可得到各个建筑物不同工种的劳动量，再根据总进度计划中各单位工程或分部工程的专业工种工作持续时间，即可得到某单位工程在某时段里的平均劳动力数量。以同样方法可计算出各主要工种在各个时期的平均工人数。最后，将总进度计划图表纵坐标方向上各单位工程同工种的人数叠加在一起并连成一条曲线，即为某工种的劳动力动态曲线。

劳动力需要量计划是根据施工进度计划、工程量、劳动生产率，依次确定专业工种、进场时间、劳动量和工人数，然后汇集成表格形式，它可作为现场劳动力调配的依据。

5.2.3 工程项目人力资源的激励

1. 人力资源经济激励计划的设计分类

（1）时间相关奖励计划。按基本工作工资成比例地对工人超时奖励。

（2）工作相关奖励计划。按可测的完成工作量对工人奖励。

（3）一次付清工作报酬。按比计划（标准定额）节省的时间及完成特定的固定量进行奖励。

（4）按利润分享奖金。在预先确定的时间，例如一季度、半年或一年支付奖金。

2. 人力资源经济激励的实践

项目管理组织的有效运作需要每一个组织成员都能够有效地发挥作用。要让各位员工能够积极努力地工作，除了严格的工作规章和工作纪律外，还必须通过对人员的激励，来调动人员的主观能动性，加强自律性。为了有效地将人的动机和项目提供的工作机会、工作条件和工作报酬等紧密地结合起来，管理者在实施激励手段的过程中，必须首先了解目标的设置是否能够满足员工的需要，只有这样才能有效地激发员工的目标导向行为。

激励的起点是满足员工的需要。由于员工的需要存在个体差异性和动态性，而且只有在满足其最迫切的需要时，激励的强度才最大，管理者只有在掌握所有能够满足这些需要的前提下，有针对性地采取激励措施，才能收到实效。组织内的管理人员，应该注意研究和掌握员工的需要结构，把握其个性和共性，了解员工和员工之间需要的差异。在此基础上，根据掌握的资源进行有的放矢的激励。

对于收入水平较高的人群，特别是对知识分子和管理干部，则晋升其职务、授予其职称或荣誉，提供相应的教育条件，以及尊重其人格，鼓励其创新，放手让其工作会收到更好的激励效果；对于低工资人群，奖金、友情的作用就十分重要；对于从事笨重、危险、环境恶劣的体力劳动的员工，搞好劳动保护，改善其劳动条件，增加岗位津贴，重视、关心等都是有效的激励手段。

组织管理人员如何看待其员工一定程度上决定着他们所采用的管理方式。因此，管理者对人的本性的假设指导和控制着他们对员工的激励行为，决定着组织所采用的激励方法。组织中常用的激励方法有三种，即物质激励、精神激励和生涯发展激励。物质激励是一种最基本的激励手段，其手段有薪金、奖励、红利、股权、奖品等，目的是肯定员工的某些行为，以调动员工的积极性。

当工程项目完成交给用户（业主）后，企业的项目考核评价委员会，需要对项目的管理行为、项目管理效果以及项目管理目标实现程度进行检验和评定，使得项目经理和项目经理部的经营效果和经营责任制得到公平、公正的评判和总结。企业一定要根据评价来兑现项目管理目标责任书的奖罚承诺，使人员激励落到实处。

3. 人员激励的作用

激励的核心作用是调动员工工作的积极性。只有充分调动了员工的工作积极性，才能取得理想的工作绩效，保证组织目标的实现。

5.2.4 工程项目人力资源管理考核

1. 人力资源考核的分类

对试用期内或届满的职工均需进行考核，以确定是否正式录用。该项考核通常由项目经理部授权劳动力管理机构进行，对于某些技术类或较为重要的职位也可自行考核。对于试用优秀者，可提前转正或正式录用。

员工业绩（绩效）考核可根据其在施工生产中的表现和其完成工作量的多少、质量等因素进行综合考核，这是劳动力考核的主体。通常的做法是建立职工工作绩效考核卡，根据职工工作岗位的特点和要求，采取定岗定责，一人一岗一卡的方式进行考核。考核卡的内容中包括该名职工所在岗位的工作职责、工作要求和工作标准，考核时按卡检查考评该岗位工作。

后进职工考核，该项考核可由后进职工主管，会同人事部门共同考核定案。对认定为后进的职工，可对其具体工作表现随时提出考核和改进意见，对于被留职察看的后进职工，可根据其具体表现作出考核决定。

个案考核，该项考核可由职工主管和人事管理部门负责，常采用专案报告的形式，对职工日常工作中的重大事件，及时提出考核意见，决定奖励或处罚。

调配考核，对职工的调配，项目人事管理部门首先应考虑调配人员的素质及其技术水平，然后向项目经理部提出考核意见。调配事项确定后，应提供调配职工在本部门工作情况的考核结论和评语，以供新主管参考。

离职考核，职工离职前，应对其在本公司的工作情况作出书面考核，并且必须在职工离职前完成。

公司应为离职员工出具工作履历证明和工作绩效意见，由人事管理部门负责办理，必要时可由部门主管协办。总之，对职工的考核，应当公开、公平、公正，实事求是，不得徇私舞弊；应以岗位职责为主要依据，坚持上下结合、左右结合，定性与定量考核相结合的原则。

2. 人力资源考核评比方法

人力资源的考核评比工作，多采取定期考核与不定期抽查考核相结合、年终总评的方法。定期考核每月一次，由考评小组进行；不定期抽查考核由部门负责人组织，中心领导参加，随时可以进行，抽查情况要认真记录，以备集中考核时运用，年终结合评先工作进行总评。对中层干部和管理人员的考评，由企业领导组织职工管理委员会中的职工成员共同参与，进行年度考评。

5.2.5 资源的培训与开发

1. 职工培训的要求

（1）企业的职工培训要从实际出发，兼顾当前和长期需要，采取多种方式。如上岗前培训、在职学习、业余学习、半脱产专业技术训练班、脱产轮训班和专科大专班等。

（2）职工培训应直接有效地为企业生产工作服务，要有针对性和实用性，讲究质量、注重实效。

（3）职工培训应从上而下形成培训系统，建立专门的培训机构。

（4）建立考试考核制度。

2. 人力资源的开发

人力资源开发主要指人们通过传授知识、转变观念或提高技能来改善当前或未来管理工作绩效的活动。人力资源除了包括智力劳动能力和体力劳动能力外，同时也包含人的现实劳动能力和潜在劳动能力。

人的现实劳动能力是指人能够直接迅速投入劳动过程，并对社会经济的发展产生贡献的劳动能力。也有一部分人，由于某些原因，暂时不能直接参与特定的劳动，必须经过对人力资源的开发等过程才能形成劳动能力，这就是潜在劳动能力。如对文化素质较低的人进行培训，使其具备现代生产技术所需要的劳动能力，从而能够上岗操作，这就属于人力资源的开发过程。

人力资源开发的方式如下。

（1）人力资源的开发，需要组织通过学习、训导的手段，增强员工的技能和知识，提高员工的工作能力和促进潜能的发挥，最大限度地使员工的个人素质与工作相匹配，进而促进员工现在和将来的工作绩效的提高。严格地说，人力资源的开发是一个系统化的行为改变过程，工作行为的有效提高是人力资源开发的关键所在。

（2）培训是人力资源开发的主要手段，是指给新雇员或现有雇员传授其完成本职工作所必需的基本技能的过程。

5.3 工程材料与设备管理

5.3.1 工程材料与设备需求计划

1. 工程材料与设备需求计划

工程材料与设备需求量计算，根据不同的情况，可分别采用直接计算法或间接计算法确定材料需用量。

（1）直接计算法。对于工程任务明确、施工图纸齐全的情况可直接按施工图纸计算出分部、分项工程实物工程量，套用相应的材料消耗定额，逐条逐项计算各种材料的需用量，然后汇总编制材料需用计划。在此基础上再按施工进度计划分期编制各期材料需用计划。

（2）间接计算法。对于工程任务已经落实，但设计尚未完成，技术资料不全，不具备直接计算需用量条件的情况，为了事前做好备料工作，可采用间接计算法。当设计图纸等技术资料具备后，应按直接计算法进行计算调整。

间接计算法有概算指标法、比例计算法、类比计算法、经验估算法。

2. 工程材料与设备总需求计划的编制

（1）编制依据。编制材料总需求计划时，其主要依据是项目设计文件、项目投标书中的《材料汇总表》、项目施工组织计划、当期物资市场采购价格及有关材料消耗定额等。

（2）编制步骤。计划编制人员与投标部门进行联系，了解工程投标书中该项目的材料汇总表；计划编制人员查看经主管领导审批的项目施工组织设计，了解工程工期安排和机械使用计划；根据企业资源和库存情况，对工程所需物资的供应进行策划，确定采购或租赁的范围；根据企业和地方主管部门的有关规定确定供应方式（招标或非招标，采购或租赁）；了解当期市场价格情况。

3. 工程材料与设备计划期（季、月）需求计划的编制

（1）编制依据。计划期材料计划主要用来组织本计划期（季、月）内材料的采购、订货和供应等，其编制依据主要是施工项目的材料计划、企业年度方针目标、项目施工组织设计和年度施工计划、企业现行材料消耗定额、计划期内的施工进度计划等。

（2）确定计划期材料需用量。确定计划期（季、月）内材料的需用量常用以下两种方法。

1）定额计算法。根据施工进度计划中各分部、分项工程量获取相应的材料消耗定额，求得各分部、分项的材料需用量，然后再汇总，求得计划期各种材料的总需用量。

2）分段法。根据计划期施工进度的形象部位，从施工项目材料计划中，选出与施工进度相应部分的材料需用量，然后汇总，求得计划期各种材料的总需用量。

（3）编制步骤。季度计划是年度计划的滚动计划和分解计划，因此，欲了解季度计划，必须首先了解年度计划。年度计划是物资部门根据企业年初制订的方针目标和项目年度施工计划，通过套用现行的消耗定额编制的年度物资供应计划，是企业控制成本、编制资金计划和考核物资部门全年工作的主要依据。

月度需求计划也称备料计划，是由项目技术部门依据施工方案和项目月度计划编制的下月备料计划，也可以说是年、季度计划的滚动计划，多由项目技术部门编制，经项目总工审核后报项目物资管理部门。其编制步骤大致如下。

1）了解企业年度方针目标和本项目全年计划目标。

2）了解工程年度的施工计划。

3）根据市场行情，套用企业现行定额，编制年度计划。

4）编制材料备料计划。

5.3.2 工程材料与设备供应计划

工程材料与设备供应计划应在确定计划期需用量的基础上，预计各种材料的期初储存

量、期末储备量,经过综合平衡后,计算出工程材料与设备的供应量,然后再进行编制。

1. 工程材料与设备供应量计算

材料供应量＝材料需用量＋期末储备量－期初库存量。

式中,期末储备量主要是由供应方式和现场条件决定的,在一般情况下也可按下列公式计算:某项材料储备量＝某项材料的日需用量×(该项材料的供应间隔天数＋运输天数＋入库检验天数＋生产前准备天数)。

2. 工程材料与设备供应计划编制原则

(1) 工程材料与设备供应计划的编制只是计划工作的开始,更重要的是组织计划的实施。而实施的关键问题是实行配套供应,即对各分部、分项工程所需的材料品种、数量、规格、时间及地点,组织配套供应,不能缺项,不能颠倒。

(2) 要实行承包责任制,明确供求双方的责任与义务以及奖惩规定,签订供应合同,以确保施工项目顺利进行。

(3) 工程材料与设备供应计划在执行过程中,如遇到设计修改、生产或施工工艺变更时,应作相应的调整和修订,但必须有书面依据,制定相应的措施,并及时通告有关部门,要妥善处理并积极解决材料的余缺,以避免和减少损失。

3. 工程材料与设备供应计划的编制内容

(1) 材料供应计划的编制,要注意从数量、品种、时间等方面进行平衡,以达到配套供应、均衡施工。计划中要明确物资的类别、名称、品种(型号)、规格、数量、进场时间、交货地点、验收人和编制日期、编制依据、送达日期、编制人、审核人、审批人。

(2) 在材料供应计划执行过程中,应定期或不定期地进行检查,以便及时发现和解决问题。主要检查内容包括供应计划落实的情况、材料采购情况、订货合同执行情况、主要材料的消耗情况、主要材料的储备及周转情况等。

5.3.3 工程材料与设备控制

工程材料与设备控制包括材料供应单位的选择及采购供应合同的订立、出厂或进场验收、储存管理、使用管理及不合格品处置等。施工过程是劳动对象"加工""改造"的过程,是工程材料与设备使用和消耗的过程,在此过程中材料管理的中心任务就是检查、保证进场施工材料的质量,妥善保管进场的物资,严格、合理地使用各种材料,降低消耗,保证实现管理目标。

1. 工程材料与设备供应

为保证供应材料的合格性,确保工程质量,要对生产厂家及供货单位进行资格审查,审查内容有生产许可证、产品鉴定证书、材质合格证明、生产历史、经济实力等。采购合同内容除双方的责权利外,还应包括采购对象的规格、性能指标、数量、价格、附件条件和必要的说明。

2. 工程材料与设备进场验收

工程材料与设备进场验收的目的是划清企业内部和外部经济责任,防止进料中的差错事故和因供货单位、运输单位的责任事故造成企业不应有的损失。

(1) 工程材料与设备进场验收的要求。

1) 工程材料与设备验收必须做到认真、及时、准确、公正、合理。

2) 严格检查进场工程材料与设备的有害物质含量检测报告,按规范应复验的必须复验,无检测报告或复验不合格的应予退货。

3) 工程材料与设备进场前,应根据平面布置图进行存料场地及设施的准备。在材料进场时必须根据进料计划、送料凭证、质量保证书或产品合格证进行质量和数量验收。

(2) 工程材料与设备验收的方法。

1) 双控把关。为了确保进场工程材料与设备合格,对预制构件、钢木门窗、各种制品及机电设备等大型产品,在组织送料前,由两级材料管理部门业务人员会同技术质量人员先行看货验收;进库时由保管员和材料业务人员再一起进行组织验收方可入库。对于水泥、钢材、防水材料、各类外加剂实行检验双控,既要有出厂合格证,还要有实验室的合格实验单方可接收入库以备使用。

2) 联合验收把关。对直接送到现场的材料及构配件,收料人员可会同现场的技术质量人员联合验收;进库物资由保管员和材料业务人员一起组织验收。

3) 收料员验收把关。收料员对有包装的材料及产品,应认真进行外观检验;查看规格、品种、型号是否与来料相符,宏观质量是否符合标准,包装、商标是否齐全完好。

4) 提料验收把关。总公司、分公司两级材料管理的业务人员到外单位及材料公司各仓库提送料,要认真检查验收提料的质量,索取产品合格证和材质证明书。材料送到现场(或仓库)后,应与现场(仓库)的收料员(保管员)进行交接验收。

(3) 工程材料与设备进场质量验收工作按质量验收规范和计量检测规定进行,并作好记录和标识,办理验收手续。施工单位对进场的工程材料进行自检合格后,还应填写工程材料/构配件/设备报审表,报请监理工程师进行验收。对不合格的材料应更换、退货或让步接收(降低使用),严禁使用不合格材料。

1) 一般材料外观检验,主要检验规格、型号、尺寸、色彩、方正、完整及有无开裂。

2) 专用、特殊加工制品外观检验,应根据加工合同、图纸及资料进行质量验收。

3) 内在质量验收,由专业技术员负责,按规定比例抽样后,送专业检验部门检验力学性能、化学成分、工艺参数等技术指标。

4) 数量验收主要是核对进场材料的数量与单据量是否一致。材料的种类不同,清点数或量方的方法也不相同。对计重材料的数量验证,原则上以进货方式进行验收;以磅单验收的材料应进行复磅或监磅,磅差范围不得超过国家规范,超过规范应按实际复磅重量验收;以理论重量换算交货的材料,应按照国家验收标准规范作检尺计量换算验收,理论数量与实际数量的差超过国家标准规范的,应作为不合格材料处理;不能换算或抽查的材料一律过磅计重;计件工程材料与设备的数量验收应全部清点件数。

5) 工程材料与设备进场抽查检验应配备必要的计量器具,对进场、入库、出库材料严格计量把关,并作好相应的验收记录和发放记录。

6) 对有包装的工程材料与设备,除按包件数实行全数验收外,属于重要的、专用的、易燃易爆、有毒物品应逐项逐件点数、验尺和过磅。属于一般通用的,可进行抽查,抽查率不得低于10%。砂石等大堆材料按计量换算验收,抽查率不得低于10%;水泥等袋装材料按袋点数，袋重抽查率不得低于10％，散装的除采取措施卸净外，按磅单抽查；构配件实行点件、点根、点数和验尺的验收方法。

5.3.4 工程材料与设备保管

1. 工程材料与设备发放及领用

材料发放及领用是现场材料管理的中心环节，标志着料具从生产储备转向生产消耗。必须严格执行领发手续，明确领发责任，采取不同的领发形式。凡有定额的工程用料，都应实行限额领料。

2. 现场工程材料与设备保管

（1）材料保管、保养过程中，应定期对材料数量、质量、有效期限进行盘查核对，对盘查中出现的问题，应有原因分析、处理意见及处理结果反馈。

（2）施工现场易燃易爆、有毒有害物品和建筑垃圾必须符合环保要求。

（3）对于怕日晒雨淋、对温度湿度要求高的材料必须入库存放。

（4）对于可以露天保存的材料，应按其材料性能上盖下垫，做好围挡。建筑物内一般不存放材料，确需存放时，必须经消防部门批准，并设置防护措施后方可存放，并标识清楚。

3. 工程材料与设备使用监督

材料管理人员应该对材料的使用进行监督，检查是否认真执行领发手续，是否合理堆放材料，是否严格按设计参数用料，是否严格执行配合比，是否合理用料，是否做到工完料净、工完退料、场退地清、谁用谁清，是否按规定进行用料交底和工序交接，是否按要求保管材料等。检查是监督的手段，检查要做到情况有记录、问题有（原因）分析、责任定明确、处理有结果。

4. 工程材料与设备回收

班组余料应回收，并及时办理退料手续，处理好经济关系。设施用料、包装物及容器在使用周期结束后组织回收，并建立回收台账。

5.3.5 周转工程材料与设备管理

1. 管理范围

（1）模板：大模板、滑模、组合钢模、异型模、木胶合板、竹模板等。

（2）脚手架：钢管、钢架管、碗扣、钢支柱、吊篮、竹塑板等。

（3）其他周转材料：卡具、附件等。

2. 堆放

（1）大模板应集中码放，采取防倾斜等安全措施，设置区域围护并标识。

（2）组合钢模板、竹木模板应分规格码放，便于清点和发放，一般码十字交叉垛，高度应控制在180cm以下，并标识。

（3）钢脚手架管、钢支柱等应分规格顺向码放，周围用围栏固定，减少滚动，便于管理，并标识。

（4）周转材料零配件应集中存放，装箱、装袋，做好转护，减少散失并标识。

3. 使用

周转材料如连续使用的，每次使用完都应及时清理、除污，涂刷保护剂，分类码放，以备再用；如不再使用的，应及时回收、整理和退场，并办理退租手续。

5.4 建筑工程项目施工机具与设施管理

5.4.1 施工机具与设施的获取
施工机具与设施的获取方式主要如下。
（1）从本企业专业机械租赁公司租用已有的施工机械设备。
（2）从社会上的建筑机械设备租赁市场租用设备。
（3）进入施工现场的分包工程施工队伍自带施工机械设备。
（4）企业为本工程新购买施工机械设备。

5.4.2 施工机具与设施的选择
施工机具与设施选择的总原则是切合需要、经济合理。
（1）对施工机具与设施的技术经济进行分析，选择既满足生产、技术先进又经济合理的施工设备。结合施工项目管理规划，分析购买和租赁的分界点，进行合理配备。如果设备数量多，但相互之间使用不配套，不仅机械性能不能充分发挥，而且会造成经济上的浪费。
（2）现场施工机具与设施的配套必须考虑主导机械和辅助机械的配套关系，在综合机械化组列中前后工序施工设备之间的配套关系，大、中、小型工程机械及劳动工具的多层次结构的合理比例关系。
（3）如果多种施工机械的技术性能可以满足施工工艺要求，还应对各种机械的下列特性进行综合考虑：工作效率、工作质量、施工费和维修费、能耗、操作人员及其辅助工作人员、安全性、稳定性、运输、安装、拆卸及操作的难易程度、灵活性、机械的完好性、维修难易程度、对气候条件的适应性、对环境保护的影响程度等。

5.4.3 施工机具与设施需求计划
施工机具与设施需求计划一般由项目经理部机械设备管理员负责编制。中小型机械设备一般由项目部主管项目经理审批，大型机械设备经主管项目经理审批后，还需报企业有关部门审批，方可实施运作。

5.4.4 施工机械设备验收
1. 企业的施工机具与设施验收

企业要建立健全设备购置验收制度。对于企业新购置的设备，尤其是大型施工机械设备和进口的机械设备，相关部门和人员要认真进行检查验收，及时安装、调试、移交使用，以便在索赔期内发现问题，及时办理索赔手续。同时要按照国家档案管理要求，及时建立设备技术档案。

2. 工程项目的施工机具与设施验收

（1）工程项目要严格施工机具与设施进场验收工作，一般中小型机械设备由施工员（工长）会同专业技术管理人员和使用人员共同验收。
（2）大型设备、成套设备需在项目经理部自检自查的基础上报请公司有关部门组织技术负责人及有关部门及人员验收。

（3）对于重点设备要组织具有认证或相关验收资质的第三方单位进行验收，如塔式起重机、电动吊篮、外用施工电梯、垂直卷扬提升架等。

5.4.5 施工机具与设施的使用

1. 机械使用操作人员

（1）机械操作人员持证上岗，是指通过专业培训考核合格后，经有关部门注册，操作证年审合格，并且在有效期范围内，所操作的机种与所持操作证上允许操作机种相吻合。此外，机械操作人员还必须明确机组人员责任，并建立考核制度，奖优罚劣，使机组人员严格按规范作业，并在本岗位上发挥出最优的工作业绩。机组人员责任制应对机长、机员分别制定责任内容，对机组人员做到责、权、利三者相结合，定期考核，奖罚明确到位，以激励机组人员努力做好本职工作，使其操作的设备在一定条件下发挥出最大效能。

（2）为了使施工设备在最佳状态下运行使用，合理配备足够数量的操作人员并实行机械使用、保养责任制是关键。现场使用的各种施工设备应定机定组交给一个机组或个人，使之对施工设备的使用和保养负责。

（3）操作人员在开机前、使用中、停机后，必须按规定的项目和要求，对施工设备进行检查和例行保养，做好清洁、润滑、调整、坚固和防腐工作，经常保持施工设备的良好状态，提高施工设备的使用效率，节约使用费用，实现良好的经济效益，并保证施工的正常进行。

2. 保养和维修

机械设备的管理、使用、保养与修理是几个互相影响、不可分割的方面。管好、养好、修好的目的是为了使用，但如果只强调使用，而忽视管理、保养、修理，则不能达到更好的使用目的。

（1）机械在使用过程中，其零部件会逐渐产生磨损、变形、断裂等有形磨损现象，随着时间的增长，有形磨损会逐渐增加，使机械技术状态逐渐恶化而出现故障，导致不能正常作业，甚至停机。为维持机械的正常运转，更换或修复磨损失效的零件，并对整机或局部进行拆卸、调整的技术作业称为修理。

1）修理计划。机械设备的修理计划是企业组织机械修理的指导性文件，也是企业生产经营计划的重要组成部分。企业机械管理部门按年、季度编制机械大修、中修计划。编制修理计划时，要结合企业施工生产需要，尽量利用施工淡季，优先安排生产急需的重点机械设备，并做好各机械设备年度修理力量的平衡。

2）修理的分类。机械设备的修理可分为大修、中修和零星小修。

3）修理的方式。有故障修理、定期修理、按需修理、综合修理、预知修理。

（2）保养。保养指在零件尚未达到极限磨损或发生故障以前，对零件采取相应的维护措施，以降低零件的磨损速度，消除产生故障的隐患，从而保证机械正常工作，延长使用寿命。

保养的内容包括清洁、紧固、调整、润滑、防腐。

保养所追求的目标是提高机械效率、减少材料消耗和降低维修费用。因此，在确定保养项目内容时，应充分考虑机械类型及新旧程度，使用环境和条件，维修质量，燃料油、润滑油及材料配件的质量等因素。

5.5 建筑工程施工项目资金管理

5.5.1 项目资金管理的目的

1. 保证收入

（1）生产的正常进行需要一定的资金来保证，项目经理部资金的来源，包括公司拨付资金、向发包人收取工程进度款和预付备料款，以及通过公司获取银行贷款等。

（2）我国工程造价多数采用暂定量或合同价款加增减账结算。抓好工程预算结算，以尽快确定工程价款总收入，是施工单位工程款收入的保证。开工以后，随着工、料、机的消耗，生产资金陆续投入，必须随工程施工进展抓紧抓好已完工程的工程量确认及变更、索赔、奖励等工作，及时向建设单位办理工程进度款的支付。

（3）在施工过程中，特别是工程收尾阶段，注意抓好消除工程质量缺陷，保证工程款足额拨付工作，因为工程质量缺陷暂扣款有时需占用较大资金。同时还要注意作好工程保修，以利于5%工程尾款（质量保证金）在保修期满后及时回收。

2. 提高经济效益

（1）项目经理部在项目完成后要作出资金运用状况分析，确定项目经济效益。项目效益的好坏，很大程度上取决于能否管好用好资金。

（2）必须合理使用资金，在支付工、料、机生产费用上，考虑货币的时间因素，签好有关付款协议，货比三家，压低价格。承揽任务，履行合同的最终目的是取得利润，只有通过销售产品收回了工程价款，取得了赢利，成本得到补偿，资金得到增值，企业再生产才能顺利进行。

（3）一旦发生呆账、坏账，应收工程款只停留在财务账面上，利润就不实了。为此，抓资金管理，就投入生产循环往复不断发展来讲，既是起点也是终点。

3. 节约支出

抓好开源节流，组织好工程款回收，控制好生产费用支出，保证项目资金正常运转，在资金周转中使投入能得到补偿并增值，才能保证生产持续进行。

4. 防范资金风险

项目经理部对项目资金的收入和支出要做到合理预测，对各种影响因素进行正确评估，才能最大限度地避免资金的收入和支出风险。

5.5.2 项目资金收支计划

1. 项目资金收入与支出的管理原则

项目资金收入与支出的管理原则主要涉及资金的回收和分配两个方面。资金的回收直接关系到工程项目能否顺利进行；而资金的分配则关系到能否合理使用资金，能否调动各种关系和相关单位的积极性。

项目资金的收支原则主要如下。

（1）以收定支原则，即以收入确定支出。这样做虽然可能使项目的进度和质量受到影响，但可以不加大项目资金成本，对某些工期紧迫或施工质量要求较高的部位，应视具体情况采取区别对待的措施。

（2）制订资金使用计划原则，即根据工程项目的施工进度、业主支付能力、企业垫付能力、分包或供应商承受能力等制订相应的资金计划，按计划进行资金的回收和支付。

2. 项目资金收支计划的内容

项目资金计划包括收入方和支出方两部分。

（1）收入方包括项目本期工程款的收入，向公司内部银行借款，以及月初项目的银行存款。

（2）支出方包括项目本期支付的各项工料费用，上缴利税基金及上级管理费，归还公司内部银行借款，以及上月末项目银行存款。

（3）工程前期投入一般要大于产出，主要是现场临时建筑、临时设施、部分材料及生产工具的购置，对分包单位的预付款等支出较多，另外还可能存在发包方拖欠工程款，使得项目存在较大债务的情况。

在安排资金时要考虑分包人、材料供应人的垫付能力，在双方协商基础上安排付款。在资金收入上要与发包方协调，促其履行合同按期拨款。

5.5.3 项目资金收支计划的编制

（1）年度资金收支计划的编制，要根据施工合同工程款支付的条款和年度生产计划安排，预测年内可能达到的资金收入，再参照施工方案，安排工、料、机费用等资金分阶段投入，做好收入和支出在时间上的平衡。

年度资金收支计划编制时，关键是要摸清工程款到位情况，测算筹集资金的额度，安排资金分期支付，平衡资金，确定年度资金管理工作总体安排。这对保证工程项目顺利施工，保证充分的经济支付能力，稳定队伍，提高职工生活，顺利完成各项税费基金的上缴是十分重要的。

（2）月、季度资金收支计划的编制，是年度资金收支计划的落实与调整。要结合生产计划的变化，安排好月、季度资金收支，重点是月度资金收支计划。以收定支，量入为出，根据施工月度作业计划，计算出主要工、料、机费用及分项收入，结合材料月末库存，由项目经理部各用款部门分别编制材料、人工、机械、管理费用及分包费支出等分项用款计划，经平衡确定后报企业审批实施。月末最后5日内提出执行情况分析报告。

5.5.4 项目资金的使用

建筑业企业为了便于资金管理，确保资金的使用效率，往往在企业的财务部门设立项目专用账号，由财务部门对所承建的施工项目进行项目资金的收支预测，统一对外收支与结算。而施工项目经理则负责项目资金的使用管理。

复 习 思 考 题

（1）什么是项目资源管理？
（2）项目资源管理的程序是什么？
（3）项目资源管理的范围是什么？
（4）项目人员激励的作用有哪些？
（5）项目管理人员培训的内容有哪些？

(6) 材料供应计划的编制内容有哪些？
(7) 项目资金收支计划的内容有哪些？
(8) 分析如何对项目施工材料进行控制。
(9) 试述如何对项目资金进行管理。

项目6 建设工程项目信息管理

【学习目标】 主要介绍了建筑工程项目信息管理的目的和任务，建设工程项目信息的分类、编码和处理，工程管理信息化，施工文件档案管理，项目沟通管理的概念、特点、程序、类型、内容、作用，施工项目沟通计划等方面的内容。了解建筑工程项目信息管理的目的及任务，掌握项目信息的分类、编码和处理，熟悉工程项目管理信息化，熟悉施工文件档案管理；了解项目沟通的概念、特点，熟悉项目沟通的程序、类型、内容及作用，熟悉施工项目沟通计划的编制。

6.1 建设工程项目信息管理概述

6.1.1 项目信息管理的目的

1. 信息概述

（1）信息的含义。关于信息的含义，人们站在不同的角度上，有不同的说法。从广义角度上讲，通常认为"信息就是对客观事物的反映"。从本质上看信息是对社会、自然界的事物特征、现象、本质及规律的描述，它提供了有关现实世界事物的消息和知识，信息普遍存在于自然界、人类社会和思维领域中。从狭义的角度上讲，人们可以将信息定义为"经过加工处理以后，并对客观事物产生影响的数据"，它对接受者有用，对决策或行为具有现实或潜在的价值。

数据和信息经常被人们混淆。数据是反映客观实体的属性值，它可以用数字、文字、声音、图像或者图形等形式表示。数据本身无特定的意义，只是记录事物的性质、形态、数量特征的抽象符号，是中性的概念。而信息则是被赋予一定含义的，经过加工处理以后的数据，例如报表、账本和图纸等都是经过对数据加工处理以后产生的信息。数据和信息是相对概念，例如，对于施工企业来说，某个项目部的月结算报表是此项目部计经工作人员的信息，但是对于施工企业的总经理来说，它仅仅是原始的数据。如果说数据是原材料，而信息就是成品，于是由此我们可以认为，信息比数据更有价值、更高级，用途更广大。在一些不很严格的场合或者不易区分的情况下，人们也把信息和数据当作同义词，不加以区分，笼统地称呼，如数据处理和信息处理、数据管理和信息管理等。

（2）信息的种类和特征。

1）信息的种类。关于信息的种类，从不同的角度通常可以分为以下几类。

a. 按照信息的特征可以分为自然信息和社会信息。自然信息是反映自然事物的，由自然世界产生的信息，如遗传信息、气象信息等；社会信息是反映人类社会的有关信息，如市场信息、经济信息、政治信息和科技信息等。自然信息与社会信息的本质区别在于社会信息可以由人类进行各种加工处理，成为改造世界和能够不断发明创造的有用知识。

b. 按照信息的加工程度可以分为原始信息和综合信息。从信息源直接收集的信息就是原始信息；在原始信息的基础之上，经过信息系统的综合、加工产生出来的新信息称为综合信息。产生原始信息的信息源往往分布广而且比较分散，收集这样的信息工作量一般很大，而综合信息对于管理决策更有价值。

c. 按照信息的来源可以分为内部信息和外部信息。凡是在系统内部产生的信息称为内部信息；而在系统外部产生的信息称为外部信息（或者称为环境信息）。对于管理而言，一个组织系统的内部信息和外部信息同等重要。

d. 按照管理层次可以分为战略级信息、战术级信息和作业（执行）级信息。战略级信息是提供给高层管理人员的，帮助他们制定组织长期策略的信息，如未来经济状况预测信息；战术级信息是提供给中层管理人员的，帮助他们监督和控制业务活动、有效地分配资源的信息，如各种报表信息；作业级信息是反映组织具体业务情况的信息，如应付款信息、入库信息。战术级信息是建立在作业级信息的基础之上，战略级信息则主要来自组织的外部环境信息。

e. 信息还可以根据它的稳定性划分为固定信息和流动信息；根据信息流向划分为输入信息、中间信息和输出信息等。

2）信息的特征。所谓信息的特征，就是指信息区别于其他事物的本质属性。信息的基本特征主要如下。

a. 普遍性。信息是事物运动的状态和方式，只要有事物的存在，就有事物的运动，运动是绝对的，静止是相对的，只要有事物的运动，就会有其运动的状态和方式，就存在着信息。无论在自然界、人类社会，还是在人类思维领域，绝对的"真空"是不存在的，绝对不运动的事物也是没有的。因此，信息是普遍存在着的。信息与物质、能量一起，构成了客观世界的三大要素。

b. 表征性。信息不是客观事物本身，而只是事物运动状态和存在方式的表征。一切事物都会产生信息，信息就是表征所有事物的属性、状态、内在联系与相互作用的一种普遍形式。宇宙时空中的事物是无限的，表征事物的信息现象也是无限的。

c. 相对性。客观上信息是无限的，但是对于认知主体来说，人们实际获得的信息（实得信息）总是有限的，并且，由于不同主体所处的环境不同，也有着不同的感受能力、理解能力和目的性，因此，从同一事物中获得的信息（语法信息、语义信息和语用信息）肯定各不相同。

d. 依存性。信息本身是看不见、摸不着的，它必须依附于一定的物质形式之上，不可能脱离物质单独存在。通常我们把这些承载信息为主要任务的物质形式称为信息的载体，比如声波、电磁波、纸张、化学材料、磁性材料等，都是信息的载体。信息没有语言、文字、图像、符号等记录手段便不能表述，没有物质载体便不能储存和传播，但是其内容并不因记录手段或物质载体的改变而发生变化。

e. 真伪性。信息有真信息与假信息，真实、准确和客观的信息可以帮助管理者作出正确的决策，虚假、错误的信息则可能误导管理者，使管理者作出错误的决策。我们应该充分重视这一点，一方面要注重所收集信息的正确性，另一方面在对信息进行传送、储存和加工处理时保证不失真。

f. 层次性。管理有层次性，不同层次的管理者有不同的职责，需要的信息也不同，因而信息也是分层的。与管理层次相对应，可以人为地将信息分为战略级信息、战术级信息和作业级信息3个层次，在前面信息的分类中已经阐述过。战略级需要更多的外部信息和深度加工的内部信息，例如工程设计方案、新材料、新设备、新技术、新工艺选择的信息，工程完工后市场前景的信息；战术级信息需要较多的内部数据和信息，例如编制工程月报时汇总的材料、进度、投资、合同执行的信息；作业级需要掌握工程各个分部分项、每时每刻实际产生的数据和信息，该部分数据加工量大、精度高、时效性强，例如土方开挖量、混凝土浇筑量、材料供应保证性等具体事务的数据。

g. 时效性。信息的时效是指从信息源出来，经过接收、加工、传播、利用的时间间隔及其效率。时间间隔越短，使用信息越及时，使用程度越高，时效性越强。信息的时效性是人们进行信息管理工作中要谨记的特性。由于信息本身有强烈的时效性，其在工程实际中是动态的，不断变化、不断产生的，这就要求人们要及时处理数据，及时得到信息，才能做好决策和工程管理工作，避免事故的发生，真正做到事前管理。

h. 可共享性。信息区别于物质的一个重要特征是它可以被共同占有，共同享用。比如在一个施工企业中，许多信息可以被工程中各个部门使用，既保证了各个部门使用信息的统一，也保证了决策的一致性。信息的共享有其两面性，一方面它有利于信息资源的充分利用；另一方面也可能造成信息的贬值，不利于保密。因此在信息系统的建设中，既需要利用先进的网络和通信设备以利于信息的共享，又需要具有良好的保密安全手段，以防止保密信息的扩散。

i. 可加工性。亦称可处理性，人们可以对信息进行加工处理，把信息从一种形式变换为另一种形式，并保持一定的信息量。例如工程前景分析的情况压缩成框图来高度概括。信息系统是对信息进行加工处理的系统，应注重对信息的分析与综合、扩充或浓缩。基于计算机的信息系统处理信息要靠人编写程序来实现。

j. 可储存性。信息的可储存性即信息储存的可能程度。信息的形式多种多样，它的可储存性表现在要求能储存信息的真实内容而不畸变，要求在较小的空间中储存更多的信息，要求储存安全而不丢失，要求能在不同的形式和内容之间很方便地进行转换和连接，对已储存的信息可以随时随地以最快的速度检索所需要的信息。计算机技术为信息可储存性提供了更好的条件。

k. 可传输性。信息可通过各种各样的手段进行传输。信息传输要借助于一定的物质载体，实现信息传输功能的载体称为信息媒介。一个完整的信息传输过程必须具备信息源（信息的付出方）、信宿（信息的接受方）、信道（媒介）、信息四个基本要素。

l. 价值性。信息作为一种资源是有使用价值的。信息的使用价值必须经过转换才能得到。鉴于信息存在生命周期，转换必须及时，如企业得知要停电的信息，及时备足柴油安排发电，信息资源就能转换为物质财富。反之，转换若不可能，信息也就没有什么价值了。管理者要善于转换信息，去实现信息的价值。

m. 动态性。客观事物都在不停地运动变化着，信息业在不断发展更新，随着时间的推移，情况在变，反映情况的信息也在变，因此在获取与利用信息时必须树立时效观念，不能一劳永逸。

（3）信息在管理中的地位和作用。信息是管理的基础与纽带，是使各项管理职能得以充分发挥的前提。这是因为信息活动贯穿管理的全过程,管理就是通过信息协调系统的内部资源、外部环境和系统目标,从而实现系统功能的。具体而言,信息在管理中的地位和作用表现在以下几个方面。

1) 信息是管理系统的基本构成要素,并促使各要素形成有机联系。信息是构成管理系统的基本要素之一,正是由于有了信息活动的存在,才使得管理活动得以进行。同时,由于信息反映了组织内部的权责结构、资源状况和外部环境的状态,使管理者能够据此作出正确的决策,所以信息也是管理系统各要素形成有机联系的媒介。可以说,没有信息,就不会有管理系统的存在,也就不会有组织的存在,管理活动也就失去了存在的基础。

2) 信息是管理过程的媒介,使管理活动得以顺利进行。在管理过程中,信息发挥了极为重要的作用。各种管理活动都表现为信息的输入、变换、输出和反馈的过程。这表明管理过程是以信息为媒介的,唯有信息的介入,才能使管理活动得以顺利进行。

3) 信息是组织中各部门、各层次、各环节协调的纽带。组织中的各个部门、层次与环节是相对独立的,都有自己的目标、结构和行动方式。但是,组织需要实现整体的目标,管理系统的存在也是为了达到这个目的。为此,组织的各个部门、层次与环节需要协调行动,以消除各自所具有的独立性的影响。这除了需要有一个中枢(管理者)以外,还需要有纽带将其联系在一起,使其能够相互沟通,信息就充当了这样的角色,成为组织各个部门、层次与环节协调的纽带。

4) 信息是决策者正确决策的基础。决策者所拥有的各种信息以及对信息的消化吸收是其作出决策的依据。决策者只有及时掌握全面的、充分而有效的信息才能统揽全局,高瞻远瞩,从而作出正确的决策。

5) 信息的开发和利用是提高社会资源利用效率的重要途径。社会资源是有限的,需要得到最合理、最有效的配置,提高其利用效率,对于工程管理而言,即表现为经济效益和社会效益的提高。

2. 信息管理

(1) 信息管理的概念。对于什么是信息管理(Information Management),目前没有完全一致的说法,一般有以下两种基本的理解。

1) 一种意见认为,信息管理就是对信息的收集、整理、储存、传播和利用过程。也就是信息从分散到集中,从无序到有序,从存储到传播,从传播到利用的过程。这种说法把信息管理局限于对信息本身的管理。

2) 另一种意见认为,信息管理不只是对信息的管理,而是对涉及信息活动的各种要素,如信息、人员、技术、机构等进行管理,实现各种资源的合理配置以满足社会对信息需求的过程。

两种说法一种是狭义的,一种是广义的,根据目前发展的状况,采取广义的说法更适合。信息管理属于人类管理活动的一部分,自有人类以来就有管理活动,但是管理科学是20世纪初期才开始的事情。现在,管理科学出现许多流派,如科学管理派、古典组织学派、人际关系学派、行为科学学派、管理科学学派、社会系学派、决策管理学派、经验主义学派、权变理论学派等,形成了所谓的"管理丛林"。而且在管理实践中出现了许多专门的领域,如企业管理、金融管理、行政管理、人员管理等。信息渗透在人类社会的一切活动之中，信息是最基本的资源，信息管理本应是人类最基础的管理活动。但是由于人们对信息的作用有一个认识过程，把信息作为一种资源，成为一个独立的管理领域还是最近几年的事情。

(2) 信息管理的发展历史。虽然将信息管理作为一个独立的管理领域时间不长，但是信息管理与人管理活动一样，有着悠久的历史，大体上可以分为3个时期，有5种模式。

1) 手工管理时期（古代至20世纪40年代）。这个时期以图书馆文献管理为标志。人类的信息管理活动是从图书馆对文献的管理开始的。为什么会产生图书馆？这是因为人类在社会实践中，一方面不断产生文献，另一方面又要利用文献。文献的生产是分散的、零乱的，而利用文献又要求集中、准确和高速，文献存在的客观状态与社会对文献的需求之间就产生了矛盾，为了解决这种矛盾，就需要有专门的部门对文献进行收集、整理和储存，这样就产生了图书馆。这是人类历史上第一种信息管理模式，即手工管理模式。这种模式中信息管理的对象主要是文献，管理手段是手工方式，与技术没有直接关系。在这个漫长的历史时期内，虽然是用手工方式对信息进行管理，但是积累了宝贵的经验，丰富了学术著作，而且为保存人类文化遗产作出了巨大的、不可磨灭的贡献。

2) 技术管理时期（20世纪中叶至80年代）。由于现代技术特别是计算机技术和现代通信技术在信息管理中的应用，信息管理的手段发生了巨大的变化，使信息管理进入一个新的历史时期。由于这个时期技术起到主导作用，通常称之为技术管理时期，在这个时期产生了三种信息管理模式：数据处理（Data Processing，DP）、系统管理和网络管理。

国际标准化组织第97技术委员会（ISO—TS 97）对数据处理所下的定义是数据处理是对数据进行系统性的操作，如加工、合并、分类和计算。可见，数据处理是以数据为对象，并使数据规则化，即对信息进行具体的加工和处理，信息管理处于微观和操作的层次上。这种模式管理的对象局限于数据，其基本目标是使数据有序，并处于操作和运行的层次上，技术在信息管理中开始发挥作用。

系统管理是指以信息系统作为信息管理的主要手段和内容，这里所说的信息系统是指以计算机技术为基础的现代信息系统。信息管理的系统管理模式是在数据处理发展的基础上产生的。由于单项的事务处理已经不能适应社会的进步和生产力的发展需要，系统理论的传播，使人们的管理思想和观念发生变化，孕育出系统管理的思潮，而信息技术的进步，为信息管理提供了新的工具和途径。在这种背景下，信息管理的系统管理模式应运而生，首先是管理信息系统（Management Information System，MIS），自20世纪60年代以来，MIS在不同领域大量应用，成为信息系统管理有代表性的工具。而后又推出了情报检索系统（Information Retrieval System，IRS）、办公自动化系统（Office Automation System，OAS）、决策支持系统（Decision Support System，DSS）、专家系统（Expert System，ES）等，形成了以信息系统来实施信息管理的强劲势头。20世纪80年代信息系统管理发生了结构性的变化，从覆盖面广、综合性强的大型系统演变为集中型与分散型的信息系统同时并存的局面。20世纪90年代，出现了多元信息系统和人工智能信息系统，信息的系统管理又进入了新的阶段。

网络管理是指将分散的信息系统联结成为网络，以实现资源共享为目的的一种管理模式。网络管理是社会发展的产物，也是信息技术进步的结果，在社会实践中，人们逐渐认识到，人类生活在一个相互奉献又相互依存的世界上，只有进行合作，实现资源共享，才能求得更大的发展。目前世界各国已经建成各种类型的计算机网络，因特网（Internet）是当前最大的国际性计算机互联网络，它不仅提供了迅速方便的通信手段，而且更重要的是有丰富的信息资源，让人们不受时间和空间的限制去获取和利用。

3) 资源管理时期（20 世纪 80 年代至今）。资源管理时期是在手工管理时期和技术管理时期发展起来的，主要特点是把信息作为一种资源进行管理，强调信息资源是重要的经济资源，是实现经济和社会发展的直接要素和直接生产力。信息资源也是重要的管理资源，在管理中具有决定性的作用，各种管理都离不开信息的支持。其主要内容是提出了信息资源管理（Information Resources Management，IRM），这是 20 世纪 70 年代末 80 年代初从美国开始兴起的新的信息管理模式。

3. 建设工程项目信息管理

（1）概述。建设工程项目信息管理，指对建设工程项目信息进行的收集、整理、分析、处置、储存和使用等活动。信息是各项管理工作的基础和依据，没有及时、准确和满足需要的信息，管理工作就不能有效地起到计划、组织、控制和协调的作用。随着现代化的生产和建设日益复杂化，社会分工越来越细，管理工作不仅对信息的及时性和准确性提出了更高的要求，而且对信息的需求量也大大增加，这些都对信息的组织和管理工作提出了更高的要求。也就是说，信息管理变得越来越重要，任务也越来越繁重。实践证明，如果继续沿用传统的手工处理数据和传递信息，那么往往不能在需要的时间和范围内，把有用的信息送到有关人员的手中，从而影响管理工作的正常进行。只有采用电子计算机，才有可能高速度、高质量地处理大量的信息，并根据现代管理科学理论（如运筹学、网络计划技术、系统分析和模拟技术等）和计算机处理的结果，作出最优的决策，取得良好的经济效果。由此可见，信息管理是现代管理中不可或缺的内容，而电子计算机则是现代管理中不可缺少的工具。

在建设工程项目中，信息管理同样必不可少，只有切实做好信息管理工作，才能保证项目的相关人员及时获得各自所需的信息，在此基础上才能够进一步做好成本管理、进度管理、质量管理、安全管理和合同管理等各项管理工作，最终达到优质、低价、快速地完成项目实施任务的目标。同时，由于建设项目管理是一种动态管理，需要及时地对大量的动态信息进行快速处理，这就需要借助于电子计算这一现代化工具来进行，因此在工程项目管理中必须把信息管理和计算机的应用有机地结合起来，充分发挥计算机在信息管理中的优势，为实现工程项目的动态管理服务。

在项目管理的六大任务中，信息管理是相当重要的方面，但是普遍没有引起重视，在许多项目的管理中是相当薄弱的。许多国际工程中，由于信息管理工作不规范、不到位、不重视所引起的损失是相当惊人的，因此，到国外参加过工程建设甚至在国内与国际工程公司合作过的公司对此都非常重视。我国从工业发达国家引进项目管理的概念、理论、组织、方法和手段，历时 20 年左右，取得了不少成绩。但是，应认识到，在项目管理中最薄弱的工作环节是信息管理。至今多数业主方和施工方的信息管理还相当落后，其落后表现在对信息管理的理解，以及信息管理的组织、方法和手段基本上还停留在传统的方式和模式上。信息管理是一种十分必要的建设工程管理模式，随着建设法规体系、国家建设管理体制的逐步完善，我国加入世界贸易组织，融入国际经济体系后，我国的建设工程也将进入一个新的发展时期，对建设工程信息的规范化、标准化要求也越来越高了。

建设工程项目的实施需要人力资源和物质资源，应认识到信息也是项目实施的重要资源之一，所以，必须要对信息资源有足够的重视。

（2）项目信息管理的目的。建设工程项目的信息管理是通过对各个系统、各项工作和各种数据的管理，使项目的信息能方便和有效地获取、存储、存档、处理和交流。建设工程项目信息管理旨在通过有效地对项目信息进行传输、组织和控制（信息管理），为项目的建设提供增值服务。

建设工程项目的信息包括在项目决策过程、实施过程（设计准备、设计、施工和物资采购过程等）和运行过程中产生的信息，以及其他与项目建设有关的信息，它包括项目的组织类信息、管理类信息、经济类信息、技术类信息和法规类信息。

据国际有关文献资料介绍，建设工程项目实施过程中存在的诸多问题，其中三分之二与信息交流（信息沟通）的问题有关；建设工程项目10％～33％的费用增加与信息交流存在的问题有关；在大型建设工程项目中，信息交流的问题导致工程变更和工程实施的错误约占工程总成本的3％～5％。由此可见信息管理的重要性。

以上"信息交流（信息沟通）"的问题指的是一方没有及时、或没有将另一方所需要的信息（如所需的信息的内容、针对性的信息和完整的信息），或没有将正确的信息传递给另一方。如设计变更没有及时通知施工方，而导致返工；如业主方没有将施工进度严重拖延的信息及时告知大型设备供货方，而设备供货方仍按原计划将设备运到施工现场，致使大型设备在现场无法存放和妥善保管；如施工已产生了重大质量问题的隐患，而没有及时向有关技术负责人及时汇报等。以上列举的问题都会不同程度地影响项目目标的实现。

6.1.2 项目信息管理的任务

1. 建设工程项目参与方信息管理的任务

在当今的信息时代，在国际上，工程管理领域产生了信息管理手册，它是信息管理的核心指导文件。我国施工企业必须对此要引起足够的重视，并要在工程实践中有效地应用。

业主方和项目参与各方都有各自的信息管理任务，为充分利用和发挥信息资源的价值、提高信息管理的效率以及实现有序的和科学的信息管理，各方都应编制各自的信息管理手册，以规范信息管理工作。信息管理手册描述和定义信息管理的任务（做什么？）、执行者（谁做？）、每项信息管理任务执行的时间（什么时候做？）和其工作成果（结果是什么？）等，它的主要内容如下。

（1）确定信息管理的任务（信息管理任务目录）。

（2）确定信息管理的任务分工表和管理职能分工表。

（3）确定信息的分类。

（4）确定信息的编码体系和编码。

（5）绘制信息输入输出模型（反映每一项信息处理过程的信息的提供者、信息的整理加工者、信息整理加工的要求和内容，以及经整理加工后的信息传递给信息的接受者，并用框图的形式表示）。

(6) 绘制各项信息管理工作的工作流程图（如信息管理手册编制和修订的工作流程，为形成各类报表和报告，收集信息、审核信息、录入信息、加工信息、信息传输和发布的工作流程，以及工程档案管理的工作流程等）。

(7) 绘制信息处理的流程图（如施工安全管理信息、施工成本控制信息、施工进度信息、施工质量信息、合同管理信息等的信息处理的流程）。

(8) 确定信息处理的工作平台（如以局域网作为信息处理的工作平台，或用门户网站作为信息处理的工作平台等）及明确其使用规定。

(9) 确定各种报表和报告的格式，以及报告周期。

(10) 确定项目进展的月度报告、季度报告、年度报告和工程总报告的内容及其编制原则和方法。

(11) 确定工程档案管理制度。

(12) 确定信息管理的保密制度，以及与信息管理有关的制度。

2. 信息管理的主要工作任务

项目管理班子中各个工作部门的管理工作都与信息处理有关，它们也都承担一定的信息管理任务，而信息管理部门是专门从事信息管理的工作部门，其主要工作任务如下。

(1) 负责主持编制信息管理手册，在项目实施过程中进行信息管理手册必要的修改和补充，并检查和督促其执行。

(2) 负责协调和组织项目管理班子中各个工作部门的信息处理工作。

(3) 负责信息处理工作平台的建立和运行维护。

(4) 与其他工作部门协同组织收集信息、处理信息和形成各种反映项目进展和项目目标控制的报表和报告。

(5) 负责工程档案管理等。

由于建设工程项目大量数据处理的需要，在当今的时代应重视利用信息技术的手段（主要指的是数据处理设备和网络）进行信息管理。其核心的技术是基于网络的信息处理平台，即在网络平台上（如局域网或互联网）进行信息处理。

在国际上，许多建设工程项目都专门设立信息管理部门（或称为信息中心），以确保信息管理工作的顺利进行；也有一些大型建设工程项目专门委托咨询公司从事项目信息动态跟踪和分析，以信息流指导物质流，从宏观上和总体上对项目的实施进行控制。

6.1.3 项目信息与知识管理的规定

GB/T 50326—2017 对信息与知识管理进行了七个方面的规定，本节主要介绍一般规定、信息管理计划、信息过程管理与信息安全管理等四个方面，其余规定在其他章节介绍。

1. 一般规定

组织应建立项目信息与知识管理制度，及时、准确、全面地收集信息与知识，安全、可靠、方便、快捷地存储、传输信息和知识，有效、适宜地使用信息和知识。

信息管理应符合下列规定：应满足项目管理要求；信息格式应统一、规范；应实现信息效益最大化。

信息管理应包括下列内容：信息计划管理；信息过程管理；信息安全管理；文件与档案管理；信息技术应用管理。

项目管理机构应根据实际需要设立信息与知识管理岗位，配备熟悉项目管理业务流程并经过培训的人员担任信息与知识管理人员，开展项目的信息与知识管理工作。项目管理机构可应用项目信息化管理技术，采用专业信息系统，实施知识管理。

2. 信息管理计划

项目信息管理计划应纳入项目管理策划过程。项目信息管理计划应包括下列内容：项目信息管理范围；项目信息管理目标；项目信息需求；项目信息管理手段和协调机制；项目信息编码系统；项目信息渠道和管理流程；项目信息资源需求计划；项目信息管理制度与信息变更控制措施。

项目信息需求应明确实施项目相关方所需的信息，包括信息的类型、内容、格式、传递要求，并应进行信息价值分析。项目信息编码系统应有助于提高信息的结构化程度，方便使用，并且应与组织信息编码保持一致。项目信息渠道和管理流程应明确信息产生和提供的主体，明确该信息在项目管理机构内部和外部的具体使用单位、部门和人员之间的信息流动要求。项目信息资源需求计划应明确所需的各种信息资源名称、配置标准、数量、需用时间和费用估算。项目信息管理制度应确保信息管理人员以有效的方式进行信息管理，信息变更控制措施应确保信息在变更时进行有效控制。

3. 信息过程管理

项目信息过程管理应包括信息的采集、传输、存储、应用和评价过程。项目管理机构应按信息管理计划实施下列信息过程管理：与项目有关的自然信息、市场信息、法规信息、政策信息；项目利益相关方信息；项目内部的各种管理和技术信息。

项目信息采集宜采用移动终端、计算机终端、物联网技术或其他技术进行及时、有效、准确地采集。项目信息应采用安全、可靠、经济、合理的方式和载体进行传输。项目管理机构应建立相应的数据库，对信息进行存储。

项目竣工后应保存和移交完整的项目信息资料。项目管理机构应通过项目信息的应用，掌握项目的实施状态和偏差情况，以便于实现通过任务安排进行偏差控制。项目信息管理评价应确保定期检查信息的有效性、管理成本以及信息管理所产生的效益，评价信息管理效益，持续改进信息管理工作。

4. 信息安全管理

项目信息安全应分类、分级管理，并采取下列管理措施：设立信息安全岗位，明确职责分工；实施信息安全教育，规范信息安全行为；采用先进的安全技术，确保信息安全状态。项目管理机构应实施全过程信息安全管理，建立完善的信息安全责任制度，实施信息安全控制程序，并确保信息安全管理的持续改进。

6.2 项目信息的分类、编码和处理

6.2.1 建设工程项目信息的分类

1. 建设工程项目管理中信息的主要形式

建设工程信息管理工作涉及多部门、多环节、多专业、多渠道，工程信息量大，来源广泛，形式多样，建设工程项目信息主要由下列形式构成。

(1) 文字图形信息。包括勘查、测绘、设计图纸及说明书、计算书、合同，工作条例及规定，施工组织设计，情况报告，原始记录，统计图表、报表，信函等信息。

(2) 语言信息。包括口头分配任务、下达指示、汇报、工作检查、介绍情况、谈判交涉、建议、批评、工作讨论和研究、会议等信息。

(3) 新技术信息。包括通过网络、电话、电报、电传、计算机、电视、录像、录音、广播等现代化手段收集及处理的一部分信息。

2. 建设工程项目信息的分类原则和方法

信息的分类是指在一个信息管理系统中，将各种信息按照一定的原则和方法进行区分和归类，并建立起一定的分类系统和排列顺序，以便管理和使用信息。对信息分类体系的研究一直是信息管理科学的一项重要课题，信息分类的理论与方法广泛地应用于信息管理的各个分支，如图书馆管理、情报档案管理等。这些理论与方法是人们进行信息分类体系研究的主要依据。在工程管理领域，针对不同的应用需求，各国的研究者也在开发、设计各种信息分类标准。

在大型工程项目的实施过程中，处理信息的工作量非常巨大，必须对信息进行统一的分类和编码，并借助于计算机系统，才能更好地实现信息管理的目标。统一的信息分类和编码体系的意义在于使计算机系统和所有的项目参与方之间具有共同的语言：一方面使得计算机系统更有效地处理、储存项目信息；另一方面也有利于项目参与各方更方便地对各种信息进行交换与查询。项目信息的分类和编码是建设工程项目信息管理实施时所必须完成的一项基础工作，信息分类编码工作的核心是在对项目信息内容分析的基础上建立项目的信息分类体系。

(1) 信息分类的原则。对建设项目的信息进行分类必须遵循以下几个基本原则。

1) 稳定性。信息分类应选择分类对象最稳定的本质属性或特征作为信息分类的基础和标准。信息分类体系应建立在对基本概念和划分对象的透彻理解基础之上。

2) 兼容性。项目信息分类体系必须考虑到项目各参与方所应用的编码体系的情况，项目信息分类体系应能满足不同项目参与方高效信息交换的需要。同时，与有关国际、国内标准的一致性也是兼容性应该考虑的内容。

3) 可扩展性。项目信息分类体系应具备较强的灵活性，可以在使用过程中进行方便的扩展。在分类中通常应设置收容类目（或者称为"其他"），以保证增加新的信息类型时，不至于打乱已经建立的分类体系，同时一个通用的信息分类体系还应为具体环境中信息分类体系的拓展和细化创造条件。

4) 逻辑性原则。项目信息分类体系中信息类目的设置有着极强的逻辑性，如要求同一层面上各个子类项目排斥。

5) 综合实用性。信息分类应从系统工程的角度出发，放在具体的应用环境中进行整体考虑。这体现在信息分类的标准与方法的选择上，应综合考虑项目的实施环境和信息技术工具。确定具体应用环境中的项目信息分类体系，应避免对通用信息分类体系的生搬硬套。

(2) 项目信息分类的基本方法。根据国际上的发展和研究，建设工程项目信息分类有两种基本方法。

1) 线分类法。又名层级分类法或者树状结果分类法。它是将分类对象按所选定的若干属性或者特征（作为分类的划分基础）逐次地分成相应的若干个层级目录，并排列成一个有层次的、逐级展开的树状信息分类体系。在这一分类体系中，同一层面的同位类目间存在并列关系，同位类目间不重复、不交叉。线分类法具有良好的逻辑性，是最为常见的信息分类方法。

2) 面分类法。是将选定的分类对象的若干个属性或特征视为若干个"面"，每个"面"中又可以分成许多彼此独立的若干个类目。在使用时，可以根据需要将这些"面"中的类目组合在一起，形成一个符合的类目。面分类法具有良好的适应性，而且有利于计算机处理信息。

在工程实践中，由于工程项目信息的复杂性，单独使用一种信息分类方法往往不能满足使用者的需要。在实际应用中往往是根据应用环境组合使用，以某一种分类方法为主，辅以另一种分类方法，同时进行一些人为的特殊规定以满足信息使用者的需要。

3. 建设工程项目信息的种类

建设工程项目管理过程中，涉及大量的信息，这些信息可以根据不同的标准进行划分。

(1) 按照建设工程项目管理的目标划分。

1) 成本控制信息。是指与成本控制直接有关的信息，如工程项目的成本计划、工程任务单、限额领料单、施工定额、对外分包经济合同、成本统计报表、材料价格、机械设备台班费、人工费、运杂费等。

2) 投资控制信息。是指与投资控制直接有关的信息，如各种估算指标、类似工程造价、物价指数；设计概算、概算定额；施工图预算、预算定额；工程项目投资估算；合同价组成；投资目标体系；计划工程量、已完工程量、单位时间付款报表、工程量变化表、人工、材料调差表；索赔费用表；投资偏差、已完工程结算；竣工决算、施工阶段的支付账单等。

3) 质量控制信息。是指与工程项目质量控制直接有关的信息，如国家或地方政府部门颁布的有关质量政策、法令、法规和标准等，质量目标体系和质量目标的分解、质量目标的分解图表、质量控制的工作流程和工作制度、质量保证体系的组成，质量控制的风险分析；质量抽样检查的数据、各种材料设备的合格证、质量证明书、检测报告、质量事故纪录和处理报告等。

4) 进度控制信息。是指与工程项目进度控制直接有关的信息，如施工定额；项目总进度计划、进度目标分解、项目年度计划、工程总网络计划和子网络计划、计划进度与实际进度偏差；网络计划的优化、网络计划的调整情况；进度控制的工作流程、进度控制的工作制度、进度控制的风险分析；材料和设备的到货计划、各分项分部工程的进度计划、进度记录等。

5) 合同管理信息。指建设工程相关的各种合同信息，如工程投标文件；工程建设施工承包合同，物资设备供应合同，咨询、监理合同；合同的指标分解体系；合同签订、变更、执行情况；合同的索赔等。

(2) 按工程项目管理的工作流程划分。

1）计划信息。如已有的统计资料、要完成的各项指标、上级企业的有关计划、工程施工的预测等。

2）执行信息。如下达的各项计划、指示、命令等。

3）检查信息。如工程的实际进度、成本、质量等的实施状况。

4）反馈信息。如各项调整措施、意见、改进的办法和方案等。

（3）按信息的来源划分。

1）工程项目的内部信息。取自工程项目本身，即指建设工程项目各个阶段、各个环节、各有关单位发生的信息总体，如工程概况、设计文件、合同结构、合同管理制度，工程施工完成的各项技术经济指标、信息资料的编码系统、信息目录表、会议制度、资料管理制度、项目经理部的组织等。

2）工程项目的外部信息。来自建设工程建设项目上其他单位及外部环境的信息称为外部信息，如监理通知、设计变更、国家有关的政策及法规、国内及国际市场上原材料及设备价格、物价指数、类似工程的进度计划、类似工程造价及进度、投资单位的实力及信誉、国际和国内的新材料、新技术、新方法、国际大环境的变化、资金市场的变化等。

（4）按照信息的稳定程度划分。

1）固定信息。是指一定的时间内相对稳定的信息，如工程定额，政府部门颁发的技术标准，施工现场管理工作制度等。

2）流动信息。是指在不断变化着的信息，如项目质量、投资成本及进度统计信息等。

（5）按照信息的性质划分。

1）管理信息。指的是项目管理过程中的信息，如施工进度计划、材料消耗、库存储备等。

2）技术信息。指的是技术部门提供的工程技术方面的信息，如技术规范、施工方案、技术交底等。

3）经济信息。如施工项目成本计划、成本统计报表、资金耗用等信息。

4）资源信息。如资金来源、劳动力供应、材料供应等信息。

（6）按照信息的层次划分。

1）战略级信息。指工程项目建设过程中进行决策的信息，如项目概况、项目投资总额、项目建设总工期、承包商的确定、合同价格的确定等。

2）战术级信息。指工程项目建设过程中的管理信息，如工程项目年度进度计划、工程项目年度财务计划、工程项目年度材料计划、工程项目施工总体方案、工程项目三大目标控制计划等。

3）作业级信息。指工程项目建设过程中各业务部门的日常信息，较具体，精度较高，如分项工程作业计划、分项工程施工方案等。还可以按照其他标准进行划分，如按照信息范围的大小不同，可以把建设工程项目管理中的信息分为精细的信息和摘要的信息两类；按照信息发生的时间不同，可以分为历史性的信息和预测性的信息；按项目实施的工作过程，可以分为设计信息、招投标信息和施工信息等。

业主方和项目参与各方可根据各自的项目管理的需求确定其信息管理的分类，但为了信息交流的方便和实现部分信息共享，应尽可能作一些统一分类的规定，如项目的分解结构应统一。

6.2.2 项目信息编码的方法

1. 信息编码的概念

为了信息在收集、处理、表示上的方便、规范，我们用一组数字或字符描述客观实体或实体的属性，这就是信息编码，一般表示一定的实际含义。

例如，在描述"人"这个实体时，可以用"0"表示"女性"，"1"表示"男性"，"9"表示"未知"等。信息编码的目的主要是使信息描述唯一、规范、系统，因此应遵循以下三个原则。

（1）唯一性原则。在客观世界中，许多实体如果不加标识是无法区分的，所以将原来不能区分的实体唯一地加以标识是编码的首要任务，因此相同的编码只能描述相同的客体或客体属性。例如，在一个单位的人事管理中，常常存在姓名重复问题，为了避免二义性，准确描述此"张三"非彼"张三"，需要对职工进行编码，使其能唯一标识每名职工。从系统的角度讲，唯一性原则提高了数据的全局一致性。

（2）规范性原则。唯一性原则限制了不同客体或客体属性的语义编码不能重复，但若随意编码，可能导致信息表述变得杂乱无章，对信息处理、管理、利用反而带来不便，因此在遵循唯一性的前提下必须强调编码的规范化。

（3）标准化原则。在实际应用中，实体的大部分编码都有国家或行业标准，如中华人民共和国行政区编码、一级会计科目编码、职务编码等都有国家编码标准；二级会计科目编码、产品规格编码等都有相应的行业标准。对信息进行编码应尽量标准化，以便信息的交流和使用。

2. 项目信息编码的方法

一个建设工程项目有不同类型和不同用途的信息，为了有组织地存储信息，方便信息的检索和信息的加工整理，也必须对项目的信息进行编码。建设工程项目信息编码的内容主要如下。

（1）项目的结构编码。项目的结构编码依据项目结构图，对项目结构的每一层的每一个组成部分进行编码。

（2）项目管理组织结构编码。项目管理组织结构编码依据项目管理的组织结构图，对每一个工作部门进行编码。

（3）项目的政府主管部门和各参与单位编码（组织编码）。项目的政府主管部门和各参与单位编码包括政府主管部门、业主方的上级单位或部门、金融机构、工程咨询单位、设计单位、施工单位、物资供应单位、物业管理单位等。

（4）项目实施的工作项编码（项目实施的工作过程的编码）。项目实施的工作项编码应覆盖项目实施的工作任务目录的全部内容，它包括设计准备阶段的工作项、设计阶段的工作项、招投标工作项、施工和设备安装工作项、项目动用前的准备工作项等。

（5）项目的投资项编码（业主方）、成本项编码（施工方）。项目的投资项编码并不是概预算定额确定的分部分项工程的编码，它应综合考虑概算、预算、标底、合同价和工程款的支付等因素，建立统一的编码，以服务于项目投资目标的动态控制。项目成本项编码并不是预算定额确定的分部分项工程的编码，它应综合考虑预算、投标价估算、合同价、施工成本分析和工程款的支付等因素，建立统一的编码，以服务于项目成本目标的动态控制。

（6）项目的进度项（进度计划的工作项）编码。项目的进度项编码应综合考虑不同层次、不同深度和不同用途的进度计划工作项的需要，建立统一的编码，服务于项目进度目标的动态控制。

（7）项目进展报告和各类报表编码。项目进展报告和各类报表编码应包括项目管理形成的各种报告和报表的编码。

（8）合同编码。合同编码应参考项目的合同结构和合同的分类，应反映合同的类型、相应的项目结构和合同签订的时间等特征。

（9）函件编码。函件编码应反映发函者、收函者、函件内容所涉及的分类和时间等，以便函件的查询和整理。

（10）工程档案编码。工程档案的编码应根据有关工程档案的规定、项目的特点和项目实施单位的需求而建立。

以上这些编码是因不同的用途而编制的，如投资项编码（业主方）服务于投资控制工作，成本项编码（施工方）服务于成本控制工作；进度项编码服务于进度控制工作。但是有些编码并不是针对某一项管理工作而编制的，如投资控制（业主方）、成本控制（施工方）、进度控制、质量控制、合同管理、编制项目进展报告等都要使用项目的结构编码，因此就需要进行编码的组合。

6.2.3 项目信息处理的方法

在当今的时代，信息处理已逐步向电子化和数字化的方向发展，但建筑业和基本建设领域的信息化已明显落后于许多其他行业，建设工程项目信息处理很大程度上还沿用传统的方法和模式。随着互联网、多媒体数据库电子商务等以计算机和通信技术为核心的现代信息管理科技的迅猛发展，又为项目（特别是大型建设工程项目）信息管理系统的规划、设计和实施提供了全新的信息管理理念、技术支撑平台和全面解决方案，由此导入了电子时代（E时代）的项目信息管理的全新观念。我们应采取积极措施，使建设工程项目信息处理由传统的方式向基于网络的信息处理平台方向发展，以充分发挥信息资源的价值，以及信息对项目目标控制的作用。

1. 基于网络的信息处理平台

基于网络的信息处理平台由一系列硬件和软件构成，主要包括数据处理设备（计算机、打印机、扫描仪、绘图仪等）；数据通信网络（形成网络的有关硬件设备和相应的软件等）；软件系统（操作系统和服务于信息处理的应用软件等）。

数据通信网络主要有如下三种类型。

（1）局域网（LAN——由与各网点连接的网线构成网络，各网点对应于装备有实际网络接口的用户工作站）。

（2）城域网（MAN——在大城市范围内两个或多个网络的互联）。

（3）广域网（WAN——在数据通信中，用来连接分散在广阔地域内的大量终端和计算机的一种多态网络）。

互联网是目前最大的全球性的网络，它连接了覆盖100多个国家的各种网络，如商业性的网络（.com或.co）、大学网络（.ac或.edu）、研究网络（.org或.net）和军事网络（.mil）等，并通过网络连接数亿台的计算机，以实现连接互联网的计算机之间的数据通信。互联网由若干个学会、委员会和集团负责维护和运行管理。

2. 项目参与方之间的信息交流

建设工程项目的业主方和项目参与各方往往分散在不同的地点、不同的城市或不同的国家，因此其信息处理应考虑充分利用远程数据通信的方式。

（1）通过电子邮件收集信息和发布信息。

（2）通过基于互联网的项目信息门户（Project Information Portal，PIP）的为众多项目服务的公用信息平台，实现业主方内部、业主方和项目参与各方，以及项目参与各方之间的信息交流、协同工作和文档管理。基于互联网的项目信息门户属于是电子商务（E-Business）两大分支中的电子协同工作（E-Collaboration）。项目信息门户在国际学术界有明确的内涵，即在对项目实施全过程中项目参与各方产生的信息和知识进行集中式管理的基础上，为项目的参与各方在互联网平台上提供一个获取个性化项目信息的单一入口，从而为项目的参与各方提供一个高效的信息交流（Project-Communication）和协同工作（Collaboration）的环境。它的核心功能是在互动式的文档管理的基础上，通过互联网促进项目参与各方之间的信息交流和促进项目参与各方的协同工作，从而达到为项目建设增值的目的。如美国的Buzzsaw.com（于1999年开始运行）和德国的PKM.com（于1997年开始运行），都有大量用户在其上进行项目信息处理。

（3）通过基于互联网的项目专用网站（Project Specific Web Site，PSWS）实现业主方内部、业主方和项目参与各方以及项目参与各方之间的信息交流、协同工作和文档管理。基于互联网的项目专用网站是基于互联网的项目信息门户的一种方式，是为某一个项目的信息处理专门建立的网站。但是基于互联网的项目信息门户也可以服务于多个项目，即成为为众多项目服务的公用信息平台。

（4）召开网络会议。

（5）基于互联网的远程教育与培训等。

由此可见，建设工程项目的信息处理方式已发生了根本性的变化。

6.3 工程项目管理信息化

6.3.1 项目管理信息系统的功能

1. 项目管理信息系统的含义

项目管理信息系统（Project Management Information System，PMIS）是一个由多个子系统组成的系统，是处理项目信息的人-机系统，它通过收集、储存及分析工程项目过程中的有关数据，辅助工程项目的管理人员和决策者规划、决策和检查，其核心是用于项目的目标控制。一般的管理信息系统（Management Information System，MIS）是基于计算机的管理的信息系统，主要用于企业的人、财、物、产、供、销的管理。项目管理信息系统与一般的管理信息系统服务的对象和功能是不同的。

项目管理信息系统的应用,主要是用计算机的手段,进行项目管理有关数据的收集、记录、存储、过滤和把数据处理的结果提供给项目管理班子的成员。它是项目进展的跟踪和控制系统,也是信息流的跟踪系统。

20世纪70年代末期和80年代初期,国际上已有项目管理信息系统的商品软件,项目管理信息系统现已被广泛地用于业主方和施工方的项目管理。应用项目管理信息系统的主要意义是:①实现项目管理数据的集中存储;②有利于项目管理数据的检索和查询;③提高项目管理数据处理的效率;④确保项目管理数据处理的准确性;⑤可方便地形成各种项目管理需要的报表。

2. 项目管理信息系统的功能

项目管理信息系统应该实现的基本功能主要有投资控制(业主方)或成本控制(施工方)、进度控制、质量控制、合同管理。有些项目管理信息系统还包括一些办公自动化的功能。

(1) 投资控制。投资控制的功能主要包括:①项目的估算、概算、预算、标底、合同价、投资使用计划和实际投资的数据计算和分析;②进行项目的估算、概算、预算、标底、合同价、投资使用计划和实际投资的动态比较(如概算和预算的比较、概算和标底的比较、概算和合同价的比较、预算和合同价的比较等),并形成各种比较报表;③计划资金的投入和实际资金的投入的比较分析;④根据工程的进展进行投资预测;⑤提供多种(不同管理平面)项目投资报表。

(2) 成本控制。成本控制的功能主要包括:①投标估算的数据计算和分析;②计划施工成本;③计算实际成本;④计划成本与实际成本的比较分析;⑤根据工程的进展进行施工成本预测;⑥提供各种成本控制报表。

(3) 进度控制。进度控制的功能包括:①计算工程网络计划的时间参数,并确定关键工作和关键路线;②绘制网络图和计划横道图;③编制资源需求量计划;④进度计划执行情况的比较分析;⑤根据工程的进展进行工程进度预测;⑥提供多种(不同管理平面)工程进度报表。

(4) 质量控制。质量控制的功能主要包括:①项目建设的质量要求和质量标准的制定;②分项工程、分部工程和单位工程的验收记录和统计分析;③工程材料验收记录(包括机电设备的设计质量、建造质量、开箱检验情况、资料质量、安装调试质量、试运行质量、验收及索赔情况);④工程设计质量的鉴定记录;⑤安全事故的处理记录;⑥提供多种工程质量报表。

(5) 合同管理。合同管理的功能主要包括:①合同基本数据查询;②合同执行情况的查询和统计分析;③标准合同文本查询和合同辅助起草;④提供各种合同管理报表。

6.3.2 工程管理信息化

1. 信息化的简介

信息化指的是信息资源的开发和利用,以及信息技术的开发和应用。胡锦涛总书记在党的十七大报告中阐述立足社会主义初级阶段这个最大实际时指出要"全面认识工业化、信息化、城镇化、市场化、国际化深入发展的新形势新任务,深刻把握我国发展面临的新课题新矛盾,更加自觉地走科学发展道路"。上述这"五化"中,比以往多了一个"信息化",并且仅排在"工业化"之后,并且首次提出了信息化与工业化融合发展的崭新命题,对信息化重视程度不断提升,这对今后我国信息化推进和通信业发展必将产生重大而深远的影响。信息化是继人类社会农业革命、城镇化和工业化的又一个新的发展时期的重要标志。

我国实施国家信息化的总体思路是:以信息技术应用为导向;以信息资源开发和利用为中心;以制度创新和技术创新为动力;信息化与工业化融合发展,以信息化带动工业化;加快经济结构的战略性调整;全面推动领域信息化、区域信息化、企业信息化和社会信息化进程。

2. 工程管理信息化

(1) 工程管理信息化的含义。工程管理信息化指的是工程管理信息资源的开发和利用,以及信息技术在工程管理中的开发和应用。工程管理信息化属于领域信息化的范畴,它和企业信息化也有联系。

我国建筑业和基本建设领域应用信息技术与工业发达国家相比,尚存在较大的数字鸿沟,它反映在信息技术在工程管理中应用的观念上,也反映在有关的知识管理上,还反映在有关技术的应用方面。

信息技术在工程管理中的开发和应用,包括在项目决策阶段的开发管理、实施阶段的项目管理和使用阶段的设施管理中开发和应用信息技术。

(2) 工程管理信息化的发展。自 20 世纪 70 年代开始,信息技术经历了一个迅速发展的过程,信息技术在建设工程管理中的应用也有一个相应的发展过程。

1) 20 世纪 70 年代,单项程序的应用,如工程网络计划的时间参数的计算程序、施工图预算程序等。

2) 20 世纪 80 年代,程序系统的应用,如项目管理信息系统、设施管理信息系统(Facility Management Information System,FMIS) 等。

3) 20 世纪 90 年代,程序系统的集成,它是随着工程管理的集成而发展的。

4) 20 世纪 90 年代末期至今,基于网络平台的工程管理。

目前,计算机在建设项目信息管理中起着越来越重要的作用。计算机具有储存量大、检索方便、计算能力强、网络通信便捷等优点,我们可以利用它来帮助我们管理项目,就是用项目管理软件"辅助"我们管理项目,形成建设项目管理信息系统,从而使建设项目的信息管理更加富有成效。

(3) 工程管理的信息资源。工程管理的信息资源包括下列内容。

1) 组织类工程信息,如建筑业的组织信息、项目参与方的组织信息、与建筑业有关的组织信息和专家信息等。

2) 管理类工程信息,如与投资控制、进度控制、质量控制、合同管理和信息管理有关的信息等。

3) 经济类工程信息,如建设物资的市场信息、项目融资的信息等。

4) 技术类工程信息,如与设计、施工和物资有关的技术信息等。

5) 法规类信息等。

在建设一个新的工程项目时,应重视开发和充分利用国内和国外同类或类似工程项目的有关信息资源。

(4) 工程管理信息化的意义。

1) 工程管理信息资源的开发和信息资源的充分利用，可吸取类似项目的正反两方面的经验和教训，许多有价值的组织信息、管理信息、经济信息、技术信息和法规信息将有助于项目决策期多种可能方案的选择，有利于项目实施期的项目目标控制，也有利于项目建成后的运行。

2) 通过信息技术在工程管理中的开发和应用，能实现信息存储数字化和存储相对集中（图6.1）、信息处理和变换的程序化、信息传输的数字化和电子化、信息获取便捷、信息透明度提高、信息流扁平化。

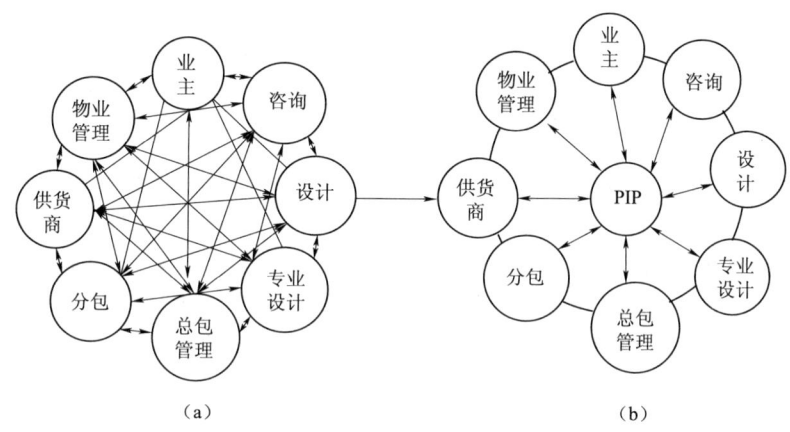

图 6.1 信息交流传统方式与现代 PIP 方式比较
(a) 传统方式：点对点信息交流；(b) PIP 方式：信息集中存储并共享

"信息存储数字化和存储相对集中"有利于项目信息的检索和查询，有利于数据和文件版本的统一，并有利于项目的文档管理。

"信息处理和变换的程序化"有利于提高数据处理的准确性，并可提高数据处理的效率。

"信息传输的数字化和电子化"可提高数据传输的抗干扰能力，使数据传输不受距离限制并可提高数据传输的保真度和保密性。

"信息获取便捷"、"信息透明度提高"以及"信息流扁平化"有利于项目参与方之间的信息交流和协同工作。

3) 工程管理信息化有利于提高建设工程项目的经济效益和社会效益，以达到为项目建设增值的目的。

6.3.3 信息技术应用管理

1. 一般规定

GB/T 50326—2017 中对信息技术应用管理有如下规定。

(1) 主要内容。项目信息系统应包括项目所有的管理数据，为用户提供项目各方面信息，实现信息共享、协同工作、过程控制、实时管理。

(2) 基础与功能。项目信息系统宜基于互联网并结合下列先进技术进行建设和应用：

建筑信息模型（Building Information Modeling，BIM）；云计算；大数据；物联网。项目信息系统应包括下列应用功能：信息收集、传送、加工、反馈、分发、查询的信息处理功能；进度管理、成本管理、质量管理、安全管理、合同管理、技术管理及相关的业务处理功能；与工具软件、管理系统共享和交换数据的数据集成功能；利用已有信息和数学方法进行预测、提供辅助决策的功能；支持项目文件与档案管理的功能。

（3）管理效果。项目管理机构应通过信息系统的使用取得下列管理效果：实现项目文档管理的一体化；获得项目进度、成本、质量、安全、合同、资金、技术、环保、人力资源、保险的动态信息；支持项目管理满足事前预测、事中控制、事后分析的需求；提供项目关键过程的具体数据并自动产生相关报表和图表。

（4）安全管理。项目信息系统应具有下列安全技术措施：身份认证；防止恶意攻击；信息权限设置；跟踪审计和信息过滤；病毒防护；安全监测；数据灾难备份。项目管理机构应配备专门的运行维护人员，负责项目信息系统的使用指导、数据备份、维护和优化工作。

2. 基于 BIM 技术的建筑信息化管理

BIM 建筑信息模型作为一个全生命周期的项目信息化管理模型，进入中国后，政府将 BIM 建筑信息模型系统作为国家科技部"十一五"的重点研究项目。住建部在《2011—2015 年建筑业信息化发展纲要》中也指出，"十二五"期间，加快推广建筑信息模型（BIM）、协同等新技术在工程中的应用。目前国内越来越多的大型项目，如上海中心、迪斯尼中国、SOHO 中国等业主方明确要求应用 BIM 技术，提高项目精细化管理，提高工程效率。

（1）基于 BIM 工程项目管理信息化的重要性。

1) 全生命周期的项目管理，打破信息孤岛。BIM 技术将给施工企业项目精细化管理、企业集约化管理和企业的信息化管理带来强大的数据支撑和技术支撑，突破了以往传统管理技术手段的瓶颈，从而带来项目管理革命。在项目决策阶段，需要评价项目的可行性、工程费用的估算合理与否，做出科学决策；在设计阶段，三维的图形设计，使得建筑、结构、设备、电气、暖通等多个专业设计人员可以更好的分工合作；在招投标阶段，直接统计出建筑的实物工程量，根据清单计价规则套上清单信息，形成招标文件的工程量清单；在施工阶段，利用 BIM 模型，添加时间进度信息，就可以实现 4D 模拟建造，分析统计每阶段的成本费用，进行 5D 模拟；在运营阶段，利用 BIM 模型进行数字化管理；在拆除阶段，利用 BIM 模型分析拆除的最佳方案，确定爆破方案的炸药点设置是否合理，可以在 BIM 模型上模拟爆破的坍塌反应，评价爆破对本建筑及周边建筑的影响。

2) 基于数据，实现数据共享。BIM 是以建筑工程项目的各项相关信息数据为基础，建立的数字化建筑模型。它具有可视化、协调性、模拟性、优化性和可出图形五大特点，给工程建设信息化带来重大变革。首先，BIM 技术采用以数据为中心的协作方式，实现数据共享，大大提高了建筑行业工效；其次，能够提升建筑品质，实现绿色的设计和建造。

3) 全新的 5D 模型。利用 BIM 技术的 5D 模型（3D+时间+费用），可以直观地确定在建设过程中，不同时间点的资金需求，可以模拟并优化资金筹措和使用分配，实现投资资金财务收益最大化。

4) 事先模拟分析。BIM 为设计、施工、造价等各环节人员提供"模拟和分析"的协同工作平台，他们利用 3D 数字模型对项目进行设计、建造及运营管理，最终使整个工程项目在设计、施工和使用等各个阶段都能够有效的实现节省能源、节约成本和提高效率的目的。

(2) 基于 BIM 技术的建筑工程信息化管理。

1) 设计信息化管理。BIM 技术创建的工程项目模型实质是一个可视化的数据库，将枯燥的绘图工作变成了一个类似搭积木的过程，提高工作效率，减少错误发生；BIM 与各专业相关信息集成，方便地实现了各专业的对接，使得各专业能够对 BIM 模型进行进一步分析和设计；同时 BIM 模型是项目各相关专业信息的集成，方便地实现了各专业的协同，避免冲突，降低成本。BIM 还可以模拟采光效果、楼梯人员疏散效果等，保障设计图纸高质量。

2) 招投标信息化管理。BIM 模型能够自动生成材料和设备明细表，为工程量计算、造价、预算和决算提供有利的依据，提高预决算实际效率。BIM 技术可以有效完成商务标中工程量清单编制和费用指标确定，投标人可直接编制清单和招标控制价，投标人可编制投标报价。同时，BIM 模型可进行动态修改，方便招标方随时进行节点测算。提高工程量计算与项目成本估算的准确性。投标人应用 BIM 进行投标可以提高竞争力，合理确定投标报价，避免盲目压低投标报价给企业带来严重损失。

3) 施工信息化管理。基于 BIM 技术的建筑施工信息化主要体现在可视化施工文档存储、基础数据共享与调用、项目精细化管理及造价控制等方面。BIM 技术的可视化与虚拟施工不仅可以判断现场情况，还可以为编制施工进度计划、施工顺序、场地布置等提供依据，为项目管理者提供直观具体的实物参考，同时利用基于 BIM 的 5D 集成直接生产材料统计，减少材料浪费，控制建设成本。另外，建筑信息模型在施工阶段就可以把索赔和违约相关信息与参数录入，在竣工阶段即可直接由 BIM 得到竣工结算造价，避免造价争议，有效帮助建设单位控制造价。

(3) BIM 项目管理信息化的发展趋势。

1) BIM 与高新技术融合。近年来，新的网络和通信技术、云技术、移动技术、物联网等新一代信息技术不断涌现，势必会给工程项目管理信息化发展带来新的动力和影响。而借助这些新的技术，BIM 将得到更好的应用，通过云技术，各个参与方可以更便捷地进行数据共享、查询，实现同步多方操作，借助移动技术，实现随时随地了解信息，及时管理控制。

2) 建筑信息模型将继续完善。从国家层面实现交付标准的统一，使得建筑模型可以从设计阶段不断被沿用，各个参与方的协作标准达成，信息可以在整个项目的多个环节多个参与方自由共享，从而避免信息孤岛；国内软件逐渐成熟，使得目前的软件可以成功地进行对接，不同软件之间的接口也可以实现，实现一稿多用，避免重复设计。

6.4 施工文件档案管理

6.4.1 施工文件档案管理的内容

1. 文档管理的任务和基本要求

文档管理指的是对作为信息载体的资料进行有序地收集、加工、分解、编目、存档，并为项目各参加者提供专用的和常用的信息的过程。文档系统是管理信息系统的基础，是管理信息系统有效率运行的前提条件。

文档系统有如下要求。

(1) 文档要有系统性，即包括项目相关的，应进入信息系统运行的所有资料。事先要罗列各种资料并进行系统化。

(2) 各个文档要有单一标志，能够互相区别，通常通过编码区别。

(3) 文档管理责任的落实，即有专门人员或部门负责资料工作，对具体的项目资料要确定具体的问题。

(4) 内容正确、实用，在文档处理过程中不失真。

因此，对具体的项目资料要确定如下问题（图6.2）：谁负责资料工作？什么资料？针对什么问题？什么内容和要求？何时收集、处理？向谁提供？

2. 项目文件资料的种类

资料是数据或信息的载体，在项目实施过程中资料上的数据有两种（图6.3）。

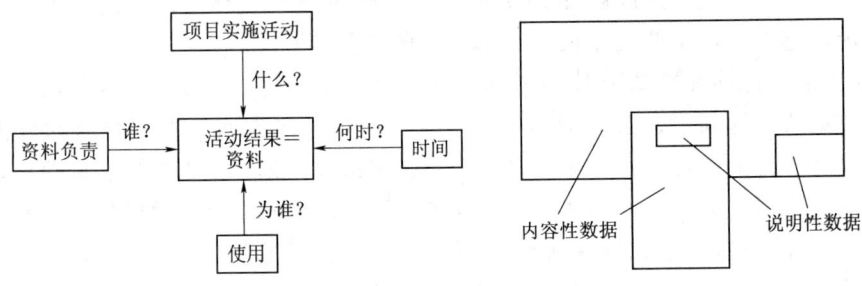

图 6.2　文档管理的基本要求　　　　图 6.3　两种数据资料

(1) 内容性数据。内容性数据为资料的实质性内容，如施工图纸上的图，信件的正文等。它的内容丰富，形式多样，通常有一定的专业意义，其内容在项目过程中可能有变更。

(2) 说明性数据。说明性数据是为了方便资料的编目、分解、存档、查询，对各种资料作出说明和解释，用一些特征互相加以区别。它的内容一般在项目管理中不改变，由文档管理者设计。例如图标，各种文件说明、文件的索引目录等。具体的文档管理，如生成、编目、分解、存档等就是以说明性数据为基础的。

(3) 规范要求。GB 50326—2017 在文件与档案管理中规定：项目管理机构应配备专职或兼职的文件与档案管理人员；项目管理过程中产生的文件与档案均应进行及时收集、整理，并按项目的统一规定标识，完整存档；项目文件与档案管理宜应用信息系统，重要项目文件和档案应有纸介质备份；项目管理机构应保证项目文件和档案资料的真实、准确和完整；文件与档案宜分类、分级进行管理，保密要求高的信息或文件应按高级别保密要求进行防泄密控制，一般信息可采用适宜方式进行控制。

6.4.2　施工文件的立卷

在工程建设活动中直接形成的很多具有归档保存价值的文字、图表、声像等各种形式的历史记录称为建设工程档案（Project Archive），也可简称工程档案。按照一定的原则和方法，将这些有保存价值的文件分门别类整理成案卷，这样的工作称为立卷（Filing），亦称组卷。

1. 立卷原则

施工文件的立卷应该遵循的两个原则：①立卷应遵循工程文件的自然形成规律，保持卷内文件的有机联系，便于档案的保管和利用；②一个建设工程由多个单位工程组成时，工程文件应按单位工程组卷。

2. 立卷方法

施工文件的立卷可以采用的方法：①工程文件可按建设程序划分为工程准备阶段的文件、监理文件、施工文件、竣工图、竣工验收文件5部分；②工程准备阶段文件可按建设程序、专业、形成单位等组卷；③监理文件可按单位工程、分部工程、专业、阶段等组卷；④施工文件可按单位工程、分部工程、专业、阶段等组卷；⑤竣工图可按单位工程、专业等组卷；⑥竣工验收文件按单位工程、专业等组卷。

3. 立卷过程中宜遵循的要求

（1）案卷不宜过厚，一般不超过40mm。

（2）案卷内不应有重份文件；不同载体的文件一般应分别组卷。

（3）文字材料按事项、专业顺序排列。同一事项的请示与批复、同一文件的印本与定稿、主件与附件不能分开，并按批复在前、请示在后，印本在前、定稿在后，主件在前、附件在后的顺序排列。

（4）图纸按专业排列，同专业图纸按图号顺序排列。

（5）既有文字材料又有图纸的案卷，文字材料排前，图纸排后。

6.4.3 施工文件的归档

归档（Putting into Record）是指文件形成单位完成其工作任务后，将形成的文件整理立卷后，按规定移交档案管理机构。

1. 基本要求

施工文件归档应遵循两个基本要求。

（1）归档文件必须完整、准确、系统，能够反映工程建设活动的全过程。

（2）归档的文件必须经过分类整理，并组成符合要求的案卷。

2. 施工文件归档的时间要求

（1）根据建设程序和工程特点，归档可以分阶段分期进行，也可以在单位或分部工程通过竣工验收后进行。

（2）勘察、设计单位应当在任务完成时，施工、监理单位应当在工程竣工验收前，将各自形成的有关工程档案向建设单位归档。

3. 施工文件归档的其他要求

（1）勘察、设计、施工单位在收齐工程文件并整理立卷后，建设单位、监理单位应根据城建档案管理机构的要求对档案文件完整、准确、系统情况和案卷质量进行审查。审查合格后向建设单位移交。

（2）工程档案一般不少于两套，一套由建设单位保管，一套（原件）移交当地城建档案馆（室）。

（3）勘察、设计、施工、监理等单位向建设单位移交档案时，应编制移交清单，双方签字、盖章后方可交接。

（4）凡设计、施工及监理单位需要向本单位归档的文件，应按国家有关规定的要求单独立卷归档。

6.5 项目沟通管理

6.5.1 概述

1. 基本概念

沟通是组织协调的手段，是解决组织成员间障碍的基本方法。组织协调的程度和效果常常依赖于各项目参加者之间的沟通程度。通过沟通，不但可以解决各种协调的问题，如在技术、过程、逻辑、管理方法和程序中的矛盾、困难，而且还可以解决各参加者心理的和行为的障碍和争执。

工程项目沟通管理就是为确保项目信息及时、准确地提取、收集、传播、存储，以及最终进行处置所需实施的一系列过程。其目的是保证项目组织内部的信息畅通。项目组织内部信息的沟通直接关系到组织的目标、功能和结构，对于项目的成功有着重要的意义。

2. 项目沟通管理的特点

项目沟通管理主要有系统性和复杂性两大特点。

（1）系统性。项目是开放的复杂系统，涉及社会政治、经济、文化等诸多方面，对生态环境、能源会产生或大或小的影响。所以项目沟通管理应从整体利益出发，运用系统的思想和分析方法，进行有效的管理。

（2）复杂性。任何项目的建立都关系到大量的组织机构和单位，而且多数项目都是由特意为其建立的项目组织实施的，具有临时性。因此，项目沟通管理必须协调各部门以及部门与部门之间的关系，以确保项目顺利实施。

3. 项目沟通管理的程序

（1）一般程序。组织进行项目沟通时，应按以下程序进行：根据项目的实际需要，预见可能出现的矛盾和问题，制订沟通与协调计划，明确原则、内容、对象、方式、途径、手段和所要达到的目标；针对不同阶段出现的矛盾和问题，调整沟通计划；运用计算机信息处理技术，进行项目信息收集、汇总、处理、传输与应用，进行信息沟通与协调，形成档案资料。工程项目沟通的基本流程如图6.4所示。

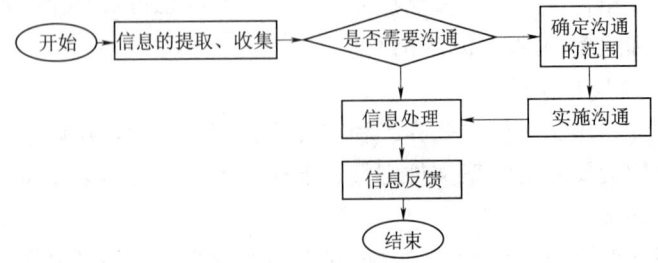

图 6.4　沟通的基本流程

6.5 项目沟通管理

(2) 规范要求。GB/T 50326—2017规定项目沟通管理应包括下列程序：项目实施目标分解；分析各分解目标自身需求和相关方需求；评估各目标的需求差异；制订目标沟通计划；明确沟通责任人、沟通内容和沟通方案；按既定方案进行沟通；总结评价沟通效果。

4. 项目沟通管理的类型

沟通管理按照信息流向的不同，可分为下向沟通、上向沟通、平行沟通、外向沟通、单向沟通、双向沟通；按沟通的方法不同，可分为正式沟通、非正式沟通、书面沟通、口头沟通、言语沟通、体语沟通；按沟通渠道的不同可分为链式沟通、轮式沟通、环式沟通、Y式沟通、全通道式沟通。

另外，沟通管理的类型还包括网络沟通。网络沟通可大大降低沟通成本，使沟通主体直观化，极大地缩小信息存储的空间，工作便利，安全性好，跨平台，容易集成。网络沟通的方式有：基于网络的信息平台、数据通信网络、互联网、基于互联网的项目专用网站（PSWS）、电子邮件、基于互联网的项目信息门户（PIP）。

5. 项目沟通管理的内容

工程项目沟通管理的内容涉及与项目实施有关的所有信息，主要包括项目各相关方共享的核心信息，以及项目内部和相关组织产生的有关信息。

(1) 核心信息。核心信息应包括单位工程施工图纸、设备的技术文件、施工规范、与项目有关的生产计划及统计资料、工程事故报告、法规和部门规章、材料价格和材料供应商、机械设备供应商和价格信息、新技术及自然条件等。

(2) 各种文件与证件。取得政府主管部门对该项建设任务的批准文件、地质勘探资料及施工许可证、施工用地范围及施工用地许可证、施工现场附近区域内的其他许可证等。

(3) 项目内部信息。项目内部信息主要有工程概况信息、施工记录信息、施工技术资料信息、工程协调信息、工程进度及资源计划信息、成本信息、资源需要计划信息、商务信息、安全文明施工及行政管理信息、竣工验收信息等。

(4) 监理方信息。监理方信息主要有项目的监理规划、监理大纲、监理实施细则等。

(5) 相关方意见。相关方包括社区居民、分承包方、媒体等提出的重要意见或观点等。

6. 项目沟通管理的作用

在工程项目管理中，信息沟通管理的作用主要表现在以下几个方面。

(1) 决策和计划的基础。项目组织要作出正确的决策，必须以准确、完整、及时的信息作为基础。

(2) 组织和控制管理过程的依据和手段。只有通过信息沟通，掌握项目组织内的各方面情况，才能为科学管理提供依据，才能有效地提高项目组织的管理效能。

(3) 保证项目经理成功领导。项目经理需要通过各种途径将意图传达给下级人员，并使下级人员理解和执行。如果沟通不畅，下级人员就不能正确理解和执行领导意图，项目就不能按经理的意图进行，最终导致项目混乱，甚至失败。

(4) 有利于建立和改善人际关系。信息沟通可以将许多独立的个人、团体组织贯通起来，使之成为一个整体。畅通的信息沟通，可以减少人与人的冲突，改善项目组织内、外部的关系。

7. 项目沟通的要求

项目沟通要求是指项目涉及人信息需求的总和。信息需求可结合信息类型和格式进行定义。信息的类型和格式在信息的数值分析中是必须需的，项目资源只有通过信息沟通才能获得扩展。决定项目沟通所需要的信息的因素通常包括：①项目组织和项目涉及人责任关系；②涉及项目的纪律、行政部门、专业；③项目所需人员的推算以及应分配的位置；④外部信息需求（如同媒体的沟通）。

8. 项目沟通的制约与假设因素

项目沟通的制约与假设因素有以下几方面。

（1）制约因素。制约因素是限制项目管理小组作出选择的因素。例如，如果需要大量地采购项目资源，那么处理合同的信息就需要更多考虑，当项目按照合同执行时，特定的合同条款也会影响沟通计划。

（2）假设因素。对计划中的目的来说，假设因素被认为是真实的确定的因素。假设通常包含一定程度的风险。

9. 项目沟通技术的影响因素

在项目的基本单位之间来回传递信息，所使用的技术和方法有时会有很大差异。例如：从简短的谈话到长期的会议；从简单的书面文件到即时查询在线进度表和数据库。项目沟通技术的影响因素如下。

（1）信息需求的即时性。项目的成功是取决于即时通知频繁更新的信息，而不是通过定期发行的报告已足够。

（2）技术的有效性。已到位的系统运行是否良好，系统是否要作一些变动。

（3）预期的项目人员配置。计划中的沟通系统是否同项目参与方的经验和知识相兼容，是否需要大量的培训和学习。

（4）项目工期的长短。现有技术在项目结束前是否已经发生变化以至于必须采用更新的技术。

6.5.2 项目沟通计划

项目管理机构应在项目运行之前，由项目负责人组织编制项目沟通管理计划，其主要内容如下。

1. 编制依据

项目沟通管理计划编制依据应包括下列内容：合同文件；组织制度和行为规范；项目相关方需求识别与评估结果；项目实际情况；项目主体之间的关系；沟通方案的约束条件、假设以及适用的沟通技术；冲突和不一致解决预案。

2. 项目沟通计划的内容

（1）沟通范围、对象、内容与目标。此项内容主要说明在项目的不同实施阶段，针对不同的项目、相关组织及不同的沟通要求，制定相应的沟通内容与目标。

（2）信息沟通方法、手段及人员职责，拟采用的信息沟通方式和沟通途径。即说明信息（包括状态报告、数据、进度计划、技术文件等）流向何人、将采用什么方法（包括书面报告、文件、会议等）分发不同类别的信息。

（3）信息收集归档格式。此项内容用于详细说明收集和储存不同类别信息的方法。应包括对先前收集和分发材料、信息的更新和纠正。

（4）信息的发布。主要包括信息发布时间、发布信息说明、信息的发布和使用权限。

1）信息发布时间。此项内容用于说明每一类沟通将发生的时间，确定提供信息更新依据或修改程序，以及确定在每一类沟通之前应提供的现时信息。

2）发布信息说明。此项内容包括格式、内容、详细程度以及应采用的准则或定义。

3）信息的发布和使用权限。

（5）项目绩效报告安排及沟通需要的资源。

（6）沟通效果检查与沟通管理计划的调整，更新、修改沟通管理计划。此项内容说明更新、修改沟通管理计划的方法。

（7）约束条件与假设。此项内容说明信息沟通的约束条件与假设。

其中，GB/T 50326—2017 的沟通管理计划没有提到第（4）项与第（7）项内容。

3. 项目沟通管理计划的实施

项目组织应根据项目沟通管理计划规定沟通的具体内容、对象、方式、目标、责任人、完成时间、奖罚措施等，采用定期或不定期的形式对沟通管理计划的执行情况进行检查、考核和评价，并结合实施结果进行调整，确保沟通管理计划的落实和实施。项目沟通管理计划应由授权人批准后实施。项目管理机构应定期对项目沟通管理计划进行检查、评价和改进。

6.5.3 项目沟通障碍与冲突管理

1. 项目沟通障碍的表现形式

项目沟通障碍的表现形式主要包括以下 3 种。

（1）信息过滤。这种信息被部分筛除的现象之所以发生，是因为员下存在一种倾向，即在向主管报告时，只报告那些他们认为主管想要听的内容。但是信息过滤也有合理的原因。所有的信息可能非常广泛，或者有些信息并不确定，需要进一步查证；或者主要要求员工仅报告那些事情的要点。因此，过滤必然成为沟通中潜在的问题。

（2）信息扭曲。这是指有意改变信息以便达到个人目的。有的项目组织成员为了得到更多的表扬或获取更多的利益，故意夸大自己的工作成绩；有些人则会掩饰部门中的问题。任何信息的扭曲都会使管理者无法准确了解情况，不能作出明智的决策。而且扭曲事实是一种不道德的行为，会破坏双方彼此的信任。

（3）沟通延迟。即基层信息在向上传递时过分缓慢。一些下属在向上级反映问题时犹豫不决，因为当工作完成不理想时，向上级汇报就可能意味着承认失败，所以每一层的人都可能延迟沟通，以便设法决定如何解决问题。

2. 项目沟通障碍的解决方法

熟悉各种沟通方式的特点，确定统一的沟通语言或文字，以便在进行沟通时能够采用恰当的交流方式。信息沟通后必须同时设法取得反馈，以弄清沟通方是否已经了解，是否愿意遵循并采取相应的行动等。应重视双向沟通与协调的方法，尽量保持多种沟通渠道的利用，正确运用文字语言等。

项目经理部应自觉以法律、法规和社会公德约束自身行为，在出现矛盾和问题时，首先应取得政府部门的支持以及社会各界的理解,按程序沟通解决;必要时可借助社会中介组织的力量,调节矛盾,解决问题。

3. 项目沟通冲突的管理

(1) 项目组织。如果项目的组织和行为规范不合理,就会使过程缺乏沟通,成员对问题的表述含糊会导致理解出现分歧或出现问题无法及时作出决策。当项目到了最后阶段就会发现所有的问题都逐渐显现出来,而解决起来就很困难,涉及面太广。

(2) 任务分配。项目组的成员在具体分配任务方面可能也会产生冲突。项目实施过程中,每个任务在工作量、难度、成员的兴趣、成员的专长等方面可能有很大的差别,冲突可能会由于分配某个成员从事某项具体的工作任务而产生。

(3) 任务的先后次序。当一个成员同时在多个项目中工作,或者忽然有新的任务时,就会使正常的工作量突然增加,同时会使工作进程受到干扰。这时在任务完成的先后次序方面就会产生冲突。

(4) 计划进度。冲突可能来源于在完成任务时所需时间的长短、完成任务的次序等方面各方存在不同意见。项目经理在指定项目计划时,会经常碰到这方面的问题。

(5) 工作内容。一个项目中,在将采用的技术、工作量、工作完成后的质量标准方面都可能存在冲突,不同的成员可能都有自己的看法。

(6) 成员差异。项目组成员在思维方式、对待问题的态度方面的不同也会导致冲突。

4. 项目沟通冲突的解决方法

项目管理过程中,人们也许会认为冲突是没有好处的,所以总是尽量避免。然而冲突又是不可避免的,不同的意见存在是正常的。试图压制冲突是一种错误的做法,因为冲突可能带来新的信息、新的方法,帮助项目组另辟蹊径,指定更好的问题解决方案。

对建设工程项目实施各阶段出现的冲突,项目经理部应根据沟通的进展情况和结果,按程序要求通过各种方式及时将信息反馈给相关各方,实现共享,提高沟通与协调效果,以便及早解决冲突。项目冲突的解决可采用以下方法。

(1) 选择适宜的沟通与协调途径,灵活地采用协商、让步、缓和、强制和退出等方式。

(2) 进行工作交底,创造条件使项目的相关方充分理解项目计划,明确项目目标与实施措施。

(3) 及时做好变更管理。

(4) 有效利用第三方调解。

复 习 思 考 题

(1) 数据和信息之间有什么联系与区别?
(2) 建设工程项目信息管理的目的是什么?其任务主要有哪些?
(3) 什么叫信息编码?建设工程项目信息编码应该遵循哪些原则?
(4) 施工文件的立卷和归档分别应遵循哪些原则?
(5) 什么是项目沟通管理?

(6) 项目沟通管理的内容有哪些？
(7) 项目沟通管理的作用有哪些？
(8) 项目沟通的要求有哪些？
(9) 项目沟通技术的影响因素有哪些？
(10) 项目沟通计划的内容有哪些？
(11) 项目沟通障碍的解决方法有哪些？
(12) 项目沟通冲突的解决方法有哪些？
(13) 试述项目沟通管理的类型。
(14) 分析如何解决项目沟通冲突。

项目 7 职业健康与安全管理

【学习目标】 本项目主要介绍施工项目现场管理的意义与施工项目管理的内容及方法,重点介绍了施工项目安全管理、施工项目现场管理评价。通过本项目学习,懂得施工项目现场管理的意义,施工项目现场管理的内容、方法,熟悉施工项目安全管理,会进行施工项目现场管理评价,完成施工项目现场管理的任务。

7.1 绿色建造与环境管理

7.1.1 施工项目现场管理

1. 现场标志

(1) 在施工现场门头设置企业名称、标志。

(2) 在施工现场主要进出口处醒目位置设置施工现场公示牌和施工总平面图,具体有:工程概况(项目名称)牌(图 7.1);施工总平面图;安全无重大事故计数牌;安全生产、文明施工牌;项目主要管理人员名单;项目经理部组织结构图;防火须知牌及防火标志(设置在施工现场重点防火区域和场所);安全纪律牌(设置在相应的施工部位、作业点、高空施工区及主要通道口)。

工程名称:	建筑面积:
建设单位:	
设计单位:	
施工单位:	工地负责人:
开工日期:	竣工日期:

图 7.1 工程概况牌内容

2. 场容管理

(1) 遵守有关规划、市政、供电、供水、交通、市容、安全、消防、绿化、环保、环卫等部门的法规、政策,接受其监督和管理,尽量避免和降低施工作业对环境的污染和对社会生活正常秩序的干扰。

(2) 施工总平面图设计应遵循施工现场管理标准,合理可行,充分利用施工场地和空间,降低各工种、作业活动相互干扰,符合安全防火、环保要求,保证高效有序顺利文明施工。

(3) 施工现场实行封闭式管理,在现场周边应设置临时维护设施(市区内其高度应不低于 1.8m),维护材料要符合市容要求;在建工程应采用密闭式安全网全封闭布置施工项目的主要机械设备、脚手架、模具,施工临时道路及进出口,水、气、电管线,材料制品堆及仓库,土方及建筑垃圾,变配电间、消防设施、警卫室、现场办公室、生产生活临时设施,加工场地、周转使用场地等。

(4) 施工物料器具除应按照施工平面图指定位置就位布置外,尚应根据不同特点和性质,规范布置方式和要求,做到位置合理、码放整齐、限宽限高、上架入箱、规格分类、挂牌标识,便于来料验收、清点、保管和出库使用。

（5）大型机械和设施位置应布局合理，力争一步到位；需按施工内容和阶段调整现场布置时，应选择调整耗费较小，影响面小或已经完成作业活动的设施；大宗材料应根据使用时间，有计划地分批进场，尽量靠近使用地点，减少二次搬运，以免浪费。

（6）施工现场应设置畅通的排水沟渠系统，工地地面宜作硬化处理，场地不积水、泥浆，道路保持干燥坚实。

（7）施工过程应合理有序，尽量避免前后反复，影响施工；对平面和高度也要进行合理分块分区，尽量避免各分包或各工种交叉作业、互相干扰，维持正常的施工秩序。

（8）坚持各项作业落手清，即工完料尽场地清。杜绝废料残渣遍地、好坏材料混杂，改善施工现场脏、乱、差、险的状况。

（9）做好原材料、成品、半成品、临时设施的保护工作。

（10）明确划分施工区域、办公区、生活区域。生活区内宿舍、食堂、厕所、浴室齐全，符合卫生标准；各区都有专人负责，创造一个整齐、清洁的工作和生活环境。

3. 环境保护

（1）施工现场泥浆、污水未经处理不得直接排入城市排水设施和河流、湖泊、池塘。

（2）除有符合规定的装置外，不得在施工现场熔化沥青或焚烧油毡、油漆，亦不得焚烧其他可产生有毒有害烟尘和恶臭气味的废弃物，禁止将有毒有害废弃物做土方回填。

（3）建筑垃圾、渣土应在指定地点堆放，及时运到指定地点清理；高空施工的垃圾和废弃物应采用密闭式串筒或其他措施清理搬运；装载建筑材料、垃圾、渣土等散碎物料的车辆应有严密遮挡措施，防止飞扬、洒漏或流溢；进出施工现场的车辆应经常冲洗，保持清洁。

（4）在居民和单位密集区域进行爆破、打桩等施工作业前，项目经理部除按规定报告申请批准外，还应将作业计划、影响范围、程度及有关措施等情况，向有关的居民和单位通报说明，取得协作和配合；对施工机械的噪声与振动扰民，应有相应的措施予以控制。

（5）经过施工现场的地下管线，应由发包人在施工前通知承包人，标出位置，加以保护。

（6）施工时发现文物、古迹、爆炸物、电缆等，应当停止施工，保护好现场，及时向有关部门报告，按照有关规定处理后方可继续施工。

（7）施工中需要停水、停电、封路而影响环境时，必须经有关部门批准，事先告示，并设有标志。

（8）温暖季节宜对施工现场进行绿化布置。

4. 防火保安

（1）应做好施工现场保卫工作，采取必要的防盗措施。现场应设立门卫、根据需要设置警卫。施工现场的主要管理人员应佩带证明其身份的证卡，应采用现场施工人员标识。有条件时可对进出场人员使用磁卡管理。

（2）承包人必须严格按照《中华人民共和国消防条例》的规定，在施工现场建立和执行防火管理制度，现场必须安排消防车出入口和消防道路，设置符合要求的消防设施，保持完好的备用状态。在容易发生火灾的地区或储存、使用易燃、易爆器材时，承包人应当采取特殊的消防安全措施。施工现场严禁吸烟，必要时可设吸烟室。

(3) 施工现场的通道、消防入口、紧急疏散楼道等，均应有明显标志或指示牌。有高度限制的地点应有限高标志；临街脚手架、高压电缆、起重把杆回转半径伸至街道的，均应设安全隔离棚；在行人、车辆通行的地方施工，应当设置沟、井、坎、穴覆盖物和标志，夜间设置灯光警示标志；危险品库附近应有明显标志及围挡措施，并设专人管理。

(4) 施工中需要进行爆破作业的，必须经上级主管部门审查批准，并持说明爆破器材的地点、品名、数量、用途、四邻距离的文件和安全操作规程，向所在地县、市公安局申领"爆破物品使用许可证"，由具备爆破资质的专业人员按有关规定进行施工。

(5) 关键岗位和有危险作业活动的人员必须按有关规定，经培训、考核，持证上岗。

(6) 承包人应考虑规避施工过程中的一些风险因素，向保险公司投施工保险和第三者责任险。

5. 卫生防疫及其他

(1) 现场应准备必要的医疗保健设施。在办公室内显著地点张贴急救车和有关医院电话号码。

(2) 施工现场不宜设置职工宿舍，必须设置时应尽量和施工场地分开。

(3) 现场应设置饮水设施，食堂、厕所要符合卫生要求，根据需要制定防暑降温措施，进行消毒、防毒和注意食品卫生等。

(4) 现场应进行节能、节水管理，必要时下达使用指标。

(5) 现场涉及的保密事项应通知有关人员执行。

(5) 参加施工的各类人员都要保持个人卫生、仪表整洁，同时还应注意精神文明，遵守公民社会道德规范，不打架、赌博、酗酒等。

7.1.2 施工现场环境管理

1. 一般规定

工程施工前，项目管理机构应进行下列调查：施工现场和周边环境条件；施工可能对环境带来的影响；制订环境管理计划的其他条件。项目管理机构应进行项目环境管理策划，确定施工现场环境管理目标和指标，编制项目环境管理计划。

2. 管理要求

施工现场应符合下列环境管理要求。

(1) 工程施工方案和专项措施应保证施工现场及周边环境安全、文明，减少噪声污染、光污染、水污染及大气污染，杜绝重大污染事件的发生。

(2) 在施工过程中应进行垃圾分类，实现固体废弃物的循环利用，设专人按规定处置有毒有害物质，禁止将有毒、有害废弃物用于现场回填或混入建筑垃圾中外运。

(3) 按照分区划块原则，规范施工污染排放和资源消耗管理，进行定期检查或测量，实施预控和纠偏措施，保持现场良好的作业环境和卫生条件。

(4) 针对施工污染源或污染因素，进行环境风险分析，制定环境污染应急预案，预防可能出现的非预期损害；在发生环境事故时，进行应急响应以消除或减少污染，隔离污染源并采取相应措施防止二次污染。

组织应在施工过程及竣工后，进行环境管理绩效评价。

7.2 施工项目安全管理

7.2.1 现场安全生产管理的目的

现场安全管理的目的，在于保护施工现场的人身安全和设备安全，减少和避免不必要的损失，要达到这个目的，就必须强调按规定的标准去管理，不允许有任何细小的疏忽。否则，将会造成难以估量的损失，其中包括人身、财产和资金等损失。

（1）不遵守现场安全操作规程，容易发生工伤事故，甚至死亡事故，不仅本人痛苦，家属痛苦，项目还要支付一笔可观的医药、抚恤费用，有时还会造成停工损失。

（2）不遵守机电设备的操作的规程，容易发生一般设备事故，甚至重大设备事故，不仅会损坏机电设备，还会影响正常施工。

（3）忽视消防工作和消防设施的检查，容易发生火警和对火警的有效抢救，其后果更是不可想象。

7.2.2 施工项目管理任务分析

1. 人的不安全行为

控制靠人，人也是控制的对象。人的行为是安全的关键。人的不安全行为可能导致安全事故，所以要对人的不安全行为加以分析。

人的不安全行为是人的生理和心理特点的反映，主要表现在身体缺陷、错误行为和违纪违章三个方面。

（1）身体缺陷指疾病、职业病、精神失常、智商过低、紧张、烦躁、疲劳、易冲动、易兴奋、运动迟钝、对自然条件和其他环境过敏、不适应复杂和快速工作、应变能力差等。

（2）错误行为指嗜酒、吸毒、吸烟、赌博、玩耍、嬉闹、追逐、误视、误听、误嗅、误触、误动作、误判断、意外碰撞和受阻、误入险等。

（3）违纪违章指粗心大意、漫不经心、注意力不集中、不履行安全措施、安全检查不认真、不按工艺规程或标准操作、不按规定使用防护用品、玩忽职守有意违章等。

统计资料表明，有 88% 的安全事故是由人的不安全行为所造成的，而人的生理和心理特点直接影响人的不安全行为。因此在安全控制中，定期检验抓住人的不安全行为这一关键因素，采取相应对策。在采取相应对策时，又必须针对人的生理和心理特点对安全的影响，培养劳动者的自我保护能力，以结合自身生理和心理特点预防不安全行为发生，增强安全意识，搞好安全控制。

2. 物的不安全状态

如果人的心理和生理状态能适应物质和环境条件，而物质和环境条件又满足劳动者生理和心理的需要，便不会产生不安全行为，反之就可能导致安全伤害事故。

物的不安全状态表现为三个方面：即设备和装备的技术性能降低、强度不够、结构不良、磨损、老化、失灵、腐蚀、物理和化学性能达不到要求等；作业场所的缺陷，指施工场地狭窄、立体交叉作业组织不当、多工种交叉作业不协调、道路狭窄、机械拥挤、多单位同时施工等；物质和环境的危险源，有化学方面的、机械方面的、电气方面的、环境方

面的等。

物和环境均有危险源存在，是产生安全事故的另一类主要因素。在安全控制中，必须根据施工具体条件，采取有效措施断绝危险源。当然，在分析物质、环境因素对安全的影响时，也不能忽视劳动者本身生理和心理的特点。故在创造和改善物质、环境的安全条件时，也应从劳动者生理和心理状态出发，使两方面相互适应。解决采光照明，树立彩色标志，调节环境温度，加强现场管理等，都是将人的不安全行为和物的不安全状态的排除结合起来考虑以控制安全事故、确保安全的重要措施。

7.2.3 施工项目安全控制的基本原则

1. 管生产必须管安全

安全蕴于生产之中，并对生产发挥促进与保证作用。安全和生产管理的目标及目的有高度的一致和完全的统一。安全控制是生产管理的重要组成部分，一切与生产有关的机构和人员，都必须参与安全控制并承担安全责任。

2. 必须明确安全控制的目的性

安全控制的目的是对生产中的人、物、环境因素状态的控制，有效地控制人的不安全和物的不安全状态，消除或避免事故，达到保护劳动者的安全与健康的目的。

3. 必须贯彻预防为主的方针

安全生产的方针是"安全第一、预防为主"。安全第一是从保护生产力的角度和高度，表明在生产范围内，安全与生产的关系，肯定安全在生产活动中的位置和重要性。

在生产活动中进行安全制，要针对生产的特点，对生产因素采取管理措施，有效地控制不安全因素，把可能发生的事故消灭在萌芽状态，以保证生产活动中人的安全与健康。

贯彻预防为主，要端正对生产中不安全因素的认识，端正消除不安全因素的态度，选准消除不安全因素的时机。在安排与布置生产内容的时候，针对施工生产中可能出现的危险因素，采取措施予以消除。在生产活动过程中，经常检查、及时发现不安全因素，采取措施，明确责任，尽快地、坚决地予以消除。

4. 坚持动态管理

安全管理不只是少数人和安全机构的事，而是一切与生产有关的人共同的事。生产组织者在安全管理中的作用固然重要，但全员参与管理更重要。安全管理涉及生产活动的方方面面，涉及从开工到竣工交付的全部生产过程、全部的生产时间和一切变化的生产要素。因此，生产活动中必须坚持全员、全过程、全方位、全天候的动态安全管理。

5. 不断提高安全控制水平

生产活动是在不断发展与变化的，导致安全事故的因素也处在变化之中，因此要随生产的变化调整安全控制工作，还要不断提高安全控制水平，取得更好的效果。

7.2.4 相关的法律法规

项目经理部应在学习国家、行业、地区、企业安全法规的基础上，制定自己的安全管理制度，并以此为依据，对施工项目安全施工进行经常驻机构地、制度化地、规范化地管理，也就是执法。守法是按照安全法规的规定进行工作，使安全法规变为行动，产生效果。

有关安全生产的法规很多。中央和国务院颁布的安全生产法规有《工厂安全卫生规

7.2 施工项目安全管理

程》《建筑安装工程安全技术操作规程》《工人职员伤亡事故报告规程》。国务院及各部委颁发的安全生产条例和规定也很多,如《建设工程安全生产管理条例》(国务院令393号)。有关安全生产的标准与规程有《建筑施工安全检查标准》(JGJ 59—2011)、《液压滑动模板施工安全技术规程》(JGJ 65—2013)、《高处作业分级》(GB/T 3608—2008)等。另外,施工企业应建立安全规章制度(即企业的安全"法规"),如安全生产责任制、安全教育制度、安全检查制度、安全技术措施计划制度、分项工程工艺安全制度、安全事故处理制度、安全考核办法、劳动保护制度和施工现场安全防火制度等。

7.2.5 施工项目安全组织系统和安全责任系统

1. 组织系统

应建立"施工项目安全生产组织管理系统"(图7.2)和"施工项目安全施工责任保证系统"(图7.3),为施工项目安全施工提供组织保证。

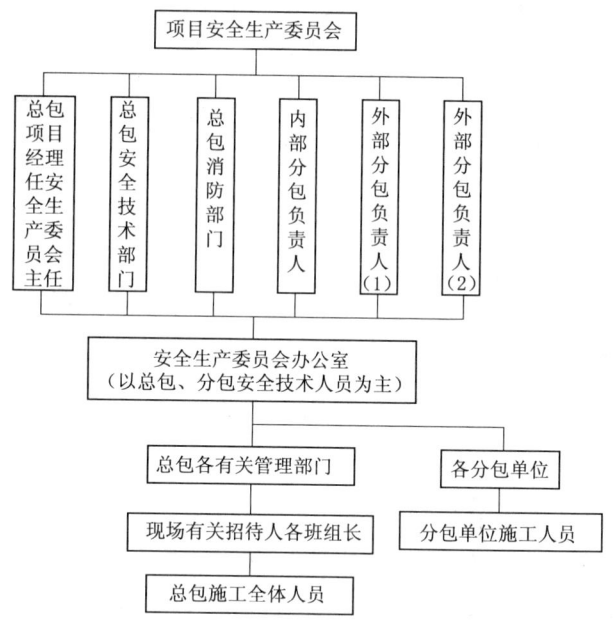

图 7.2 施工项目安全生产组织管理系统

2. 项目经理的安全生产职责

(1) 对参加施工的全体职工的安全与健康负责,在组织与指挥生产的过程中,把安全生产责任落实到每一个生产环节中,严格遵守安全技术操作规程。

(2) 组织施工项目安全教育。对项目的管理人员和施工操作人员,按其各自的安全职责范围进行教育,建立安全生产奖励制度。对违章和失职者要予以处罚,对避免了事故、按照规章工作并做出成绩者予以奖励。

(3) 工程施工中发生重大事故时,立即组织人员保护现场,向主管上级汇报,积极配合劳动部门、安全部门和司法部门调查事故原因,提出预防事故重复发生和防止事故危害扩延的初步措施。

(4) 配备安全技术员以协助项目经理履行安全职责。这些人应具有同类或类似工程的

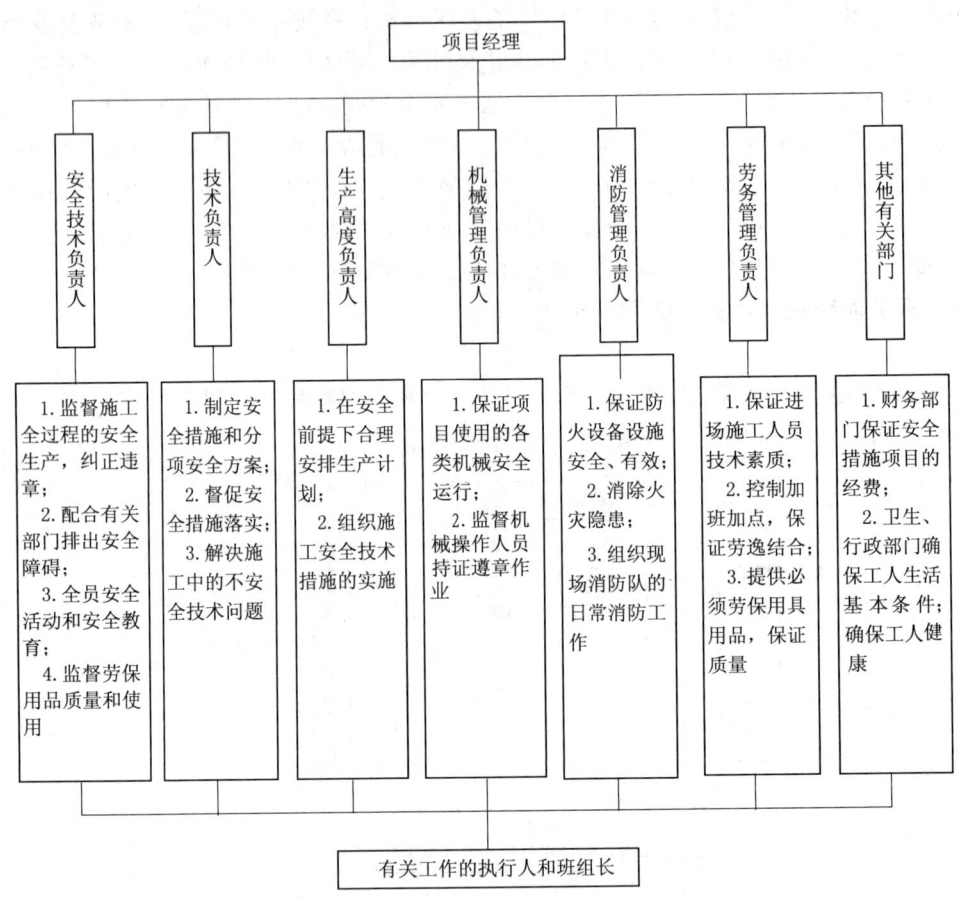

图 7.3 施工项目安全施工责任保证系统

安全技术管理的经验,能较好地完成本职工作;取得了有关部门考核合格的专职安全技术人员证书;掌握了施工安全技术基本知识;热心于安全技术工作。

项目经理的安全管理内容是:定期召开安全生产会议,研究安全决策,确定各项措施执行人;每天对施工现场进行巡视,处理不安全因素及安全隐患;开展现场安全生产活动,建立安全生产工作日志,记录每天的安全生产情况。

3. 提高对施工安全控制的认识

(1) 要认识到建筑市场的管理和完善与施工安全紧密相关。施工安全与业主责任制的健全有关。只有健全招投标制,才能促使企业自觉地重视施工安全管理,要使施工安全与劳动保护成为合同管理工的重要内容,体现宪法劳动保护的原则,建设监理也是搞好施工安全的一条重要途径。

(2) 要建立工伤保险机制。工伤保险是一种人身保险,也是社会保险体系的重要组成部分。我国的社会保险包括 4 大保险种类,即待业保险、养老保险、医疗保险和工伤保险。建立工伤保险新机制是利用经济的办法促使企业、工人及社会各方面与施工安全都有切身利益关系,主动自觉地进行安全管理。

(3) 工程质量与施工安全是统一的,只要工程建设存在,就有质量和安全问题。质量的安全体现了产品生产中的统一性,安全是工作质量的体现。

(4) 在市场经济条件下,增强施工安全和法制观点,法制观念的核心是责任制。

(5) 建立安全效益观念,即安全的投入会带来更大和效益。安全好,住房伤亡少,损失少,效益好,信誉就高,竞争力强,则效益大。安全上企事业文化和企业精神的反映,既是物质文明建设的重要内容,又是精神文明建设的重要内容,安全好坏也是文明建设的好坏,是效益高低的所在。

(6) 建立系统安全管理的观念。事故的原因很复杂,要从系统上进行分析,加强组织管理。

(7) 开展国际交往,学习国际惯例。国际上每年召开一次国际劳动安全会议,国内企事业单位要多接触,了解国际上的安全管理经验。按建设部的部署,抓好国际劳工组织第167号公约——《施工安全与卫生公约》在我国的试行工作。

4. 加强安全教育

安全教育包括安全思想教育和安全技术教育,目的是提高职工的安全施工意识。法人代表的安全教育、三总师和项目经理的安全教育,安全专业干部的培训都要加强,安全教育要正规化、制度化、采取有力措施。无知蛮干不仅伤害自己,还会伤及别人。要特别重视民工的安全教育,使用民工者负责他们的安全教育和安全保障,培训考核上岗,建立职工培训档案制度。换工种、换岗位、换单位都要先教育,后上岗。

7.2.6 采取的安全技术措施

1. 有关技术组织措施的规定

为了进行安全生产、保障工人的健康和安全,必须加强安全技术组织措施管理、编制安全技术组织措施计划,并有下列有关规定。

(1) 所有工程的施工组织设计(施工方案)都必须有安全技术措施;爆破、吊装、水下、深坑、支模、拆除等大型特殊工程,都要编制单项安全技术方案,否则不得开工;安全技术措施要有针对性,要根据工程特点、施工方法、劳动组织和作业环境来制定,防止一般化;施工现场道路、上下水及采暖管道、电气线路、材料堆放、临时和附属设施等的平面布置,都要符合安全、卫生和防火要求,并要加强管理,做到安全生产和文明生产。

(2) 企业在编制生产技术财务计划的同时,必须编制安全技术措施计划。安全技术措施所需的设备、材料应列入物资、技术供应计划;对于每项措施,应该确定实现的期限和负责人。企业的领导人应该对安全技术措施计划编制的贯彻执行负责。

(3) 安全技术措施计划的范围,包括以改善劳动条件(主要指影响安全和健康的),防止伤亡事故,预防职业病和职业中毒为目的的各项措施,不要与生产、基建和福利等措施混淆。

(4) 安全技术措施计划所需的经费,按照现行规定,属于增加固定资产的,由国家拨款,属于其他的,支出摊入生产成本。企业不得将劳动保护费的拨款挪作他用。

(5) 企业编制和执行安全技术措施计划,要组织群众定期检查,以保证计划的实现。

2. 施工现场预防工伤措施

(1) 参加施工现场作业人员,要熟记安全技术操作规程和有关安全制度。

(2) 在编制施工组织设计时,要有施工现场安全施工技术组织措施。开工前要做好安全技术组织措施。

（3）按施工平面图布置的施工现场，要保证道路畅通，布置安全稳妥。

（4）在高压线下方 10m 范围内，不准堆放物料，不准搭设临时设施，不准停放机械设备。在高压线或其他架空线一侧进行起重吊装时，要按《起重机械安全管理规程》（GB 6067—2010）的规定执行。

（5）施工现场要按平面布置图设置消防器材。在消防栓周围 3m 范围内不准堆放物料，严禁在现场吸烟，吸烟者要进入吸烟室。

（6）现场设围墙及保护人员，以便防火、防盗、防坏人破坏机电设备及其他现场设施。

（7）大型工地要设立现场安全生产领导小组，小组成员包括参加施工各单位的负责人及安全部门、消防部门的代表。

（8）安全工作要贯彻预防为主的一贯方针，把安全工作当成一个系统来抓。把发现事故隐患、预防隐患引起的危险，对照过去的经验教训选择安全措施方案，实现安全措施计划，对措施效果进行分析总结，进一步研究改进防范措施的 6 个环节，作为安全管理的周期性流程，使事故减少到最低限度，达到最佳安全状态。

另外，还要专门制定预防高空坠落的技术组织措施，预防物体打击事故的技术组织措施，预防机械伤害事故的技术组织措施，防止触电事故的技术组织措施，电焊、气焊安全技术组织措施，防止坍塌事故的技术组织措施，脚手架安全技术组织措施，冬雨季施工安全技术措施，分项工程工艺安全规程等。

7.2.7 安全检查

安全检查是发现不安全行为和不安全状态的重要途径，是消除事故隐患，落实整改措施，防止事故伤害，改善劳动条件的重要工作方法。安全检查的形式有普遍检查、专业检查和季节性检查。

1. 安全检查的内容

安全检查的内容主要是查思想、查管理、查制度、查现场、查隐患和查事故处理。

2. 安全检查的组织

（1）建立安全检查制度，按制度要求的规模、时间、原则、处理、报偿全面落实。

（2）成立由第一责任人、业务部门、人员参加的安全检查组织。

（3）安全检查必须做到有计划、有目的、有准备、有整改、有总结、有处理。

3. 安全检查方法

常用的有一般检查方法和安全检查表法。

（1）一般检查方法。常采用看、听、嗅、问、查、测、验、析等方法。

1）看：看现场环境和作业条件，看实物和实际操作，看记录和资料等。

2）听：听汇报、听介绍、听反映、听意见或批评，听机械设备的运转响声或承重物发出的微弱声等。

3）嗅：对挥发物、腐蚀物、有毒气体进行辨别。

4）问：对影响安全的问题，详细询问，寻根究底。

5）查：查明问题、查对数据、查清原因、追查责任。

6) 测：测量、测试、监测。

7) 验：进行必要的试验或化验。

8) 析：分析安全隐患、原因。

(2) 安全检查表法。是一种原始的、初步的定性分析方法，它通过事先拟定的安全检查明细表或清单，对安全生产进行初步的诊断和控制。

7.2.8 施工现场防火

1. 施工现场防火的特点

(1) 建筑工地易燃建筑物多，全场狭小，缺乏有效的安全距离，因此，一旦起火，容易蔓延成灾。

(2) 建筑工地易燃材料多，如木材、木模板、脚手架、沥青、油漆、乙炔发生器、保温材料和油毡等。因此，应特别加强管理。

(3) 建筑工地临时用电线路多，容易漏电起火。

(4) 在施工期间，随着工程的发展，工种增多，施工方法不同，会出现不同的火灾隐患。

(5) 建筑工地临时现场产生火灾的危险性大，交叉作业多，管理不便，火灾隐患不易发现。

(6) 施工现场消防水源和消防道路均系临时设置，消防条件差，一旦起火，灭火困难。

总之，建筑施工现场产生火灾的危险性大，稍有疏忽，就有可能发生火灾事故。

2. 施工现场的火灾隐患

(1) 石灰受潮发热起火。工地储存的生石灰，在遇水和受淹后，便会在熟化的过程中达到80℃左右温度，遇到可燃烧的材料后便会引火燃烧。

(2) 木屑自燃起火。大量木屑堆积时，就会发热，积热量增多后，再吸收氧气，便可能自起火。

(3) 熬沥青作业不慎起火。熬制沥青温度过高或加料过多，会沸腾外溢或产生易燃蒸汽，接触火源而起火。

(4) 仓库内的易燃物触及明火就会燃烧起火。这些易燃物有塑料、油类、木材、油漆、燃料、防护品等。

(5) 焊接作业时火星溅到易燃物上引火。

(6) 电气设备短路或漏电，冬期施工用电热法养护不慎起火。

(7) 乱扔烟头，遇易燃物引火。

(8) 烟囱、炉灶、火炕、冬季炉火取暖或养护，管理不善起火。

(9) 雷击起火。

(10) 生活用房不慎起火，蔓延至施工现场。

3. 火灾预防管理工作

(1) 对上级有关消防工作的政策、法规、条例要认真贯彻执行，将防火纳入领导工作的议事日程，做到在计划、布置、检查、总结、评比时均考虑防火工作，制定各级领导防火责任制。

(2) 企业建立以下防火责任制度。

1) 各级安全责任制。
2) 工人安全防火岗位责任制。
3) 现场防火工具管理制度。
4) 重点部位安全防火制度。
5) 安全防火检查制度。
6) 火灾事故报告制度。
7) 易燃、易爆物品管理制度。
8) 用火、用电管理制度。
9) 防火宣传、教育制度。

(3) 建立安全防火委员会。由现场施工负责人主持,进入现场后立即建立。有关技术、安全保卫、行政等部门参加。在项目经理的领导下开展工作。其职责如下。

1) 贯彻国家消防工作方针、法律、文件及会议精神,结合本单位具体情况部署防火工作。
2) 定期召开防火检查,研究布置现场安全防火工作。
3) 开展安全消防教育和宣传。
4) 组织安全防火检查,提出消防隐患措施,并监督落实。
5) 制定安全消防制度及保证防火的安全措施。
6) 对防火灭火有功人员奖励,对违反防火制度及造成事故的人员批评、处罚以至追究责任。

(4) 设专职、兼职防火员、成立消防组织。其职责如下。

1) 监督、检查、落实防火火责任的情况。
2) 审查防火工作措施并监督实施。
3) 参加制定、修改防火工作制度。
4) 经常进行现场防火检查,协助解决问题,发现火灾隐患有权责令停止生产或查封,并立即报告有关领导研究解决。
5) 推广消防工作先进经验。
6) 对工人进行防火知识教育,组织义务消防队员培训和灭火练习。
7) 参加火灾事故调查、处理、上报。

7.2.9 GB 5236—2017 中有关安全生产管理规定

1. 一般规定

组织应建立安全生产管理制度,坚持以人为本、预防为主,确保项目处于本质安全状态;组织应根据有关要求确定安全生产管理方针和目标,建立项目安全生产责任制度,健全职业健康安全管理体系,改善安全生产条件,实施安全生产标准化建设;组织应建立专门的安全生产管理机构,配备合格的项目安全管理负责人和管理人员,进行教育培训并持证上岗。项目安全生产管理机构以及管理人员应当恪尽职守、依法履行职责;组织应按规定提供安全生产资源和安全文明施工费用,定期对安全生产状况进行评价,确定并实施项目安全生产管理计划,落实整改措施。

2. 安全生产管理计划

项目管理机构应根据合同的有关要求，确定项目安全生产管理范围和对象，制订项目安全生产管理计划，在实施中根据实际情况进行补充和调整。项目安全生产管理计划应按规定审核、批准后实施。

项目安全生产管理计划应满足事故预防的管理要求，并应符合下列规定：针对项目危险源和不利环境因素进行辨识与评估的结果，确定对策和控制方案；对危险性较大的分部分项工程编制专项施工方案；对分包人的项目安全生产管理、教育和培训提出要求；对项目安全生产交底、有关分包人制定的项目安全生产方案进行控制的措施；应急准备与救援预案。

项目管理机构应开展有关职业健康和安全生产方法的前瞻性分析，选用适宜可靠的安全技术，采取安全文明的生产方式。项目管理机构应明确相关过程的安全管理接口，进行勘察、设计、采购、施工、试运行过程安全生产的集成管理。

3. 安全生产管理实施与检查

项目管理机构应根据项目安全生产管理计划和专项施工方案的要求，分级进行安全技术交底。对项目安全生产管理计划进行补充、调整时，仍应按原审批程序执行。

施工现场的安全生产管理应符合下列要求：应落实各项安全管理制度和操作规程，确定各级安全生产责任人；各级管理人员和施工人员应进行相应的安全教育，依法取得必要的岗位资格证书；各施工过程应配置齐全劳动防护设施和设备，确保施工场所安全；作业活动严禁使用国家及地方政府明令淘汰的技术、工艺、设备、设施和材料；作业场所应设置消防通道、消防水源，配备消防设施和灭火器材，并在现场入口处设置明显标志；作业现场场容、场貌、环境和生活设施应满足安全文明达标要求；食堂应取得卫生许可证，并定期检查食品卫生，预防食物中毒；项目管理团队应确保各类人员的职业健康需求，防治可能产生的职业和心理疾病；应落实减轻劳动强度、改善作业条件的施工措施。

项目管理机构应建立安全生产档案，积累安全生产管理资料，利用信息技术分析有关数据辅助安全生产管理。项目管理机构应根据需要定期或不定期对现场安全生产管理以及施工设施、设备和劳动防护用品进行检查、检测，并将结果反馈至有关部门，整改不合格并跟踪监督。项目管理机构应全面掌握项目的安全生产情况，进行考核和奖惩，对安全生产状况进行评估。

4. 安全生产应急响应与事故处理

项目管理机构应识别可能的紧急情况和突发过程的风险因素，编制项目应急准备与响应预案。应急准备与响应预案应包括下列内容：应急目标和部门职责；突发过程的风险因素及评估；应急响应程序和措施；应急准备与响应能力测试；需要准备的相关资源。

项目管理机构应对应急预案进行专项演练，对其有效性和可操作性实施评价并修改完善。发生安全生产事故时，项目管理机构应启动应急准备与响应预案，采取措施进行抢险救援，防止发生二次伤害。

项目管理机构在事故应急响应的同时，应按规定上报上级和地方主管部门，及时成立事故调查组对事故进行分析，查清事故发生原因和责任，进行全员安全教育，采取必要措施防止事故再次发生。组织应在事故调查分析完成后进行安全生产事故的责任追究。

5. 安全生产管理评价

组织应按相关规定实施项目安全生产管理评价，评估项目安全生产能力满足规定要求的程度。安全生产管理宜由组织的主管部门或其授权部门进行检查与评价。评价的程序、方法、标准、评价人员应执行相关规定。项目管理机构应按规定实施项目安全管理标准化工作，开展安全文明工地建设活动。

7.3 施工项目现场管理评价

7.3.1 施工项目现场管理评价概述

为了加强施工现场管理，提高施工现场管理水平，实现文明施工，确保工程质量安全，应该对施工现场管理进行综合评价。

1. 综合评价内容

综合评价内容应包括经营行为评价、工程质量评价、施工安全管理评价、文明施工管理评价及施工队伍管理评价5个方面。

（1）经营行为评价。经营行为评价的主要内容是合同签订及履约、总分包、施工许可证、企业资质、施工组织设计及实施情况。不得有下列行为：未取得许可证而擅自开工；企业资质等级与其承担的工程任务不符；层层转包；无施工组织设计；由于建筑施工企业的原因严重影响合同履约。

（2）工程质量评价。工程质量评价的主要内容是质量体系建立运转的情况、质量管理状态、质量保证资料情况。不得有下列情况：无质量体系；工程质量不合格；无质量保证资料。工程质量检查按有关标准规范执行。

（3）施工安全管理评价。施工安全管理评价的主要内容是安全生产保证体系及执行，施工安全各项措施情况等。不得有下列情况：无安全生产保证体系；无安全施工许可证；施工现场的安全设施不合格；发生人员死亡事故。

（4）文明施工管理评价。文明施工管理的主要内容是场容场貌、料具管理、消防保卫、环境保护、职工生活状况等。不准有下列情况：施工现场的场容场貌严重混乱，不符合管理要求；无消防设施或消防设施不合格；职工集体食物中毒。

（5）施工队伍管理评价。施工队伍管理评价的主要内容是项目经理及其他人员持证上岗、民工的培训和使用、社会治安综合治理情况等。

2. 综合评价方法

（1）日常检查制。进行日常检查制，每个施工现场一个月综合评价一次。

（2）评分方法。检查之后评分，5个方面评分比重不同。假如总分满分为100分，可以给经营行为管理、工程质量管理、施工安全管理、文明施工管理、施工队伍管理分别评为20分、25分、25分、20分、10分。

（3）评分结果。结合评分结果可用作对企业资质实行动态管理的依据之一，作为企业申请资质等级升级的条件，作为对企业进行奖罚的依据。一般说来，只有综合评分达70分及其以上，方可算作合格施工现场。如为不合格现场，应给施工现场和项目经理警告或罚款。

7.3.2 建设工程施工项目管理的规定

1. 一般规定

项目经理部应认真搞好施工现场管理，做到文明施工、安全有序、整洁卫生、不扰民、不损害公众利益。

现场门头应设置承包人的标志。承包人项目经理部应负责施工现场场容文明形象管理的总体策划和部署；各分包人应在承包人项目经理部的指导和协调下，按照分区划块原则，搞好分包人施工用地区域的场容文明形象管理规划，严格执行，并纳入承包人的现场管理范畴，接受监督、管理与协调。

项目经理部应在现场入口的醒目位置，公示下列内容：①工程概况牌，包括工程规模、性质、用途，发包人、设计人、承包人和监理单位的名称，施工起止年月等；②安全纪律牌；③防火须知牌；④安全无重大事故计时牌；⑤安全生产、文明施工牌；⑥施工总平面图；⑦项目经理部组织架构及主要管理人员名单图。

项目经理应把施工现场管理列入经常性的巡视检查内容，并与日常管理有机结合，认真听取邻近单位、社会公众的意见和反映，及时抓好整改。

2. 规范场容

施工现场场容规范化应建立在施工平面图设计的科学合理化和物料器具定位管理标准化的基础上。承包人应根据本企业的管理水平，建立和健全施工平面图管理和现场物料器具管理标准，为项目经理部提供场容管理策划的依据。

项目经理部必须结合施工条件，按照施工方案和施工进度计划的要求，认真进行施工平面图的规划、设计、布置、使用和管理。

施工平面图宜按指定的施工用地范围和布置的内容，分别进行布置和管理。单位工程施工平面图宜根据不同施工阶段的需要，分别设计成阶段性施工平面图，并在阶段性进度目标开始实施前，通过施工协调会议确认后实施。

项目经理部应严格按照已审批的施工总平面图或相关的单位工程施工平面图划定的位置，布置施工项目的主要机械设备、脚手架、密封式安全网和围挡、模具、施工临时道路、供水、供电、供气管道或线路、施工材料制品堆场及仓库、土方及建筑垃圾、变配电间、消火栓、警卫室、现场的办公、生产和生活临时设施等。

施工物料器具除应按施工平面图指定位置就位布置外，尚应根据不同特点和性质，规范布置方式与要求，并执行码放整齐、限宽限高、上架入箱、规格分类、挂牌标识等管理标准。

在施工现场周边应设置临时围护设施。市区工地的周边围护设施高度不应低于1.8m。临街脚手架、高压电缆、起重把杆回转半径伸至街道的，均应设置安全隔离棚。危险品库附近应有明显标志及围挡设施。

施工现场应设置畅通的排水沟渠系统，场地不积水、不积泥浆，保持道路干燥坚实。工地地面应作硬化处理。

3. 环境保护

项目经理部应根据《环境管理系列标准》（GB/T 24000—ISO 14000）建立项目环境监控体系，不断反馈监控信息，采取整改措施。

(1) 施工现场泥浆和污水未经处理不得直接排入城市排水设施和河流、湖泊、池塘。

(2) 除有符合规定的装置外，不得在施工现场熔化沥青和焚烧油毡、油漆，亦不得焚烧其他可产生有毒有害烟尘和恶臭气味的废弃物，禁止将有毒有害废弃物作土方回填。

(3) 建筑垃圾、渣土应在指定地点堆放，每日进行清理；高空施工的垃圾及废弃物应采用密闭式串筒或其他措施清理搬运；装载建筑材料、垃圾或渣土的车辆，应采取防止尘土飞扬、洒落或流溢的有效措施；施工现场应根据需要设置机动车辆冲洗设施，冲洗污水应进行处理。

(4) 在居民和单位密集区域进行爆破、打桩等施工作业前，项目经理部应按规定申请批准，还应将作业计划、影响范围、程度及有关措施等情况，向受影响范围的居民和单位通报说明，取得协作和配合；对施工机械的噪声与振动扰民，应采取相应措施予以控制。

(5) 经过施工现场的地下管线，应由发包人在施工前通知承包人，标出位置，加以保护。施工时发现文物、古迹、爆炸物、电缆等，应当停止施工，保护好现场，及时向有关部门报告，按照有关规定处理后方可继续施工。

(6) 施工中需要停水、停电、封路而影响环境时，必须经有关部门批准，事先告示。在行人、车辆通行的地方施工，应当设置沟、井、坎、穴覆盖物和标志。

(7) 温暖季节宜对施工现场进行绿化布置。

4. 防火保安

(1) 现场应设立门卫，根据需要设置警卫，负责施工现场保卫工作，并采取必要的防盗措施。施工现场的主要管理人员在施工现场应当佩戴证明其身份的证卡，其他现场施工人员宜有标识。有条件时可对进出场人员使用磁卡管理。

(2) 承包人必须严格按照《中华人民共和国消防法》的规定，建立和执行防火管理制度。现场必须有满足消防车出入和行驶的道路，并设置符合要求的防火报警系统和固定式灭火系统，消防设施应保持完好的备用状态。在火灾易发地区施工或储存、使用易燃易爆器材时，承包人应当采取特殊的消防安全措施。现场严禁吸烟，必要时可设吸烟室。

(3) 施工现场的通道、消防出入口、紧急疏散楼道等，均应有明显标志或指示牌。有高度限制的地点应有限高标志。

(4) 施工中需要进行爆破作业的，必须经政府主管部门审查批准，并提供爆破器材的品名、数量、用途、爆破地点、四邻距离等文件和安全操作规程，向所在地县、市（区）公安局申领"爆破物品使用许可证"，由具备爆破资质的专业队伍按有关规定进行施工。

5. 卫生防疫及其他事项

(1) 施工现场不宜设置职工宿舍，必须设置时应尽量和施工场地分开。现场应准备必要的医务设施。在办公室内显著位置应张贴急救车和有关医院电话号码。根据需要采取防暑降温和消毒、防毒措施。施工作业区与办公区应分区明确。

(2) 承包人应明确施工保险及第三者责任险的投保人和投保范围。

(3) 项目经理部应对现场管理进行考评，考评办法应由企业按有关规定制定。

(4) 项目经理部应进行现场节能管理。有条件的现场应下达能源使用指标。

(5) 现场的食堂、厕所应符合卫生要求，现场应设置饮水设施。

复 习 思 考 题

（1）什么是施工现场管理？
（2）施工现场管理有哪些内容？
（3）建筑施工安全具有什么特点？
（4）施工安全控制有哪些基本要求？
（5）诱发建筑工程安全事故的因素有哪些？
（6）施工安全保障体系有哪些内容？
（7）安全检查的主要内容有哪些？
（8）施工项目管理评价有哪些内容？

项目 8　工程项目风险管理

【学习目标】　通过本项目的学习，熟悉工程项目风险管理的识别、风险的评估，掌握风险控制的方法。

8.1　项目风险管理基础知识

建筑业面临着较大的风险和不确定性。从最初的投资评价到项目建成并投入使用，通常是一个复杂的过程，其中包括耗时较长的设计和建造过程。这一过程需要不同专业的人员参与，以及对范围广泛的一系列相互联系活动的协调。另外，这一复杂过程还受到大量外界及不可控制因素的影响。因此，工程项目风险管理不仅是项目管理的重要内容，而且具有一定的复杂性和难度。

8.1.1　工程项目中的风险

1. 风险的涵义

（1）风险（Risk）的定义。根据对风险定义的角度不同，因而有不同的解释，但较为通用的有以下两种解释。

1）风险是损失发生的不确定性。即风险由不确定性和损失两个要素构成。

2）风险是在一定条件下一定时期内，某一事件的预期结果与实际结果间的变动程度。变动程度越大，风险越大；反之，则越小。

（2）风险因素。风险因素是指能够引起或增加风险事件发生的机会或影响损失的严重程度的因素，是造成损失的内在或间接原因。根据其性质的不同，可将风险因素分为实质性风险因素、道德风险因素和心理风险因素。实质性风险因素是指能直接引起或增加损失发生机会或损失严重程度的因素，如环境污染就是影响人身体健康的实质性因素；道德风险因素是指由于人的品德、素质不良，促使风险事件发生的因素，如诈骗、偷工减料等行为；心理因素是指由于人主观上的疏忽或过失而导致风险事件发生的因素，如遗忘、侥幸导致损失的发生等。

（3）风险事件。风险事件又称风险事故，是指直接导致损失发生的偶发事件，它可能引起损失和人身伤亡。

2. 项目风险

《建设工程项目管理规范》（GB/T 50326—2017）中对项目风险的解释是："在企业经营和项目施工过程中存在大量的风险因素，如自然风险、政治风险、经济风险、技术风险、社会风险、国际风险、内部决策与管理风险等。风险具有客观存在性、不确定性、可预测性、结果双重性等特征。工程承包事业是一项风险事业，承包人和项目经理要面临一系列的风险，必须在风险面前作出决策。决策正确与否，与承包人对风险的判断和分析能力密切相关。"

项目的一次性特征使其不确定性要比一般的经济活动大许多,也决定了其不具有重复性项目所具有的风险补偿机会,一旦出现问题则很难补救。项目多种多样,每一个项目都有各自的具体问题,但有些问题却是很多项目所共有的。

(1) 对于项目各组成部分之间的复杂关系,任何个人都不可能了如指掌。

(2) 项目各组成部分之间不是简单的线性关系。例如,当项目进度拖延时,有时可以通过增加人力夺回失去的时间;但在另外一些情况下,增加人力不但不能加快进度,反而使进度更加拖延。

(3) 项目处于不断变化之中,难得出现平衡,即使偶尔出现,也只能短时间维持。

(4) 虽然项目管理班子只想处理技术和经济问题,但找上门来的却经常是不同方面互相冲突的希望或者难以满足的要求,以及其他非常复杂、不确定性极高的非技术和非经济问题,如政治因素、文物保护、领导意图等,都使得最后完成的项目是互相冲突的希望和要求的一种折中,而非项目计划的实现。

项目不同阶段会有不同的风险,风险大多数随着项目的进展而变化,不确定性会随之逐渐减少。最大的不确定性存在于项目的早期,早期阶段作出的决策对以后阶段和项目目标的实现影响最大。项目各种风险中,进度拖延往往是费用超支、现金流出及其他损失的主要原因。

3. 风险分类

不同的风险具有不同的特性,为有效地进行风险管理,有必要对各种风险进行分类。

(1) 按风险后果划分。可分为纯粹风险和投机风险。

1) 纯粹风险。纯粹风险是指风险导致的结果只有两种,即没有损失或有损失。

2) 投机风险。投机风险导致的结果有三种,即没有损失、有损失或获得利益。

(2) 按风险来源划分。可分为自然风险和人为风险。

1) 自然风险。自然风险是指由于自然力的不规则变化导致财产毁损或人员伤亡,如风暴、地震等。

2) 人为风险。人为风险是指由于人类活动导致的风险。人为风险又可细分为行为风险、政治风险、经济风险、技术风险和组织风险等。

(3) 按风险的形态划分。可分为静态风险和动态风险。

1) 静态风险。静态风险是由于自然力的不规则变化或人的行为失误导致的风险。从发生的后果来看,静态风险多属于纯粹风险。

2) 动态风险。动态风险是由于人类需求的改变、制度的改进和政治、经济、社会、科技等环境的变迁导致的风险。从发生的后果来看,动态风险既可属于纯粹风险,又可属于投机风险。

(4) 按风险可否管理划分。可分为可管理风险和不可管理风险。

1) 可管理风险。可管理风险是指用人的智慧、知识等可以预测、控制的风险。

2) 不可管理风险。不可管理风险是指用人的智慧、知识等无法预测和无法控制的风险。风险可否管理取决于所收集资料的多少和掌握管理技术的水平。

(5) 按风险影响范围划分。可分为局部风险和总体风险。

1) 局部风险。局部风险是指由于某个特定因素导致的风险,其损失的影响范围较小。

2)总体风险。总体风险影响的范围大,其风险因素往往无法加以控制,如经济、政治等因素。

(6)按风险后果的承担者划分。可分为政府风险、投资方风险、业主风险、承包商风险、供应商风险、担保方风险等。

8.1.2 风险的基本性质

1. 风险的客观性

风险的客观性,首先表现在它的存在是不以人的意志为转移的。从根本上说,这是因为决定风险的各种因素对风险主体是独立存在的,不管风险主体是否意识到风险的存在,在一定的条件下仍有可能变为现实。其次,还表现在风险是无时不有、无所不在的,它存在于人类社会的发展过程之中,潜藏于人类从事的各种活动之中。

2. 风险的不确定性

风险的不确定性是指风险的发生是不确定的,即风险的程度有多大、风险何时何地有可能转变为现实均是不肯定的。这是由于人们对客观世界的认识受到各种条件的限制,不可能准确预测风险的发生。

风险的不确定性并不代表风险就完全不可测度。有的风险可以测度,有的风险不可测度。例如,项目投资问题,对不同投资方案的不同收益和损失的可能性,可以根据有关情况、数据,运用各种方法进行测度;对于经济风险、政治风险和自然风险就很难测度甚至无法测度。

风险的不确定性要求我们运用各种方法,尽可能地对风险进行测度,以便采取相应的对策规避风险。

3. 风险的不利性

风险一旦产生,就会使风险主体产生挫折、损失,甚至失败,这对风险主体是极为不利的。风险的不利性要求我们在承认风险、认识风险的基础上,作好决策,尽可能地避免风险,将风险的不利性降至最低。

4. 风险的可变性

风险的可变性是指在一定条件下风险可以转化。风险的可变性包括以下内容。

(1)风险性质的变化。在汽车没有普及之前,因汽车引起的车祸被视为特定风险,当汽车已成为主要交通工具之后,车祸成为基本风险。

(2)风险量的变化。随着社会的发展,预测技术的不断完善,人们抵御风险的能力增强,在一定程度上能够对某些风险加以控制,使其频率降低,造成损失的范围和损失的程度减少。

(3)某些风险在一定空间和时间范围内被消除。如中华人民共和国成立后,我国消除了多种传染病。

(4)新的风险产生。随着项目和其他活动的展开,会有新的风险出现。如进行项目建设时,为了加快进度而采取边勘察、边设计、边施工的方法,这时就可能产生质量、安全或造价风险。

5. 风险的相对性

风险的相对性是针对风险主体而言的,即使在相同的风险情况下,不同的风险主体对风险的承受能力也是不同的。风险主体收益的多少、投入的大小和风险主体的地位与拥有的资源的差异,决定了其风险承受能力的差异。例如,同样是损失1000元,对拥有100

万元资产的人和拥有 10 万元资产的人，其风险程度是不同的。

6. 风险同利益的对称性

风险同利益的对称性是指对风险主体来说风险和利益是必然同时存在的，即风险是利益的代价，利益是风险的报酬。如果没有利益而只有风险，那么谁也不会去承担这种风险；另一方面，为了实现一定的利益目标，必须以承担一定的风险为前提。例如，普通股风险大而收益大，优先股风险小而收益小。

8.1.3 项目风险管理

1. 项目风险管理的定义

《建设工程项目管理规范》（GB/T 50326—2017）中对项目风险管理的定义是："项目风险管理是企业项目管理的一项重要管理过程，它包括对风险的预测、辨识、分析、判断、评估及采取相应的对策，如风险回避、控制、分隔、分散、转移、自留及利用等活动。这些活动对项目的成功运作至关重要，甚至会决定项目的成败。风险管理水平是衡量企业素质的重要标准，风险控制能力则是判定项目管理者生命力的重要依据。因此，项目管理者必须建立风险管理制度和方法体系。"

风险管理的目标可综合归纳为：维持生存；安定局面；降低成本，提高利润；稳定收入；避免经营中断；不断发展壮大；树立信誉，扩大影响；应付特殊事故等。

风险管理的责任一般包括：确定和评估风险，识别潜在损失因素及估算损失大小；制定风险的财务对策；采取应付措施；制定保护措施，提出保护方案；落实安全措施；管理索赔；负责保险会计、分配保费、统计损失；完成有关风险管理的预算等。

《建设工程项目管理规范实施手册》中对项目风险管理的定义是："项目风险管理是指通过风险识别、风险分析和风险评价去认识项目的风险，并以此为基础合理地使用各种风险应对措施、管理方法、技术和手段，对项目的风险实行有效的控制，妥善处理风险事件造成的不利后果，以最少的成本保证项目总体目标实现的管理工作。"

2. 风险管理与项目管理的关系

风险管理是整个项目管理的一个部分，其目的是保证项目总目标的实现。

（1）从项目的时间、质量和成本目标来看，风险管理与项目管理的目标是一致的。即通过风险管理来降低项目进度、质量和成本方面的风险，实现项目管理目标。

（2）从项目范围管理来看，项目范围管理的主要内容包括界定项目范围和对项目范围变动的控制。通过界定项目范围，可以明确项目的范围，将项目的任务细分为更具体、更便于管理的部分，避免遗漏而产生风险。项目进行过程中，各种变更是不可避免的，变更会带来某些新的不确定性，风险管理可以通过对风险的识别、分析来评价这些不确定性，从而向项目范围管理提出任务。

（3）从项目计划的职能来看，风险管理为项目计划的制订提供了依据。项目计划考虑的是未来，而未来必然存在着不确定因素。风险管理的职能之一是减少项目整个过程中的不确定性，这有利于计划的准确执行。

（4）从项目沟通控制的职能来看，项目沟通控制主要是对沟通体系进行监控，特别要注意经常出现误解和矛盾的职能和组织间的接口，这些可为风险管理提供信息。反过来，风险管理中的信息又可通过沟通体系传输给相应的部门和人员。

(5) 从项目实施过程来看，不少风险都是在项目实施过程中由潜在变为现实。风险管理就是在风险分析的基础上，拟定出具体应对措施，以消除、缓和、转移风险，利用有利机会避免产生新的风险。

3. 工程项目风险管理的有关规范要求

工程项目风险管理是指通过风险识别、风险分析、和风险评价、去认识工程项目的风险，并以此为基础合理地使用各种风险应对措施、管理方法、技术和手段对项目的风险实行有效地控制，妥善处理风险事件造成的不利后果，以最少的成本保证项目总体目标实现的管理工作。GB 50326—2017 对建设项目的风险管理进行如下规定。

(1) 一般规定。组织应建立风险管理制度，明确各层次管理人员的风险管理责任，管理各种不确定因素对项目的影响。项目风险管理应包括下列程序：风险识别，风险评估，风险应对，风险监控。

(2) 风险管理计划。项目管理机构应在项目管理策划时确定项目风险管理计划。项目风险管理计划编制依据应包括下列内容：项目范围说明，招投标文件与工程合同，项目工作分解结构，项目管理策划的结果，组织的风险管理制度，其他相关信息和历史资料。

风险管理计划应包括下列内容：风险管理目标，风险管理范围，可使用的风险管理方法、措施、工具和数据，风险跟踪的要求，风险管理的责任和权限，必需的资源和费用预算。项目风险管理计划应根据风险变化进行调整，并经过授权人批准后实施。

(3) 风险识别。项目管理机构应在项目实施前识别实施过程中的各种风险。项目管理机构应进行下列风险识别：工程本身条件及约定条件，自然条件与社会条件，市场情况，项目相关方的影响，项目管理团队的能力。识别项目风险应遵循下列程序：收集与风险有关的信息，确定风险因素，编制项目风险识别报告。项目风险识别报告应由编制人签字确认，并经批准后发布。项目风险识别报告应包括下列内容：风险源的类型、数量，风险发生的可能性，风险可能发生的部位及风险的相关特征。

(4) 风险评估。项目管理机构应按下列内容进行风险评估：风险因素发生的概率，风险损失量或效益水平的估计，风险等级评估。风险评估宜采取下列方法：根据已有信息和类似项目信息采用主观推断法、专家估计法或会议评审法进行风险发生概率的认定，根据工期损失、费用损失和对工程质量、功能、使用效果的负面影响进行风险损失量的估计，根据工期缩短、利润提升和对工程质量、安全、环境的正面影响进行风险效益水平的估计。项目管理机构应根据风险因素发生的概率、损失量或效益水平，确定风险量并进行分级。风险评估后出具风险评估报告。风险评估报告应由评估人签字确认，并经批准后发布。风险评估报告应包括下列内容：各类风险发生的概率，可能造成的损失量或效益水平、风险等级确定，风险相关的条件因素。

(5) 风险应对。项目管理机构应依据风险评估报告确定针对项目风险的应对策略。项目管理机构应采取下列措施应对负面风险：风险规避，风险减轻，风险转移，风险自留。

项目管理机构应采取下列策略应对正面风险：为确保机会的实现，消除该机会实现的不确定性；将正面风险的责任分配给最能为组织获取利益机会的一方；针对正面风险或机会的驱动因素，采取措施提高机遇发生的概率。项目管理机构应形成相应的项目风险应对措施并将其纳入风险管理计划。

(6) 风险监控。组织应收集和分析与项目风险相关的各种信息，获取风险信号，预测未来的风险并提出预警，预警应纳入项目进展报告，并采用下列方法：通过工期检查、成本跟踪分析、合同履行情况监督、质量监控措施、现场情况报告、定期例会，全面了解工程风险；对新的环境条件、实施状况和变更，预测风险，修订风险应对措施，持续评价项目风险管理的有效性。组织应对可能出现的潜在风险因素进行监控，跟踪风险因素的变动趋势。组织应采取措施控制风险的影响，降低损失，提高效益，防止负面风险的蔓延，确保工程的顺利实施。

8.2 建筑工程项目风险因素分析

在项目的早期阶段，风险信号大都非常微弱，极易被人们忽视。再者，风险并不都是显露于外表，多数情况下是隐蔽于项目的各个环节，难以发现。风险有时甚至存在于种种假象之中，具有迷惑性。因此，识别和预测风险对项目管理具有非常重要的意义。

风险识别是风险管理的基础。风险识别是指风险管理人员在收集资料和调查研究之后，运用各种方法对尚未发生的潜在风险及客观存在的各种风险进行系统归类和全面识别。风险识别的主要内容是：识别引起风险的主要因素，识别风险的性质，识别风险可能引起的后果。

8.2.1 风险识别的方法与工具

1. 文件资料审核

从项目整体和详细的范围两个层次对项目计划、项目假设条件和约束因素、以往项目的文件资料审核中识别风险因素。

2. 信息收集整理

(1) 头脑风暴法。头脑风暴（Brain Storming，BS）法，是美国的奥斯本（Alex F. Osborn）于1939年首创的，是最常用的风险识别方法。其实质就是一种特殊形式的小组会。它规定了一定的特殊规则和方法技巧，从而形成了一种有益于激励创造力的环境气氛，使与会者能自由畅想，无拘无束地提出自己的各种构想、新主意，并因相互启发、联想而引起创新设想的连锁反应，通过会议方式去分析和识别项目风险。其基本要求如下。

1) 参加者6~12人，最好有不同的背景，可从不同的角度分析观察问题，但最好是同一层次的人。

2) 鼓励参加者提出疯狂的（野性化的）、别出心裁的和极端的想法，甚至是想入非非的主张。

3) 鼓励修改、补充并结合他人的想法提出新建议。

4) 严禁对他人的想法提出批评。

5) 数量也是一个追求的目标，提议多多益善。

(2) 德尔菲法。德尔菲法（Delphi Method）是邀请专家匿名参与项目风险分析识别的一种方法。概括地说，德尔菲法是采用函询调查，对与所分析和识别的项目风险问题有关的专家分别提出问题，而后将他们回答的意见综合、整理、归纳，匿名反馈给各个专家，再征求意见，然后再加以综合、反馈。如此反复循环，直至得到一个比较一致且可靠性较大的意见。

德尔菲法的特点如下。

1）匿名性，亦即背靠背。可以消除面对面带来的诸如权威人士或领导的影响。

2）信息反馈、沟通比较好。

3）预测的结果具有统计特性。

应用德尔菲法时应注意以下问题。

1）专家人数不宜太少，一般10～50人为宜。

2）对风险的分析往往受组织者、参加者的主观因素影响，因此有可能发生偏差。

3）预测分析的时间不宜过长，时间越长准确性越差。

(3) 访谈法。访谈法是通过对资深项目经理或相关领域的专家进行访谈来识别风险。负责访谈的人员首先要选择合适的访谈对象；其次，应向访谈对象提供项目内外部环境、假设条件和约束条件的信息。访谈对象依据自己的丰富经验和掌握的项目信息，对项目风险进行识别。

(4) SWOT技术。SWOT技术是综合运用项目的优势与劣势、机会与威胁各方面，从多视角对项目风险进行识别，也就是企业内外情况对照分析法。它是将外部环境中的有利条件（机会Opportunities）和不利条件（威胁Threats），以及企业内部条件中的优势（Strengths）和劣势（Weaknesses）分别记入一"田"字形的表格，然后对照利弊优劣，进行经营决策，如表8.1所示。

表8.1　　　　　　　　　　　企业内外环境对照表

外部条件	内 部 条 件	
	优势（S）	劣势（W）
机会（O）	SO战略方案（依靠内部优势，利用外部机会）	OW战略方案（利用外部机会，克服内部劣势）
威胁（T）	ST战略方案（利用内部优势，避开外部威胁）	WT战略方案（减少内部劣势，回避外部威胁）

(5) 检查表（核对表）。检查表是有关人员利用他们所掌握的丰富知识设计而成的。如果把人们经历过的风险事件及其来源罗列出来，写成一张检查表，那么，项目管理人员看了就容易开阔思路，容易想到本项目会有哪些潜在的风险。检查表可以包括多种内容，如以前项目成功或失败的原因、项目其他方面规划的结果（范围、成本、质量、进度、采购与合同、人力资源与沟通等计划成果）、项目班子成员的技能、项目可用的资源、项目产品或服务的说明书等，这些内容能够提醒人们还有哪些风险尚未考虑到。使用检查表的优点是：它使人们能按照系统化、规范化的要求去识别风险，且简单易行。其不足之处是：专业人员不可能编制一个包罗万象的检查表，因而使检查表具有一定的局限性。

(6) 流程图法。流程图法是将施工项目的全过程，按其内在的逻辑关系制成流程，针对流程中的关键环节和薄弱环节进行调查和分析，找出风险存在的原因，发现潜在的风险威胁，分析风险发生后可能造成的损失和对施工项目全过程造成的影响有多大等。

运用流程图分析，项目人员可以明确地发现项目所面临的风险，但流程图分析仅着重于流程本身，而无法显示发生问题时间阶段的损失值或损失发生的概率。

(7) 因果分析图。因果分析图又称鱼刺图，它通过带箭头的线将风险问题与风险因素之间的关系表示出来。

（8）项目工作分解结构。风险识别要减少项目的结构不确定性，就要弄清项目的组成、各个组成部分的性质、它们之间的关系、项目同环境之间的关系等。项目工作分解结构是完成这项任务的有力工具。项目管理的其他方面，例如范围、进度和成本管理，也要使用项目工作分解结构。因此，在风险识别中利用这个已有的现成工具并不会给项目班子增加额外的工作量。

此外，还有敏感性分析法，事故树分析法，常识、经验和判断，试验或试验结果等，均可用来进行风险识别。

8.2.2 风险识别的结果

风险识别后，要把结果整理出来，写成书面文件，为风险分析的其余步骤和风险管理作准备。风险识别的结果包含下列内容。

1. 项目风险表

项目风险表又称项目风险清单，可将已识别出的项目风险列入表内，其内容应该包括：①已识别项目风险发生概率大小的估计；②项目风险发生的可能时间、范围；③项目风险事件带来的损失；④项目风险可能影响的范围。

项目风险表还可以按照项目风险的紧迫程度、项目费用风险、进度风险和质量风险等类别单独作出风险排序和评价。

2. 风险的分类或分组

找出风险因素后，为了在采取控制措施时能分清轻重缓急，故需要对风险进行分类或分组。例如，对于常见的建设项目，可将风险按项目建议书、融资、设计、设备订货、施工及运营阶段分组，也可对风险因素划定一个等级。通常，按事故发生后果的严重程度划分风险等级。

一级：后果小，可以忽略，可不采取措施。

二级：后果较小，暂时还不会造成人员伤亡和系统损坏，应考虑采取控制措施。

三级：后果严重，会造成人员伤亡和系统损坏，需立即采取控制措施。

四级：灾难性后果，必须立即予以排除。

3. 风险征兆

风险征兆又称风险预警信号、风险触发器，它表示风险即将发生。例如，高层建筑中的电梯不能按期到货，就可能出现工期拖延，所以它是项目工期风险的征兆；由于通货膨胀发生，可能会使项目所需资源的价格上涨，从而出现突破项目预算的费用风险，价格上涨就是费用风险的征兆。

一般来说，施工项目的风险可能有费用超支风险、工期拖延风险、质量风险、技术风险、资源风险、自然灾害和意外事故风险、财务风险等。

8.3 建筑工程项目风险评估

8.3.1 概述

风险评估是项目风险管理的第二步。项目风险评估包括风险估计和风险评价两个内容。

风险估计的对象是项目的各单个风险,非项目整体风险。风险估计有如下几方面的目的。

(1) 加深对项目自身和环境的理解。

(2) 进一步寻找实现项目目标的可行方案。

(3) 务必使项目所有的不确定性和风险都经过充分、系统而又有条理的考虑,明确不确定性对项目其他各个方面的影响。

(4) 估计和比较项目各种方案或行动路线的风险大小,从中选择出威胁最少、机会最多的方案或行动路线。

风险评价把注意力转向包括项目所有阶段的整体风险、各风险之间的相互影响、相互作用及对项目的总体影响、项目主体对风险的承受能力上。风险评价有以下四个目的。

(1) 对项目诸风险进行比较和评价,确定它们的先后顺序。

(2) 表面上看起来不相干的多个风险事件常常由一个共同的风险来源所造成。例如,若遇上未曾预料到的技术难题,则项目会造成费用超支、进度拖延、产品质量不合格等多种后果。风险评价就是要从项目整体出发,弄清各风险事件之间确切的因果关系,制订出系统的风险管理计划。

(3) 考虑各种不同风险之间相互转化的条件,研究如何才能化威胁为机会。还要注意,原以为的机会在什么条件下会转化为威胁。

(4) 进一步量化已识别风险的发生概率和后果,减少风险发生概率和后果估计中的不确定性。必要时,根据项目形势的变化重新分析风险发生的概率和可能的后果。

风险评价可分以下三步。

(1) 确定风险评价基准。风险评价基准就是项目主体针对每一种风险后果确定的可接受水平。单个风险和整体风险都要确定评价基准,可分别称为单个评价基准和整体评价基准。风险的可接受水平可以是绝对的,也可以是相对的。

(2) 确定项目整体风险水平。项目整体风险水平是综合了所有的个别风险之后确定的。

(3) 将单个风险与单个评价基准、项目整体风险水平与整体评价基准对比,确认项目风险是否在可接受的范围之内,进而确定该项目的停止或继续进行。

8.3.2 风险分析方法

风险分析方法包括风险估计方法与风险评价方法。这些方法又可分为定性方法与定量方法,现分述如下。

1. 定性方法

定性风险分析要求使用已有的定性分析方法和工具来评估风险的概率和后果。

(1) 风险概率及后果。风险概率是指某一风险发生的可能性。风险后果是指某一风险事件发生对项目目标产生的影响。

风险估计的首要工作是确定风险事件的概率分布。一般来讲,风险事件的概率分布应当根据历史资料来确定;当项目管理人员没有足够的历史资料来确定风险事件的概率分布时,可以利用理论概率分布进行风险估计。

历史资料法。在项目基本相同的条件下，可以通过观察各个潜在的风险在长时期内已经发生的次数来估计每一可能事件的概率，这种估计就是每一事件过去已经发生的频率。

理论概率分布法。当项目的管理者没有足够的历史信息和资料来确定项目风险事件的概率时，可以根据理论上的某些概率分布来补充或修正，从而建立风险的概率分布图。

常用的风险概率分布是正态分布。正态分布可以描述许多风险的概率分布，如交通事故、财产损失、加工制造的偏差等。除此之外，在风险评估中常用的理论概率分布还有离散分布、等概率分布、阶梯形分布、三角形分布和对数正态分布等。

主观概率。由于项目的一次性和独特性，不同项目的风险往往存在差别，因此，项目管理者在很多情况下要根据自己的经验去测度项目风险事件发生的概率或概率分布，这样得到的项目风险概率被称为主观概率。主观概率的大小常常根据人们长期积累的经验、对项目活动及其有关风险事件的了解估计。

风险事件后果的估计。风险事故造成的损失要从三个方面来衡量：风险损失的性质、风险损失范围大小和风险损失的时间分布。

风险损失的性质是指损失是属于政治性的、经济性的，还是技术性的。风险损失范围大小包括风险可能带来的损失的严重程度、损失的变化幅度和分布情况。损失的严重程度和损失的变化幅度分别用损失的数学期望和方差表示。风险损失的时间分布是指项目风险事件是突发的，还是随时间的推移逐渐致损的；风险损失是在项目风险事件发生后马上就感受到，还是需要随时间推移而逐渐显露出来，以及这些损失可能发生的时间等。

（2）效用和效用函数。有些风险事件的收益或损失大小很难计算，即使能够计算，同一数额的收益或损失在不同人的心目中地位也不一样。为反映决策者价值观念的不同，需要考虑效用与效用函数。

1）效用。在西方经济学中，效用是指消费者在消费商品时所感受到的满足程度。效用在这里代表着决策人对待特定风险事件的态度，是决策人对待特定风险事件的期望收益或期望损失所持的独特的兴趣、感觉或取舍反应。

2）效用函数。若风险事件后果能量化，则可换算成一定的金额，用变量 x 来表示。不同数额的收益或损失在同一个人的心目中有不同的效用值，因此，效用值是收益或损失大小 x 的函数，叫效用函数，可用变量 $U(x)$ 来表示。但是，效用值 $U(x)$ 并不与收益或损失呈简单的线性关系，且因人而异。经济学家和管理人员将效用作为指标，衡量人们对风险以及其他事物的主观评价、态度、偏好和倾向等。由于效用值是相对的，所以一般可规定：决策者最愿意接受的收益对应的效用值为 1，而最不愿意接受的损失对应的效用值为 0。

3）效用曲线。在直角坐标系里，以横坐标表示收益或损失的大小，纵坐标表示效用函数值，所得曲线叫做效用曲线。图 8.1 中画出了三类决策者的效用曲线，反映了他们对待风险的不同态度。一般可分为保守型、中间型和冒险型三种。具有中间型效用曲线的决策者对待风险后果的态度，即收益或

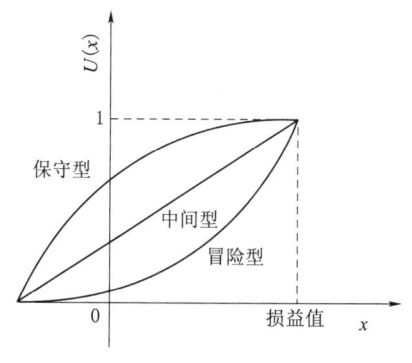

图 8.1　效用曲线

损失的效用值是与收益或损失的大小成正比的。具有保守型效用曲线的决策者对待风险不利后果的度,即损失的效用值特别敏感,也就是说,损失稍微增加一点,效用值就下降很多;相反,他对有利后果所抱的态度,即收益的效用值比较迟钝,也就是说,当收益增加很多时,效用值才增加一点。保守型的决策者难以接受风险的不利后果,对追求高的收益兴趣不大。具有冒险型效用曲线的决策者对待风险损失的效用值比较迟钝,也就是说,损失尽管已增加了很多,但效用值却减少不多;相反,他对待有利后果的态度,即收益的效用值特别敏感,也就是说,当收益仅仅增加一点时,效用值就增加了很多。冒险型的决策者可以接受风险的不利后果,愿意追求高的收益。

效用、效用函数和效用曲线在情报价值的计算中考虑决策者的主观因素时很有用,不同的人有不同的效用曲线。

2. 定量方法

一般来说,完整而科学的风险评估应建立在定性风险分析与定量分析相结合的基础之上。定量风险分析过程的目标是量化分析每一风险的概率及其对项目目标造成的后果,同时也分析项目总体风险程度。

(1) 盈亏平衡分析。盈亏平衡分析又称量本利分析或保本分析,也称产量成本利润分析(Volume - Cost - Profit Analysis,简称 VCPA),其基础是成本形态分析。

(2) 敏感性分析。广义上讲,对于函数 $y = f(x_1, x_2, K)$,任一自变量的变化都会使因变量 y 发生变化,但各自变量变动一定的幅度,引起 y 变动的程度不同。对各自变量变动引起因变量变动及其变动程度的分析即敏感性分析。

项目风险评估中的敏感分析是通过分析预测有关投资规模、建设工期、经营期、产销期、产销量、市场价格和成本水平等主要因素的变动对评价指标的影响及影响程度。一般是考察分析上述因素单独变动对项目评价的主要指标净现值(Net Present Value,简称 NPV)和内部收益率(Internal Rate of Return,简称 IRR)的影响。有关内容见其他相关文献。

通过敏感性分析,项目班子还可以知道是否需要用其他方法作进一步的风险分析。如果敏感性分析表明项目变数、前提或假设即使发生很大的变动,项目的性能也不会出现太大的变化,那么就没有必要进行费时、费力、代价高昂的概率分析。

(3) 决策树分析。决策树法是因解决问题的工具是"树"而得名。其分析程序一般如下。

1) 绘制决策树图。决策树结构如图 8.2 所示。从图中可以看出,决策树的要素有五点:决策节点、方案枝、自然状态节点、概率枝和损益值。从决策节点引出的都是方案枝;从自然状态节点引出的都是状态枝(或称概率枝)。

画决策树图时,实际上是拟定各种决策方案的过程,也是对未来可能发生的各种自然状况进行周密思考和预测的过程。

2) 预计未来各种情况可能发生的概率。概

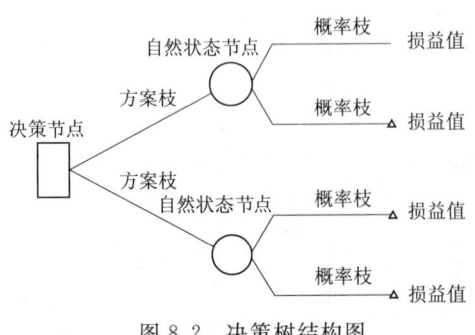

图 8.2 决策树结构图

率数值可以根据经验数据来估计或依靠过去的历史资料来推算,还可以采用先进预测方法和手段进行。

3) 计算每个状态节点的综合损益值。综合损益值也叫综合期望值(MV),它是用来比较各种抉择方案结果的一个准则。损益值只是对今后情况的估计,并不代表一定要出现的数值。根据决策问题的要求,可采用最小损失值,如成本最小、费用最低等,也可采用最大收益值,如利润最大、节约额最大等。

综合损益值计算公式为$\sum MV(i) = \sum$(损益值×概率值)×经营年限－投资额。

4) 择优决策。比较不同方案的综合损益期望值,进行择优,确定决策方案。将决策树形图上舍弃的方案枝画上删除号,剪掉。

【例8.1】 为生产某种产品有两种方案,一是建设大厂,二是建设小厂。两者使用年限都是5年,大厂需投资200万元,小厂需投资100万元。两个方案每年损益额及各自然状态出现的概率见表8.2。

表8.2　　　　　　　　　　　概　率　表

自然状态	概率	建大厂年损益值	建小厂年损益值
销路好	0.7	100万元	50万元
销路差	0.3	－30万元	30万元

【解】 (1) 绘制决策树图,如图8.3所示。

(2) 因未来各种情况可能发生的概率已知,可直接计算每个自然状态节点的综合损益值。

建大厂方案综合损益值为:[100×0.7＋(－30)×0.3]×5－200＝105(万元)

建小厂方案综合损益值为:(50×0.7＋30×0.3)×5－100＝120(万元)

(3) 择优决策。由于建小厂方案的综合损益值大于建大厂方案的综合损益值,若不考虑其他因素,建小厂比建大厂效益好。

除上述风险评估方法外,还有非确定型决策分析法、层次分析法、网络模型(包括CPM、PERT、GERT)等。

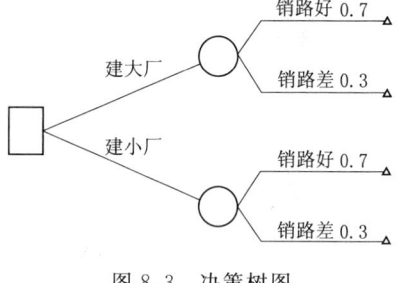

图8.3　决策树图

8.4　建筑工程项目风险控制

8.4.1　回避风险

回避风险是指项目组织在决策中回避高风险的领域、项目和方案,进行低风险选择。通过回避风险,可以在风险事件发生之前完全彻底地消除一特定风险可能造成的种种损失,而不仅仅是减少损失的影响程度。回避风险是对所有可能发生的风险尽可能地规避,这样可以直接消除风险损失。回避风险具有简单、易行、全面、彻底的优点,能将风险的概率保持为零，从而保证项目的安全运行。

1. 回避风险的方法

回避风险的具体方法有：放弃或终止某项活动；改变某项活动的性质。如放弃某项不成熟工艺，初冬时期为避免混凝土受冻，不用矿渣水泥而改用硅酸盐水泥。一般来说，回避风险有方向回避、项目回避和方案回避三个层次。在采取回避风险时，应注意以下几点。

（1）当风险可能导致损失频率和损失幅度极高，且对此风险有足够的认识时，这种策略才有意义。

（2）当采用其他风险策略的成本和效益的预期值不理想时，可采用回避风险的策略。

（3）不是所有的风险都可以采取回避策略的，如地震、洪灾、台风等。

（4）由于回避风险只是在特定范围内及特定的角度才有效，因此，避免了某种风险，又可能产生另一种新的风险。

2. 回避风险的原则

在回避风险时应遵循以下原则。

（1）回避不必要承担的风险。

（2）回避那些远远超过企业承受能力，可能对企业造成致命打击的风险。

（3）回避那些不可控性、不可转移性、不可分散性较强的风险。

（4）在主观风险和客观风险并存的情况下，以回避客观风险为主。

（5）在存在技术风险、生产风险和市场风险时，一般以回避市场风险为主。

8.4.2 转移风险

转移风险是指组织或个人项目的部分风险抵押或全部风险转移到其他组织或个人。风险转移一般分为两种形式：项目风险的财务转移，即项目组织将项目风险损失转移给其他企业或组织；项目客体转移，即项目组织将项目的一部分或全部转移给其他企业或组织。

从另外一个角度看，转移风险有控制型非保险转移、财务型非保险转移和保险三种形式。

1. 控制型非保险转移

控制型非保险转移，转移的是损失的法律责任，它通过合同或协议，消除或减少转让人对受让人的损失责任和对第三者的损失责任。有以下三种形式。

（1）出售。通过买卖合同将风险转移给其他单位或个人。这种方式的特点是在出售项目所有权的同时也就把与之有关的风险转移给了受让人。

（2）分包。转让人通过分包合同，将他认为项目风险大的部分转移给非保险业的其他人。如一个大跨度网架结构项目，对总包单位来讲，他们认为高空作业多，吊装复杂，风险较大，因此，可以将网架的拼装和吊装任务分包给有专用设备和经验丰富的专业施工单位来承担。

（3）开脱责任合同。通过开脱责任合同，风险承受者免除转移者对承受者承受损失的责任。

2. 财务型非保险转移

财务型非保险转移是转让人通过合同或协议寻求外来资金补偿其损失。有以下两种形式。

（1）免责约定。免责约定是合同不履行或不完全履行时，如果不是由于当事人一方的过错引起，而是由于不可抗力的原因造成的，违约者可以向对方请求部分或全部免除违约责任。

（2）保证合同。保证合同是由保证人提供保证，使债权人获得保障。通常，保证人以被保证人的财产抵押来补偿可能遭受到的损失。

3. 保险

保险是通过专门的机构，根据有关法律，运用大数法则，签订保险合同，当风险发生时，就可以获得保险公司的补偿，从而将风险转移给保险公司。如建筑工程一切险、安装工程一切险和建筑安装工程第三者责任险等。

技术创新风险的转移一般伴随着收益的转移，因而，是否转移风险以及采用何种方式转移风险，需要进行仔细权衡和决策。在一般情况下，当技术风险、市场风险不大而财务较大时，可采用财务转移的风险转移方式；当技术风险或生产风险较大时，可以采用客体转移的风险转移方式。

8.4.3 损失控制

损失控制是指损失发生前消除损失可能发生的根源，并减少损失事件的频率，在风险事件发生后减少损失的程度。损失控制的基本点在于消除风险因素和减少风险损失。

1. 损失预防

损失预防是指损失发生前为了消除或减少可能引起损失的各种因素而采取的各种具体措施，也就是设法消除或减少各种风险因素，以降低损失发生的频率。

（1）工程法。以工程技术为手段，通过对物质因素的处理来达到控制损失的目的。具体的措施包括：预防风险因素的产生，减少已存在的风险因素，改变风险因素的基本性质，改善风险因素的空间分布，加强风险单位的防护能力等。

（2）教育法。通过安全教育培训，消除人为的风险因素，防止不安全行为的出现，从而达到控制损失的目的。如进行安全法制教育、安全技能教育和风险知识教育等。

（3）程序法。以制度化的程序作业方式进行损失控制，其实质是通过加强管理，从根本上对风险因素进行处理。如制定安全管理制度、设备定期维修制度和定期进行安全检查等。

2. 损失抑制

损失抑制是指损失发生时或损失发生后，为了缩小损失幅度所采取的各项措施。

（1）分割。将某一风险单位分割成许多独立的、较小的单位，以达到减小损失幅度的目的。例如，同一公司的高级领导成员不同时乘坐同一交通工具，这是一种化整为零的措施。

（2）储备。例如，储存某项备用财产或人员，以及复制另一套资料或拟定另一套备用计划等，当原有财产、人员、资料及计划失效时，这些备用的人、财、物、资料可立即使用。

（3）拟定减小损失幅度的规章制度。例如，在施工现场建立巡逻制度。

8.4.4 自留风险

自留风险又称承担风险,它是一种由项目组织自己承担风险事故所致损失的措施。

1. 自留风险的类型

(1) 主动自留风险与被动自留风险。主动自留风险又称计划性承担,是指经合理判断、慎重研究后,将风险承担下来。被动自留风险是指由于疏忽未探究风险的存在而承担下来。

(2) 全部自留风险和部分自留风险。全部自留风险是对那些损失频率高,损失幅度小,且当最大损失额发生时项目组织有足够的财力来承担而采取的方法。部分自留风险是依靠自己的财力处理一定数量的风险。

2. 自留风险的资金筹措

(1) 建立内部意外损失基金。建立意外损失专项基金,当损失发生时,由该基金补偿。

(2) 从外部取得应急贷款或特别贷款。应急贷款是在损失发生之前,通过谈判达成应急贷款协议,一旦损失发生,项目组织就可立即获得必要的资金,并按已商定的条件偿还贷款。特别贷款是在事故发生后,以高利率或其他苛刻条件接受贷款,以弥补损失。

8.4.5 分散风险

项目风险的分散是指项目组织通过选择合适的项目组合,进行组合开发创新,使整体风险得到降低。在项目组合中,不同的项目之间的相互独立性越强或具有负相关性时,将有利于技术组合整体风险的降低。但在项目组合的实际操作过程中,选择独立不相关项目并不十分妥当,因为项目的生产设备、技术优势领域、市场占有状况等使得项目组织在项目选择时难以做到这种独立无关性;而且,当项目之间过于独立时,由于不能做到技术资源、人力资源、生产资源的共享而加大项目的成本和难度。因此,在通过项目组合来分散项目风险时,应当允许项目之间存在一定的相关性。

在项目风险的分散中,还应当注意以下两点:一是高风险项目和低风险项目适当搭配,以便在高风险项目失败时,通过低风险项目来弥补部分损失;二是项目组合的数量要适当,项目数量太少时,风险分散作用不明显,而项目数量过多时,会加大项目组织的难度,以及导致资源分散,影响技术项目组合的整体效果。

8.5 建筑工程保险与担保

8.5.1 建筑工程保险

1. 建筑工程保险的定义

建筑工程保险是以承保土木建筑为主体的工程,在整个建设期间,由于保险责任范围内的风险造成保险工程项目的物质损失和列明费用损失的保险。

2. 建筑工程保险的特征

(1) 承保风险的特殊性。建筑工程保险承保的保险标的大部分都裸露于风险中,同时,建筑工程在施工过程中始终处于动态过程,各种风险因素错综复杂,风险程度增加。

(2) 风险保障的综合性。建筑工程保险既承保被保险人财产损失的风险,又承保被保险人的责任风险，还可以针对工程项目风险的具体情况提供运输过程中、工地外储存过程中、保证期间等各类风险。

（3）被保险人的广泛性。包括业主、承包人、分承包人、技术顾问、设备供应商等其他关系方。

（4）费率的特殊性。建筑工程保险采用的是工期费率，而不是年度费率。

3．建筑工程保险的适用范围

建筑工程保险承保的是各类建筑工程。在财产保险经营中，建筑工程保险适用于各种民用、工业用和公共事业用的建筑工程，如房屋、道路、水库、桥梁、码头、娱乐场、管道以及各种市政工程项目的建筑。这些工程在建筑过程中的各种意外风险，均可通过投保建筑工程保险而得到保险保障。

建筑工程保险的被保险人大致包括以下几个方面。

（1）工程所有人，即建筑工程的最后所有者。

（2）工程承包人，即负责承建该项工程的施工单位，可分为主承包人和分承包人，分承包人是向主承包人承包部分工程的施工单位。

（3）技术顾问，即由所有人聘请的建筑师、设计师、工程师和其他专业顾问，代表所有人监督工程合同执行的单位或个人。

（4）其他关系方，如贷款银行或债权人等。当存在多个被保险人时，一般由一方出面投保，并负责支付保费，申报保险期间风险变动情况，提出原始索赔等。

4．建筑工程险的投保人

在实务中，由于建筑工程的承包方式不同，所以其投保人也就各异。主要有以下四种情况。

（1）全部承包方式。所有人将工程全部承包给某一施工单位，该施工单位作为承包人（或主承包人）负责设计、供料、施工等全部工程环节，最后以钥匙交货方式将完工的建筑物交给所有人。在此方式中，由于承包人承担了工程的主要风险责任，故而一般由承包人作为投保人。

（2）部分承包方式。所有人负责设计并提供部分建筑材料，施工单位负责施工并提供部分建筑材料，双方各承担部分风险责任，此时可由双方协商，推举一方为投保人，并在合同中写明。

（3）分段承包方式。所有人将一项工程分成几个阶段或几部分分别向外发包，承包人之间是相互独立的，没有契约关系。此时，为避免分别投保造成的时间差和责任差，应由所有人出面投保建筑工程险。

（4）施工单位只提供服务的承包方式。所有人负责设计、供料和工程技术指导；施工单位只提供劳务，进行施工，不承担工程的风险责任。此时应由工程所有人投保。

由于建筑工程保险的被保险人有时不止一个，而且每个被保险人各有其本身的权益和责任需要向保险人投保，为避免有关各方相互之间的追偿责任，大部分建筑工程保险单附加交叉责任条款，其基本内容就是：各个被保险人之间发生的相互责任事故造成的损失，均可由保险人负责赔偿，无须根据各自的责任相互进行追偿。

8.5.2 建筑工程担保

担保是为了保证债务的履行，确保债权的实现、在债务人的信用或特定的财产之上设定的特殊的民事法律关系。其法律关系的特殊性表现在，一般的民事法律关系的内容（即权利和义务）基本处于一种确定的状态，而担保的内容处于一种不确定的状态，即当债务人不按主合同的约定履行债务导致债权无实现时，担保的权利和义务才能确定成为现实。

我国担保法规定的担保方式有五种：保证、抵押、质押、留置和定金。

建筑工程中经常采用的担保种类有：投标担保、履约担保、预付款担保、支付担保。

1. 投标担保

（1）投标担保的含义。投标担保，或抽保证金，是指投标人保证中标后履行签订承发包合同的义务，否则，招标人将对投标保证金予以没收。

根据《工程建设项目施工招标投标办法》（七部委〔2013〕30 号令）规定，施工投标保证金的数额一般不得超过投标总价的 2%，但最高不得超过 80 万元人民币。投标保证金有效期应当超出投标有效期 30 天。投标人不按招标文件要求提交投标保证金的，该投标文件将被拒绝，作废标处理。

根据《工程建设项目勘察设计招标投标办法》（八部委〔2003〕2 号令）规定，招标文件要求投标人提交投标保证金的，保证金数额一般不超过勘察设计费投标报价的 2%，最多不超过 10 万元人民币。

国际上常见的投标担保的保证金数额为 2%～5%。

（2）投标担保的形式。投标担保可以采用保证担保、抵押担保等方式，其具体的形式有很多种，通常有如下几种：现金、保兑支票、银行汇票、现金支票、不可撤销信用证、银行保函、由保险公司或者担保公司出具的投标保证书。

（3）投标担保的作用。投标担保的主要目的是保护招标人不因中标人不签约而蒙受经济损失。投标担保要确保投标人在投标有效期内不要撤回投标书，以及投标人在中标后保证与业主签订合同并提供业主所要求的履约担保、预付款担保等。投标担保的另一个作用是，在一定程度上可以起到筛选投标人的作用。

（4）《世行采购指南》关于投标保证金的规定。投标保证金应当根据投标人的意愿采用保付支票、信用证或者由信用好的银行出具保函等形式。应允许投标人提交由其选择的任何合格国家的银行直接出具的银行保函。投标保证金应当在投标有效期满后 28 天内一直有效，其目的是给招标人在需要索取保证金时，有足够的时间采取行动。一旦确定不能对其授予合同，应及时将投标保证金退还给落选的投标人。

2. 履约担保

（1）履约担保的含义。所谓履约担保，是指招标人在招标文件中规定的要求中标的投标人提交的保证履行合同义务和责任的担保。

履约担保的有效期始于工程开工之日，终止日期则可以约定为工程竣工交付之日或者保修期满之日。由于合同履行期限应该包括保修期，履约担保的时间范围也应该覆盖保修期，如果确定履约担保的终止日期为工程竣工交付之日，则需要另外提供工程保修担保。

（2）履约担保的形式。履约担保可以采用银行保函或者履约担保书的形式。在保修期内，工程保修担保可以采用预留保留金的方式。

1) 银行履约保函。银行履约保函是由商业银行开具的担保证明,通常为合同金额的10%左右。银行保函分为有条件的银行保函和无条件的银行保函。

有条件的保函是指下述情形:在承包人没有实施合同或者未履行合同义务时,由发包人或工程师出具证明说明情况,并由担保人对已执行合同部分和未执行部分加以鉴定,确认后才能收兑银行保函,由发包人得到保函中的款项。建筑行业通常倾向于采用有条件的保函。

无条件的保函是指下述情形:在承包人没有实施合同或者未履行合同义务时,发包人只要看到承包人违约,不需要出具任何证明和理由就可对银行保函进行收兑。

2) 履约担保书。由担保公司或者保险公司开具履约担保书,当承包人在执行合同过程中违约时,开出担保书的担保公司或者保险公司用该项担保金去完成施工任务或者向发包人支付完成该项目所实际花费的金额,但该金额必须在保证金的担保金额之内。

3) 保留金。保留金是指在发包人(工程师)根据合同的约定,每次支付工程进度款时扣除一定数目的款项,作为承包人完成其修补缺陷义务的保证。保留金一般为每次工程进度款的10%,但总额一般应限制在合同总价款的5%(通常最高不得超过10%)。一般在工程移交时,业主(工程师)将保留金的一半支付给承包人;质量保修期(或"缺陷责任期满")时,将剩下的一半支付给承包人。

(3) 作用。履约担保将在很大程度上促使承包商履行合同约定,完成工程建设任务,从而有利于保护业主的合法权益。一旦承包人违约,担保人要代为履约或者赔偿经济损失。

履约保证金额的大小取决于招标项目的类型与规模,但必须保证承包人违约时,发包人不受损失。在投标须知中,发包人要规定使用哪一种形式的履约担保。中标人应当按照招标文件中的规定提交履约担保。

(4)《世行采购指南》对履约担保的规定。工程的招标文件要求一定金额的保证金,其金额足以抵偿借款人(发包人)在承包人违约时所遭受的损失。该保证金应当按照借款人在招标文件中的规定以适当的格式和金额采用履约担保书或者银行保函形式提供。担保书或者银行保函的金额将根据提供保证金的类型和工程的性质和规模有所不同。该保证金的一部分应展期至工程竣工日之后,以覆盖截至借款人最终验收的缺陷责任期或维修期;另一种做法是,在合同规定从每次定期付款中扣留一定百分比作为保留金,直到最终验收为止。可允许承包人在临时验收后用等额保证金来代替保留金。

(5)《土木工程施工合同条件》(也称 FIDIC 合同条件)对履约担保的规定。如果合同要求承包人为其正确履行合同取得担保时,承包人应在收到中标函之后 28 天内,按投标书附件中注明的金额取得担保,并将此保函提交给业主。该保函应与投标书附件中规定的货币种类及比例相一致。当向业主提交此保函时,承包人应将这一情况通知工程师。该保函采取本条件附件中的格式或由业主和承包人双方同意的格式。提供担保的机构须经业主同意。除非合同另有规定,执行本款时所发生的费用应由承包人负担。

在承包人根据合同完成施工和竣工,并修补了任何缺陷之前,履约担保将一直有效。在发出缺陷责任证书之后,即不应对该担保提出索赔,并应在上述缺陷责任证书发出后 14 天内将该保函退还给承包人。

在任何情况下，业主在按照履约担保提出索赔之前，皆应通知承包人，说明导致索赔的违约性质。

3. 预付款担保

(1) 预付款担保的含义。建设工程合同签订以后，发包人往往会支付给承包人一定比例的预付款，一般为合同金额的 10%，如果发包人有要求，承包人应该向发包人提供预付款担保。预付款担保是指承包人与发包人签订合同后领取预付款之前，为保证正确、合理使用发包人支付的预付款而提供的担保。

(2) 预付款担保的形式。

1) 银行保函。预付款担保的主要形式是银行保函。预付款担保的担保金额通常与发包人的预付款是等值的。预付款一般逐月从工程付款中扣除，预付款担保的担保金额也相应逐月减少。承包人在施工期间，应当定期从发包人处取得同意此保函减值的文件，并送交银行确认。承包人还清全部预付款后，发包人应退还预付款担保，承包人将其退回银行注销，解除担保责任。

2) 发包人与承包人约定的其他形式。预付款担保也可由担保公司提供保证担保，或采取抵押等担保形式。

(3) 预付款担保的作用。预付款担保的主要作用在于保证承包人能够按合同规定进行施工，偿还发包人已支付的全部预付金额。如果承包人中途毁约，中止工程，使发包人不能在规定期限内从应付工程款中扣除全部预付款，则发包人作为保函的受益人有权凭预付款担保向银行索赔该保函的担保金额作为补偿。

(4) 国际工程承包市场关于预付款担保的规定。在国际工程承包市场，《世行采购指南》、世行贷款项目招标文件范本《土建工程国内竞争性招标文件》《亚洲开发银行贷款采购准则》和《土木工程施工合同条件应用指南》中均对预付款担保作出相应规定。

4. 支付担保

(1) 支付担保的含义。支付担保是中标人要求招标人提供的保证履行合同中约定的工程款支付义务的担保。

在国际上还有一种特殊的担保——付款担保，即在有分包人的情况下，业主要求承包人提供的保证向分包人付款的担保，即承包商向业主保证，将把业主支付的用于实施分包工程的工程款及时、足额地支付给分包人。在美国等许多国家的公共投资领域，付款担保是一种法定担保。付款担保在私人项目中也有所应用。

(2) 支付担保的形式。支付担保通常采用如下的几种形式：银行保函、履约保证金、担保公司担保。

发包人的支付担保应是金额担保。实行履约金分段滚动担保。支付担保的额度为工程合同总额的 20%～25%。本段清算后进入下段。已完成担保额度，发包人未能按时支付，承包人可依据担保合同暂停施工，并要求担保人承担支付责任和相应的经济损失。

(3) 支付担保的作用。工程款支付担保的作用在于，通过对业主资信状况进行严格审查并落实各项担保措施，确保工程费用及时支付到位；一旦业主违约，付款担保人将代为履约。

发包人要求承包人提供保证向分包人付款的付款担保，可以保证工程款真正支付给实施工程的单位或个人，如果承包人不能及时、足额地将分包工程款支付给分包人，业主可以向担保人索赔，并可以直接向分包人付款。

上述对工程款支付担保的规定，对解决我国建筑市场工程款拖欠现象具有特殊重要的意义。

（4）支付担保有关规定。《建设工程合同（示范文本）》（GF—2017—0201）第 41 条规定了关于发包人工程款支付担保的内容："发包人和承包人为了全面履行合同，应互相提供以下担保：发包人向承包人提供履约担保，按合同约定支付工程价款及履行合同约定的其他义务；承包人向发包人提供履约担保，按合同约定履行自己的各项义务；一方违约后，另一方可要求提供担保的第三人承担相应责任；提供担保的内容、方式和相关责任，发包人和承包人除在专用条款中约定外，被担保方与担保方还应签订担保合同，作为本合同附件。"

《房屋建筑和市政基础设施工程施工招标投标管理办法》（建设部〔2001〕89 号令）中规定了关于发包人工程款支付担保的内容：招标文件要求中标人提交履约担保的，中标人应当提交。招标人应当同时向中标人提供工程款支付担保。

复 习 思 考 题

(1) 风险、项目风险、项目风险管理的涵义各是什么？
(2) 如何理解和认识风险的性质及其影响？
(3) 用自己的话概括头脑风暴法与德尔菲法。
(4) 如何利用概率分布进行风险估计？
(5) 什么是效用、效用函数？如何理解效用曲线？
(6) 什么是敏感分析？
(7) 什么是风险评估？风险评价的目的是什么？
(8) 风险控制的对策有哪些？
(9) 什么是建筑工程保险？它的适用范围有哪些？
(10) 建筑工程担保有哪些种类？它们各适用于什么情况？

项目9 工程项目收尾管理

【学习目标】 主要介绍工程项目收尾管理中的三个主要内容,包括工程项目竣工验收阶段的管理、项目考核与评价、项目使用阶段的项目维修与回访工作。通过本项目的学习与训练,懂得在工程收尾阶段的主要工作的内容、要求,能完成工程项目交工之前的工作任务。具有编制竣工验收文件、组织和口才表达的能力。

9.1 工程项目竣工验收

9.1.1 概述

在工程项目施工结束后,根据工程交工之前的要求,学习与训练一下主要内容:工程项目收尾管理的内容,工程项目竣工验收范围和依据,工程项目竣工验收的验收标准、程序和内容,竣工图的绘制,竣工资料移交,工程保修与回访,对一单位工程项目的收尾工作进行管理。

项目收尾管理是项目收尾阶段各项管理工作的总称。项目收尾管理是建设工程项目管理全过程的最后阶段,没有这个阶段,建设工程项目就不能顺利交工,就不能投入使用,就不能最终发挥投资效益;同时,还要熟悉工程项目保修的规定。

在项目竣工验收前,项目经理部应检查合同约定的哪些工作内容已经完成,或完成到什么程度,并将检查结果记录并形成文件;总分包之间还有哪些连带工作需要收尾接口,项目近外层和远外层关系还有什么工作需要沟通协调等,以保证竣工收尾顺利完成。

项目竣工验收,是项目完成设计文件和图纸规定的工程内容,由项目业主组织项目参与各方进行的竣工验收。项目的交工主体应是合同当事人的承包主体,验收主体应是合同当事人的发包主体,其他项目参与人则是项目竣工验收的相关组织。

工程项目竣工验收交付使用,是项目周期的最后一个程序,它是检验项目管理好坏和项目目标实现程度的关键阶段,也是工程项目从实施到投入运行的使用的衔接转换阶段。

从宏观上看,工程项目竣工验收,是国家全面考核项目建设成果、检验项目决策、设计、施工、设备制造、管理水平、总结工程项目建设经验的重要环节。一个工程项目建成交付使用后,能否取得预想的宏观效益,需经过国家权威性的管理部门按照技术规范、技术标准组织验收确认。

从投资者角度看,工程项目竣工验收是投资者全面检验项目目标实现程度、并就工程投资、工程进度和工程质量进行审查认可的关键。它不仅关系到投资者在投资建设周期的经济利益,也关系到项目投产后的运营效果,因此,投资者应重视和集中力量组织好竣工验收,并督促承包者抓紧收尾工程。通过验收发现隐患,消除隐患,为项目正常生产,迅速达到设计能力创造良好条件。

9.1　工程项目竣工验收

从承包者角度看，工程项目竣工验收是承包者对所承担的施工工程接受全面检验，按合同全面履行义务、按完成的工程量收取工程价款，积极主动配合接受投资者组织好试生产、办理竣工工程移交手续的重要阶段。

工程项目竣工验收有大量检验，签证和协作配合，容易产生利益冲突，故应严格管理。国家规定，凡已具备验收和投产条件，3个月内不办理验收投产和移交固定资产手续的，取消建设部门和主管部门（或地方）的基建试车收入分成，由银行监督全部上交财政，并由银行冻结其基建贷款或停止贷款。3个月内办理验收和移交固定资产手续确有困难、经验收部门批准，期限可适当延长，竣工验收对促进建设项目及时投入生产、发挥投资效益、总结建设经验，有着重要的作用。

建设项目的竣工验收主要由建设单位（或监理单位）负责组织和进行现场检查，收集与整理资料等工作。设计、施工、设备制造单位有提供有关资料及竣工图纸的责任。未办理竣工验收手续前，建设单位（或监理单位）对每一个单项工程要逐个组织检查，包括检查工程质量情况、隐蔽工程验收资料、关键部位施工记录、按图施工情况、有无漏项等，使工程达到竣工验收的条件。同时还要评定每个单位工程和整个工程项目质量的优劣、进度的快慢、投资的使用等情况以及尚需处理的问题和期限等。

大中型建设项目和指定由省（自治区，直辖市）或国务院组织验收的，为使正式验收的准备工作做得充分，有必要组织一次预验收，这对促进全面竣工、积极收尾和完善验收都有好处。预验收的范围和内容，可参照正式验收进行。对于小型建设项目的竣工验收，根据国家有关规定，结合项目具体情况，适当简化验收手续。

主要收尾工作分解结构如图9.1所示。

9.1.2　竣工验收的范围和依据

凡列入固定资产投资计划的建设项目或单项工程，按照上级批准的设计文件所规定的内容和施工图纸的要求全部建成。工业项目经负荷试车考核或试生产期能够正常生产合格产品，非工业项目符合设计要求、能够正常使用，不论新建、扩建、改造项目，都要及时组织验收，并办理固定资产交付使用的移交手续。使用技术改造资金进行的基本建设项目或技术改造项目，按现行的投资规模限额规定，亦应按国家关于竣工验收规定，办理竣工验收手续。

按国家现行规定，竣工验收的依据是经过上级审批机关批准的可行性研究报告、初步或扩大初步设计（技术设计）、施工图纸和说明、设备技术说明书、招标文件和过程承包合同、施工过程中的设计修改签证、现行的施工技术验收标准、规范以及主管部门有关审批、修改、调整文件等。建设项目的规模、工艺流程、工艺管线、土地使用、建筑结构形式、建筑面积、外形装饰、技术装备、技术标准、环境保护、单项工程等，必须与各种批准文件内容或工程承包合同内容相一致。其他协议规定的某一个国家或国际通用的工艺流程技术标准、从国外引进技术或成套设备项目及中外合资建设的项目，还应该按照签订的合同和国外提供的设计文件等资料进行验收。国外引进的项目合同中未规定标准的，按设计时采用的国内有关规定执行。若国内也无明确规定标准的按设计单位规定的技术要求执行。由国外设计的土木、建筑、结构安装工程验收标准，中外规范不一致时。参照有关规定协商，提出适用的规范。

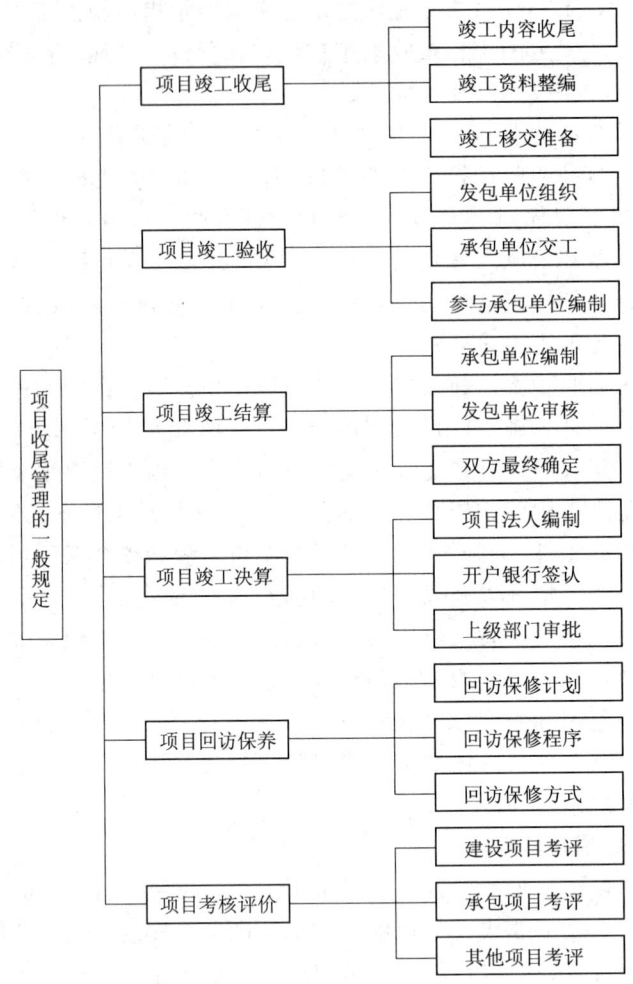

图 9.1 项目收尾工作分解结构图

9.1.3 竣工验收的标准

建设项目竣工验收、交付生产和使用，必须有相应的标准以资遵循。一般有土建工程、安装工程、人防工程、管道工程、桥梁工程、电气工程及铁路建筑安装工程等的验收标准。此外，还可根据工程项目的重要性和繁简程度，对单位工程、分部工程和分项工程，分别指定国家标准、部门有关标准以及企业标准。对于技术改造项目，可参照国家或部门有关标准，根据工程性质提出各自适用的竣工验收标准。

1. 竣工验收交付生产和使用标准

（1）生产性工程和辅助公用设施，已按设计要求建完，能满足生产使用。

（2）主要工艺设备配套，设备经联动符合试车合格，形成生产能力，能够生产出设计文件所规定的产品。

（3）必要的生活设施已按设计要求建成。

（4）环境保护设施、劳动安全卫生设施、消防设施等已按设计要求与主体工程同时建成使用。

2. 土建、安装、人防、大型管道竣工验收标准。

（1）土建工程。凡是生产性工程、辅助公用设施及生活设施，按照设计图纸、技术说明书在工程内容上按规定全部施工完毕；室内工程全部做完，室外的明沟勒角、踏步斜道全部做完，内外粉刷完毕；建筑物、构筑物周围2m以内场地平整，障碍物清除，道路、给排水、用电、通信畅通，经验收组织单位按验收规范进行验收，使工程质量符合各项要求。

（2）安装工程。凡是生产性工程，其工艺、物料、热力等各种管道均已安装完，并已做好清洗、试压、吹扫、油漆、保温等工作；各种设备、电气、空调、仪表、通信等工程项目全部安装结束；经过单机、联机无负荷及投料试车，全部符合安装技术的质量要求，具备生产的条件，经验收组织单位按验收规范进行合格验收。

（3）人防工程。凡有人防工程或集合建设项目搞人防工程的工程竣工验收，必须符合人防工程的有关规定。应按工程登记，安装好防护密闭门；室外通道在人防防护密闭门外的部位，增设防雨便门、设排风孔口；设备安装完毕，应做好内部粉饰并防潮；内部照明设备完全通电，必要的通信设施安装通话；工程无漏水，做完回填土，使通道畅通无阻等。

（4）大型管道工程。大型管道工程（包括铸铁管、钢管、混凝土管和钢筋混凝土预应力管等）和各种泵类电动机按照设计内容、设计要求、施工规范全部（或分段）按质按量铺设和安装完毕；管道内部积存物要清除，输油管道、自来水管道、热力管道等还要经过清洗和消毒，输气管道还要经过赶气、换气；这些管道均应做打压试验；在施工前，要对管道材质及防腐层（内壁和外壁）根据规定标准进行验收，钢管要注意焊接质量，并进行质量评定和验收；对设计中选定的闸阀产品质量要慎重检验；地下管道施工后，回填土要按施工规范要求分层夯实；经验收组织单位按验收规范验收合格，方能办理竣工手续，交付使用。

9.1.4 竣工验收的程序

1. 由施工单位做好竣工验收的准备

（1）做好施工项目的收尾工作。项目经理要组织有关人员逐层、逐段、逐房间进行查项，看有无丢项、漏项，一旦发现丢项、漏项，必须确定专人逐项解决并加强检查；对已经全部完成的部位或查项后修补完成的部位，要组织清理，保护好成品防止损坏和丢失；高标准装修的建筑工程（如高级宾馆、饭店、医院、使馆、公共建筑等），每个房间的装修和设备安装一旦完毕，立即加封，乃至派专人按层段加以看管；要有计划地拆除施工现场的各种临时设施、临时管线、清扫施工现场，组织清运垃圾和杂物；有步骤地组织材料、工具及各种物资回收退库、向其他施工现场转移和进行相应处理；做好电器线路和各种管道的交工前检查，进行电气工程的全负荷试验和管道的打压试验；有生产工艺设备的工程项目，要进行设备的单体试车，无负荷联动试车和有负荷联动试车。

（2）竣工图与档案资料。组织工程技术人员绘制竣工图，清理和准备各项需向建设单位移交的工程档案资料，编制工程档案、资料移交清单。

(3) 竣工结算表。组织预算人员（为主）、生产、管理、技术、财务、劳资等管理人员完成竣工结算表。

(4) 竣工签署文件。准备工程竣工通知书、工程竣工报告、工程竣工验收说明书、工程保修证书。

(5) 工程自检与报检。组织好工程自检，报请上级领导部门进行竣工验收检查，对检查出的问题及时进行处理和修补。

(6) 准备好工程质量评定的各项资料。按结构性能、使用功能、处理效果等方面工程的地基基础、结构、装修及水、暖、电、卫、设备的安装等各个施工阶段所有质量检查资料，进行系统的整理，为评定工程质量提供依据，为技术档案移交归档作准备。

2. 进行工程初验

施工单位决定正式提请验收后，应向监理单位或建设单位送交验收申请报告。监理工程师或单位收到验收报告后，应根据工程承包合同、验收标准进行审查，若认为可以进行验收，则应组织验收班子对竣工的工程项目进行初验。在初验中发现质量问题后，及时以书面通知或备忘录的形式告诉施工单位，并令施工单位按有关质量要求进行修理甚至返工。

3. 正式验收

规模较小或较简单的工程项目，可以一次进行全部项目的验收；规模较大或较复杂的工程项目，可分两个阶段验收。

(1) 第一阶段验收。第一阶段验收是单项工程验收，又称交工验收，是指一个总体建设项目中，一个单项工程（或一个车间）已按设计规定的内容建成，能满足生产要求或具备使用条件，且已预验和初验。施工单位提出"验收交接申请报告"，说明工程完成情况、验收准备情况、设备试运转情况及申请办理交接日期，便可组织正式验收。

由几个建筑施工企业负责施工的单项工程，当其中某一个企业所负责的部分已按设计完成，也可组织正式验收，办理交工手续，但应请总包单位参加。对于建成的住宅，可分幢进行正式验收，对于设备安装工程，要根据设备技术规范说明书的要求，逐项进行单体试车、无负荷联动试车、负荷联动试车。

验收合格后，双方要签订"交工验收证明"。如发现有需要返工、修补的工程，要明确规定完成期限，在全部验收时，原则上不再办理验收手续。

(2) 第二阶段验收。第二阶段是全部验收，又称动用验收，是指整个建设项目按设计规定全部建成，达到竣工验收标准，可以使用（生产）时，由验收委员会（小组）组织进行的验收。

全部验收工作首先要由建设单位会同设计、施工单位或施工监理单位进行验收准备，其主要内容如下。

1) 财务决算分析。凡决算超过概算的，要报主管财务部门批准。
2) 整理汇总技术资料（包括工程竣工图），装订成册，分类编目。
3) 核实未完工程。列出未完工程一览表，包括项目、工程量、预算造价、完成日期等内容。
4) 核实工程量并评定质量等级。

5）编制固定资产构成分析表，列出各个竣工决算所占的百分比。

6）总结试车考核情况。

4. 竣工验收证明文件

竣工验收的证明文件包括：建筑工程竣工验收证明文件；设备竣工验收证明书；建设项目交工、验收鉴定书；建设项目统计报告。

5. 验收交付

整个工程项目竣工验收，一般要经现场初验和正式验收的两个阶段，即验收准备工作结束后，由上级主管部门组织现场初验，要对各项工程进行检验，进一步核实验收准备工作情况。在确认符合设计规定和工程配套的前提下，按有关标准对工作作出评价，对发现的问题提出处理意见，公正、合理地排除验收工作中的争议，协调场外有关方面的关系，如将铁路、公路、电力、电信、等工程移交有关部门管理等。现场初验要草拟"竣工验收报告书"和"验收鉴定书"。对在现场初验中提出的问题处理完毕后，经竣工验收机构复验或抽查，确认对影响生产或使用的所有问题都已经解决，即可办理正式交接手续。竣工验收机构成员要审查竣工验收报告，并在验收鉴定书上签字，正式验收交接工作即告结束，可迅速办理固定资产交付使用的转账手续。

9.1.5 竣工验收的组织

1. 验收组织的要求

国有资产投资的工程项目的竣工验收的组织，要根据建设项目的重要性、规模大小和隶属关系而定。大中型和限额以上基本建设和技术改造项目（工程），由国家计委或国家计委委托项目主管部门、地方政府部门组织验收；小型和限额以下基本建设和技术改造项目（工程），由项目主管部门或地方政府部门组织验收。竣工验收要根据工程规模大小，复杂程度组织验收委员会或验收小组。验收委员会或验收小组应由银行、物资、环保、劳动、统计、消防及其他有关部门组成，建设单位、接管单位、施工单位、勘察设计单位、施工监理单位参加验收工作。

2. 验收组织的职责

验收委员会或验收小组，负责审查工程建设的各个环节，听取各有关单位的工作报告，审阅工程档案资料并实地察检建筑工程和设备安装情况并对工程设计、施工和设备质量等方面作出全面评价。不合格的工程不予验收，对遗留问题提出具体解决意见，限期落实完成。其具体职责如下。

（1）制订竣工验收工作计划。

（2）审查各种交工技术资料。

（3）审查工程决算。

（4）按验收规范对工程质量进行鉴定。

（5）负责试生产的监督与效果评定。

（6）签发工程项目竣工验收证书。

（7）对遗留问题作出处理和决定。

（8）提出竣工验收总结报告。

9.1.6 竣工资料的移交

1. 一般规定

各有关单位（包括设计、施工、监理单位）应在工程准备开始就建立起工程技术档案，汇集整理有关资料，把这项工作贯穿到整个施工工程，直到工程竣工验收结束。这些资料由建设单位分类立卷，在竣工验收时移交给生产单位（或使用单位）统一保管，作为今后维护、改造、扩建、科研、生产组织的重要依据。凡是列入技术档案的技术文件、资料，都必须经有关技术负责人正式审定。所有的资料、文件都必须如实反映情况，不得擅自修改、伪造或事后补做。工程技术档案必须严加管理，不得遗失损坏，人员调动要办理交接手续，重要资料（包括隐蔽工程照相）还应分别报送上级领导机关。

2. 竣工资料

竣工技术资料的主要内容包括土建方面、安装方面与建设设计单位方面等。

（1）土建方面。

1）开工报告。

2）永久性工程的坐标位置、建筑物和构筑物以及主要设备基础轴线定位、水平定位和复核记录。

3）混凝土和砂浆试块的验收报告、砂垫层测试记录和防腐质量检验记录、混凝土抗渗实验资料。

4）预制构件、加工件、预应力钢筋出厂的质量合格证明和张拉记录，原材料检验证明。

5）隐蔽工程验收记录（包括打桩、试桩、吊装记录）。

6）屋面工程施工记录、沥青马蹄脂等防水材料试配记录。

7）设计变更资料。

8）工程质量事故调查报告和处理记录。

9）安全事故处理记录。

10）施工期间建筑物、构筑物沉陷和变形测定记录。

11）建筑物、构筑物使用要点。

12）未完工程的中间交工验收记录。

13）竣工验收证明。

14）竣工图。

15）其他有关该项工程的技术决定。

（2）安装方面。

1）设备质量合格证明（包括出厂证明、质量保证书）。

2）设备安装记录（包括组装）。

3）设备单机运转记录和合格证。

4）管道和设备等焊接记录。

5）管道安装、清洗、吹扫、试漏、试压和检查记录。

6）截门、安全阀试压记录。

7）电器、仪表检验及电机绝缘、干燥等检查记录。

8) 照明、动力、电信线路检查记录。

9) 安全事故处理记录。

10) 隐蔽工程验收单。

11) 竣工图。

(3) 建设设计单位方面。

1) 可行性研究报告及其批准文件。

2) 初步设计（扩大初步设计、技术设计）及其审批文件。

3) 地质勘探资料。

4) 设计变更及技术核定单。

5) 试桩记录。

6) 地下埋设管线的实际坐标、标高资料。

7) 征地报告及核定图纸、补偿拆迁协议书、征（借）土地协议书。

8) 施工合同。

9) 建设过程中有关请示报告和审批文件以及往来文件、动用岸线及专用铁路线的申请报告和批复文件。

10) 单位工程图纸总目录及施工图（绘竣工图）。

11) 系统联动试车记录和合格证、设备联动运转记录。

12) 采用新结构、新技术、新材料的研究资料。

13) 技术等新建议的试验、采用、改进的记录。

14) 有关重要技术决定和技术管理的经验总结。

15) 建筑物、构筑物使用要点。

9.1.7 竣工图的绘制

1. 竣工图绘制程序

建设项目竣工图，是完整、真实记录各种地下、地上建筑物、构筑物等详细情况的技术文件，是工程竣工验收、投产交付使用后的维修、扩建、改造的依据，是生产（使用）单位必须长期妥善保存的技术档案。按现行规定绘制好竣工图是竣工验收的条件之一，在竣工验收前不能完成的，应在验收时明确商定补交竣工图的期限。

建设单位（或施工监理单位）要组织、督促和协调各设计、施工单位检查自己负责的竣工图绘制工作情况，发现有拖期、不准确或短缺时，要及时采取措施解决。

2. 竣工图绘制要求

(1) 按图施工没有变动的，可由施工单位（包括总包和分包）在原施工图上加盖"竣工图"标志，即作为竣工图；在施工中，虽有一般性设计变更，但能将原施工图加以修改补充作为竣工图的，可不再重新绘制，由施工单位负责在原施工图（必须是新蓝图）上注明修改的部分，并附以设计变更通知单和施工说明加盖"竣工图"标志后，即可作为竣工图。

(2) 结构形式改变、工艺改变、平面布置改变、项目改变以及其他重大的改变，不宜在原施工图上修改、补充的，应重新绘制改变后的竣工图。由设计原因造成的，由设计单位负责重新绘制；由施工单位原因造成的由施工单位重新绘制，施工单位负责在新图上加

盖"竣工图"标志,并附以有关记录和说明,作为竣工图。重大的改建、扩建工程涉及原有工程项目变更时,应将相关项目的竣工图资料统一整理归档,并在原因案卷内增补必要的说明。

(3) 各项基本建设工程,在施工过程中就应着手准备,现场技术人员负责,在施工时作好隐蔽工程检验记录,整理好设计变更文件,确保竣工图质量。

(4) 施工图一定要与实际情况相符,要保证图纸质量,做到规格统一、图面整洁、字迹清楚,不得用圆珠笔或其他易于褪色的墨水绘制,并要经过承担施工的技术负责人审核签字。大中型建设项目和城市住宅小区建设的竣工图,不能少于两套,其中一套移交生产使用单位保管,一套移交有关主管部门或技术档案部门长期保存。关系到全国性特别重要的建设项目,应增交一套给国家档案馆保存。小型建设项目的竣工图至少具备一套,移交生产使用单位保管。

9.1.8 工程技术档案资料管理

做好建设项目的工程技术档案资料工作,对保证各项工程建成后顺利地交付生产、使用以及为将来的维修、扩建、改建都有着十分重要的作用。各建设项目的管理、设计、施工、监理单位应对整个工程建设从建设项目的提出到竣工投产、交付使用的各个阶段所形成的文字资料、图纸、图表、计算材料、照片、录像、磁带进行归档,并努力保管好。

1. 技术档案资料内容

技术档案管理资料内容如下:在建设项目的提出、调研、可行性研究、评估、决策、计划安排、勘测、设计、施工、生产准备、竣工投产交付使用的全过程中,有关的上级主管机关、建设单位、勘察设计单位、施工单位、设备制造单位、施工监理单位以及有关的环保、市政、银行、统计等部门,都应重视该建设项目文件资料的形成、积累、整理、归档和保管工作、尤其要管好建筑物、构筑物和各种管线、设备的档案资料。

2. 一般要求

(1) 在工程建设过程中,现场的指挥管理机构要有位负责人分管档案资料工作,并建立与档案资料工作相适用的管理部门,配备能胜任工作的人员,制定管理制度,集中统一地管理建设好项目的档案资料。

(2) 对于引进技术、引进设备的建设项目,应做好引进技术、设备的各种技术图纸、文件的收集工作。无论通过何种渠道得到的与引进技术、设备有关的档案资料都应交档案部门集中统一管理。

(3) 竣工图是建设项目的实际反映,是工程的重要档案资料,施工单位的施工中要做好施工记录、检验记录,整理好变更文件,并及时做出竣工图,保证竣工图质量。

(4) 各级建设主管部门以及档案部门,要负责检查和指导本专业、本地区建设项目的档案资料工作,档案管理部门参加工程竣工验收中档案资料验收工作。

9.2 工程项目考核评价与绩效管理

工程项目实施过程中,派出项目经理的单位即工程承包单位要制定制度对项目经理和项目经理部进行考核,工程完工后进行终结性考核评价,目的是规范项目管理行为,鉴定项目管理水平，确认项目管理成果，使工程项目管理活动在一定的约束机制下进行，以便取得最大的经济效果。

9.2.1 工程项目管理全面分析

1. 工程项目管理分析的概念与作用

（1）工程项目管理分析的概念。工程项目管理分析是在综合考虑项目管理的内、外部因素的基础上，按照实事求是的原则对项目管理结果进行判别、验证，以便发现问题、肯定成绩，从而正确、客观地反映项目管理绩效的工作。根据工程项目管理分析范围的大小不同，工程项目管理分析可分为全面分析和单项分析两类。

（2）工程项目管理分析的作用。明确工程项目管理目标的实现水平；确认工程项目管理目标实现的准确性、真实性；正确识别客观因素对项目管理目标实现的影响及其程度；为工程项目管理考核、审计及评价工作提供切实可靠的事实依据；准确反映工程项目管理工作的客观实际，避免考核评价工作的失真；通过分析，找出工程项目管理工作的成绩、问题及差距，以便在今后的项目管理工作中借鉴。

2. 工程项目管理全面分析

（1）全面分析。所谓全面分析，是指以工程项目管理实施目标为依据，对工程项目实施效果的各个方面都作对比分析，从而综合评价施工项目的经济效益和管理效果。

（2）评价指标。全面分析的评价指标包括以下几项。

1）质量指标。分析单位工程的质量等级。

2）工期指标。分析实际工期与合同工期及定额工期的差异。

3）利润。分析承包价格与实际成本的差异。

4）产值利润率。分析利润与承包价格的比值。

5）劳动生产率。

劳动生产率＝工程承包价格/工程实际耗用工日数

6）劳动消耗指标。包括单方用工、劳动效率及节约工日。

单方用工＝实际用工（工日）/建筑面积（m^3）

劳动效率＝预算用工（工日）/实际用工（工日）×100％

节约工日＝预算用工－实际用工

7）材料消耗指标。包括主要材料（钢材、木材、水泥等）的节约量及材料成本降低率。

主要材料节约量＝预算用量－实际用量

材料成本降低率＝（承包价中的材料成本－实际材料成本）/承包价中的材料成本×100％

8）机械消耗指标。包括某种主要机械利用率和机械成本降低率。

某种机械利用率＝预算台班数/实际台班数×100％

机械成本降低率＝（预算机械成本－实际机械成本）/预算机械成本×100％

9）成本指标。包括降低成本额和降低成本率。

降低成本额＝承包成本－实际成本

降低成本率＝（承包成本－实际成本）/承包成本×100％

9.2.2 工程项目管理单项分析

工程项目管理单项分析是对项目管理的某项或某几项指标进行解剖性具体分析,从而准确地确定项目在某一方面的绩效,找出项目管理好与差的具体原因,提出应该如何加强和改善的具体内容。单项分析主要是对工程质量、工期、工程成本、安全四大基本目标进行分析。

1. 工程质量分析

工程质量分析是对照工程项目的设计文件和国家规定的工程质量检验评定标准,分析工程项目是否达到了合同约定的质量等级。要具体分析地基基础工程、主体结构工程、装修工程、屋面工程及水、暖、电、卫等各分部分项工程的质量情况。分析施工中出现的质量问题、发生的重大质量事故,分析施工质量控制计划的执行情况、各项保证工程质量措施的实施情况、质量管理责任制的落实情况。

2. 工期分析

工期分析是将工程项目的实际工期与计划工期及合同工期进行对比分析,看实际工期是否符合计划工期的要求,如果实际工期超出计划工期的范围,则看是否在合同工期范围内。根据实际工期、计划工期、合同工期的对比情况,确定工期是提前了还是拖后了。进一步分析影响工期的原因:施工方案与施工方法是否先进合理,工期计划是否最优,劳动力的安排是否均衡,各种材料、半成品的供应能否保证,各项技术组织措施是否落实到位,施工中各有关单位是否协作配合等。

3. 工程成本分析

工程成本分析应在成本核算的基础上进行,主要是结合工程成本的形成过程和影响成本的因素,检查项目成本目标的完成情况,并做出实事求是的评价。成本分析可按成本项目的构成进行,如:人工费收支分析、材料费收支分析、机械使用费收支分析、其他各种费用收支情况分析、总收入与总支出对比分析、计划成本与实际成本对比分析等。成本分析是对项目成本管理工作的一次总检验,也是对项目管理经济效益的提前考查。

4. 安全分析

安全工作贯穿于施工生产的全过程,生产必须保证安全是任何一个建筑企业必须遵守的原则,安全是项目管理各项目标实现的根本保证。对项目管理的安全工作进行分析,就是针对项目实施过程中所发生的机械设备及人员的伤亡事故,检查项目安全生产责任制、安全教育、安全技术、安全检查等安全管理工作的执行情况,分析项目安全管理的效果。

9.2.3 工程项目管理考核与评价

1. 考核与评价的目的

项目管理考核与评价是项目管理活动中很重要的一个环节,它是规范项目管理行为,确认项目管理成果,鉴定项目管理水平及检验项目管理目标实现程度的基本工作,是公平、公正地反映项目管理工作的基础。通过考核评价工作,使得项目管理人员能够正确地认识自己的工作水平和业绩,能够进一步地总结经验、找出差距、吸取教训,从而提高企业的项目管理水平和管理人员素质。

2. 项目管理考核评价的主体和对象

项目考核评价的主体是派出项目经理的单位。由于工程项目的责任主体是承包企业,项目经理是承包企业法定代表人在工程项目上的全权委托代理人，项目经理要对企业法定代表人负责，所以企业法定代表人有权力也有责任对项目经理的行为进行监督，对项目经理的工作进行评价。

项目考核评价的对象应是项目经理部，其中应突出对项目经理的管理工作进行考核评价。

3. 项目管理考核评价的依据

项目管理考核评价的依据是项目经理与承包人签订的"项目管理目标责任书"，内容应包括完成工程施工合同、经济效益、回收工程款、执行承包人各项管理制度、各种资料归档等情况，以及"项目管理目标责任书"中其他要求内容的完成情况。也就是说，"项目管理目标责任书"中的各项目标指标和目标规定即为考核评价工作的依据和标准。

4. 项目管理考核评价的方式

项目考核评价的方式很多，具体应根据项目的特征、项目管理的方式、队伍的素质等综合因素确定。一般分为年度考核评价、阶段性考核评价和终结性考核评价三种方式。

工期超过两年以上的大型项目，可以实行年度考核。为了加强过程控制，避免考核期过长，应当在年度考核之中加入阶段性考核。阶段的划分可以按用网络计划表示的工程进度计划的关键节点进行，也可以同时按自然时间划分阶段进行季度、年度考核。工程竣工验收后，应预留一段时间完成整理资料、疏散人员、退还机械、清理场地、结清账目等工作，然后再对项目管理进行全面的终结性考核。

项目终结性考核的内容应包括确认阶段性考核的结果，确认项目管理的最终结果，确认该项目经理部是否具备"解体"的条件等工作。经考核评价后，兑现"项目管理目标责任书"确定的奖励和处罚。终结性考核评价不仅要注重项目后期工作的情况，而且应该全面考虑到项目前期、中期的过程考核评价工作，应认真分析因果关系，使得考核评价工作形成一个完整的体系，从而对项目管理工作有一个整体性和全面性的结论。

5. 项目管理考核评价组织的建立

工程项目完成以后，企业应成立项目考核评价委员会。考核评价委员会应由企业主管领导和企业有关业务部门从事项目管理工作的人员组成，必要时也可聘请社团组织或大专院校的专家、学者参加，一般由5~7人组成，可以是企业的常设机构，也可以是一次性机构，由企业主管领导负责。在考核评价前，要明确组织分工，制定组织制度，熟悉考核评价工作标准，统一思想认识。

6. 项目管理考核评价程序

（1）制定考核评价方案，并报送企业法定代表人审核批准，然后才能执行。具体内容包括考核评价工作时间、具体要求、工作方法及结果处理。

（2）听取项目经理汇报。主要汇报项目管理工作的情况和项目目标实现的结果，并介绍所提供的资料。

（3）查看项目经理部的有关资料。对项目经理部提供的各种资料进行认真细致的审阅，分析其经验及问题。

（4）对项目管理层和劳务作业层进行调查。可采用交谈、座谈、约谈等方式，以便全面了解情况。

(5) 考察已完成工程。主要是考察工程质量和现场管理，进度与计划工期是否吻合，阶段性目标是否完成。

(6) 对项目管理的实际运作水平进行考核评价。根据既定的评分方法和标准，依据调查了解的情况，对各定量指标进行评分，对定性指标确定评价结果，得出综合评分值和评价结论。

(7) 提出考核评价报告。考核评价报告内容应全面、具体、实事求是，考核评价结论要明确，具有说服力，必要时对一些敏感性问题要补充说明。

(8) 向被考核评价的项目经理部公布评价意见。

7. 项目管理考核评价资料

资料是进行项目考核评价的直接材料，为了使考核评价工作能够客观公正、顺利高效地进行，参与项目管理考核评价的双方都要积极配合，互相支持，及时主动地向考评对方提供必要的工作资料。

(1) 项目经理部应向考核评价委员会提供以下资料。

1) 项目管理实施规划、各种计划、方案及其完成情况。

2) 项目实施过程中所发生的全部来往文件、函件、签证、记录、鉴定、证明。

3) 各项技术经济指标的完成情况及分析资料。

4) 项目管理的总结报告，包括技术、质量、成本、安全、分配、物资、设备、合同履约及思想政治工作等各项管理的总结。

5) 项目实施过程中使用的各种合同、管理制度及工资奖金的发放标准。

(2) 项目考核评价委员会应向项目经理部提供以下资料。

1) 考核评价方案和程序。目的是让项目经理部对考核评价工作的总体安排做到心中有数。

2) 考核评价指标、计分办法及有关说明。目的是让项目经理部清楚考核评价采用的定性与定量指标及评价方法，使考核评价工作公开透明。

3) 考核评价依据。说明考核评价工作所依据的规定、标准等。

4) 考核评价结果。考核评价结果应以结论报告的形式提供给项目经理部，为企业奖评或项目奖评提供依据，也为项目经理部今后的工作提供借鉴经验。

8. 项目管理考核评价指标

(1) 考核评价的定量指标。考核评价的定量指标包括四项目标控制指标。

1) 工程质量指标。应按《建筑工程施工质量验收统一标准》（GB 50300—2013）和《建筑工程施工质量验收规范》的具体要求和规定，进行项目的检查验收，根据验收情况评定分数。

2) 工程成本指标。通常用成本降低额和成本降低率来表示。成本降低额是指工程实际成本比工程预算成本降低的绝对数额，是一个绝对评价指标；成本降低率是指工程成本降低额与工程预算成本的相对比率，是一个相对评价指标。这里的预算成本是指项目经理与承包人签订的责任成本。用成本降低率能够直观地反映成本降低的幅度，准确反映项目管理的实际效果。

3) 工期指标。通常用实际工期与工期提前率来表示。实际工期是指工程项目从开工至竣工验收交付使用所经历的日历天数；工期提前量是指实际工期比合同工期提前的绝对天数；工期提前率是工期提前量与合同工期的比率。

4) 安全指标。工程项目的安全问题是工程项目实施过程中的第一要务，在许多承包单位对工程项目效果的考核要求中，都有安全一票否决的内容。中华人民共和国住房和城乡建设部2011年颁发的《建筑施工安全检查标准》(JGT 59—2011)将工程安全标准分为优良、合格、不合格三个等级。具体等级是由评分计算的方式确定，评分涉及安全管理、文明工地、脚手架、基坑支护与模板工程、"三宝""四口"防护、施工用电、物料提升机与外用电梯、塔吊、起重机吊装、施工机具等项目。具体方法可按《建筑施工安全检查标准》(JGT 59—2011)执行。

(2) 考核评价的定性指标。定性指标反映了项目管理的全面水平，虽然没有定量，但却应该比定量指标占有较大权数，且必须有可靠的数据，有合理可行的办法并形成分数值，以便用数据说话。其主要包括下列内容。

1) 执行企业各项制度的情况。通过对项目经理部贯彻落实企业政策、制度、规定等方面的调查，评价项目经理部是否能够及时、准确、严格、持续地执行企业制度，是否有成效，能否做到令行禁止、积极配合。

2) 项目管理资料的收集、整理情况。项目管理资料是反映项目管理实施过程的基础性文件，通过考核项目管理资料的收集、整理情况，可以直观地看出工程项目管理日常工作的规范程度和完善程度。

3) 思想工作方法与效果。此项指标主要考查思想政治工作是否有成效，是否适应和促进企业领导体制建设，是否提高了职工素质。

4) 发包人及用户的评价。项目管理实施效果的最终评定人是发包人和用户，发包人及用户的评价是最有说服力的。发包人及用户对产品满意就是项目管理成功的表现。

5) 在项目管理中应用的新技术、新材料、新设备、新工艺的情况。在项目管理活动中，积极主动地应用新材料、新技术、新设备、新工艺是推动建筑业发展的基础，是每一个项目管理者的基本职责。

6) 在项目管理中采用的现代化管理方法和手段。新的管理方法与手段的应用可以极大地提高管理的效率，是否采用现代化管理方法和手段是检验管理水平高低的尺度。

7) 环境保护。项目管理人员应提高环保意识，制定与落实有效的环保措施，减少甚至杜绝环境破坏和环境污染的发生，提高环境保护的效果。

9.2.4 施工项目绩效管理的规定

1. 一般规定

(1) 项目管理绩效评价制度。组织应制定和实施项目管理绩效评价制度，规定相关职责和工作程序，吸收项目相关方的合理评价意见。项目管理绩效评价可在项目管理相关过程或项目完成后实施，评价过程应公开、公平、公正，评价结果应符合规定要求。项目管理绩效评价应采用适合工程项目特点的评价方法，过程评价与结果评价相配套，定性评价与定量评价相结合。项目管理绩效评价结果应与工程项目管理目标责任书相关内容进行对照，根据目标实现情况予以验证。项目管理绩效评价结果应作为持续改进的依据。组织可开展项目管理成熟度评价。

（2）项目考核评价。

1）目的与对象。项目考核评价的目的应是规范项目管理行为，鉴定项目管理水平，确认项目管理成果，对项目管理进行全面考核和评价。项目考核评价的主体应是派出项目经理的单位。项目考核评价的对象应是项目经理部，其中应突出对项目经理的管理工作进行考核评价。

2）考核评价依据与方式。考核评价的依据应是施工项目经理与承包人签订的项目管理目标责任书，内容应包括完成工程施工合同、经济效益、回收工程款、执行承包人各项管理制度、各种资料归档等情况，以及项目管理目标责任书中其他要求内容的完成情况。

项目考核评价可按年度进行，也可按工程进度计划划分阶段进行，还可综合以上两种方式，在按工程部位划分阶段进行考核中插入按自然时间划分阶段进行考核。工程完工后，必须对项目管理进行全面的终结性考核。

3）项目终结性考核。工程竣工验收合格后，应预留一段时间整理资料、疏散人员、退还机械、清理场地、结清账目等，再进行终结性考核。项目终结性考核的内容应包括确认阶段性考核的结果，确认项目管理的最终结果，确认该项目经理部是否具备解体的条件。经考核评价后，兑现项目管理目标责任书确定的奖励和处罚。

（3）项目管理绩效评价的范围与内容。项目管理绩效评价应包括下列范围：项目实施的基本情况；项目管理分析与策划；项目管理方法与创新；项目管理效果验证。

项目管理绩效评价应包括下列内容：项目管理特点；项目管理理念、模式；主要管理对策、调整和改进；合同履行与相关方满意度；项目管理过程检查、考核、评价；项目管理实施成果。

2. 考核评价实务

施工项目完成以后，企业应组织项目考核评价委员会。项目考核评价委员会应由企业主管领导和企业有关业务部门从事项目管理工作的人员组成，必要时也可聘请社团组织或大专院校的专家、学者参加。

（1）考核评价程序与过程。

1）项目考核评价程序。项目考核评价可按下列程序进行。

a. 制定考核评价方案，经企业法定代表人审批后施行。

b. 听取项目经理部汇报，查看项目经理部的有关资料，对项目管理层和劳务作业层进行调查。

c. 考察已完工程。

d. 对项目管理的实际运作水平进行考核评价。

e. 提出考核评价报告。

f. 向被考核评价的项目经理部公布评价意见。

2）项目绩效评价过程。项目管理绩效评价机构应在规定时间内完成项目管理绩效评价，保证项目管理绩效评价结果符合客观公正、科学合理、公开透明的要求。项目管理绩效评价应包括下列过程。

a. 成立绩效评价机构。

b. 确定绩效评价专家。项目管理绩效评价专家应具备相关资格和水平，具有项目管理的实践经验和能力,保持相对独立性。

c. 制定绩效评价标准。项目管理绩效评价标准应由项目管理绩效评价机构负责确定,评价标准应符合项目管理规律、实践经验和发展趋势。

d. 形成绩效评价结果。项目管理绩效评价机构应按项目管理绩效评价内容要求,依据评价标准,采用资料评价、成果发布、现场验证方法进行项目管理绩效评价。组织应采用透明公开的评价结果排序方法,以评价专家形成的评价结果为基础,确定不同等级的项目管理绩效评价结果。

(2) 绩效考核资料。项目管理绩效考核资料主要包括项目部向考核评价委员会提供的考核证据资料与考核评价委员会向项目部提供的考核评价资料两部分。

1) 考核证据资料。项目经理部应向考核评价委员会提供下列资料。

a. 项目管理实施规划、各种计划、方案及其完成情况。

b. 项目所发生的全部来往文件、函件、签证、记录、鉴定、证明。

c. 各项技术经济指标的完成情况及分析资料。

d. 项目管理的总结报告,包括技术、质量、成本、安全、分配、物资、设备、合同履约及思想工作等各项管理的总结。

e. 使用的各种合同、管理制度、工资发放标准。

2) 考核评价资料。项目考核评价委员会应向项目经理部提供项目考核评价资料。资料应包括下列内容:

a. 考核评价方案与程序。

b. 考核评价指标、计分办法及有关说明。

c. 考核评价依据。

d. 考核评价结果。

(3) 考核评价指标。

1) 定量指标。考核评价的定量指标宜包括下列内容。

a. 工程质量等级。

b. 工程成本降低率。

c. 工期及提前工期率。

d. 安全考核指标。

2) 定性指标。考核评价的定性指标宜包括下列内容。

a. 执行企业各项制度的情况。

b. 项目管理资料的收集、整理情况。

c. 思想工作方法与效果。

d. 发包人及用户的评价。

e. 在项目管理中应用的新技术、新材料、新设备、新工艺。

f. 在项目管理中采用的现代化管理方法和手段。

g. 环境保护。

3) 绩效评价指标。项目管理绩效评价应具有下列指标。

a. 项目质量、安全、环保、工期、成本目标完成情况。

项目 9　工程项目收尾管理

　　b. 供方（供应商、分包商）管理的有效程度。
　　c. 合同履约率、相关方满意度。
　　d. 风险预防和持续改进能力。
　　e. 项目综合效益。
　　(4) 项目管理绩效评价方法。项目管理绩效评价机构应在评价前，根据评价需求确定评价方法。项目管理绩效评价机构宜以百分制形式对项目管理绩效进行打分，在合理确定各项评价指标权重的基础上，汇总得出项目管理绩效综合评分。组织应根据项目管理绩效评价需求规定适宜的评价结论等级，以百分制形式进行项目管理绩效评价的结论，宜分为优秀、良好、合格、不合格四个等级。不同等级的项目管理绩效评价结果应分别与相关改进措施的制定相结合，管理绩效评价与项目改进提升同步，确保项目管理绩效的持续改进。项目管理绩效评价完成后，组织应总结评价经验，评估评价过程的改进需求，采取相应措施提升项目管理绩效评价水平。

9.3　工程项目产品保修与回访

9.3.1　工程项目的保修

　　工程竣工投产交付使用之后，建立保修制度，是施工单位对工程正常发挥工程项目功能负责的具体体现。通过保修可以听取和了解使用单位对工程施工质量的评价和改进意见，维护自己的信誉，提高企业的管理水平。建设单位与施工单位应在签订工程施工承包合同中根据不同行业、不同的工程情况，协商指定"建筑安装工程保修证书"对工程保修范围、保修时间、保修内容等作出具体规定。

　　1. 保修范围

　　以建筑安装工程而论，按制度要求，各种类型的工程乃其各个部位，都应实行保修。保修的范围如下。

　　(1) 屋面、地下室、外墙、阳台、厕所、浴室以及厨房、厕所等处渗水、漏水者。

　　(2) 各种通水管道（包括自来水、热水、污水、雨水等）漏水者，各种气体管道漏气以及通气孔和烟道不通者。

　　(3) 水泥路面有较大的空鼓、裂缝或起砂者。

　　(4) 内墙抹灰有较大面积起泡，乃至空鼓脱落或墙面浆活起碱脱皮者，外墙粉刷自动脱落者。

　　(5) 暖气管线安装不良，局部不热，管线接口处及卫生磁活接口处不严而造成漏水者。

　　(6) 其他由于施工不良而造成的无法使用或使用功能不能正常发挥的工程部位。

　　凡是由于用户使用不当而造成建筑功能不良或损坏者，不属于保修范围；凡属工业产品项目发生问题，亦不属保修范围。以上两种情况由建设单位自行修理。

　　2. 保修时间

　　(1) 民用与公用建筑、一般工业建筑、构筑物的土建工程为 1 年，其中屋面防水工程为 3 年。

(2) 建筑物的电气管线、上下水管线安装工程为6个月。
(3) 建筑物的供热及供冷为一个采暖期及供冷期。
(4) 室外的上下水和小区道路等市政公用工程为1年。
(5) 其他特殊要求的工程,其保修期限由建设单位和施工单位在合同中规定。

3. 保修做法

(1) 发送保修证书（或称《房屋保修卡》）。在工程竣工验收的同时（最迟不应超过3～7天），由施工单位向建设单位发送"建筑安装工程保修证书"。保修证书目前在国内没有统一的格式或规定,应由施工单位拟定并同意印刷。保修证书的主要内容一般包括:工程简况、房屋使用管理要求;保修范围和内容;保修时间;保修说明;保修情况记录。此外,保修证书还应附有保修单位（即施工单位）的名称、详细地址、电话、联系接待部门（如科室）和联系人,以便于建设单位联系。

(2) 要求检查和修理。在保修期内,建设单位或用户发现房屋的使用功能不良,又是由于施工质量而影响使用者,可以用口头或书面方式同施工单位的有关保修部门说明情况,要求派人前往检查修理。施工单位自接到保修通知书日起,必须在两周内到达现场,与建设单位共同明确责任方,商议返修内容。属于施工单位责任的,如施工单位未能按期达到现场,建设单位应再次通知施工单位;施工单位自接到再次通知书起的一周内仍不能到达时,建设单位有权自行返修,所发生的费用由原施工单位承担。不属施工单位责任的,建设单位应与施工单位联系,商议维修的具体期限。

(3) 验收。在发生问题的部门或项目修理完毕以后,要在保修证书的"保修记录"栏内作好记录,并经建设单位验收签认,以表示修理工作完结。

4. 维修的经济责任处理

施工单位未按国家有关规范、标准和设计要求施工造成的质量缺陷,由施工单位负责返修并承担经济责任。由于设计方面造成的质量缺陷,由设计单位承担经济责任。由施工单位负责维修,其费用按有关规定通过建设单位向设计单位索赔,不足部分由建设单位负责。因建筑材料、构配件和设备质量不合格引起的质量缺陷,属于施工单位采购的或经其验收同意的,由施工单位承担经济责任;属于建设单位采购的,由建设单位承担经济责任。因使用单位使用不当造成的质量缺陷,由使用单位自行负责。因地震、洪水、台风等不可抗拒原因造成的质量问题,施工单位、设计单位不承担经济责任。

9.3.2 工程项目的回访

1. 回访的方式

回访的方式一般有3种。一是季节性回访。大多数是雨季回访屋面、墙面的防水情况,冬季回访锅炉房及采暖系统的情况;发现问题采取有效措施,及时加以解决。二是技术性的回访。主要了解在工程施工过程中采用的新材料、新技术、新工艺、新设备等的技术性能和使用后的效果,发现问题及时加以补救和解决;同时也便于总结经验,获取科学依据,不断改进与完善,并为进一步推广创造条件。这种回访既可定期进行,也可以不定期地进行。三是保修期满前的回访。这种回访一般是在保修即将届满之前,进行回访,既可以解决出现的问题,又标志着保修期即将结束,使建设单位注意建筑物的维修和使用。

2. 回访的方法

应由施工单位的领导组织生产、技术、质量、水电（也可以包括合同、预算）等有关方面的人员进行回访，必要时还可以邀请科研方面的人员参加。回访时，由建设单位组织座谈会或意见听取会，并察看建筑物和设备的运转情况等。回访必须解决问题，并应该做好回访记录，必要时应写出回访纪要。

9.3.3 项目回访保修管理的规范规定

1. 一般规定

回访保修的责任应由承包人承担，承包人应建立施工项目交工后的回访与保修制度，听取用户意见，提高服务质量，改进服务方式。

承包人应建立与发包人及用户的服务联系网络，及时取得信息，并按计划、实施、验证、报告的程序，搞好回访与保修工作。保修工作必须履行施工合同的约定和"工程质量保修书"中的承诺。

2. 回访

回访应纳入承包人的工作计划、服务控制程序和质量体系文件。

承包人应编制回访工作计划。工作计划应包括下列内容：①主管回访保修业务的部门；②回访保修的执行单位；③回访的对象（发包人或使用人）及其工程名称；④回访时间安排和主要内容；⑤回访工程的保修期限。

执行单位在每次回访结束后应填写回访记录；在全部回访后，应编写"回访服务报告"。主管部门应依据回访记录对回访服务的实施效果进行验证。

回访可采取以下方式：①电话询问、会议座谈、半年或一年的例行回访；②夏季重点回访屋面及防水工程和空调工程、墙面防水，冬季重点回访采暖工程；③对施工过程中采用的新材料、新技术、新工艺、新设备工程，回访使用效果或技术状态；④特殊工程的专访。

3. 保修

"工程质量保修书"中应具体约定保修范围及内容、保修期、保修责任、保修费用等。

保修期为自竣工验收合格之日起计算，在正常使用条件下的最低保修期限。

在保修期内发生的非使用原因的质量问题，使用人应填写"工程质量修理通知书"告知承包人，并注明质量问题及部位、联系维修方式。

承包人应按"工程质量保修书"的承诺向发包人或使用人提供服务。保修业务应列入施工生产计划，并按约定的内容承担保修责任。

保修经济责任应按下列方式处理。

（1）由于承包人未按照国家标准、规范和设计要求施工造成的质量缺陷，应由承包人负责修理并承担经济责任。

（2）由于设计人造成的质量缺陷，应由设计人承担经济责任。当由承包人修理时，费用数额应按合同约定，不足部分应由发包人补偿。

（3）由于发包人供应的材料、构配件或设备不合格造成的质量缺陷，应由发包人自行承担经济责任。

（4）由发包人指定的分包人造成的质量缺陷，应由发包人自行承担经济责任。

（5）因使用人未经许可自行改建造成的质量缺陷，应由使用人自行承担经济责任。

(6) 因地震、洪水、台风等不可抗力原因造成损坏或非施工原因造成的事故，承包人不承担经济责任。

(7) 当使用人需要责任以外的修理维护服务时，承包人应提供相应的服务，并在双方协议中明确服务的内容和质量要求，费用由使用人支付。

9.3.4 项目管理总结

在项目管理收尾阶段，项目管理机构应进行项目管理总结，编写项目管理总结报告，纳入项目管理档案。

1. 编制依据

项目管理总结依据宜包括下列内容。

(1) 项目可行性研究报告。
(2) 项目管理策划。
(3) 项目管理目标。
(4) 项目合同文件。
(5) 项目管理规划。
(6) 项目设计文件。
(7) 项目合同收尾资料。
(8) 项目工程收尾资料。
(9) 项目的有关管理标准。

2. 编制内容

项目管理总结报告应包括下列内容：

(1) 项目可行性研究报告的执行总结。
(2) 项目管理策划总结。
(3) 项目合同管理总结。
(4) 项目管理规划总结。
(5) 项目设计管理总结。
(6) 项目施工管理总结。
(7) 项目管理目标执行情况。
(8) 项目管理经验与教训。
(9) 项目管理绩效与创新评价。

3. 发布与奖惩

项目管理总结完成后，组织应进行下列工作。

(1) 在适当的范围内发布项目总结报告。
(2) 兑现在项目管理目标责任书中对项目管理机构的承诺。
(3) 根据岗位责任制和部门责任制对职能部门进行奖罚。

复 习 思 考 题

(1) 工程项目竣工验收必须满足什么条件？

(2) 工程项目竣工验收的准备工作有哪些？
(3) 工程竣工资料主要有哪些内容？
(4) 工程竣工图的编制有哪些具体要求？
(5) 竣工验收组织的构成和职责分别是什么？
(6) 工程竣工验收的依据有哪些？
(7) 工程项目竣工结算有什么作用？
(8) 编制竣工结算的依据是什么？
(9) 工程项目管理全面分析的评价指标有哪些？
(10) 工程项目管理可以从哪几方面进行单项分析？
(11) 工程项目管理考核评价的主体和对象是什么？
(12) 工程项目管理考核评价的资料中，由项目经理部提供的有哪些？
(13) 施工单位进行工程回访与保修有什么意义？
(14) 在正常使用条件下，建设工程的最低保修期限有哪些规定？
(15) 简述工程项目保修的经济责任。
(16) 工程项目保修做法的步骤有哪些？
(17) 回访工作计划应包括什么内容？
(18) 回访工作的方式有哪几种？

参 考 文 献

[1] 张迪. 施工项目管理 [M]. 北京：中国水利水电出版社，2009.
[2] 徐猛勇，刘先春. 建筑工程项目管理 [M]. 北京：中国水利水电出版社，2011.
[3] GB/T 50326—2017. 建设工程项目管理规范 [S]. 北京：中国建筑工业出版社，2017.
[4] GB/T 50319—2013. 建筑工程监理规范 [S]. 北京：中国建筑工业出版社，2013.
[5] GB/T 50358—2017. 建设工程项目总承包管理规范 [S]. 北京：中国建筑工业出版社，2017.
[6] 申永康. 建筑工程质量员实务 [M]. 郑州：黄河水利出版社，2016.
[7] 张迪，金明祥. 建筑工程项目管理 [M]. 重庆：重庆大学出版社，2014.
[8] 申永康. 建筑工程施工组织 [M]. 重庆：重庆大学出版社，2013.